AF731196

Josephine Schuster

Der strafrechtliche Schutz rechtlich bemakelter Vermögenspositionen

Eine Analyse der höchstrichterlichen Rechtsprechung

utzverlag

Neue Juristische Beiträge

herausgegeben von
Prof. Dr. Klaus-Dieter Drüen (Ludwig-Maximilians-Universität München)
Prof. Dr. Georg Steinberg (Universität Potsdam)
Prof. Dr. Fabian Wittreck (Westfälische Wilhelms-Universität Münster)

Band 142

Zugl.: Diss., Potsdam, Univ. 2023

Bibliografische Information der Deutschen Nationalbibliothek: Die Deutsche Nationalbibliothek verzeichnet diese Publikation in der Deutschen Nationalbibliografie; detaillierte bibliografische Daten sind im Internet über http://dnb.d-nb.de abrufbar.

Das Werk ist urheberrechtlich geschützt. Sämtliche, auch auszugsweise Verwertungen bleiben vorbehalten.

Copyright © utzverlag GmbH · 2023

ISBN (gedrucktes Buch) 978 3 8316 5002 6
ISBN (E-Book) 978 3 8316 7742 9

Printed in EU
utzverlag GmbH, München
089-277791-00 · www.utzverlag.de

Meinen Eltern

Vorwort

Die vorliegende Untersuchung wurde im Wintersemester 2021/2022 von der Juristischen Fakultät der Universität Potsdam als Dissertation angenommen. Die mündliche Prüfung fand am 3. Februar 2023 in Form einer Disputation statt. Für die Drucklegung konnten Rechtsprechung und Literatur bis Februar 2023 berücksichtigt werden.

Mein großer Dank gilt meinem Doktorvater, Herrn *Professor Dr. Georg Steinberg*, für das Vorschlagen der Thematik, die hervorragende Betreuung bei der Erstellung dieser Arbeit, die unkomplizierte sowie konstruktive Zusammenarbeit und nicht zuletzt für sein umfangreiches Erstgutachten. Ebenfalls bedanken möchte ich mich bei Herrn *Professor Dr. Wolfgang Mitsch* für seine wertvollen Anmerkungen und die zügige Erstellung des Zweitgutachtens.

Besonderer Dank gilt meinem Onkel *Werner Rüberg*, der mit seinem Lektorat wesentlich zum Gelingen dieser Arbeit beigetragen hat. Ganz besonders bedanken möchte ich mich auch bei *Sophie-Charlotte von Bierbrauer zu Brennstein* und *Dr. Laura Lecoutre*, für das engagierte Korrekturlesen, die wertvollen Hinweise und dafür, dass sie immer ein offenes Ohr für mich hatten.

Großer Dank gebührt zudem meinen Freundinnen *Nicole Kusenbach, Sophie-Charlotte Lipp und Hannah Reidt* sowie meiner Schwester *Paulina Schuster*, die mich während der gesamten Zeit begleitet und immer wieder für die notwendige Ablenkungen gesorgt haben. Meinem Freund, *Alexander Thiel*, danke ich von Herzen, dafür dass er immer an mich und mein Vorhaben geglaubt und mich in allen Phasen des Entstehungsprozesses geduldig unterstützt hat.

Mein größter Dank gilt meiner Familie, ganz besonders meinen Eltern *Dorothea und August Schuster*, für ihre bedingungslose und liebevolle Unterstützung, nicht nur bei der Erstellung dieser Arbeit, sondern während meines gesamten Lebenswegs. Ihnen ist diese Arbeit in Liebe und Dankbarkeit gewidmet.

Frankfurt am Main, im März 2023 *Josephine Schuster*

Inhaltsübersicht

Inhaltsverzeichnis

Einleitung

A Thesen und Methode

Unterliegt illegales Vermögen dem strafrechtlichen Vermögensschutz? Die Beantwortung dieser Frage ist seit Jahren in der Strafrechtswissenschaft umstritten und führt zu einer Vielzahl an Meinungen.[1] Stärken und Schwächen der in der Literatur vertretenen Ansichten sind bis heute Gegenstand einer andauernden wissenschaftlichen Diskussion.[2] Dennoch fehlt es an einer umfassenden Untersuchung der höchstrichterlichen Rechtsprechungspraxis, diese Lücke soll die vorliegende Arbeit füllen.

Ausgangspunkt ist die sogenannte „Grundsatzentscheidung" des Reichsgerichtes, nach der das Vermögen einer Person unter allen Umständen strafrechtlichen Schutz genießt und Vermögen als „die Summe der geldwerten Güter einer Person" definiert.[3] Diese Aussagen werden dahingehend interpretiert, dass alle Güter, die einen Geldwert haben, auch strafrechtlich zu schützen sind, unabhängig davon, ob die geldwerten Güter aus einem illegalen Rechtsgeschäft stammen oder für ein solches Geschäft eingesetzt wurden. Der Geldwert eines Gutes bestimmt sich allein nach wirtschaftlichen Krite-

1 Vgl. nur *Binding*, StrafR BT 1, S. 238 ff., 240 und 341 ff.; *Bockelmann*, in: FS Kohlrausch, 226 ff.; *Bruns*, Die Befreiung des Strafrechts, S. 227; *ders.*, in: FS Mezger, 335 ff.; *Cramer*, Vermögensbegriff; *ders.* JuS 1966, 472; *Eisele*, StrafR BT II, Rn. 605 ff.; *Foth*, GA 1966, 33, 39 f.; *Gallas*, in: FS Eb. Schmidt, S. 401 ff.; *Gerland*, Deutsches Reichstrafrecht, S. 505 f.; *Hefendehl*, in: MüKo StGB, § 263 Rn. 474 ff.; *Hirschberg*, Vermögensbegriff, S. 327, 329; *Hoyer*, in: SK StGB, § 263 Rn. 88 ff.; *Hillenkamp*, in: FS Achenbach, 189, 193 ff.; *Merkel*, Die Lehre vom strafbaren Betruge, 101; *Otto*, Vermögensschutz, S. 33 ff.; *Perron*, in: S/S StGB, § 263 Rn. 78b ff.; *Rengier*, StrafR BT I, § 13 Rn. 138 ff.; *Saliger*, in: M/R StGB, § 263 Rn. 149 ff.; *Satzger*, in: S/S/W StGB, § 263 Rn. 145 ff.; Wessels/Hillenkamp/Schuhr, StrafR BT 2, § 13 Rn. 558 ff.; *Zieschang*, in: FS Hirsch, 831, 837 f.

2 Vgl. aus jüngster Zeit, *Puppe*, in: FS Fischer, 464.

3 RG, Beschl. v. 14.12.1910 – 1214/10, RGSt 44, 230, 232 f.

rien, sodass dies als ein rein „wirtschaftlicher Vermögensbegriff“ verstanden werden kann.[4] Die vorliegende Arbeit kommt zu dem Ergebnis, dass der BGH an den Grundsätzen des Reichsgerichtes mit Einschränkungen festhält.

Zur Auswertung werden die höchstrichterlichen Entscheidungen in drei Fallgruppen eingeteilt, denen jeweils ein eigenes Kapitel gewidmet ist. Die Fallgruppen basieren auf einem dogmatischen Ansatz. Die erste Fallgruppe umfasst Entscheidungen, die sich mit dem strafrechtlichen Vermögensschutz von Eigentums- und Besitzpositionen an Sachen, die illegal beschafft oder zu illegalen Zwecken eingesetzt wurden, auseinandersetzen. Die zweite Gruppe beinhaltet den strafrechtlichen Vermögensschutz von (nichtigen) Ansprüchen, die aus einem illegalen Rechtsgeschäft stammen. In der dritten Fallgruppe wird der strafrechtliche Vermögensschutz der zu illegalen Zwecken erbrachten Arbeitskraft behandelt.

Zur besseren Verständlichkeit haben für die Darstellung der jeweiligen Sachverhalte die handelnden Personen stets die gleiche Bezeichnung. Derjenige,[5] der zur Herausgabe einer vermögenswerten Sache oder zur Erbringung einer vermögenswerten Leistung durch Nötigung oder Täuschung veranlasst oder dem die Vermögensposition weggenommen wurde, wird als „Leistender“ (L) bezeichnet. Derjenige, der diese Vermögensposition entgegennahm, als „Leistungsempfänger“ (E).

In den ersten beiden Fallgruppen werden „Stufen“ gebildet. Die erste Stufe umfasst Fälle, in denen der Leistungsempfänger den Leistenden dazu veranlasst, einen Vermögensbestandteil täuschungs- oder nötigungsbedingt herauszugeben oder der Leistungsempfänger ihm diesen wegnimmt. Holt sich der Leistende diese Vermögensposition anschließend mittels

4 Vgl. ausf. unten, 1. Kapitel AI2.

5 In dieser Arbeit wird aus Gründen der besseren Lesbarkeit das generische Maskulinum verwendet. Weibliche und anderweitige Geschlechteridentitäten werden dabei ausdrücklich mitgemeint, soweit es für die Aussage erforderlich ist.

Täuschung, Nötigung oder Wegnahme zurück, wird dies im Rahmen der 2. Stufe behandelt. Durch die Tat auf erster Stufe können zivilrechtliche Herausgabe- oder Wertersatzansprüche entstehen, die der Absicht der rechtswidrigen Bereicherung der Tat auf zweiter Stufe entgegenstehen. Eine Unterteilung nach Stufen scheidet für die dritte Fallgruppe aus. Arbeitskraft kann zwar täuschungsbedingt oder aufgrund von Zwang erbracht, jedoch nicht zurückgeholt werden. Die Unterteilung in Fallgruppen und Stufen ermöglicht einen neuen Blickwinkel auf die Problematik zu werfen und genau nach den einzelnen wirtschaftlichen Gütern im Zusammenhang mit den verschiedenen vorangeschrittenen Leistungsverhältnissen zu unterscheiden.

B Grundlagen

Vor der Analyse der Rechtsprechung müssen die grundlegenden Begrifflichkeiten allgemein geklärt und strafrechtliche Vermögensdelikte im engeren von denen im weiteren Sinne unterschieden werden. Vermögensdelikte im engeren Sinne sind vor allem die §§ 253, 255, 263, 266 StGB, die das Vermögen an sich schützen.[6] Zu den Vermögensdelikten im weiteren Sinne gehören die das Eigentum schützenden Eigentumsdelikte, §§ 242, 249–252, 303 StGB.[7]

Innerhalb der Vermögensdelikte im engeren Sinne besteht Konsens, unter Vermögen i. S. v. §§ 253, 263, 266 StGB begrifflich das Gleiche zu verstehen.[8] Die Vermögenslehren sind sich inzwischen einig, den Vermögenswert an wirtschaftlichen Gegebenheiten zu orientieren. Umstritten ist lediglich, ob der Vermögensschutz im Hinblick auf die zivil- und öffentlich-rechtlichen Wertungen normativ korrigiert werden muss.

Bei den Eigentumsdelikten ist die Bestimmung einer fremden Sache streng an zivilrechtliche Wertungen geknüpft. Durch das Dogma der Zivil-

6 *Rengier*, StrafR BT I, § 13 Rn. 138; vgl. zu dem geschützten Rechtsgut der Erpressung, *Bosch*, in: S/S StGB, § 253 Rn. 1; *Kindhäuser*, in: Kindhäuser/Hilgendorf StGB, § 253 Rn. 1 *Kindhäuser*, in: NK StGB, § 253 Rn. 2; *Sander*, in: MüKo StGB, § 253 Rn. 1; des Betruges, *Kindhäuser*, in: NK StGB, § 263 Rn. 13 ff.; *Perron*, in: S/S StGB, § 263 Rn. 1 ff.; der Untreue, *Dierlamm/Becker*, in: MüKo StGB, § 266 Rn. 1 f.; *Perron*, in: S/S StGB, § 266 Rn. 1. Vermögen als solches wird auch durch die Vermögensgefährdungstatbestände geschützt. Auf die Gefährdungsdelikte kann hier im Einzelnen nicht eingegangen werden.

7 Vgl. nur, bzgl. § 242 StGB: *Bosch*, in: S/S StGB, § 242 Rn. 1/2; *Schmitz*, in: MüKo StGB, § 242 Rn. 4; bzgl. 303 StGB: *Hecker*, in: S/S StGB, § 303 Rn. 1; *Zaczyk*, in NK StGB, § 303 Rn. 1.

8 Vgl. etwa, BVerfG, Beschl. v. 10. 03. 2009 - 2 BvR 1980/07, NJW 2009, 2370, 2371; *Bosch*, in: S/S StGB, §253 Rn. 9; *Cramer*, Vermögensbegriff, 115 ff.; *Dierlamm/Becker*, in: MüKo StGB, § 266 Rn. 222; *Kindhäuser*, in: NK StGB, § 266 Rn. 94; *Perron*, in: S/S StGB, § 263 Rn. 78b; *Rengier*, BT I, § 13 Rn. 138; *Wittig*, in: BeckOK StGB, § 253 Rn. 14.

rechtsakzessorietät[9] erscheint der Streit des Vermögensschutzes im Rahmen dieser Eigentumsdelikte weniger umfassend als bei den Vermögensdelikten im engeren Sinne. Umstritten ist, ob auch verbotene Sachen wie beispielsweise erlaubnispflichtige Betäubungsmittel unter den Eigentumsschutz fallen sollen. Die vorliegende Arbeit beleuchtet die einschlägige Judikatur auch zu diesen Fragen. Die Bearbeitung nimmt aber einen kleineren Raum ein, da die höchstrichterliche Rechtsprechung hier eine wesentlich klarere Linie als bei den Vermögensdelikten im engeren Sinne verfolgt.[10]

Das Spektrum der bis heute vertretenen Vermögenstheorien ist weit. Die verschiedenen Ausgestaltungen des Vermögensbegriffes basieren auf unterschiedlichen Aspekten wie „personalen",[11] „dynamischen",[12] „funktionalen",[13] „wirtschaftlichen" oder „juristischen" Gesichtspunkten.[14] Alle Facetten sollen an dieser Stelle nicht dargestellt werden, da sich der BGH im Rahmen der illegalen Rechtsgeschäfte nur zwischen den juristischen, wirtschaftlichen und juristisch-ökonomischen Vermögensbegriffen bewegt.

Der juristische Vermögensbegriff ist Teil der ältesten Vermögenslehre[15]

9 BGH, Urt. v. 07.05.1953 - 3 StR 485/52, BGHSt 6, 377, 378; Arzt/Weber/Heinrich/Hilgendorf, StrafR BT, § 13 Rn. 33; *Denga*, JA 2018, 833; *Eisele*, StrafR BT II, Rn. 22; *Fischer*, StGB, § 242 Rn. 5; *Hoyer*, in: SK StGB, § 242, Rn. 11 ff.; *Kindhäuser*, in: NK StGB, Vorbem. zu § 242 Rn. § 1 Rn. 22, § 242 Rn. 15; *Kudlich*, in: S/S/W StGB, § 242 Rn. 11; Maurach/Schroeder/Maiwald/Hoyer/Momsen, StrafR BT 1, § 32 Rn. 21; *Mitsch*, StrafR BT 2, S. 8; *Perron*, in: S/S StGB, § 242 Rn. 12; *Rengier*, StrafR BT I, § 2, Rn. 9; *Schmitz*, in: MüKo StGB, § 242 Rn. 24, 33; *Vogel*, in: LK StGB § 242 Rn. 18, 21 ff.

10 Vgl. ausf. zu der Problematik, *Lichtenthäler*, Besitzverbot und Eigentumsschutz.

11 *Bockelmann*, in: FS Kohlrausch, 226, 238 ff., 247 ff.; *ders.*, in: FS Mezger, 363, 378 ff.; *Hardwig*, GA 1956, 6, 17; *Heinitz*, JR 1968, 387 f.; *Lampe*, in: FS Otto, 623, 636 ff.; *Otto*, Vermögensschutz, S. 33 ff.; vgl. für weitere Nachweise *Perron*, in: S/S StGB, § 263 Rn. 81. Kritisch, *Saliger/Rüsse*, NStZ 2021, 513.

12 Vgl. bspw. für den dynamischen, *Eser*, GA 1962, 289; ähnlich auch *Mohrbotter*, GA 1969, 225, 227 ff.

13 *Kindhäuser*, in: NK StGB, § 263 Rn. 35 ff., 275 ff.; *ders.*, in: FS Lüderssen, 635, 648.

14 Siehe ausf. *Cramer*, Vermögensbegriff, S. 21; *Hefendehl*, in: MüKo StGB, § 263 Rn. 474 ff.

15 So auch *Perron*, in: S/S StGB, § 263 Rn. 79.

und wurde bis Anfang des 20. Jahrhunderts[16] auch von der Rechtsprechung vertreten,[17] im Schrifttum insbesondere von *Binding*[18], *Merkel*[19] und *Gerland*.[20] Es werden nur die Positionen zum Vermögen gezählt, die als subjektives Vermögensrecht ausgestaltet sind. Danach ist Vermögen alles das, was von der Rechtsordnung anerkannt mit ihr durchsetzbar ist und betrifft alle Vermögensrechte und -pflichten einer Person, wobei es nicht auf den wirtschaftlichen Wert ankommt.[21] Die juristische Vermögenslehre wird heute so nicht mehr vertreten,[22] da sie zwar sämtliche subjektive Rechte unabhängig von einem wirtschaftlichen Wert umfasst, wirtschaftlich werthaltige Positionen aber nicht geschützt werden, wenn sie kein subjektives Recht darstellen. Letzteres betrifft vor allem rein tatsächliche Erwerbsmöglichkeiten wie die Arbeitskraft, den Besitz und Anwartschaften.[23]

Die rein wirtschaftliche Vermögenstheorie orientiert sich nicht am Vorliegen eines subjektiven Rechtes, sondern am „das hinter ihm stehende wirtschaftliche Substrat".[24] Zum Vermögen zählt alles, was wirtschaftlichen Wert

16 Einen Umbruch markierte der Reichsgerichtsbeschluss v. 14.12.1910 - 1214/10 - RGSt 44, 230, „Grundsatzentscheidung", vgl. unten 1. Kapitel AI2.

17 Vgl. etwa RG, Urt. v. 02.02.1881 - 3240/80, RGSt 3, 332, 333; RG, Urt. v. 07.07.1884 - 1568/84, RGSt 11, 72 ff.; RG, Urt. v. 20.04.1887 - 2237/86, RGSt 16, 1, 3.

18 *Binding*, StrafR BT 1, S. 238 ff., 240 und 341 ff.

19 *Merkel*, Abhandlungen, S. 101 ff.

20 *Gerland*, Deutsches Reichsstrafrecht, S. 505 f.

21 Die juristische Vermögenslehre ausf. darstellend, *Cramer*, Vermögensbegriff, S. 71 ff.; *Hefendehl*, in: MüKo StGB, § 263 Rn. 474 ff.; *Kindhäuser*, in: Kindhäuser/Hilgendorf StGB, § 263 Rn. 115 f.; *Kindhäuser*, in: NK StGB, § 263 Rn. 18 ff.

22 *Pawlik*, Betrug, S. 259 ff. orientiert sich wieder an einem juristischen Vermögensbegriff, jedoch mit solchen Abweichungen, dass er im Ergebnis der juristisch-ökonomischen Lehre entspricht. Zustimmend, *Satzger*, in: S/S/W StGB, § 263 Rn. 146; *Perron*, in: S/S StGB, § 263 Rn. 79.

23 So auch *Kindhäuser*, in: NK StGB, § 263 Rn. 19 ff.; Krey/Hellmann/Heinrich, StrafR BT 2, § 11 Rn. 668; vgl. auch die ausf. Analyse von *Cramer*, Vermögensbegriff, S. 71 ff.

24 *Cramer*, Vermögensbegriff, S. 89.

hat ohne Rücksicht auf deren Rechtsnatur, wendet sich also hin „zum materiellen Kern der Beziehungen des Vermögenssubjekts zu den Wirtschaftsgütern".[25] Der Vermögensbegriff ist frei von zivilrechtlichen Vorgaben und bestimmt sich allein danach, ob der Wirtschaftsverkehr den Positionen einen wirtschaftlichen Wert beimisst.[26] Seit der Grundsatzentscheidung des Reichsgerichtes von 1910[27] definiert die Rechtsprechung Vermögen oftmals als „Summe der geldwerten Güter einer Person nach Abzug der Verbindlichkeiten."[28] In der Literatur wird Vermögen zum Teil als die „Gesamtheit der einer Person zustehenden wirtschaftlichen Werte" definiert.[29]

Der juristisch-ökonomische Vermögensbegriff geht ebenfalls von einer wirtschaftlichen Betrachtungsweise aus, nimmt aber Positionen aus, die nicht „unter dem Schutz der Rechtsordnung"[30] oder nicht mindestens „ohne

25 *Perron*, in: S/S StGB, § 263 Rn. 80; *Cramer*, Vermögensbegriff, S. 89.

26 Die wirtschaftliche Vermögenslehre ausf. darstellend, *Cramer*, Vermögensbegriff, S. 89; *Hefendehl*, in: MüKo StGB, § 263 Rn. 478 ff.; *Heger*, in: Lackner/Kühl/Heger StGB, § 263 Rn. 34; *Satzger*, in: S/S/W StGB, § 263 Rn. 147; *Satzger*, Jura 2009, 518, 520; *Perron*, in: S/S StGB, § 263 Rn. 80; *Saliger*, in: M/R StGB, § 263 Rn. 152.

27 RG, Beschl. v. 14. 12. 1910 - 1214/10, RGSt 44, 230, 232 f.

28 So erstmals vertreten von bspw. RG, Beschl. v. 14. 12. 1910 - 1214/10, RGSt 44, 230, 233; danach anschließend, BGH, Beschl. v. 15. 11. 1951 - 4 StR 574/51, BGHSt 2, 364BGH, Urt. v. 10. 07.1952 - 5 StR 358/52, BGHSt 3, 99, 103; BGH, Beschl. v. 26. 06. 2019 - 1 StR 551/18, wistra 2020, 257; OLG Celle, Beschl. 31. 08. 2016 - 2Ss 93/16, wistra 2017, 116; OLG Düsseldorf, Urt. v. 06. 03. 1990 - 5 Ss 449/89 - 168/89 I, wistra 1990, 200.

29 Krey/Hellmann/Heinrich, StrafR BT 2, § 11 Rn. 669; *Blei*, StrafR II, S. 231 („Gesamtheit der einer Person zustehenden wirtschaftlichen Werte"); vgl. auch ausf. Arzt/Weber/Heinrich/Hilgendorf, StrafR BT, § 20 Rn. 87 ff.; *Bruns*, Die Befreiung des Strafrechts, S. 227; *ders.*, in: FS Mezger, 335 ff.; Maurach/Schroeder/Maiwald/Hoyer/Momsen, StrafR BT 1, § 41 En. 95.

30 *Foth*, GA 1966, 33, 42; *Franzheim*, GA 1960, 269, 270; *Gallas*, in: FS Eb. Schmidt, 401, 408 ff.; *Mitsch*, StrafR BT 2, S. 307; *Rengier*, StrafR BT I, § 13 Rn. 140.

deren Missbilligung“[31] stehen.[32] Wichtigstes Argument für diese normativen Einschränkungen ist die Einheit der Rechtsordnung. Eine rein wirtschaftliche Betrachtungsweise würde zu unauflösbaren Wertungswidersprüchen führen, wenn strafrechtliche Vermögenspositionen geschützt werden, die von der Rechtsordnung missbilligt oder nicht geschützt sind.[33]

31 *Cramer*, Vermögensbegriff, S. 100; *ders.*, JuS 1966, 472, 475; *Hoyer*, in: FS Samson, 351 u. SK 121; *Lackner*, in: LK StGB, 10. Aufl. 1988, § 263 Rn. 123,132; *Lenckner*, JZ 1967, 105, 107; Maurach/Schroeder/Maiwald/Hoyer/Momsen, StrafR BT 1, § 41 Rn. 100; *Perron*, in: S/S StGB, § 263 Rn. 82 ff., 150; *Saliger*, in: M/R StGB, § 263 Rn. 159; *Satzger*, in: S/S/W StGB, § 263 Rn. 152; *Tiedemann*, in: LK StGB, § 263 Rn. 132; *Wessels/Hillenkamp/Schuhr*, BT 2, § 13 Rn. 563.

32 Vgl auch *Keller*, ZStW 107 (1995), 457, 479; *Kargl*, JA 2001, 714.

33 *Cramer*, JuS 1966, 472, 475; *Eisele*, StrafR BT II, Rn. 606; *Freund/Bergmann*, JR 1991, 357; *Gallas*, in: FS Eb. Schmidt, S. 401, 408 f.; *Hoyer*, in: SK StGB, § 263 Rn. 105; *Lackner*, in: LK StGB, 10. Aufl. 1988, § 263 Rn. 123; *Perron*, in: S/S StGB, § 263 Rn. 83; *Rengier*, StrafR BT I, § 13 Rn. 140, 150; *Satzger*, in: S/S/W StGB, § 263 Rn. 152; Wessels/Hillenkamp/Schuhr, StrafR BT 2, § 13 Rn. 562; siehe unten, 1. Kapitel AI2b.

1. Kapitel Strafrechtlicher Schutz von Besitz- und Eigentumspositionen an rechtlich bemakelten Sachen

Die Untersuchung der Rechtsprechungspraxis erfolgt in zwei „Stufen". In der ersten Stufe dieser Fallgruppe werden Fälle betrachtet, die sich innerhalb sittenwidriger oder verbotener Rechtsgeschäfte bewegen und in denen ein Akteur den Besitz oder das Eigentum an einer rechtlich bemakelten Sache an einen anderen „leistet",[34] ohne eine Gegenleistung zu erhalten. Diese Sachen wie Geld, Wertsachen, Hehlerware oder Drogen sind rechtlich bemakelt, wenn sie unrechtmäßig besessen, zu einem illegalen Zweck eingesetzt werden oder der Besitz an der Sache selbst verboten ist. Es wird untersucht, ob der Verlust der Besitz- oder Eigentümerposition geldwerter rechtlich bemakelter Sachen vom strafrechtlichen Vermögensschutz umfasst ist. Im Rahmen der zweiten Stufe wird die Ausdehnung der Vermögensdelikte auf die Rückforderungs- bzw. Wertersatzansprüche des ursprünglich Leistenden gegen den Leistungsempfänger der ersten Stufe geprüft und die Frage geklärt, ob sich das Opfer eines Vermögensdeliktes strafbar macht, wenn es sich eigenmächtig den Besitz an der verlorenen Sache wieder zurückholt. Spiegelbildlich wird in einem weiteren Abschnitt geprüft, ob die Obstruktion der Durchsetzung solcher Ansprüche sanktioniert wird.

34 Mit Leistung ist im Rahmen dieser Arbeit jede zweckgerichtete Mehrung fremden (wirtschaftlichen) Vermögens gemeint, unabhängig davon, ob die Leistung freiwillig oder unfreiwillig aufgrund von Täuschung, Nötigung oder Wegnahme erfolgt.

Im Ergebnis werden neben der Besitzposition der geleisteten Sache unabhängig davon, ob sie rechtmäßig, rechtswidrig oder sogar verboten ist, auch die jeweilige Eigentumsposition nach der höchstrichterlichen Rechtsprechung vom strafrechtlichen Vermögensschutz umfasst. Der Schutz reicht soweit, dass sich der ursprüngliche Besitzer einer Sache diese zurückholen kann ohne sich wegen eines Vermögensdeliktes strafbar zu machen, sofern es sich nicht um eine verbotene Sache handelt.

A 1. Stufe: Verlust der Besitz- und Eigentumspositionen

Zunächst wird die Rechtsprechung des strafrechtlichen Vermögensschutzes rechtlich bemakelter Sachen im engeren Sinne betrachtet. Dies sind Entscheidungen, in denen Geld oder sonstige rechtmäßige Mittel zur Erreichung eines illegalen Zweckes eingesetzt wurden (I). Sodann wird der strafrechtliche Vermögensschutz des rechtswidrigen Besitzes behandelt (II), gefolgt von der Untersuchung des rechtswidrig und zusätzlich verbotenen Besitzes (III). Anschließend wird der strafrechtliche Vermögensschutz von bemakelten Sachen im weiteren Sinne erläutert (IV).

I Rechtmäßig besessene Sachen mit illegaler Zweckbestimmung

Um die heutige Diskussion in ihrer Gänze nachvollziehen zu können, ist ein Blick auf die Entwicklung des Vermögensbegriffes in früheren Entscheidungen des Reichsgerichtes zu werfen (1). Diese gingen primär von einem rein juristischen oder juristisch-ökonomischen Vermögensbegriff aus. Ein Wandel trat mit der „Grundsatzentscheidung" des Reichsgerichtes aus dem Jahr 1910 ein, in der sich die vereinigten Strafsenate ausdrücklich für den wirtschaftlichen Vermögensbegriff aussprachen.[35] Anhand dieses Verdikts werden die Einwände früherer Reichsgerichtsentscheidungen sowie der heutigen Literatur gegen den wirtschaftlichen Vermögensbegriff diskutiert (2). Es folgt eine Darstellung der weiteren Rechtsprechung hinsichtlich der Strafbarkeit wegen Betruges und Erpressung (3). Abschließend wird unter-

35 RG, Beschl. v. 14.12.1910 – 1214/10, RGSt 44, 230.

sucht, ob sich in der Rechtsprechungspraxis Unterschiede zum Untreuetatbestand ergeben (4).

1 Rückblick auf ausgewählte Reichsgerichtsentscheidungen

Die analysierten Entscheidungen basieren stets auf dem Sachverhalt, dass aufgrund einer Täuschung eine rechtmäßig besessene Sache als Zahlungsmittel für einen rechts- oder sittenwidrigen Zweck an den Täuschenden geleistet wurde, ohne dass der Leistende die versprochene Gegenleistung erhielt. Frühere Entscheidungen des Reichsgerichtes werden nur kurz ohne nähere Diskussion dargestellt und später gemeinsam mit der Besprechung der „Grundsatzentscheidung“[36] ausführlich besprochen.

Die erste erwähnenswerte Entscheidung des Reichsgerichtes stammt aus dem Jahr 1903.[37] L vereinbarte mit E, dass dieser ihr ein Abtreibungsmittel gegen Bezahlung verkauft. E täuschte dabei L über die völlige Untauglichkeit des Abtreibungsmittels. L irrte entsprechend, zahlte den vereinbarten Kaufpreis und erhielt das unbrauchbare Abtreibungsmittel. Zu entscheiden war über die Strafbarkeit des E wegen Betruges nach § 263 StGB. Der Kaufvertrag über Abtreibungsmittel verstieß gegen die guten Sitten und war daher nach § 138 BGB nichtig. Somit hatte L keinen zivilrechtlichen Anspruch auf Gegenleistung. Das Reichsgericht ging davon aus, dass der Tatbestand des Betruges „einen Eingriff in das rechtlich geschützte Vermögen anderer“ voraussetzt. Der Tatbestand sei daher nicht einschlägig, wenn das eingesetzte Vermögen für eine illegale Handlung eingesetzt wird.[38] Aufgrund der

36 RG, Beschl. v. 14.12.1910 - 1214/10, RGSt 44, 230.

37 RG, Urt. v. 03.07.1903 - 937/03, RGSt 36, 334, „Kauf von untauglichen Abtreibungsmitteln Nr.1“.

38 RG, Urt. v. 03.07.1903 - 937/03, RGSt 36, 334, 343.

Sittenwidrigkeit der zugrunde liegenden Vereinbarung verneinte das Gericht die Betrugsstrafbarkeit des E. „Der Staat könne die Verletzung solcher Verträge, denen er die rechtliche Anerkennung versagt, nicht strafrechtlich ahnden." Es stelle einen „Widerspruch in sich selbst" dar, wenn derjenige als geschädigt angesehen wird, der um eine Gegenleistung getäuscht wurde, auf die er keinen Rechtsanspruch hatte. Vielmehr müssten diejenigen, die sich auf derartige Rechtsgeschäfte einlassen, wie jene behandelt werden, die ihr Vermögen im Bewusstsein mindern, „dass eine Gegenleistung im Rechtssinne unmöglich war [...]".[39]

In einem weiteren Urteil[40] lehnte das Reichsgericht einen Betrug aufgrund der Sittenwidrigkeit des zugrunde liegenden Vertrages ab. Anwalt E ließ sich von einem Ehepaar L mehr Geld als das abgesprochene Honorar zahlen indem er vortäuschte, er müsse die gegnerischen Anwälte mit diesem zusätzlichen Geld bestechen. Das Rechtsgeschäft, aufgrund dessen L dem E mehr als ursprünglich vereinbart zahlten, war als Verstoß gegen die guten Sitten i. S. d. § 138 BGB nichtig und damit die Rückforderung nach § 817 S. 2 BGB ausgeschlossen. Daher urteilte das Reichsgericht, dass das Ehepaar „nicht durch die aufgrund des nichtigen Geschäfts erfolgte Hingabe des Geldes [im Rechtssinne] beschädigt sein" könne und verneinte eine Betrugsstrafbarkeit des E.[41]

In einem weiteren Fall[42] hatte das Gericht über den strafrechtlichen Vermö-

39 RG, Urt. v. 03.07.1903 - 937/03, RGSt 36, 334, 343.

40 RG, Urt. v. 03.05.1904 - 1851/04, RGSt 37, 161, „Vermeintlich bestechender Anwalt".

41 RG, Urt. v. 03.05.1904 - 1851/04, RGSt 37, 161, „Vermeintlich bestechender Anwalt".

42 RG, Urt. v. 27.04.1889 - 694/89, RGSt 19, 186, „Kauf einer nichtigen Forderung", dem folgender Sachverhalt zugrunde lag: Zwei Prostituierte häuften beim Zuhälter E Schulden an. Die aus dem (zu dieser Zeit noch, vgl. zur heutigen rechtlichen Bewertung unten, 3. Kapitel BII) sittenwidrigen Geschäft stammenden Forderungen trat E an einen anderen Zuhälter L gegen Bezahlung ab mit der Absprache, dass die Prostituierten nun für L arbeiten und ihm die Schulden bezahlen sollten. Dies taten die Prostituierten, wie mit E von Beginn

gensschutz von rechtmäßig besessenem Geld, das täuschungsbedingt für die Übertragung einer aus einem unsittlichen Geschäft stammenden Forderung geleistet wurde, zu entscheiden. Es sei nur das Vermögen geschützt, das sich innerhalb geschützter Rechtsgüter bewegt und somit nicht „jede Beschädigung oder Entziehung von Vermögenswerten, an denen dem Benachteiligten ein Recht nicht zusteht [...]“ geschützt sei. Dies gelte auch für an sich rechtlich geschütztes Vermögen, das aber vom Getäuschten eingesetzt wird eine illegale Gegenleistung zu erhalten. Die Benachteiligung liege nicht in der „Aufwendung an sich, sondern lediglich in der Nichtgewährung des versprochenen Äquivalentes“. Daher widerspreche es sich, wenn in solchen Fällen das Ausbleiben des Äquivalents als Vermögensbeschädigung gesehen wird, obwohl der Getäuschte keinen Rechtsanspruch auf die fragliche rechtswidrige Gegenleistung gehabt habe. Ein Wille, der auf Erlangung einer rechtlich unmöglichen Leistung gerichtet ist, könne weder zivilrechtlich noch strafrechtlich als ein rechtlicher und rechtlich verletzbarer Wille anerkannt werden.[43]

In einem aus dem Ende des 19. Jahrhunderts stammenden Falls[44] befasste sich das Reichsgericht mit der Frage, ob der Leistende L, der Falschgeld vom Leistungsempfänger E kaufen wollte, einen Vermögensschaden erlitt, weil er den vereinbarten Kaufpreis an E zahlte, ohne anschließend das versprochene Falschgeld zu erhalten. Das Reichsgericht entschied, dass L keinen rechtlich begründeten Anspruch auf Erfüllung der Gegenleistung erlangt und durch das Ausbleiben der Erfüllung der Leistung aus diesem Anspruch auch keinen Vermögensnachteil im Rechtssinne erfahren habe. Neben der Ablehnung der Vermögensbeschädigung sei auch der Tatbestand des Betrugs we-

an abgesprochen, jedoch nicht. Das Gericht lehnte eine Betrugsstrafbarkeit ab und wies darauf hin, dass der Tatbestand des Betruges einen Eingriff in das rechtlich geschützte Eigentum anderer voraussetzt.

43 RG, Urt. v. 27.04.1889 - 694/89, RGSt 19, 186, 191.

44 RG, Urt. v. 30.10.1890 - 2222/90, RGSt 21, 161, „Kauf von Falschgeld“.

gen mangelnder Täuschung nicht erfüllt. Wenn L gewusst hätte, dass E nicht leistet und er dennoch gezahlt hätte, wäre L als nicht in seinem Vermögen geschädigt anzusehen. So müsse der Fall auch gehandhabt werden, wenn L in dem Bewusstsein leistete, dass ihm kein Anspruch auf die Gegenleistung zustand. Das Bewusstsein des L wäre in beiden Fällen dasselbe gewesen: Er leistete mit dem Wissen, keinen rechtlichen Anspruch auf die Gegenleistung zu haben.[45]

In allen dargestellten Urteilen wurde ein Betrug des Leistungsempfängers E zu Lasten des Leistenden L im Rahmen von illegalen Geschäften verneint. Der potentielle Vermögensschaden liege nicht in der Aufwendung an sich, sondern in dem Ausbleiben der Gegenleistung. Da dem Getäuschten in allen Fällen aufgrund der Nichtigkeit des zugrunde liegenden Geschäftes kein Anspruch auf die Gegenleistung zugestanden habe, könne dieser auch nicht durch das Ausbleiben der Erfüllung dieses Anspruches in seinem Vermögen geschädigt worden sein. Nur diese Deutung vermeide einen Widerspruch zu den zivilrechtlichen Wertungen. Die Rechtsprechung ging zu dieser Zeit von einem juristischen Vermögensbegriff aus, bei dem nur Leistungen, die auf einem subjektiven Recht beruhen, Bestandteil strafrechtlich geschützten Vermögens sein können. Das Reichsgericht verlangte stets, dass ein Vermögensschaden „im Rechtssinne" und nicht im wirtschaftlichen Sinne vorliegen müsse. Zum anderen wurde in einigen Fällen bereits das Vorliegen einer Täuschung in Frage gestellt. Derjenige, der wissentlich leistet, obwohl er um die Nichtigkeit des Geschäfts und somit die Nichtdurchsetzbarkeit des Anspruchs weiß, kann nicht als getäuscht angesehen werden. Er schädige sich bewusst selbst.

45 RG, Urt. v. 30.10.1890 - 2222/90, RGSt 21, 161, 162 f „Kauf von Falschgeld".

2 Der Wandel der Rechtsprechung, RG, Beschl. v. 14.12.1910 – 1214/10 – RGSt 44, 230, „Grundsatzentscheidung"

Der Reichsgerichtsbeschluss aus dem Jahr 1910 ist eine Zäsur, die als „Grundsatzentscheidung" für die bis heute ausgeübte Rechtsprechung gesehen werden kann. [46] Ähnlich wie im Fall „Kauf von untauglichen Abtreibungsmitteln Nr. 1"[47] vereinbarte L mit E ihr ein taugliches Abtreibungsmittel zu verkaufen. L zahlte E den vereinbarten Kaufpreis von 10 Mark,[48] tatsächlich handelte es sich aber um ein unbrauchbares Pulver mit einem Verkaufswert von nur 30–40 Pfennig. Das Reichsgericht bejahte anders als noch zuvor trotz der Sittenwidrigkeit der zugrunde liegenden Vereinbarung die Betrugsstrafbarkeit des E zu Lasten der L nach § 263 StGB. Damit wandte sich das Gericht vom juristischen Vermögensbegriff ab und vertrat einen wirtschaftlichen Vermögensbegriff. Die Begründung für den Wechsel wird wegen seiner bis heute andauernden Bedeutung im nachfolgenden Abschnitt umfassend erläutert.

a Berechnung des Vermögensschadens nach wirtschaftlichen Verhältnissen

Das Reichsgericht stimmte den zuvor ergangenen Entscheidungen dahingehend zu, dass L aufgrund der Nichtigkeit des Kaufvertrages nach § 138 BGB keinen Anspruch auf die Erfüllung der Gegenleistung erlangt habe. Jedoch sei unstrittig, dass L tatsächlich eine Minderung ihres Vermögens erfahren haben. Die bisherige Rechtsprechung forderte, dass die tatsächlich eingetretene Vermögensminderung auch im rechtlichen Sinne vorliegen muss, was

46 RG, Beschl. v. 14.12.1910 – 1214/10, RGSt 44, 230.

47 RG, Urt. v. 03.07.1903 – 937/03, RGSt 36, 334.

48 RG, Beschl. v. 14.12.1910 – 1214/10, RGSt 44, 230 f.

zu einem Auseinanderfallen des Schadens im tatsächlichen und im rechtlichen Sinne führte. Daher sei der Begriff „des rechtlich geschützten Vermögens irreführend“ und nicht mehr zu verwenden, denn er „erwecke die Vorstellung, als gebe es auch ein Vermögen, das rechtlich nicht geschützt sei. Dies aber wäre ein Widerspruch in sich selbst, da dasjenige, was dem Vermögen einer Person angehört und was Bestandteil ihres Vermögens ist, unter allen Umständen rechtlichen Schutz genießt.“[49]

Die vereinigten Strafsenate entschieden, dass stattdessen der Vermögensbegriff einer aus dem „wirtschaftlichen Leben“ sein müsse, Vermögen sei „wirtschaftliche Macht“. Alles „was für die wirtschaftlichen Verhältnisse einer Person Wert hat, [...] [dies sei] somit ein Inbegriff von Werten, oder, da im System der Geldwirtschaft jeder Wert in Geld ausgedrückt werden kann: die Summe der geldwerten Güter einer Person.“

Schließlich fordere der Tatbestand des Betruges nur, dass das Vermögen eines anderen geschädigt werde. „Für die Frage, wer der andere ist, komme für die strafrechtliche Seite eine untergeordnete Bedeutung zu. Der Schwerpunkt liegt auf der wirtschaftlichen Seite.“[50] Damit leitete das Reichsgericht eine grundlegende Wendung im Verständnis des bisherigen Vermögensbegriffes ein. Diese Auffassung wird als neuer Maßstab für die nachfolgenden Entscheidungen herangezogen und es wird überprüft, ob auch die neuere Judikatur an diesen Grundsätzen festhält.

Der Ansicht, dass Vermögen sich nach wirtschaftlichen und nicht nach juristischen Verhältnissen bemisst, hat sich die heutige Strafrechtswissenschaft angeschlossen. Es wird nicht mehr bezweifelt, dass der Vermögensschaden nach wirtschaftlichen Verhältnissen berechnet wird.[51] Umstritten

49 RG, Beschl. v. 14.12.1910 - 1214/10, RGSt 44, 230, 232.

50 RG, Beschl. v. 14.12.1910 - 1214/10, RGSt 44, 230, 233 f.

51 Vgl. auch BVerfG, Beschl. v. 23.06.2010 - 2 BvR 2559/08, BVerfGE 126, 170, 211 f.; BVerfG, Beschl. v. 07.12.2011 - 2 BvR 2500/09, BVerfGE 130, 1, 47 f.

ist lediglich, ob rechtlich bemakelte Vermögensbestandteile aus dem strafrechtlichen Vermögensschutz ausgenommen werden sollten. Inwieweit diese Diskussion auch Eingang in die Rechtsprechung erfährt, wird parallel zur Rechtsprechungsanalyse im Folgenden dargelegt.

Des weiteren stellte das Reichsgericht fest, dass der Vermögensschaden nicht wie bisher angenommen im Ausbleiben der Gegenleistung, sondern bereits in der Aufwendung „an sich" liegt. Jede Leistung, die aufgrund einer Täuschung erbracht wird, ist eine Minderung des Vermögens, solange nicht für das Hingegebene ein gleichwertiger Ersatz erlangt wird. Die Ansicht, dass ein nach materiellem Recht nicht bestehender Anspruch auch kein Bestandteil des Vermögens sein und daher nicht durch Betrug entzogen werden kann, sei zu streng. Es komme nicht auf das Ausbleiben der Gegenleistung, sondern bereits auf die Hingabe der Leistung an. Damit ist nach der neueren Rechtsprechung des Reichsgerichtes für das Vorliegen eines Schadens maßgebend, dass der Getäuschte zu einer für ihn wirtschaftlich sinnlosen vermögensmindernden Verfügung veranlasst wurde.[52]

b Der vermeintliche Verstoß gegen die Einheit der Rechtsordnung

Es ist umstritten, ob eine Betrugsstrafbarkeit in den hier genannten Fällen zu Widersprüchen der Rechtsordnung führt.[53] In früheren Entscheidungen des Reichsgerichtes wurde vertreten, dass der Staat die Verletzung von Ver-

52 So auch *Lackner*, in: LK StGB, 10. Aufl. 1988, § 263 Rn. 242; Wessels/Hillenkamp/Schuhr, StrafR BT 2, § 13 Rn. 596; *Zieschang*, in: FS Hirsch, 831, 845.

53 Bejahend frühere Entscheidungen, RG, Urt. v. 27.04.1889 - 694/89, RGSt 19, 186, 190 ff.; RG, Urt. v. 30.10.1890 - 2222/90, RGSt 21, 161; RG, Urt. v. 14.11.1893 - 2250/93, RGSt 24, 408; RG, Urt. v. 20.06.1896 - 1877/98, RGSt 27, 300; RG, Urt. v. 03.07.1903 - 937/03, RGSt 36, 334; RG, Urt. v. 03.05.1904 - 1851/04, RGSt 37, 161.

trägen, denen er die rechtliche Anerkennung versagt, strafrechtlich nicht ahnden kann,[54] dies stelle einen Widerspruch in sich selbst dar. Das Zivilrecht erklärt nach §§134 und 138 BGB solche Vereinbarungen für nichtig und lässt damit keine Schadensersatzansprüche zu. Aus den Wertungen ergebe sich der zivilrechtliche Wille, solchen Geschäften keinen Schutz zu bieten. Um Wertungswidersprüche im System der Gesamtrechtsordnung zu vermeiden, dürfe das Geleistete in solchen Geschäften auch im Strafrecht nicht geschützt werden.[55]

Der vermeintliche Verstoß gegen die Einheit der Rechtsordnung wird ebenfalls von großen Teilen der Strafrechtswissenschaft bis heute als fundamentales Argument gegen einen rein wirtschaftlichen Vermögensbegriff angeführt.[56] Es wäre „grotesk", wenn das Zivilrecht Rechtsgeschäften die Verbindlichkeit versage, die gegen ein Strafgesetz verstoßen, dann aber das Strafrecht die aus diesem nichtigen Vertrag stammenden „gegenseitigen Ansprüche" schütze.[57] An anderer Stelle wird die Frage aufgeworfen, ob dies nicht eine „Antinomie des Rechts" sei.[58] Würde das Strafrecht dieses Vermögen schützen, käme es zu unauflösbaren Wertungswidersprüchen im System der Gesamtrechtsordnung.[59]

Dieses Argument ist einer der wesentlichen Gründe für die Entwicklung der juristisch-ökonomischen Lehre. Diese geht zwar auch von einem

54 RG, Urt. v. 27.04.1889 - 694/89, RGSt 19, 186; RG, Urt. v. 03.07.1903 - 937/03, RGSt 36, 334; RG, Urt. v. 03.05.1904 - 1851/04, RGSt 37, 161.

55 RG, Urt. v. 03.05.1904 - 1851/04, RGSt 37, 161.

56 *Cramer*, JuS 1966, 472, 475; *Eisele*, StrafR BT II, Rn. 606; *Freund/Bergmann*, JR 1991, 357; *Gallas*, in: FS Eb. Schmidt, S. 401, 408 f.; *Hoyer*, in: SK StGB, § 263 Rn. 105; *Lackner*, in: LK StGB, 10. Aufl. 1988, § 263 Rn. 123; *Perron*, in: S/S StGB, § 263 Rn. 83; *Rengier*, StrafR BT I, § 13 Rn. 140, 150; *Satzger*, in: S/S/W StGB, § 263 Rn. 152; Wessels/Hillenkamp/Schuhr, StrafR BT 2, § 13 Rn. 562 f.; a.A.; *Saliger*, in: M/R StGB, § 263 Rn. 178.

57 *Cramer*, JuS 1966, 472, 475; vgl. auch *Mitsch*, StrafR BT 2, S. 277 ff., der darin eine „Pervertierung des Strafrechtes" sieht.

58 *Lenckner*, JZ 1967, 105, 107.

59 Vgl. *Perron*, in: S/S StGB, § 263 Rn. 83, mwN.

wirtschaftlichen Vermögensbegriff aus, korrigiert diesen jedoch normativ und ergänzt ihn durch rechtliche Zuordnungskriterien, um die Einheit der Rechtsordnung zu gewährleisten. Danach zählt zum Vermögen nur das, was von der Rechtsordnung nicht missbilligt wird[60] und unter dem Schutz der Rechtsordnung steht.[61]

Die Vertreter der juristisch-ökonomischen Lehre sind sich hinsichtlich des Umfangs des strafrechtlichen Schutzes von rechtmäßig besessenen Zahlungsmitteln (sogenanntes „gutes Geld"), die für einen illegalen Zweck eingesetzt werden, uneinig. Zum Teil wird dieser bejaht,[62] da Eigentum und Besitz von der Rechtsordnung anerkannt und als Vermögensbestandteile geschützt sind, unabhängig davon, welcher Zweck durch den Einsatz des „guten Geldes" erreicht wird.[63] Die gegenteilige Ansicht gewährt auch „gutem Geld" keinen strafrechtlichen Schutz. Zum einen verstoße der strafrechtliche Schutz aufgrund der zivilrechtlichen Unwirksamkeit gegen die Einheit der Rechtsordnung. Zum anderen wird der strafrechtliche Vermögensschutz abgelehnt, da eine bewusste Selbstschädigung in diesen Fällen vorliegt, die den Betrugstatbestand ausschließt.[64] Der Verstoß gegen die Einheit der Rechts-

60 *Cramer* JuS 1966, 472, 475; *Lackner*, in: LK StGB, 10. Aufl. 1988, §263 Rn. 123,132; *Lenckner*, JZ 1967, 105, 107; *Perron*, in: S/S StGB, §263 Rn. 82 ff., 150; *Saliger*, in: M/R StGB, §263 Rn. 159; *Satzger*, in: S/S/W StGB, §263 Rn. 152; *Tiedemann*, in: LK StGB, §263 Rn. 132; *Wessels/Hillenkamp/Schuhr*, BT 2, §13 Rn. 563.

61 *Foth*, GA 1966, 33, 42; *Franzheim*, GA 1960, 269, 270; *Gallas*, in: FS Eb. Schmidt, 401, 408 ff.; *Mitsch*, StrafR BT 2, S. 307; *Rengier*, StrafR BT I, §13 Rn. 140.

62 *Dölling*, JuS 1981, 570, 571 f.; *Engländer* JR 2003, 163, 165; *Hillenkamp*, JuS 2014, 924, 929 f.; *Heger*, in: Lackner/Kühl/Heger StGB, §263 Rn. 34; *Neumann*, JuS 1993, 746, 749; *Otto*, Jura 1993, 424, 425 f.; *Rengier*, StrafR BT I, §13 Rn. 168; *Saliger*, in: E/R/S/T, §263 Rn. 145; *Saliger*, in: M/R StGB, §263 Rn. 177 f.; *Satzger*, in: S/S/W StGB, §263 Rn. 172; *Tenckhoff*, JR 1988, 126, 127; Wessels/Hillenkamp/Schuhr, StrafR BT 2, §13 Rn. 595 f.; *Zieschang*, in: FS Hirsch, 831, 845 f.

63 *Rengier*, StrafR BT I, §13 Rn. 168.

64 Den Vermögensschutz von sog. „gutem Geld" ablehnend, *Fischer*, StGB, §263 Rn. 108; *Fischer*, in: Vermögensschaden, S. 51, 55 f.; *Freund/Bergmann*, JR 1991, 357, 358; *Gaede*, in: AnwaltKommentar StGB, §263 Rn. 83; *Hecker*, JuS 2001, 228, 232; *Hoyer*, in: SK StGB, §263 Rn. 131 ff.; *Kindhäuser/Wallau*, NStZ 2003, 152, 153 f.; *Kölbel*, in: Hdb. Wirtschaftsstrafrecht, Teil 5, 1. Kap. Rn. 84; *Maiwald*, NJW 1981, 2777, 2780 f.; Maurach/Schroeder/

ordnung wird oftmals damit begründet, dass das geleistete Zahlungsmittel nicht durch das Zivilrecht geschützt sei, da die Kondiktion wegen §817 S.2 BGB gesperrt ist und somit keine Ansprüche auf Rückforderung bestehen.[65] Die zivilrechtlichen Ansprüche werden häufig in der Literatur nicht genauer geprüft, obwohl sie als zentrales Argument für den Vorwurf des Verstoßes gegen die Einheit der Rechtsordnung dienen. Warum das so ist, kann ein tiefergehender Blick in die zivilrechtliche Rechtslage klären.

i Prüfung zivilrechtlicher Ansprüche rechts- und sittenwidriger Rechtsgeschäfte

Ergebnis dieser Untersuchung ist, dass zivilrechtliche Wertungen nicht zwingend sämtliche Ansprüche auf Rückforderung des Geleisteten versagen. Dies führt zu der Frage, ob dann weiterhin von einem systemwidrigen Wertungswiderspruch gesprochen werden kann, wenn das Strafrecht Vermögenswerte schützt, die einer vermeintlichen zivilrechtlichen Wertung widersprechen. Nachfolgend wird untersucht, ob überhaupt eine Einheit zwischen dem Zivil- und Strafrecht bestehen muss oder ob die Rechtsgebiete aufgrund ihrer unterschiedlichen Funktionen durchaus zu unterschiedlichen Wertungen kommen können und auch sollen.

Zunächst wird geklärt, ob der Leistende, der dem Leistungsempfänger (täuschungsbedingt) Geld zur Erreichung eines illegalen Zweckes zahlt, einen zivilrechtlichen Anspruch auf die versprochene Gegenleistung hat. Die Grundsatzentscheidung des Reichsgerichtes basiert auf dem Erwerb von

Maiwald/Hoyer/Momsen, StrafR BT 1, § 41 Rn. 98 ff.; *Mitsch*, Straf R BT 2, S. 310; *Perron*, in: S/S StGB, § 263 Rn. 93, 150; *Waszczynski*, JA 2010, 251, 253 f.

65 RG, Urt. v. 03.07.1903 - 937/03, RGSt 36, 334, 343; RG, Urt. v. 03.05.1904 - 1851/04, RGSt 37, 161; RG, Urt. v. 27.04.1889 - 694/89, RGSt 19, 186, 191; RG, Urt. v. 30.10.1890 - 2222/90, RGSt 21, 161, 162 f.

Abtreibungsmitteln.[66] Dieses Rechtsgeschäft verstieß gegen die guten Sitten im Sinne von §138 BGB und hat damit die Nichtigkeit des (Kauf-)Vertrages zur Folge. Daraus folgt, dass keine vertraglichen Ansprüche auf Gegenleistung, beispielsweise auf Übergabe und Übereignung der Kaufsache nach §433 Abs.1 BGB, bestehen. Der Getäuschte hat mangels eines wirksamen vertraglichen Schuldverhältnisses auch keine Mängel- und Gewährleistungsansprüche.[67] Daneben besteht ebenfalls kein Schadensersatzanspruch aus einem vorvertraglichen Schuldverhältnis (*culpa in contrahendo* gemäß §§280 Abs.1, 311 Abs.2, §241 Abs.2 BGB). Nichtige Verträge können zwar eine Sonderverbindung im Sinne des §311 Abs.2 Nr. 3 Abs.3 BGB darstellen, jedoch nicht wenn der Vertrag von der Rechtsordnung missbilligt wird. Keiner der beiden Vertragspartner ist schutzwürdig, wenn beide Seiten sich durch die Erreichung des Zweckes strafbar machen würden. Auch in Fällen, in denen die Kondiktion durch §817 S.2 BGB gesperrt ist, wird ein Ausschluss einer Sonderverbindung angenommen.[68] Dies trifft auf die hier genannten Vereinbarungen zu. Ebenso scheidet ein vertragsähnlicher Anspruch auf Aufwendungsersatz nach den Regeln der Geschäftsführung ohne Auftrag gemäß §§670, 677, 683 S.1 BGB aus. Abgesehen von der Frage, ob eine solche Geschäftsführung überhaupt in Fällen von unwirksamen Vertragsvereinbarungen anwendbar ist,[69] wäre sie in der hier besprochenen Fallgruppe ohnehin nicht einschlägig. Aufwendungen, die aufgrund einer verbotenen oder sittenwidrigen Handlung getätigt werden, dürfen nicht im

66 RG, Beschl. v. 14.12.1910 – 1214/10, RGSt 44, 230.

67 Dieser Gedanke, lässt sich auch auf andere illegale Rechtsgeschäfte übertragen. Auch ein Rechtsgeschäft, welches anstatt des Erwerbes von Abtreibungsmitteln bspw. auf den Erwerb genehmigungspflichtiger Drogen abzielt, ist nichtig gem. §134 BGB i.V.m. §§3 Abs.1 Nr.1, 29 Abs.1 S.1 Nr.1 BtMG. Auch die anderen dargestellten Fälle der ersten Fallgruppe verstoßen gegen §134 BGB und/oder §138 BGB und sind somit nichtig. Daher besteht auch in diesen Fällen weder ein Gegenleistungsanspruch noch ein Mängel- und Gewährleistungsanspruch.

68 *Krebs*, in: NK BGB, §311 Rn.101, §241 Rn. 31f.

69 Zustimmend BGH, Urt. v. 21.06.2012 – III ZR 291/11, NJW 2012, 3366; ablehnend *Schäfer*, in: MüKo BGB, §677 Rn.116ff.

Sinne des § 670 BGB für erforderlich gehalten werden.[70] Damit ist geklärt, dass dem Leistenden bei solchen Geschäften trotz Leistung seines vereinbarten Teils kein Anspruch auf Gegenleistung zusteht und er in Bezug auf die Gegenleistung zivilrechtlich schutzlos ist. Offen bleibt, ob etwaige Schadensersatz- oder Rückforderungsansprüche bestehen.

In Frage kommen bereicherungsrechtliche Ansprüche auf die Rückgabe des Geleisteten. Nach § 812 Abs. 1 S. 1 Alt. 1 BGB besteht ein Rückforderungsanspruch, wenn der Leistungsempfänger eine Leistung ohne Rechtsgrund vom Anspruchssteller erhält. In dieser Fallgruppe erhielten die Leistungsempfänger zumindest den unmittelbaren Besitz des Geldes, der eine vermögenswerte Leistung darstellt. Damit wären die ersten Voraussetzungen der *condictio indebiti*, § 812 Abs. 1 S. 1 Alt. 1 BGB erfüllt.[71] Wenn jedoch Leistender und Leistungsempfänger gegen ein gesetzliches Verbot oder gegen die guten Sitten verstoßen, schließt § 817 S. 2 BGB die Rückforderung des zur Erfüllung einer solchen Verbindlichkeit Geleisteten aus.[72] Mithin bestehen keine Ansprüche aus dem Bereicherungsrecht.

Schließlich könnten Ansprüche des Leistenden gegen den Leistungsempfänger auf Rückzahlung des Geldes aus dem Deliktsrecht bestehen. In Frage kommt ein Anspruch aus § 823 Abs. 2 BGB i. V. m. § 263 StGB auf Rückgabe des Geleisteten. Aufgrund des Ausnahmecharakters des § 817 S. 2 BGB greift dieser nicht außerhalb des Bereicherungsrechts, also auch nicht im Deliktsrecht.[73] Daraus folgt, dass dem Leistenden bei Vorliegen aller Anspruchsvoraussetzungen des § 823 Abs. 2 BGB i. V. m. § 263 StGB grund-

70 Vgl. nur *Schäfer*, in: MüKo BGB, § 670 Rn. 34, § 683 Rn. 30.

71 Medicus/Lorenz, SchuldR II BT, § 61 Rn. 11.

72 Medicus/Lorenz, SchuldR II BT, § 63 Rn. 12 f.

73 BGH, Urt. v. 14.06.1951 – IV ZR 37/50, NJW 1951, 643; BGH, Urt. v. 20.05.1964 – VIII ZR 56/63, BGHZ 41, 341, 439; BGH, Urt. v. 06.05.1965 – II ZR 217/62, BGHZ 44, 1, 6, 7; *Sprau*, in: Grüneberg BGB, § 817 Rn. 2, 12; differenzierend *Schwab*, in: MüKo BGB, § 817 Rn. 17.

sätzlich ein Anspruch auf Rückzahlung des Geldbetrages[74] zustehen könnte. Jedoch ist zu beachten, dass der deliktische Anspruch aus § 823 Abs. 2 BGB i. V. m. § 263 StGB nur besteht, wenn ein strafrechtlicher Betrug begangen wurde. Es würde zu einem Zirkelschluss führen, wenn im Rahmen der Diskussion, ob das zur Erfüllung eines illegalen Rechtsgeschäftes verwendete Vermögen strafrechtlich geschützt wird oder nicht, ein Verstoß gegen die Einheit der Rechtsordnung verneint würde, da ein Anspruch auf Rückforderung des Geleisteten aus § 823 Abs. 2 BGB i. V. m. § 263 StGB bestehe. Damit dieser Anspruch bestehen kann, muss zuerst der Betrug nach § 263 StGB verwirklicht worden sein, was aber gerade in Rede steht. Der deliktische Anspruch aus § 823 Abs. 2 BGB i. V. m. § 263 StGB kann also nicht dazu dienen, einen Verstoß gegen die Einheit der Rechtsordnung abzulehnen.[75]

In Frage kommt jedoch der oftmals in der Literatur nicht angesprochene Schadensersatzanspruch aus § 826 BGB. Er gewährt im Gegensatz zu § 823 Abs. 1 BGB, auch Schadensersatzansprüche, die das reine Vermögen umfassen.[76] Der Tatbestand des § 826 BGB ist erfüllt, wenn in einer gegen die guten Sitten verstoßenden Weise einem anderen ein Schaden vorsätzlich zugefügt wird.[77] Eine arglistige Täuschung stellt eine solche gegen die guten Sitten verstoßende Handlung dar und es könnte dem Getäuschten ein Schadensersatzanspruch aus § 826 BGB zustehen. Aufgrund des Aus-

74 Für den Fall, dass zuerst Betäubungsmittel oder sonstige verbotene Besitzpositionen, geleistet wurden, vgl. 1. Kapitel BI3.

75 Ebenfalls für zirkulär haltend *Kindhäuser/Wallau*, NStZ 2003, 152.

76 *Sprau*, in: Grüneberg BGB, § 826 Rn. 1; *Steffen*, in: BGB-RGRK, § 826 Rn. 1; *Teichmann*, in: Jauernig BGB, § 826 Rn. 6.

77 In der zivilrechtlichen Literatur lassen sich Ausführungen missen, ob zu illegalen Zwecken eingesetztes Vermögen vom Vermögensbegriff des § 826 BGB ausgenommen werden sollte. Vielmehr wird als Vermögensschaden jegliche nachteilige Auswirkung auf die Vermögenslage verstanden. Ausnahmen dazu werden soweit ersichtlich nicht thematisiert. Daher ist davon auszugehen, dass der Vermögensbegriff im Rahmen des § 826 BGB rein wirtschaftlich zu verstehen ist. Vgl. etwa BGH, Urt. v. 09.02.2009 – II ZR 292/07, BGHZ 179, 344; *Förster*, in: BeckOK BGB, § 826 Rn. 25.

nahmecharakters des § 817 S. 2 BGB steht dieser der Geltendmachung eines Schadensersatzanspruches aus § 826 BGB nicht entgegen.[78] Ein Anspruch aus § 826 BGB ist bei einem beiderseitigen Sittenverstoß ausgeschlossen.[79] In den hier zu besprechenden Fallgruppen liegt immer ein beiderseitiges sittenwidriges Rechtsgeschäft (wie der Handel mit Abtreibungsmitteln) vor. Darüber hinaus kommt durch die arglistige Täuschung ein weiterer einseitiger Sittenverstoß hinzu. Ob bei einer solchen Konstellation auch ein Schadensersatzanspruch aus § 826 BGB ausgeschlossen ist, wird in der Literatur kaum diskutiert.[80] In der Rechtsprechung hingegen wurde in einem vergleichbaren Fall ein Anspruch aus § 826 BGB angenommen, der im Folgenden kurz skizziert werden soll:[81]

E war in den Besitz eines gestohlenen Fahrzeuges gekommen, das er an L verkaufen wollte. Dafür ließ sich E Kfz-Papiere auf den Namen einer Phantasieperson anfertigen. Beim Abschluss des Kaufvertrags über das Fahrzeug fiel L der Unterschied zwischen dem Namen auf dem Kfz-Papier und dem E als Verkäufer auf und L kaufte das Fahrzeug zu einem weit unter dem Durchschnitt liegenden Preis. Wenig später fand der ursprüngliche Eigentümer sein Fahrzeug und konnte dieses von L nach § 985 BGB herausfordern.[82] L verlangte daraufhin von E Schadensersatz für den an E gezahlten Kaufpreis.

78 BGH, Urt. v. 14.06.1951 - IV ZR 37/50, NJW 1951, 643; BGH, Urt. v. 20.05.1964 - VIII ZR 56/63, BGHZ 41, 341, 349; BGH, Urt. v. 06.05.1965 - II ZR 217/62, BGHZ 44, 1, 6, 7; BGH, Urt. v. 09.10.1991 - VIII ZR 19/91, NJW 1992, 310, 311; *Sprau*, in: Grüneberg BGB, § 817 Rn. 12; *Stadler*, in: Jauernig BGB, § 817 Rn. 9; *Wagner*, in: MüKo BGB, § 826 Rn. 61.

79 *Ellenberger*, in: Grüneberg BGB, § 138 Rn. 22; *Wendtland*, in: BeckOK BGB, § 138 Rn. 9.

80 Diesen Fall diskutiert *Spickhoff*, JZ 2002, 970 f., jedoch ohne näher auf das Problem des Ausschlusses von Schadensersatzansprüchen im Falle beiderseitigen Sittenwidrigkeit einzugehen.

81 BGH, Urt. v. 09.10.1991 - VIII ZR 19/91, NJW 1992, 310, 310.

82 Eine Eigentumsübertragung von E an L sei nicht nur aufgrund von § 935 Abs. 1 BGB gescheitert, sondern auch wegen der mangelnden Gutgläubigkeit im Sinne des § 932 BGB von L. L hätte aufgrund der Kaufumstände und der unterschiedlichen Namen Nachforschungen bezüglich des Eigentümers betreiben müssen.

Ein Kondiktionsanspruch ist wegen § 817 S. 2 BGB aufgrund der Sittenwidrigkeit des Hehlergeschäftes ausgeschlossen. Nach Ansicht des BGH greift § 817 S. 2 BGB auch, wenn der Leistende den Gesetzesverstoß oder die Sittenwidrigkeit hätte erkennen müssen. Erfolg hatte L hingegen mit einem Schadenersatzanspruch nach § 826 BGB. Das leichtfertige Verkennen der Herkunft des Fahrzeuges lasse weder die Sittenwidrigkeit des Vorgehens des E noch dessen Ursächlichkeit für den eingetretenen Schaden entfallen. Auch wirke sich dies nicht anspruchsmindernd im Rahmen eines Mitverschuldens im Sinne von § 254 BGB aus.[83]

Die Entscheidung zeigt, dass im Fall beiderseitiger Sittenwidrigkeit zwar bereicherungsrechtliche Ansprüche über § 817 S. 2 BGB ausgeschlossen werden können, aber der deliktische Anspruch nach § 826 BGB dennoch gegeben sein kann. Auch eine weitere nur einseitig hinzukommende sittenwidrige Handlung (die arglistige Täuschung) reicht aus, um den Anwendungsbereich des § 826 BGB wieder zu eröffnen,[84] denn der Schaden resultiert nicht allein aus der Sittenwidrigkeit des gesamten Vertrages, sondern auch aus der weiteren einseitigen (sittenwidrigen) Täuschungshandlung. Der BGH bejahte die Erfüllung des Tatbestandes allein mit der Feststellung des Vorliegens einer arglistigen Täuschung. Das zusätzlich rechtswidrige Verhalten der einen Partei macht die andere schutzbedürftiger. Auch problematisierte der BGH nicht, ob ein Schaden trotz des Hehlergeschäftes vorliegt, sondern nahm diesen vielmehr problemlos nach der Differenzhypothese an. Es ist festzustellen, dass die Kaufpreiszahlung des Getäuschten auch bei einem illegalen Geschäft über § 826 BGB geschützt ist.[85]

83 BGH, Urt. v. 09.10.1991 – VIII ZR 19/91, NJW 1992, 310, 311.

84 Im Ergebnis ebenfalls, *Schwab*, in: MüKo BGB, § 817 Rn. 17, wonach § 826 BGB anwendbar sei, wenn dem Schädiger ein überwiegender Unrechtsgehalt zur Last fällt.

85 Den Schadensersatzanspruch auch bejahend: *Engländer*, JR 2003, 163, 165; *Saliger*, in: M/R StGB, § 263 Rn. 178; *Spickhoff*, JZ 2002, 970, 973 f., 977; Wessels/Hillenkamp/Schuhr, StrafR BT 2, § 13 Rn. 595.

Neben dem deliktischen Anspruch könnte auch ein Anspruch auf Herausgabe des gezahlten Geldes aus § 985 BGB bestehen, was im Schrifttum ebenfalls oftmals unerwähnt bleibt.[86] Die dafür notwendige Vindikationslage kann aber nur bestehen, wenn der Leistungsempfänger nach § 929 ff. BGB nicht bereits selbst Eigentümer des geleisteten Geldes wurde. Dies könnte der Fall sein, wenn die Nichtigkeit des Verpflichtungsgeschäfts nicht auf das Erfüllungsgeschäft durchschlagen würde, wie dies von einem Teil der Literatur vertreten wird.[87] Die Rechtsprechung sowie andere Vertreter der Strafrechtswissenschaft bejahen hingegen in solchen Fällen auch eine Nichtigkeit des dinglichen Geschäftes, wenn die „verletzte Rechts- oder Sozialmoral in der konkreten Situation gerade die dingliche Rechtsänderung selbst hindern will".[88] Da die Illegalität in den hier besprochenen Fällen nicht nur in den Umständen des Geschäftes, sondern insbesondere auch in der Erfüllung der Vereinbarung zu sehen ist, wird auch das Verfügungsgeschäft nichtig.[89] Mithin wäre der Leistende des Geldes weiterhin Eigentümer des Zahlungsmittels, sofern dieses nicht bereits aufgrund gesetzlichen Eigentumsübergangs nach §§ 948, 947 Abs. 2 BGB[90] oder gutgläubigen Eigentumserwerbs nach

86 Hingegen angesprochen von Wessels/Hillenkamp/Schuhr, StrafR BT 2, § 13 Rn. 595, § 18 Rn. 760; *Spickhoff*, JZ 2002, 970; *Engländer*, JR 2003, 163, 165; vgl. bzgl. weiterer zivilrechtlicher Ansprüche, *Saliger*, in: M/R StGB, § 263 Rn. 178.

87 Medicus/Lorenz, SchuldR II BT, § 63 Rn. 23; *Schwab*, in: MüKo BGB, § 817 Rn. 19, mwN.

88 BGH, Urt. v. 04.11.1982 - 4 StR 451/82, BGHSt 31, 145.

89 BGH, Urt. v. 04.11.1982 - 4 StR 451/82, BGHSt 31, 145, 147; BGH, Urt. v. 03.11.1953 - I ZR 155/52, BGHZ 11, 59, 61 f.; BGH, Urt. v. 25.03.1993 - IX ZR 192/92, BGHZ 122, 115; *Armbrüster*, in: MüKo BGB, § 134 Rn. 16 f.; *Gursky*, in: Staudinger BGB, 2013, § 985 Rn. 122; Medicus/Lorenz, SchuldR II BT, § 63 Rn. 24; *Thole*, in: Staudinger BGB, § 985 Rn. 265; differenzierend *Zimmermann*, JR 1985, 48, 51; Das Verfügungsgeschäft ist hingegen nicht unwirksam, wenn die Übereignung von Geld aufgrund eines sittenwidrigen Prostitutionsvertrages erfolgt. Die Prostituierte erwirbt daher das Eigentum, an dem für die sexuellen Dienstleistungen gezahlten Entgelt, vgl. BGH, Urt. v. 07.05.1953 - 3 StR 485/52, NJW 1954, 1292; vgl. ausf. hinsichtlich sittenwidriger Rechtsgeschäfte *Lichenthäler*, Besitzverbot und Eigentumsschutz, S. 121 ff.

90 Eine Vermengung führe zu einem gesetzlichen Eigentumsübergang des Geldes nach, § 947, 948 BGB, vgl. *Füller*, in: MüKo BGB, § 947 Rn. 8 ff., § 948 Rn. 7.

§ 929, 932 ff. BGB auf einen Dritten überging. Solang der Leistungsempfänger des Zahlungsmittels auch noch in dessen Besitz ist, könnte eine Vindikationslage gegeben sein. Aufgrund der Nichtigkeit des zugrundeliegenden Vertrages fehlt es dem Erwerber auch an einem (abgeleiteten) Recht zum Besitz. Folglich könnte ein Herausgabeanspruch gemäß § 985 BGB bestehen.

Falls die Nichtigkeit auch das Erfüllungsgeschäft betrifft und eine Vindikationslage gegeben ist, folgt die Frage, ob der Herausgabeanspruch nach § 985 BGB durch § 817 S. 2 BGB eingeschränkt werden sollte. Dies wird von einem großen Teil der Strafrechtswissenschaft im Hinblick auf den Zweck des § 817 S. 2 BGB bejaht.[91] Als Argument für eine Analogie des § 817 S. 2 BGB auf § 985 BGB wird angeführt, dass es andernfalls zu Wertungswidersprüchen kommt. Es kann eine Konstellation entstehen, in der ein Rückforderungsanspruch nach § 985 BGB ausgeschlossen ist, wenn nur das Verpflichtungsgeschäft nichtig ist. Wäre hingegen der Verstoß so schwerwiegend, dass auch das dingliche Geschäft nichtig wird, würde ein Rückforderungsanspruch weiterhin bestehen.[92] Besonders dann sollten die Wertungen des § 817 S. 2 BGB angewandt und ein Rechtsschutz für den Leistenden versagt werden.

Die Rechtsprechung und Teile des Schrifttums lehnen richtigerweise eine analoge Anwendung des § 817 S. 2 BGB auf Vindikationsansprüche ab. Da sich kein allgemeiner Rechtsgedanke aus dem § 817 S. 2 BGB ableiten lässt, findet die Norm aufgrund ihres Straf- und Ausnahmecharakters außerhalb des Bereicherungsrechts keine Anwendung und damit auch nicht auf Herausgabeansprüche im Eigentümer-Besitzer-Verhältnis.[93] Zwar sind die

91 *Hecker*, JuS 2001, 228, 231; *Gursky*, in: Staudinger BGB, 2013, § 985 Rn. 122; *Jerger*, NZBau 2014, 415, 419; *Stadler*, in: Jauernig BGB, § 817 Rn. 9; *Thole*, in: Staudinger BGB, § 985 Rn. 268; vgl. *Schwab*, in: MüKo, BGB, § 817 Rn. 18 für weitere Nachweise.

92 *Stadler*, in: Jauernig BGB, § 817 Rn. 9.

93 BGH, Urt. v. 14.06.1951 – IV ZR 37/50, NJW 1951, 643, 643; BGH, Urt. v. 20.11.1953 – V

Argumente, den § 817 S. 2 BGB analog auch auf Ansprüche aus § 985 BGB anzuwenden nachvollziehbar, jedoch sollte der Wille des Gesetzgebers nicht leichtfertig durch Analogien umgangen werden. Eine Analogie erfordert neben einer vergleichbaren Interessenlage als Grundvoraussetzung eine planwidrige Regelungslücke,[94] die aufgrund der umfassenden Regelungen im Eigentümer-Besitzer-Verhältnis der §§ 987 ff. BGB nicht gesehen werden kann. Überdies fehlt es ebenfalls an einer vergleichbaren Interessenlage. Im Bereicherungsrecht muss lediglich „Etwas“ geleistet werden. Im Rahmen der dinglichen Ansprüche sind hingegen nur Sachen, die im Eigentum des Herausfordernden stehen, betroffen, das nicht zuletzt durch Art. 14 GG einen besonderen Schutz erfährt. Die analoge Anwendung des § 817 S. 2 BGB auf dingliche Ansprüche hätte daher zur Folge, dass der Eigentümer trotz bestehender Vindikationslage sein Eigentum nicht zurück fordern kann, was faktisch einer „Enteignung“ gleichkommt. Damit würde sich die Auswirkung einer Anwendung des § 817 S. 2 BGB auf dingliche Ansprüche deutlich zu denen des Bereicherungsrechtes unterscheiden. Daher kann zwischen dem Bereicherungsrecht und dem Eigentümer-Besitzer-Verhältnis keine vergleichbare Interessenlage gesehen werden. Vielmehr ist davon auszugehen, dass der Gesetzgeber § 817 S. 2 BGB bewusst nur als eng umgrenzte Ausnahmeregelung statuieren wollte. Man könnte sogar noch einen Schritt weiter gehen und das Argument der Analogie des § 817 S. 2 BGB auf dingliche Ansprüche *ad absurdum* führen. Weil weiterhin die dinglichen Ansprüche bestehen, die das Eigentum schützen, legitimiert dies gerade, dass § 817 S. 2 BGB uneingeschränkt die Leistungskondiktion ausschließen kann. Eine analoge Anwendung des § 817 S. 2 BGB ist daher abzulehnen. Auch in den Fällen der hier besprochenen ersten Fallgruppe kann ein Anspruch auf die Herausgabe der geleisteten Sache nach § 985 BGB bestehen.

ZR 124/52, BGHZ 11, 90; BGH, Urt. v. 08. 01. 1975 – VIII ZR 126/73, BGHZ 63, 365; *Schlothauer/Borggreve*, DB 1983, 1344, 1346; *Engländer*, JR 2003, 164, 165.

94 Ständige Rspr., BGH, Beschl. v. 09. 01. 2019 – VIII ZR 26/17, NJW-RR 2019, 332, 333; BGH, Urt. v. 14. 12. 2016 – VIII ZR 232/15, BGHZ 213, 136, 136 mwN.

Mit Blick auf die dargestellten Ergebnisse lässt sich ein fehlender zivilrechtlicher Schutz nicht bestätigen. Zwar bestehen keine Primärleistungsansprüche, jedoch kann unter den genannten Voraussetzungen die Herausgabe des Zahlungsmittels verlangt werden. Ein Verstoß gegen die Einheit der Rechtsordnung kann basierend auf zivilrechtlichen Wertungen nicht ohne Weiteres abgeleitet werden.[95]

ii Die zivilrechtliche Missbilligung durch §§ 134, 138 und § 817 S. 2 BGB

Unabhängig davon, ob konkrete zivilrechtliche Ansprüche bestehen, wird von Teilen der Strafrechtswissenschaft dennoch der strafrechtliche Schutz des „guten Geldes" allein aufgrund der Wertungen der §§ 134, 138 und 817 S. 2 BGB abgelehnt. Die zivilrechtliche Unwirksamkeit und Missbilligung dieser Geschäfte bleibe von den Ansprüchen aus §§ 985, 826 oder 823 Abs. 2 BGB i. V. m. § 263 StGB unberührt und dürfe nicht durch die Bejahung des strafrechtlichen Schutzes unterlaufen werden.[96] Dass sich dies nicht bestätigt, soll im folgenden Abschnitt anhand einer näheren Untersuchung der §§ 134, 138 BGB sowie des § 817 S. 2 BGB gezeigt werden.

Ein Argument für die generelle zivilrechtliche Missbilligung auf Grundlage der §§ 134, 138, 817 S. 2 BGB könnte aus der Bedeutung der Rechtsfolge des § 134 BGB gezogen werden, der Rechtsgeschäfte aufgrund von Verbotsgesetzen für nichtig erklärt.[97] Gerade strafrechtliche Normen stellen oftmals

95 So auch *Engländer*, JR 2003, 165; *Saliger*, in: M/R StGB, § 263 Rn. 178; *Spickhoff*, JZ 2002, 970 f.; Wessels/Hillenkamp/Schuhr, StrafR BT 2, § 13 Rn. 595.

96 *Perron*, in: S/S StGB, § 263 Rn. 150 a.E.; a.A. *Rengier*, StrafR BT I, § 13 Rn 168.

97 Ob der Verstoß gegen ein gesetzliches Verbotsgesetz zur Nichtigkeit des Rechtsgeschäfts führt, bestimmt der Sinn und Zweck der entsprechenden Norm, § 134 Hs. 2 BGB, *Looschelders*, in: NK BGB, § 134 Rn. 56.

ein solches Verbotsgesetz dar. Die Einschränkung der Privatautonomie durch §134 BGB aufgrund von Verbotsgesetzen soll zu einer Einheit der Rechtsordnung beitragen. Dort, wo staatliche Gesetze bestimmte Verhaltensweisen verbieten, soll diese Wertung Einfluss in das Zivilrecht über §134 BGB finden.[98] Daher könnte vertreten werden, es sei widersprüchlich, wenn §134 BGB zivilrechtliche Rechtsgeschäfte aufgrund von strafrechtlichen Wertungen für nichtig erklärt, aber im selben Augenblick diese Geschäfte von der Strafrechtsordnung geschützt werden.

Dem ist jedoch zu widersprechen. Zum einen ist Telos des §134 BGB der Schutz der Allgemeinheit.[99] §134 BGB verbietet solche Geschäfte weder an sich, noch ist es Sinn und Zweck des §134 BGB, alle Parteien stets schutzlos zu stellen. Vielmehr begrenzt §134 BGB die Vertragsabschlussfreiheit und soll verhindern, dass Parteien ihre vom Gesetz missbilligten Leistungen mit Mitteln der Zivilprozessordnung durchsetzen können.[100] Ziel ist nicht ein Ausschluss sämtlichen Schutzes vor jeglichem Verhalten, wie sich beispielsweise durch das Bestehen des Schadensersatzanspruches nach §826 BGB zeigt.

Wenn in der Literatur die Meinung vertreten wird, lediglich ein strafrechtlicher Schutz des rechtmäßig besessenen Zahlungsmittels, sei anzuerkennen, aber der Schutz eines rechtswidrigen oder verbotenen Besitzes abgelehnt werden soll,[101] kann dies ebenfalls nicht auf die Wertung des §134 BGB gestützt werden. §134 BGB differenziert in seiner Nichtigkeit nicht nach „gutem Geld" und rechtswidrigem oder verbotenem Besitz, denn alle gegen §134 BGB verstoßenden Vereinbarungen sind nichtig. Es beste-

98 *Mathias*, Vermögensbegriff, S. 32 f.

99 BGH, Urt. v. 28.04.1954 – II ZR 8/53, BGHZ 13, 179, 182; *Ahrens*, in: P/W/W BGB, §134 Rn. 2; *Arnold*, in: Erman BGB, §134 Rn. 1; *Looschelders*, in: NK BGB, §134 Rn. 2; *Wendtland*, in: BeckOK BGB, §134 Rn. 2.

100 *Fischinger/Hengstberger*, in: Staudinger BGB, §134 Rn. 1.

101 Vgl. zu den unterschiedlichen Ansichten oben, 1. Kapitel AI2b.

hen weder Ansprüche auf Leistung von „gutem Geld" noch auf Leistung des verbotenen Besitzes. § 134 BGB eignet sich also nicht, Wertungen für den strafrechtlichen Schutz zu ziehen.

Die gleichen Argumente gelten für § 138 BGB, der als Auffangtatbestand den Gerichten ermöglichen soll, Rechtsgeschäfte, die gegen die guten Sitten verstoßen, für nichtig zu erklären.[102] Hinzu kommt bei § 138 BGB, dass dessen Nichtigkeit nicht an Verbotsgesetze, sondern an Wertungen gebunden ist. Der Begriff des Sittenverstoßes unterliegt aber einem steten Wandel, was zum Beispiel an der Sittenwidrigkeit von Prostitution gesehen werden kann.[103] Strafrechtliche Wertungen an einem unbeständigen und willkürlichen Begriff auszurichten führt zu Rechtsunsicherheit, die insbesondere im Strafrecht, wo dem Bestimmtheitsgebot nach Art. 103 Abs. 2 GG eine besondere Stellung zukommt, vermieden werden muss.[104] Auch § 138 BGB eignet sich daher wie § 134 BGB nicht dazu allgemeine Aussagen für den strafrechtlichen Schutz von Vermögensgütern aus illegalen Rechtsgeschäften zu treffen.

Im Folgenden wird untersucht, ob sich diese Wertung auch aus § 817 S. 2 BGB ergibt. Dies wird teilweise mit einer analogen Anwendung des § 817 S. 2 BGB auf die anderen Ansprüche angenommen, da sonst der Sinn und Zweck des § 817 S. 2 BGB umgangen werde.[105]

102 Bzgl. des Normzweckes des § 138 BGB als Generalklausel, *Armbrüster*, in: MüKo BGB, § 138 Rn. 1 ff., zu der Formel des Anstandsgefühls, Rn. 26 f.

103 Vgl. bspw. BGH, Versäumnisurt. v. 22.11.2001 – III ZR 5/01, NJW 2002, 361 in welchem der BGH bereits fragte, ob aufgrund der Liberalisierung der Gesellschaft Telefonsex noch als sittenwidrig anzusehen ist; vgl. zur Wandelbarkeit der guten Sitten, *Armbrüster*, in: MüKo BGB, § 138 Rn. 38.

104 Das Bestimmtheitsgebot im Strafrecht ist zum einen Ausfluss der Gewaltenteilung, dass allein der Gesetzgeber Strafnormen erlassen darf und zum anderen dient es als Verhaltensleitfaden für Bürger. Fehlt es an der Bestimmbarkeit der Norm, öffnet sich das Tor zur willkürlichen Bestrafung. Vgl. BVerfG, Urt. v. 11.11.1986 – 1 BvR 713/83, 1190/84 u. 333, 248, 306, 497/85, BVerfGE 73, 206, 234 ff.; *Schmitz*, in: MüKo StGB, § 1 Rn. 47.

105 Vgl. oben, 1. Kapitel AI1ai; *Hoyer*, in: SK StGB, § 263 Rn. 131 ff.; *Freund/Bergmann*, JR 1991,

Die Zivilgerichte gehen aufgrund des Ausnahmecharakters des § 817 S. 2 BGB nicht von einem allgemeinen Rechtsgedanken des § 817 S. 2 BGB aus, der sich daher auch nicht auf andere Ansprüche außerhalb der Leistungskondiktion erstrecken kann. Dem Bereicherungsrecht liegen im Vergleich zum Deliktsrecht und zum Eigentümer-Besitzer-Verhältnis unterschiedliche Aufgaben und Ziele zugrunde, was zu unterschiedlichen Ergebnissen führen darf und soll.[106] Das Bereicherungsrecht verlangt vom Anspruchsgegner die Rückgabe der Bereicherung, das Deliktsrecht nur einen Ausgleich für die vorsätzlich herbeigeführten Schäden beim Anspruchssteller[107] und gewährt damit keinen allgemeinen Vermögensschutz.[108] Aufgrund der unterschiedlichen Funktionen beider Rechtsgebiete ist eine Angleichung der Rechtsfolgen über § 817 S. 2 BGB nicht erwünscht und es verbietet sich eine analoge Anwendung des § 817 S. 2 BGB auf diese Rechtsgebiete. Wenn § 817 S.2 BGB schon keine allgemeinen Rechtsgedanken innerhalb des Zivilrechts entfaltet, kann dies erst recht nicht für das Strafrecht der Fall sein.

So sieht es auch das Reichsgericht in seiner Grundsatzentscheidung. Die Funktion des § 817 S. 2 BGB sei es lediglich anzuordnen, wer den Schaden zu tragen hat. Nur aufgrund dieser Werteentscheidung sei die Rückforderung ausgeschlossen.[109] Der Zweck des § 817 S. 2 BGB ist daher einer Rückabwicklung solcher Geschäfte die rechtliche Hilfe zu versagen.[110] Die Vermögensverschiebung würde auch im Zivilrecht nicht bestritten werden. Es stehe fest,

357, 358, der von einer „teilweisen Außerkraftsetzung des § 817 S. 2 BGB in seinem ureigenen Anwendungsbereichs" spricht.

106 Vgl. zu den unterschiedlichen Funktionen zwischen Bereicherungsrecht und Deliktsrecht, *Hager*, in: Staudinger BGB, Vorbem. zu §§ 823 ff. Rn. 9 ff., 33; zur analogen Anwendung des § 817 S. 2 BGB auf das Eigentümer-Besitzer-Verhältnis, vgl. oben 1. Kapitel AI2b.

107 *Hager*, in: Staudinger BGB, Vorbem. zu §§ 823 ff. Rn. 33, der zusätzlich noch Beispiele nennt, dass sich diese Unterschiede auch auf die Passivlegitimation auswirkt.

108 *Hager*, in: Staudinger BGB, Vorbem. zu §§ 823 ff. Rn. 19.

109 RG, Beschl. v. 14. 12. 1910 – 1214/10, RGSt 44, 230, 239.

110 *Beukelmann*, in: BeckOK StGB, § 263 Rn. 47.

dass der Täuschende sich auf Kosten des Getäuschten bereichert hat. Für die Frage, ob eine Vermögensbeschädigung im strafrechtlichen Sinn vorliegt, sei der Ausgleich der Schäden nicht relevant. Der Betrug ist bereits mit der Herbeiführung des Vermögensschadens vollendet und der Strafrichter muss sich daher nicht darum kümmern, ob Schadensersatzmöglichkeiten bestehen.[111] Im Ergebnis ist der strafrechtliche Schutz des „guten Geldes“ oder sonstiger Vermögensgegenstände nicht allein aufgrund der Wertungen der §§ 134, 138 und 817 S. 2 BGB abzulehnen.

Das Reichsgericht argumentierte weiter, gerade wenn das Geleistete nicht über zivilrechtliche Ansprüche zurückverlangt werden kann, spreche dies für die Annahme eines Vermögensschadens.[112] Der Verlust des Geleisteten sei eine Tatsache, die unabhängig von einem zivilrechtlichen Rückforderungsrecht bestehen bleibt. Die Aufgabe des BGB könne nur sein, die rechtlichen Folgen der eingetretenen Vermögensverschiebung zu regeln und kann auch damit enden, dass der Leistende den Schaden selber zu tragen hat. Auch kann nicht geleugnet werden, dass der Leistungsempfänger auf Kosten des Leistenden reicher geworden ist. Dies sei sonst eine reine Fiktion und habe daher außerhalb ihres Rechtsgebietes keine Geltung. Insbesondere im Strafrecht würden solche Fiktionen keinen Platz finden. Daher ist das Argument, „die Rechtsordnung“ erkenne einen Vermögensschaden nicht an, im Hinblick auf die Verschiedenartigkeit der Ziele von Privat- und Strafrecht abzulehnen.[113]

111 RG, Beschl. v. 14.12.1910 – 1214/10, RGSt 44, 230, 239; *Zimmermann*, GA 2017, 544, 552.

112 RG, Beschl. v. 14.12.1910 – 1214/10, RGSt 44, 230, 239; zustimmend *Satzger*, in: S/S/W StGB, § 263 Rn. 172.

113 RG, Beschl. v. 14.12.1910 – 1214/10, RGSt 44, 230, 240 f.

iii Unterschiedliche Aufgaben des Zivil- und Strafrechts

Es ist auch zu hinterfragen, ob die „Einheit der Rechtsordnung“ zwingend ist oder ob das Strafrecht nicht Entscheidungen unabhängig von denen des Zivilrechtes treffen kann. Zivilrecht und Strafrecht verfolgen unterschiedliche Ziele und haben damit auch unterschiedliche Funktionen.[114]

Zutreffend argumentiert das Reichsgericht in seiner Grundsatzentscheidung, das Privatrecht diene dem Privatwillen, solange dieser Wille nicht gegen die guten Sitten oder ein Verbotsgesetz verstößt. Die Rechtsfolge illegaler Verträge sei zwar deren Nichtigkeit, das Zivilrecht verbietet aber solche Rechtshandlungen nicht schlechthin, sondern unterstützt lediglich nicht die Parteien bei der Durchführung der Vereinbarung, indem es weder eine Klagemöglichkeit auf Gegenleistung noch eine Rückforderung freiwillig erbrachter Leistungen (zumindest nach dem Bereicherungsrecht) bietet. Der Leistungsempfänger könne hingegen die Leistung behalten. Das Zivilrecht hilft weder dem einen noch dem anderen, sondern belässt die Gegebenheiten wie sie sind.[115]

Umgekehrt ist es Aufgabe des Strafrechtes, jeden verbrecherischen Willen und damit die Auflehnung gegen die öffentliche Rechtsordnung „durch das Mittel der Strafe unter das Gesetz zu beugen“.[116] Das Strafrecht dient im Gegensatz zum Zivilrecht nicht allein dem verletzten Privatwillen, „sondern auch der durch die Verbrechensbegehung gefährdeten allgemeinen Rechtsordnung“. Unabhängig davon, ob der Leistende selbst mit seinem Verhalten gegen die guten Sitten oder ein Gesetz verstoßen habe, bleibe der Bruch der Rechtsordnung durch den Angriff auf fremdes Vermögen bestehen.[117]

114 RG, Beschl. v. 14.12.1910 – 1214/10, RGSt 44, 230, 241; *Beukelmann*, in: BeckOK StGB, § 263 Rn. 47; *Kretschmer*, StraFo 2009, 189, 190.

115 RG, Beschl. v. 14.12.1910 – 1214/10, RGSt 44, 230, 241 f.

116 RG, Beschl. v. 14.12.1910 – 1214/10, RGSt 44, 230, 242.

117 RG, Beschl. v. 14.12.1910 – 1214/10, RGSt 44, 230, 248.

Durch die Annahme eines strafrechtlichen Schutzes wird nicht das Rechtsgeschäft an sich geschützt, der betrogenen Partei entsteht dadurch weiterhin kein Anspruch auf die vereinbarte Gegenleistung. Das Strafrecht schützt keine Schadensersatzansprüche oder Ansprüche auf die Gegenleistung, sondern verfolgt vielmehr den bereits vollzogenen täuschungsbedingten Besitzverlust.[118] Dem ist zuzustimmen. Im Strafrecht findet eine Aufrechnung von Schuld gegen Schuld nicht statt und ist auch in Fällen nicht zulässig, in denen sich das Opfer selbst strafbar gemacht hat. Es wird kein würdiges Opferverhalten vorausgesetzt, damit der Täter bestraft werden kann.[119]

Teile des Schrifttums[120] stimmen der Ansicht des Reichsgerichtes zu. So weist *Zieschang* auf die qualitativ verschiedenartigen Funktionen der Rechtsgebiete hin, aufgrund deren diese gegenseitig unberührt seien. Das Zivilrecht orientiere sich am (Schadens-)Ausgleich und der Güterverteilung und basiere auf einem vom Strafrecht abweichenden Normsystem. Das Zivilrecht nutze die Ersatzpflicht, um Schäden auszugleichen, das Strafrecht hingegen nur die Strafe.[121] *Kretschmer* stimmt dem zu, da das Strafrecht „nicht allein eine dem Zivilrecht dienende Funktion", sondern die eigenständige Aufgabe habe für Rechtsfrieden zu sorgen, wodurch auch rechtlich missbilligte Geschäfte vom Schutz der Betrugs- und Erpressungsstrafbarkeit umfasst seien.[122] Aufgrund der unterschiedlichen Zwecke beider Rechtsgebiete sei das Strafrecht unabhängig und muss sich nicht am Zivilrecht orientieren.

118 RG, Beschl. v. 14.12.1910 – 1214/10, RGSt 44, 230, 237.

119 BGH, Urt. v. 15.11.1951 – 4 StR 574/51, BGHSt 2, 364, „Drehbank"-Fall.

120 *Kretschmer*, StraFo 2009, 189, 190; *Zieschang*, in: FS Hirsch, 831, 835 f.

121 *Zieschang*, in: FS Hirsch, 831, 835 f. der aber über §§ 138 und 242 BGB, eine Entfaltung verfassungsrechtlicher Wertungen in das Privatrecht sieht, die wiederum für alle Rechtsgebiete gelten und daher auch im Strafrecht berücksichtigt werden müssen.

122 *Kretschmer*, StraFo 2009, 189, 190.

Weitere materiell-rechtliche Unterschiede hat *Zieschang*[123] herausgearbeitet. So findet beispielsweise die im Zivilrecht anerkannte Zurechnung über §31 BGB oder §278 BGB im Strafrecht keine Anwendung. Im Zivilrecht dürfen Analogien, die erst eine Rechtsfolge begründen, gebildet werden, während eine Analogiebildung zulasten des Täters im Strafrecht verboten ist.[124] Im Zivilrecht wirkt sich eine wirksame Anfechtung gemäß §142 Abs. 1 BGB *ex tunc* auf die Rechtslage aus und wird auch der Erfüllungsvertrag angefochten, gilt dies ebenso für den Eigentumsübergang. Im Strafrecht findet die *ex tunc* Wirkung zum Beispiel für die Frage der Fremdheit einer Sache keine Anwendung. Weitere Unterschiede ergeben sich in der Behandlung von Beschädigungen fremder Sachen. So begründet im Zivilrecht Fahrlässigkeit bereits einen Schadensersatzanspruch nach §823 Abs. 1 BGB, während eine Strafbarkeit nach §303 StGB nur mit Vorsatz bejaht wird.[125] Ferner wird auch in §113 Abs. 3 StGB ein eigenständiger „strafrechtlicher" Rechtsmäßigkeitsbegriff angewendet, der von dem bekannten öffentlich-rechtlichen Rechtmäßigkeitsbegriff abweicht.[126]

Auch §40 AO stützt die Zweifel daran, dass der strafrechtliche Schutz des Kaufpreises bei illegalen Geschäften gegen die Einheit der Rechtsordnung verstößt.[127] Nach §40 AO sind die steuerrechtlichen Folgen wertneutral, auch wenn das die Besteuerung auslösende Verhalten rechts- oder sittenwid-

123 *Zieschang*, in: FS Hirsch, 831, 835.

124 Vgl. nur *Schmitz*, in: MüKo StGB, §1 Rn. 73; *Hassemer/Kargl*, in: NK StGB, §1 Rn. 70 ff.

125 *Wieck-Noodt*, in: MüKo, StGB, §303 Rn. 63; vgl. ausf. zu diesen Punkten *Zieschang*, in: FS Hirsch, 831, 835.

126 Vgl. etwa *Eser*, in: S/S StGB, §113 Rn. 21; BVerfG, Beschl. v. 30.04.2007 – 1 BvR 1090/06, NVwZ 2007, 1180.

127 *Kretschmer*, StraFo 2009, 189, 191.

rig war, entfällt die Steuerpflicht nicht.[128] Das Besteuerungsverfahren basiert auf einer rein wirtschaftlichen Betrachtung des Sachverhalts.[129]

Die Feststellung, dass die Gesamtrechtsordnung einen solchen Vermögensschaden nicht anerkennt, lässt sich nicht halten. Es kommt lediglich darauf an, auf welche Teile der Rechtsordnung abgestellt wird.[130] Die Beispiele zeigen, dass die zivilrechtlichen und öffentlich-rechtlichen Wertungen nicht zwingend auch für das Strafrecht gelten. Aus den Ergebnissen zivilrechtlicher Ansprüche und privatrechtlicher Wertungen können nicht zwangsläufig Rechtsgebiet übergreifende Schlussfolgerungen gezogen werden. Daher ist nach hier vertretener Ansicht der strafrechtliche Vermögensbegriff unabhängig von der zivilrechtlichen oder öffentlichen Bewertung zu definieren.[131]

iv Zwischenergebnis

Der Ansicht, ein wirtschaftlicher Vermögensbegriff verstoße gegen die Einheit der Rechtsordnung, ist nicht uneingeschränkt zu folgen,[132] weil nach der zivilrechtlichen Prüfung z.B. Ansprüche auf Schadensersatz nach § 826 BGB und auf Herausgabe des Geleisteten aus § 985 BGB bestehen können. Auch aus § 817 S. 2 BGB ist kein allgemeiner Rechtsgedanke für das Zivil- oder für das Strafrecht abzuleiten. Ein gänzliches Versagen des Schutzes des Geleisteten bei solchen Geschäften kann dem Zivilrecht nicht unterstellt werden. Auch zeigt § 40 AO, dass zumindest ein Teil der Rechtsordnung solchen Leistungen einen Vermögenswert beimisst. Das Strafrecht ist unabhängig

128 *Ratschow*, in: Klein AO § 40 Rn. 1; BVerfG, Kammerbeschl. v. 12.04.1996 - 2 BvL 18/93, HFR 1996, 597, 5977; BGH, Urt. v. 31.05.1994 - 5 StR 557/93, HFR 1995, 273, 273.

129 *Kretschmer*, StraFo 2009, 189, 191.

130 Im Ergebnis auch *Kretschmer*, StraFo 2009, S. 189, 191.

131 *Zieschang*, in: FS Hirsch, 830, 835.

132 So auch *Engländer*, JR 2003, 165; *Saliger*, in: M/R StGB, § 263 Rn. 178; *Spickhoff*, JZ 2002, 970 f.; Wessels/Hillenkamp/Schuhr, StrafR BT 2, § 13 Rn. 595.

von zivilrechtlichen Wertungen und Entscheidungen, verfolgt eigene Ziele und besteht eigenständig neben dem Privatrecht. Strafrechtliche Ergebnisse können von denen der zivilrechtlichen abweichen und eine Einheit der Rechtsordnung ist in diesem Sinne nicht beabsichtigt.

c Rechtspolitische Argumente

In seiner Grundsatzentscheidung führt das Reichsgericht neben dogmatischen auch rechtspolitische Gründe an. Es entspreche dem Schutz der Allgemeinheit, wenn das täuschungsbedingte Verhalten einer Partei sich rechtswidrig zu bereichern bestraft werde. Auch außerhalb des Rechts abgeschlossene Geschäfte seien kein „Freibrief", die andere Partei wirtschaftlich zu schädigen,[133] die Strafrechtsordnung müsse auch für „Verbrecher untereinander" gelten.[134] Andernfalls würde ein Anreiz geschaffen, sich schwache Personen als Opfer zu suchen und Vereinbarungen in der Absicht zu treffen, straffrei den anderen wirtschaftlich zu schädigen.[135] Wenn auch ein solches

133 BGH, Urt. v. 07.08.2003 - 3 StR 137/03, BGHSt 48, 322, 330; *Rengier*, StrafR BT I, §13 Rn 168; *Satzger*, in: S/S/W StGB, § 263 Rn. 172; Wessels/Hillenkamp/Schuhr, StrafR BT 2, §13 Rn. 595; krit. bspw. *Hecker*, JuS 2001, 228, 229 ff.

134 BGH, Urt. v. 04.09.2001 - 1 StR 167/01, NStZ 2002, 33; BGH, Beschl. v. 12.03.2002 - 3 StR 4/02, NJW 2002, 2117, 2117; KG Berlin, Urt. v. 28.09.2000 - (4) 1 Ss 44/00 (50/00), NJW 2001, 86; *Beukelmann*, in: BeckOK StGB, § 263 Rn. 47; *Bruns*, in: FS Mezger, 1954, 335 ff. Diesem Argument kann auch nicht entgegengehalten werden, dass gerade geprüft werde, ob die Handelnden überhaupt „Verbrecher" im strafrechtlichen Sinne seien. Der Ausgangsfall ist ein anderer. Der Vermögensbegriff beruht unstrittig auf einer wirtschaftlichen Betrachtung, wonach grundsätzlich ein Vermögensschaden (und somit ein Betrug) vorliegt. Streitig ist hingegen nur, ob der Vermögensbegriff aufgrund der zivilrechtlichen Wertungen eingeschränkt werden soll. Durch die Begrenzung des Vermögensbegriffs wird ein eigentlicher „Verbrecher" somit aus dem Betrugstatbestand wieder ausgenommen.

135 RG, Beschl. v. 14.12.1910 - 1214/10, RGSt 44, 230, 249; BGH, Urt. v. 15.11.1951 - 4 StR 574/51, BGHSt 2, 364, „Drehbank"-Fall.

Verhalten unter Strafe gestellt wird, ergäbe sich eine Präventivwirkung, Geschäfte ohne Erfüllungsabsicht nicht einzugehen.[136]

Das Argument der präventiven Wirkung ist nicht sehr stichhaltig. Selbst wenn eine Strafbarkeit bejaht würde, ist zu bezweifeln, ob der Geschädigte aufgrund der beiderseitigen Illegalität die Tat zu einer Strafanzeige bringt.[137] Andererseits könnte eine präventive Wirkung gerade durch eine fehlende Strafbarkeit entstehen, indem Vereinbarungen mit erhöhter Unsicherheit auf Erfüllung überhaupt nicht geschlossen werden. Das Vertrauen auf Erfüllung solcher Geschäfte dürfe daher nicht geschützt werden.[138] Jedoch wird durch die Annahme eines strafrechtlichen Vermögensschutzes gerade nicht das Unterlassen der Leistungserfüllung bestraft. Der Täuschende wird nicht gezwungen den Vertrag zu erfüllen, sondern dafür bestraft, dass er dem Vertragspartner durch die Täuschung einen wirtschaftlichen Schaden zugefügt hat. Dass der Getäuschte in dieser Situation auch zivilrechtlich nicht schutzlos ist, zeigt der Anspruch aus § 826 BGB.[139]

Ob eine Verneinung der Betrugsstrafbarkeit eine präventive Wirkung entfaltet, kann nicht ohne nähere wissenschaftliche Studien festgestellt und daher lediglich vermutet werden. Eine Präventivwirkung hängt auch von der Art der illegalen Leistung ab. Kann diese auf legalem Wege beschafft werden, dürfte eine fehlende Strafbarkeit eher eine Präventivwirkung entfalten als bei Leistungen, die nur über den Schwarzmarkt zu erhalten sind. Aus rechtspolitischer Sicht können keine Argumente für oder gegen einen strafrechtlichen Vermögensschutz abgeleitet werden, die Annahme einer Präventivwirkung der Verneinung der Betrugsstrafbarkeit bleibt unbewiesen.

136 *Dölling*, JuS 1981, 570, 571.

137 *Otto*, Vermögensschutz, S. 295, der dadurch eine besondere Verlockung für den Schwindler sieht solche Rechtsgeschäfte einzugehen.

138 *Freund/Bergmann*, JR 1991, 357, 358; *Hoyer*, in: SK StGB, § 263 Rn. 131 ff.

139 Wessels/Hillenkamp/Schuhr, StrafR BT 2, § 13 Rn. 595 f.

d Die Lehre von der unbewussten Selbstschädigung

Nach der früheren Rechtsprechung[140] scheiterte der Betrug nicht nur am fehlenden Vermögensschaden, sondern auch am fehlenden Irrtum des Getäuschten. So müsse, „wer sich eine im Rechte nicht geschützte Gegenleistung versprechen lasse und in deren Erwartung eine Aufwendung mache, [...] als einer behandelt werden, der sich selbst beschädige; denn er schädige sein Vermögen im Bewusstsein, dass eine Gegenleistung im Rechtssinne unmöglich war. Also ohne jede Rücksicht auf Gegenleistung."[141]

Diese Argumentation erinnert an die von einem Teil der Literatur[142] immer noch vertretene Lehre von der unbewussten Selbstschädigung[143] wie z.B. im Rahmen des Spenden-, Bettel- und Schenkungsbetruges[144] oder des Sub-

140 Vgl. RG, Urt. v. 30.10.1890 - 2222/90, RGSt 21, 161, 162; RG, Urt. v. 03.07.1903 -937/03, RGSt 36, 334, 343; RG, Urt. v. 21.04.1906 - 267/06, RGSt 38, 423.

141 RG, Urt. v. 12.11.1908 - 544/08, RGSt 42, 58.

142 *Brüning*, ZJS 2010, 98, 102; *Cramer*, Vermögensbegriff, S. 206 ff.; *ders.*, JZ 1971, 415; *ders.*, JuS 1966, 472, 477; *Hoyer*, in: SK StGB, § 263 Rn. 220; *Heger*, in: Lackner/Kühl/Heger StGB, § 263 Rn. 55; Krey/Hellmann/Heinrich, StrafR BT 2, § 11 Rn. 716; *Lackner*, in: LK StGB, 10. Aufl. 1988, § 263 Rn. 168, 170; *Lampe*, in: FS Otto, 623, 644; Maurach/Schroeder/Maiwald/Hoyer/Momsen, StrafR BT 1, § 41 Rn. 74, 25, 120 ff.; *Mitsch*, StrafR BT 2, S. 270 ff.; *Perron*, in: S/S StGB, § 263 Rn. 41, 102; *Rudolphi*, in: FS Klug, 315; *Ellmer*, Betrug, S. 134.

143 Ablehnend RG, Beschl. v. 14.12.1910 - 1214/10, RGSt 44, 230, 244 ff.; RG, Urt. v. 22.06.1936 - 3 D 349/36, RGSt 70, 255, 256; BGH, Beschl. v. 18.07.1963 - 1 StR 130/63, BGHSt 19, 37, 45; BGH, Urt. v. 10.11.1994 - 4 StR 331/94, NJW 1995, 539; OLG Düsseldorf, Beschl. v. 19.06.1987 - 5 Ss 166/87 - 131/87 I, NJW 1988, 922; *Amelung*, GA 1999, 182, 199; *Beukelmann*, BeckOK StGB, § 263 Rn. 49 f.; *Deutscher/Körner*, JuS 1996, 296; *Dölling*, JuS 1981, 570; *Ellscheid*, GA 1971, 161 ff.; *Fischer*, StGB, § 263 Rn. 137 f.; *Gaede*, in: AnwaltKommentar StGB, § 263 Rn. 153; *Gerhold*, Zweckverfehlung, S. 23 f.; *Herzberg*, JuS 1972, 185; *Hilgendorf*, JuS 1994, 466; *Kindhäuser*, in: NK StGB, § 263 Rn. 194; *Rengier*, StrafR BT I, § 13 Rn. 172; *Saliger*, in: M/R StGB, § 263 Rn. 148; *Satzger*, in: S/S/W StGB, § 263 Rn. 205, 235 ff.; *Schmoller*, JZ 1991, 117; *Tiedemann*, in: LK StGB, § 263 Rn. 182; Wessels/Hillenkamp/Schuhr, StrafR BT 2, § 13 Rn. 554.

144 *Rengier*, StrafR BT I, § 13 Rn. 172; *Perron*, in: S/S StGB, § 263 Rn. 101 ff.; gleiches gilt für die kommerzielle Werbung von Mitgliedern für wohltätige Organisationen, vgl. *Heger*, in: Lackner/Kühl/Heger StGB, § 263 Rn. 56.

ventionsbetruges im öffentlichen Recht.[145] In allen Fällen findet eine Vermögensverfügung zur Erreichung eines (oftmals sozialen) Zwecks statt, obwohl von vornherein feststeht, dass dieser Vermögensminderung keine wirtschaftlich äquivalente Gegenleistung gegenübersteht.[146] Wird über die Erreichung des Zweckes getäuscht, ist streitig, ob der Gebende als betrogen nach § 263 StGB angesehen werden kann.

Nach der Lehre der unbewussten Selbstschädigung setzt der Betrug als Selbstschädigungsdelikt eine unbewusste Selbstschädigung voraus.[147] Zum Betrug führe „nur eine Vermögensverfügung, deren selbstschädigender Charakter dem Opfer durch die Täuschung verborgen" bleibe.[148] Bleibt der selbstschädigende Charakter dem Opfer aber nicht verborgen und leistet das Opfer trotzdem, schädige es sich damit bewusst selbst.

Bezüglich der dogmatischen Herleitung der bewussten Selbstschädigung ist sich die Literatur uneinig.[149] Ob bereits eine Täuschungshandlung abzulehnen ist,[150] ein funktionaler Zusammenhang zwischen Täuschung, Irrtum

145 *Heger*, in: Lackner/Kühl/Heger StGB, § 263 Rn. 56; *Perron*, in: S/S StGB, § 263 Rn. 104.

146 Vgl. auch *Mitsch*, StrafR BT 2, S. 270 f.

147 *Cramer*, Vermögensbegriff, S. 97, 202 ff.; Maurach/Schroeder/Maiwald/Hoyer/Momsen, StrafR BT 1, § 41 Rn. 74, 25, 122 ff.; *Mitsch*, StrafR BT 2, S. 270 ff.; *Rengier*, StrafR BT I, § 13, Rn. 170; *Perron*, in: S/S StGB, § 263 Rn. 41, 101 ff.

148 *Cramer*, Vermögensbegriff, S. 97.

149 Umstritten ist dementsprechend auch, innerhalb welchen Tatbestandsmerkmals der Streit um die Lehre der bewussten Selbstschädigung angeknüpft werden soll. Die aktuelle Literatur und Rechtsprechung thematisiert dies überwiegend innerhalb des Vermögensschadens, vgl. BGH, Beschl. v. 18.07.1963 - 1 StR 130/63, BGHSt 19, 37, 45; BGH, Urt. v. 12.05.1992 - 1 StR 133/92, BGHSt 38, 281; BGH, Urt. v. 10.11.1994 - 4 StR 331/94, NJW 1995, 539; *Cramer*, Vermögensbegriff, S. 202 ff.; *Gallas*, in: FS Eb. Schmidt, 401, 435; *Hilgendorf*, JuS 1994, 466, 468; *Rudolphi*, in: FS Klug, 315, 317 f.; *Satzger*, Jura 2009, 518, 523; bereits innerhalb der Täuschung anknüpfend, Arzt/Weber/Heinrich/Hilgendorf, StrafR BT, § 20 Rn. 111; *Mitsch*, StrafR BT 2, S. 272, 274; vgl. zu den verschiedenen Begründungsansätzen, ausf. *Gerhold*, Zweckverfehlung, S. 59 ff.; *Hefendehl*, in: MüKo, StGB, § 263 Rn. 1028 ff.

150 Arzt/Weber/Heinrich/Hilgendorf, StrafR BT, § 20 Rn. 111; *Gaede*, in: AnwaltKommentar StGB, § 263 Rn. 153; *Mitsch*, StrafR BT 2, S. 272, 274.

und Schaden bestehen muss, der bei einer bewussten Selbstschädigung entfällt,[151] der Zurechnungszusammenhang aufgrund des eigenverantwortlichen Handelns des Getäuschten unterbrochen ist[152] oder ob der Schadensbegriff teleologisch reduziert werden muss,[153] hat jedoch für die praktische Relevanz keine Bedeutung und bedarf daher auch hier keiner Streitentscheidung.[154]

Die Lehre wird durch die „Zweckverfehlungslehre" eingeschränkt, bei der ein Vermögensschaden dann gegeben ist, wenn der Verfügende einen Zweck[155] fördern wollte, das Ziel aber verfehlt wurde.[156] Diese Gedanken überträgt ein Teil der Vertreter der Lehre von der unbewussten Selbstschädigung auch auf Austauschgeschäfte, in denen Vermögenswerte ohne Rechtsgrund geleistet wurden. Wenn der Getäuschte in Kenntnis der Nichtigkeit des illegalen Rechtsgeschäfts Vermögenswerte leiste, so liege auch in diesen Fällen eine bewusste (nicht vom Betrugstatbestand erfasste) Selbst-

151 *Kindhäuser*, in: NK StGB, § 263 Rn. 346; so auch *Cramer*, JZ 1971, 415; *Heger*, in: Lackner/Kühl/Heger StGB, § 263 Rn. 55; *Lampe*, in: FS Otto, 623, 644.

152 *Perron*, in: S/S StGB, § 263 Rn. 150; *Waszczynski*, JA 2010, 251, 254.

153 BGH, Beschl. v. 18.07.1963 - 1 StR 130/63, BGHSt 19, 37, 45; BGH, Urt. v. 12.05.1992 - 1 StR 133/92, BGHSt 38, 281; BGH, Urt. v. 10.11.1994 - 4 StR 331/94, NJW 1995, 539, 539; *Lackner*, in: LK StGB, 10. Aufl. 1988, § 263 Rn. 166.

154 So auch *Dölling*, JuS 1981, 570, 571.

155 Umstritten ist wiederum, ob der Zweck ein „sozialer Zweck" sein muss, so bspw. *Perron*, in: S/S StGB, § 263 Rn. 102; oder ob „jede wirtschaftlich relevante Zwecksetzung" ausreicht, *Lackner*, in: LK StGB, 10. Aufl. 1988, § 263 Rn. 171 f.; *Satzger*, Jura 2009, 518, 523 f.; Wessels/Hillenkamp/Schuhr, StrafR BT 2, § 13 Rn. 554, 558; vgl. auch zur Konkretisierung der Zweckverfehlungslehre *Hefendehl*, in: MüKo StGB, § 263 Rn. 1044 mwN.

156 BGH, Urt. v. 10.11.1994 - 4 StR 331/94, NJW 1995, 539; *Ellmer*, Betrug, S. 134 f.; *Gallas*, in: FS Eb. Schmidt, 401, 435 f.; *Hoyer*, in: SK StGB, § 263 Rn. 213 ff.; *Kindhäuser*, in: NK StGB, § 263 Rn. 259 ff., 275, 284, 307; *Lampe*, in: FS Otto, 623, 644; Maurach/Schroeder/Maiwald/Hoyer/Momsen, StrafR BT 1, § 41 Rn. 120 ff.; *Perron*, in: S/S StGB, § 263 Rn. 41, 102; *Rudolphi*, in: FS Klug, 315; *ders.*, NSTZ 1995, 289 f.; *Satzger*, in: S/S/W StGB, § 263 Rn. 235 ff.; *ders.*, Jura 2009, 518, 523; *Schröder*, NJW 1962, 721, 722; a.A. Arzt/Weber/Heinrich/Hilgendorf, StrafR BT, § 20 Rn. 111; *Heger*, in: Lackner/Kühl/Heger StGB, § 263 Rn. 55.

schädigung eigenen Vermögens vor.[157] Der zur Erreichung eines illegalen Zwecks Verfügende leistet auf eigenes Risiko genau wie derjenige, der von vornherein weiß, dass er keinen Anspruch auf Gegenleistung hat.[158] Demnach muss auch in den hier zu besprechenden Fällen nach der Lehre der bewussten Selbstschädigung ein Betrug aufgrund der bewussten Hingabe von Vermögenswerten trotz Kenntnis der Nichtigkeit verneint werden.

Dieser Ansicht folgt die Rechtsprechung seit der „Grundsatzentscheidung" aus dem Jahr 1910 nicht mehr. Das Reichsgericht stellte fest, dass jeder, der infolge eines arglistig erregten Irrtums eine Aufwendung aus seinem Vermögen macht, zunächst durchaus sein Vermögen selbst schädigt. Es sei Teil des Betruges, dass die Schädigung durch eine Verfügung des Getäuschten selbst herbeigeführt wird. Der Täuschende ist als „Urheber der Beschädigung anzusehen", durch dessen Täuschung es erst zu der schädigenden Handlung gekommen sei. Es sei daher maßgeblich danach zu fragen, ob die getätigte Vermögensverfügung auf der Täuschung oder einer anderen Ursache beruht.[159]

Das Reichsgericht bejahte damit im vorliegenden Fall des Verkaufs untauglicher Abtreibungsmittel eine Täuschung und verzichtete darauf, zusätzlich zur Kausalität einen funktionalen Zusammenhang zu fordern oder eine Restriktion innerhalb des Vermögensschadens im Falle der bewussten Hingabe von Vermögenswerten zu sittenwidrigen Zwecken vorzunehmen. Ein anderes Ergebnis wäre nur dann berechtigt, „wenn es nach menschlicher Erfahrung unter allen Umständen ausgeschlossen wäre, dass sich jemand durch die Vorspiegelung einer Gegenleistung, auf die er keinen Anspruch hat, zu einer Leistung bestimmen lassen könnte."[160] Für das Reichsgericht

157 *Cramer*, Vermögensbegriff, S. 97 f.; *ders.*, JuS 1966, 472, 477; *Mitsch*, StrafR BT 2, S. 276 ff.; *Perron*, in: S/S StGB, § 263 Rn. 41, 150.

158 Vgl. *Perron*, in: S/S StGB, § 263 Rn. 150.

159 RG, Urt. v. 11.12.1910 – 1214/10 – RGSt 44, 230, 244.

160 RG, Urt. v. 11.12.1910 – 1214/10 – RGSt 44, 230, 245.

war entscheidend, ob der Täuschende dem Verfügenden die Absicht vorspiegeln konnte, die Gegenleistung trotz mangelnder Ansprüche darauf zu erbringen. Allein das Wissen, dass der Andere rechtlich nicht zur Erfüllung verpflichtet werden kann, hindere noch nicht die Annahme einer Täuschung.

Der BGH schloss sich der Ansicht des Reichsgerichtes an und lehnte die Lehre von der unbewussten Selbstschädigung ab, da dem Getäuschten die Schädigung seines Vermögens nicht verborgen bleiben müsse um einen Betrug zu bejahen.[161] Er sah aber einen Restriktionsbedarf innerhalb des Betruges im Rahmen von einseitigen wirtschaftlichen Leistungen,[162] dass nicht jede bewusste Vermögensminderung ohne den Erhalt einer Gegenleistung einen Vermögensschaden darstellt, sofern der mit der Verfügung erstrebte Zweck erreicht wurde.[163] Wird jedoch der Zweck verfehlt, werde das verfügte Vermögen wirtschaftlich zu einer unvernünftigen Ausgabe. Dabei soll nicht jeder auf einer Täuschung beruhende Motivirrtum einen Vermögensschaden begründen, damit der § 263 StGB als Vermögensdelikt nicht ausgeweitet wird, auch die Dispositionsfreiheit zu schützen. Es soll also lediglich die Verfehlung eines Zwecks, der dem Getäuschten in der konkreten Situation notwendig und sinnvoll erscheint, etwa ein sozialer oder ein indirekt wirtschaftlicher Zweck, erfasst sein.[164] Mit der Anwendung der Zweckverfehlungslehre auf beiden Seiten (An- und Ablehnung der Lehre von der un-

161 vgl. BGH, Beschl. v. 18.07.1963 – 1 StR 130/63, BGHSt 19, 37, 45; BGH, Urt. v. 12.05.1992 – 1 StR 133/92, BGHSt 38, 281; BGH, Urt. v. 10.11.1994 – 4 StR 331/94, NJW 1995, 539; BGH, Beschl. v. 26.01.2006 – 5 StR 334/05, NStZ 2006, 624, 625.

162 Vgl. zur Frage nach der Verfassungsmäßigkeit der Zweckverfehlungslehre im Hinblick auf das vom BVerfG entwickelte Verschleifungsverbot (BVerfG, Beschl. v. 23.06.2010 – 2 BvR 2559/08, BVerfGE 126, 170), *Graf*, Vermögensstrafrecht, S. 255 ff.; die Verfassungsmäßigkeit aus mehreren Punkten ablehnend, *Schlösser*, in: Vermögensschaden, S. 89, 96 f.

163 Die Notwendigkeit der Anwendung der Zweckverfehlungslehre bei gleichzeitiger Ablehnung der Lehre der bewussten Selbstschädigung infrage stellend; *Gerhold*, Zweckverfehlung, S. 20 f.; *Lackner*, in: LK StGB, 10. Aufl. 1988, § 263 Rn. 167.

164 vgl. BGH, Beschl. v. 18.07.1963 – 1 StR 130/63, BGHSt 19, 37, 45; BGH, Urt. v. 12.05.1992 – 1 StR 133/92, BGHSt 38, 281; BGH, Urt. v. 10.11.1994 – 4 StR 331/94, NJW 1995, 539; BGH, Beschl. v. 26.01.2006 – 5 StR 334/05, NStZ 2006, 624, 625; *Deutscher/Körner*,

bewussten Selbstschädigung) sind die Ergebnisse innerhalb der Fälle der einseitigen Vermögensleistung oftmals identisch. Anders ist dies bei den hier besprochenen Fällen illegaler Austauschgeschäfte.

Der Rechtsprechung und den Teilen des Schrifttums, die keine unbewusste Selbstschädigung voraussetzen, ist zu folgen, da nur so umfassender Vermögensschutz gewährleistet werden kann.[165] Für das Täuschungsopfer ist es irrelevant, ob es über sein Vermögen aufgrund einer Täuschung über eine gleichwertige wirtschaftliche Gegenleistung verfügt oder ob die Verfügung aufgrund einer Täuschung über die verfolgten immateriellen Ziele vorgenommen wird.[166] Dieser Argumentation ist insbesondere im Hinblick auf die Definition einer Täuschungshandlung zuzustimmen. Denn „eine Täuschungshandlung im Sinne des §263 StGB ist jede Einwirkung des Täters auf die Vorstellung des Getäuschten, welche objektiv geeignet und subjektiv bestimmt ist, beim Adressaten eine Fehlvorstellung über tatsächliche Umstände hervorzurufen. Sie besteht in der Vorspiegelung falscher oder in der Entstellung oder Unterdrückung wahrer Tatsachen."[167] Die Definition sieht nicht vor, dass eine Täuschung ausgeschlossen ist, wenn die versprochenen Tatsachen rechtlich nicht durchsetzbar sind. Auch der Wortlaut des §263 StGB liefert keinen Anlass, die bewusste Selbstschädigung auszuklammern und den Tatbestand zu verengen. Ein solcher Schluss kann auch nicht

JuS 1996, 296, 301; *Lackner*, in: LK StGB, 10. Aufl. 1988, §263 Rn. 167 ff.; *Perron*, in: S/S StGB, §263 Rn. 102; *Satzger*, Jura 2009, 518, 524.

165 *Amelung*, GA 1999, 182, 199; *Deutscher/Körner*, JuS 1996, 296, 301; *Dölling*, JuS 1981, 570, 571; *Hilgendorf*, JuS 1994, 466, 468; *Gerhold*, Zweckverfehlung, S. 23 f., 59 ff., 79; *Graf*, Vermögensstrafrecht, S. 255; *Saliger*, in: M/R StGB, §263 Rn. 148, 214; *Satzger*, in: S/S/W StGB, §263 Rn. 205, 235 ff.; *Schmoller*, JZ 1991, 117, 121; *Tiedemann*, in: LK StGB, §263 Rn. 182 ff.; Wessels/Hillenkamp/Schuhr, StrafR BT 2, §13 Rn. 554.

166 *Dölling*, JuS 1981, 570, 571.

167 BGH, Urt. v. 05.03.2014 – 2 StR 616/12, NJW 2014, 2595, 2596; BGH, Urt. v. 26.04.2001 – 4 StR 439/00, BHGSt 47, 1, 3; BGH, Urt. v. 08.10.2014 – 1 StR 359/13, BGHSt 60, 1.

aus dem geschützten Rechtsgut des Betruges gezogen werden.[168] Schließlich führt eine solche Ausklammerung auch zu sachlich nicht rechtfertigbaren Strafbarkeitslücken im Grenzbereich von Betrug und Erpressung.[169]

Abgesehen von der Diskussion, ob ein Betrug in Fällen der einseitigen Vermögenshingabe zu unentgeltlichen Leistungen die Lehre der bewussten Selbstschädigung Anwendung findet oder nicht, ist der Rechtsprechung insbesondere in den Fällen der illegalen Austauschgeschäfte zu folgen. Ein Austauschgeschäft, bei dem eine Vermögensverfügung in Erwartung einer Gegenleistung getätigt wird, ist nicht vergleichbar mit einer Hingabe, bei der der Verfügende von Beginn an keine entgeltliche Gegenleistung erwartet.[170]

Es ist festzuhalten, dass ein Betrug auch vorliegen kann, wenn Zahlungsmittel zur Erreichung eines illegalen Zwecks eingesetzt werden, obwohl der Verfügende weiß, dass ihm kein Anspruch auf die Gegenleistung zusteht.

e Zwischenergebnis

Mit der Grundsatzentscheidung von 1910 wandte sich das Reichsgericht vom juristischen Vermögensbegriff ab und dem wirtschaftlichen Vermögensbegriff zu. Auch in der heutigen Strafrechtswissenschaft wird nach ganz

168 *Amelung*, GA 1999, 182, 199; *Deutscher/Körner*, JuS 1996, 296; *Dölling*, JuS 1981, 570, 571; *Graf*, Vermögensstrafrecht, S. 255; *Saliger*, in: M/R StGB, § 263 Rn. 148.

169 *Saliger*, in: M/R StGB, § 263 Rn. 128, 148; *Schmoller*, JZ 1991, 117, 119, 123; Wessels/Hillenkamp/Schuhr, StrafR BT 2, § 13 Rn. 554; zusätzlich führt *Kindhäuser*, in: NK StGB, § 263 Rn. 194, an, dass durch die Anwendung der Lehre von der unbewussten Selbstschädigung, ein Dreiecksbetrug ausgeschlossen sei, da eine Fremdschädigung nicht mehr umfasst ist. Jedoch geht diese Annahme zu weit. Bereits *Cramer*, Vermögensbegriff, S. 206, Fn. 22 betonte, dass die Bezeichnung der Selbstschädigung nur der sprachlichen Verkürzung dient und Fälle des Dreiecksbetrugs mit umfasse.

170 *Lackner*, in: LK StGB, 10. Aufl. 1988, § 263 Rn. 242; *Otto*, Jura 1993, 424, 426; Wessels/Hillenkamp/Schuhr, StrafR BT 2, § 13 Rn. 589 ff.; *Zieschang*, in: FS Hirsch, 831, 845.

herrschender Meinung der Vermögenswert nach wirtschaftlichen und nicht nach rechtlichen Kriterien gebildet. Unterschiede innerhalb der heutigen Literatur und der Rechtsprechung sind lediglich darin zu sehen, ob auch alle wirtschaftlichen Vermögenswerte dem strafrechtlichen Vermögensschutz unterliegen sollen. Eine solche Einschränkung sei aus Gründen der Rechtsordnung erforderlich, da das Strafrecht sich nicht in Widerspruch zur sonstigen Rechtsordnung setzen könne. In der nach dieser Ansicht gebildeten juristisch-ökonomischen Vermögenstheorie wird jedoch unterschiedlich aufgefasst, wann ein unakzeptabler Widerspruch der Einheit der Rechtsordnung vorliegt.

Abgesehen von der Frage, ab wann das anzunehmen ist, wurde festgestellt, dass das Zivilrecht nicht zwingend den in diesen Fällen Getäuschten schutzlos stellt. Zwar ist die Kondiktion des im Rahmen solcher Geschäfte Geleisteten nach §817 S.2 BGB gesperrt, jedoch können dem Getäuschten auch andere Ansprüche zustehen. Denkbar sind deliktische Ansprüche nach §826 BGB oder Ansprüche aus dem Eigentümer-Besitzer-Verhältnis wie §985 BGB. Eine analoge Anwendung des §817 S.2 BGB auf diese Ansprüche wird nach hier vertretener Ansicht verneint, da dieser als Ausnahmeregelung nicht analogiefähig ist. Auch verfolgt das Bereicherungsrecht andere Aufgaben und Ziele als das Delikts- oder Sachenrecht, sodass Wertentscheidungen nicht übertragbar sind. In den hier besprochenen Fällen liegt nicht zwingend ein Widerspruch der Einheit der Rechtsordnung vor. Die Frage nach der grundsätzlichen Einhaltung der Einheit der Rechtsordnung ist vor allem mit Blick auf die unterschiedlichen Funktionen und Ziele der jeweiligen Rechtsordnungen zu verneinen.[171] Ein Betrug wird von Teilen der Strafrechtswissenschaft auch aus anderen Gründen abgelehnt. Teilweise verneinen Vertreter der Lehre der bewussten Selbstschädigung das Vorliegen einer Täuschung oder eines funktionalen Zusammenhangs. Auch dieser Ansicht ist nicht zu folgen, da diese Lehre auf Austauschgeschäfte nicht übertragbar

171 Vgl. oben 1. Kapitel AI2b.

ist. Es ist ein qualitativer Unterschied, ob eine Vermögensverfügung darauf basiert, von vorn herein keinen Vermögenswert als Gegenleistung zu erhalten oder in der Erwartung getätigt wird, einen wirtschaftlichen Ausgleich ohne rechtlichen Anspruch zu erhalten, dieser aber ihm dennoch die Leistung versprochen wird.[172]

Schließlich kann auch aus rechtskriminalpolitischen Gesichtspunkten keine Einschränkung des wirtschaftlichen Vermögensbegriffes befürwortet werden. Ob die Bejahung eines Vermögensdeliktes oder eine fehlende Strafbarkeit präventiv wirken und dadurch grundsätzlich weniger derartige Geschäfte abgeschlossen werden, lässt sich nur spekulieren. Die Wendung in der Rechtsprechung durch die Grundsatzentscheidung des Reichsgerichtes zum strafrechtlichen Vermögensschutzes bei illegalen Rechtsgeschäften ist zu befürworten.

3 Nachfolgende Rechtsprechungen hinsichtlich des Betrugs- und Erpressungstatbestands

Alle nachfolgend dargestellten Rechtsprechungen folgen dem wirtschaftlichen Vermögensbegriff und der bisherigen Rechtsprechung nach der Grundsatzentscheidung des Reichsgerichtes von 1910 und bejahen ausdrücklich den strafrechtlichen Schutz von Vermögenswerten auch im Rahmen illegaler Rechtsgeschäfte. Der Verlust des rechtmäßigen Besitzes an Sachen, die zur Erreichung eines illegalen Zweckes eingesetzt wurden, wird in der höchstrichterlichen Judikatur einheitlich dem strafrechtlichen Vermögensschutz im engeren Sinne unterstellt.[173]

172 Vgl. oben 1. Kapitel AI2d.

173 Weitere auf dieser Rechtsprechungslinie liegende Entscheidungen werden, um Dopplungen zu vermeiden, erst auf den unteren Stufen ausf. besprochen, wie bspw. BGH, Beschl. v. 25.02.1997 - 1 StR 804/96, NStZ-RR 1997, 297, „Täuschender Drogendealer"; BGH, Urt. v. 07.08.2003 - 3 StR 137/03, BGHSt 48, 322, „Säumiger Haschischkäufer".

a BGH, Urt. v. 15.05.1956 – 2 StR 35/56, BGHSt 9, 245, „Schweigegeld" und BGH, Urt. v. 25.07.1960 – 2 StR 91/60, BGHSt 15, 88 „Bestechungsgelder"

Töpfermeister L ließ seine Gesellen ohne Anmeldung bei der Behörde auch an Wochenenden arbeiten. Als der Polizist E dies mitbekam, drohte er L ihn anzuzeigen, falls L ihm nicht Geld für ein paar Tage leihe. L lieh E daraufhin die gewünschte Summe, aber E hatte nicht die Absicht, L das geliehene Geld zurückzuzahlen und tat dies auch nicht. E machte sich im Ergebnis wegen Bestechlichkeit in Tateinheit mit Erpressung strafbar. Der Senat stellte das Vorliegen eines Vermögensnachteils nicht infrage und nahm das geliehene „Schweigegeld" schlicht als taugliches Vermögen im Sinne der Erpressung an.[174]

In einem weiteren in 1960 entschiedenen Fall stellte der BGH fest, dass auch an Bestechungsgeldern ein Betrug begangen werden kann. Ein Beamter nahm in diesem Fall Bestechungsgelder an ohne die Leistung erfüllen zu wollen.[175]

b BGH, Urt. v. 29.04.1980 – 1 StR 132/80, „Gescheitertes Schmuggelgeschäft"

E täuschte L darüber, er wolle für L gegen eine entsprechende Bezahlung Haschisch schmuggeln. Vor Antritt der Schmuggelreise leistete L einen „Vorschuss" von 2.000 DM an E. Dieser nahm das Geld, ließ jedoch das Schmuggelgeschäft wie von Beginn an geplant scheitern.

174 BGH, Urt. v. 15.05.1956 – 2 StR 35/56, BGHSt 9, 245, 246.

175 BGH, Urt. v. 25.07.1960 – 2 StR 91/60, BGHSt 15, 88; vgl. auch, Arzt/Weber/Heinrich/Hilgendorf, Strafrecht BT, § 20 Fn. 409; Fischer, StGB, § 263 Rn. 105.

Der BGH sah den Tatbestand eines Betruges des E zu Lasten des L als erfüllt an. Ein tatbestandsmäßiger Vermögensschaden könne auch darin bestehen, dass „jemand Geld zur Erfüllung eines sittenwidrigen und verbotenen Rechtsgeschäfts hergebe, ohne die rechtlich missbilligte Gegenleistung zu erhalten [...]. Die Verfolgung verbotener Zwecke durch den Getäuschten bedeute noch keinen Freibrief für den Schädiger, sich fremde Vermögenswerte zu eigenem Nutzen zu verschaffen."[176]

c BGH, Urt. v. 02.07.1980 – 3 StR 201/80, BGHSt 29, 300, „Bestechender Anwalt Nr. 2"

Anwalt E wurde wegen Betruges nach § 263 StGB verurteilt, weil er seinem Mandanten L vortäuschte, er müsse „Tricks" anwenden, damit L seinen Führerschein zurückbekommen kann und L dies extra bezahlen muss. L zahlte E daraufhin 300 DM „Bestechungsgeld",[177] um den Führerschein wiederzubekommen. E wusste, dass L auch ohne Zahlung von „Bestechungsgeldern" seinen Führerschein wiederbekommen hätte und behielt das Geld wie von Beginn an geplant. Der BGH begründete die Betrugsstrafbarkeit des E damit, L hätte E kein Geld gegeben, wenn er die wahren Bedingungen gekannt hätte. Daher habe L einen Vermögensschaden aufgrund der Täuschung des E erlitten, obwohl L wusste, dass dem Geschäft keine Anspruchsgrundlage zugrunde lag.[178] Das Urteil entspricht einer wirtschaftlichen Betrachtungsweise, die auch rechtmäßige Zahlungsmittel, die für einen illegalen Zweck eingesetzt wurden, strafrechtlich schützt.[179]

176 BGH, Urt. v. 29.04.1980 – 1 StR 132/80, Juris Rn. 4.

177 Streng genommen handelt es sich hier nicht um Bestechungsgelder, da der Anwalt keine Diensthandlung beging.

178 Vgl. *Dölling*, JuS 1981, 570, der diesen Fall mit Bezug auf die Lehre der unbewussten Selbstschädigung diskutiert, im Ergebnis die Lehre ablehnt und einen Betrug annimmt.

179 BGH, Urt. v. 02.07.1980 – 3 StR 201/80, BGHSt 29, 300, „Bestechender Anwalt Nr. 2".

d KG Berlin, Urt. v. 28.09.2000 – (4) 1 Ss 44/00 (50/00), NJW 2001, 86, „Killerlohn"

Der Ehemann L hatte E damit beauftragt, seine Frau umzubringen. E plante von Anfang an die Tat nicht auszuführen und täuschte L über seine wahre Absicht. In mehreren Treffen zwischen L und E besprachen sie die Tat, woraufhin L dem E eine Anzahlung in Höhe von 5.000 EUR übergab. E, der befürchtete, L würde jemand anderen beauftragen, wenn er die Tat nicht selbst ausführe, zeigte L schließlich an. Fraglich war unter anderem, ob sich E wegen Betruges strafbar machte. Das Schöffengericht Tiergarten Berlin sprach E zunächst frei.[180] In der Revision entschied das Kammergericht Berlin hingegen, dass sich E wegen Betruges zu Lasten des L nach §263 StGB strafbar gemacht hat.[181]

Auch hier verfügte eine Person aufgrund einer Täuschung über Geld, um einen sittenwidrigen und zugleich verbotenen Zweck, die Tötung eines Menschen, zu erreichen ohne die versprochene Gegenleistung zu erhalten. Das Kammergericht schloss sich in seiner Argumentation weitgehend der „Grundsatzentscheidung" des Reichsgerichtes an.[182] Das Vermögen sei „die Summe aller wirtschaftlichen Güter einer Person" und ein Vermögensschaden bestehe in der Minderung der Wertsumme. Ein Schaden könne nicht mit dem Argument verneint werden, dass das Verlorene nicht über §817 S.2 BGB zurückverlangt werden kann. Vielmehr sei der Geschädigte, der keine Ausgleichsmöglichkeiten habe, erst recht als geschädigt anzusehen. §817 S.2 BGB berühre die Schadensfrage als solche nicht, sondern versage

180 AG Tiergarten, 19.10.1999, (214) 1 Kap Js 2359/97 Ls (177/98).

181 KG Berlin, Urt. v. 28.09.2000 – (4) 1 Ss 44/00 (50/00), NJW 2001, 86, „Killerlohn"; besprochen von *Gröseling*, NStZ 2001, 515; *Hecker*, JuS 2001, 228; vgl. den ähnlichen Fall OLG Stuattgart, Urt. v. 22.08.1990 – 1 U 34/90, besprochen von *Freund/Bergmann*, JR 1991, 357.

182 RG, Beschl. v. 14.12.1910 – 1214/10, RGSt 44, 230.

seinem Zweck nach lediglich die rechtliche Hilfe bei der Rückabwicklung des illegalen Geschäftes.[183] Auch seien die Aufgaben der Straf- und Zivilrechtsordnungen unterschiedlich. Es könne kein Freibrief für den Schädiger geschaffen werden, die eingesetzten Vermögenswerte straflos zu erlangen.[184]

Zurecht begründete das Kammergericht seine Entscheidung auch damit, dass das Strafrecht seinen Schutz nicht nur deshalb entziehen dürfe, weil es dadurch einem Unwürdigen zugutekommt, denn der Schädiger hat die Strafe verdient. Das Eingreifen des Strafrechtes diene nicht nur dem Privatinteresse und damit dem Einzelnen, „sondern der durch die Verbrechensbegehung gefährdeten allgemeinen Rechtsordnung." Bei einer Ablehnung des strafrechtlichen Schutzes „würde man im Verhältnis von Rechtsbrechern untereinander Betrug und Erpressung gutheißen."[185] Dabei gelte die Strafrechtsordnung für und gegen Verbrecher untereinander.[186]

e BGH, Urt. v. 04.09.2001 – 1 StR 167/01, NStZ 2002, 33, „Verdeckter Polizist"

Dem folgenden BGH-Urteil aus dem Jahr 2001 liegt ein zweiaktiger Sachverhalt zugrunde, wobei im Rahmen der hier besprochenen ersten Stufe der ersten Fallgruppe nur der primäre Teil wichtig ist. Der Angeklagte E und Mittäter M erhielten vom Zeugen L (ein verdeckt arbeitender Polizist) Geld indem sie L vortäuschten, ihm im Gegenzug Drogen zu verkaufen. Nachdem sie das Geld von L bekamen, liefen sie davon. Als L ihnen nachkam und das Geld zurückforderte, attackierten die beiden L bis die Polizei eingriff.

183 *Lackner*, in: LK StGB, 10. Aufl. 1988, § 263 Rn. 242.

184 KG Berlin, Urt. v. 28.09.2000 – (4) 1 Ss 44/00 (50/00), NJW 2001, 86, „Killerlohn".

185 KG Berlin, Urt. v. 28.09.2000 – (4) 1 Ss 44/00 (50/00), NJW 2001, 86; vgl. auch Krey/Hellmann/Heinrich, StrafR BT 2, § 11 Rn. 675 f.

186 Etwa *Bruns*, in: FS Mezger, 335, 361.

Für die hier zu untersuchende Frage ist lediglich die auf Täuschung basierte Übergabe des Geldes relevant.[187]

Die Rechtsprechung bejahte einen Betrug der E und M zu Lasten des L. Der Strafsenat sah durch die Übergabe des Geldes eine Vermögensverfügung des L, der dadurch einen Vermögensschaden erlitt. Es sei in der Rechtsprechung anerkannt, dass auch derjenige einen Vermögensschaden erleidet, der eine Geldleistung im Rahmen eines illegalen Geschäfts erbringt ohne die vereinbarte Gegenleistung zu erhalten. Daher sei eine Betrugsstrafbarkeit auch beim unerlaubten Handel mit Betäubungsmitteln nötig.[188]

f BGH, Beschl. v. 12.03.2002 – 3 StR 4/02, NJW 2002, 2117, „Schokolade statt Haschisch"

Diesem Fall lag wieder ein zweiaktiger Sachverhalt zugrunde, für die hier zu besprechende Stufe ist zunächst nur der erste Teil von Bedeutung.[189] Der Drogenverkäufer E vereinbarte mit dem Drogenkäufer L einen Vertrag über die Lieferung von 35 kg Haschisch zu einem Preis von 87.000 DM. L zahlte E wie vereinbart den Kaufpreis, der jedoch nur 4 kg Haschisch und 31 kg Schokolade lieferte.[190]

Der BGH entschied, dass E den Tatbestand des Betruges nach § 263 StGB erfüllte, indem er L durch Täuschung dazu brachte, ihm den Kaufpreis ohne Gegenleistung zu übergeben. L erlitt einen Vermögensschaden, da in der Rechtsprechung anerkannt sei, dass auch derjenige in seinem Vermögen ge-

187 Siehe zu der Strafbarkeit hinsichtlich des Sicherns der Beute, unten 1. Kapitel BII3a.

188 BGH, Urt. v. 04.09.2001 – 1 StR 167/01, NStZ 2002, 33.

189 Siehe zu den weiteren Handlungen unten, 1. Kapitel BI1a.

190 BGH, Beschl. v. 12.03.2002 – 3 StR 4/02, NJW 2002, 2117; mit ablehnender Anm. *Kindhäuser/Wallau*, NStZ 2003, 152; mit zustimmender Anm. *Engländer*, JR 2003, 163, 164.

schädigt werde, der eine Geldleistung im Rahmen illegaler Geschäfte erbringe, ohne die versprochene Gegenleistung zu erhalten.[191]

g BGH, Beschl. v. 25.03.2003 – 1 StR 9/03, NStZ-RR 2003, 185, „Falscher Dealer"

Im März 2003 sah der BGH ohne nähere Begründung den Tatbestand des Betruges nach § 263 StGB als erfüllt an, weil ein vermeintlicher Drogendealer E dem Käufer L vortäuschte, ihm genehmigungspflichtige Betäubungsmittel zu verkaufen, obwohl er von vornherein wusste, diese nicht beschaffen zu können, er aber dennoch den vereinbarten Kaufpreis entgegennahm.[192] Auch in diesem Fall entschied die Rechtsprechung, dass der Besitz und das Eigentum an dem Zahlungsmittel der Täuschungsopfer im strafrechtlichen Sinne Vermögen darstellt und durch das Strafrecht geschützt sei unabhängig davon, ob die (ausgebliebene) Gegenleistung eine sittenwidrige oder verbotene (Werk-)Leistung war.

191 Vgl. bereits zuvor, BGH, Urt. v. 29.04.1980 – 1 StR 132/80, Juris; BGH, Urt. v. 04.09.2001 – 1 StR 167/01, NStZ 2002, 33.

192 BGH, Beschl. v. 25.03.2003 – 1 StR 9/03, NStZ-RR 2003, 185, Schwerpunkt dieser Entscheidung war, ob sich der angebliche Drogendealer mit diesem Scheingeschäft auch wegen unerlaubtem Handeltreibens mit Betäubungsmitteln strafbar machte, nach § 29 Abs. 1 BtMG. Dies wurde mangels ernsthafter Gewinnabsicht verneint. Diese Entscheidung hielt an einem älteren BGH, Urteil v. 08.10.1987 – 2 StR 437/87, BGHR BtMG § 29 Abs 1 Nr 1 Handeltreiben 5, fest. Vgl. auch, BGH, Beschl. v. 20.02.2003 – 4 StR 4/03, BeckRS 2993, 2870.

h LG Regensburg, Urt. v. 26.04.2005 – 3 Ns 112 Js 14307/01, NStZ-RR 2005, 312 „Flucht aus dem Gefängnis"

Die einzig abweichende Rechtsprechung traf das Landgericht Regensburg in seinem Urteil vom 26. April 2005. Im zu entscheidenden Fall wollte E dem Gefängnisinsassen L zur Flucht aus dem Gefängnis verhelfen. L zahlte E dafür vorab einen Geldbetrag, E half L jedoch entgegen seiner Zusage nicht aus dem Gefängnis auszubrechen.[193] Das Landgericht verneinte eine Strafbarkeit des E nach § 263 StGB, da Leistungen, die zur Erreichung eines gesetzes- und sittenwidrigen Rechtsgeschäftes erbracht werden, nicht unter den Schutz des strafrechtlich geschützten Vermögens fallen. Das Landgericht Regensburg widersprach damit der Rechtsprechung des BGH,[194] dem sich die nachfolgende höchstrichterliche Rechtsprechung aber nicht anschloss.[195] Damit ist dieses Landgerichtsurteil ein Einzelfall ohne Aussagekraft für die grundsätzliche Rechtsprechung und hat keinen weiteren Einfluss auf die (höchstrichterliche) Rechtsprechungsanalyse.

4 BGH-Rechtsprechungen zum Untreuetatbestand

Im folgenden Abschnitt wird untersucht, ob auch der rechtmäßige Besitz an Sachen, die zu einem illegalen Zweck eingesetzt werden, durch die Untreue gemäß § 266 StGB strafrechtlich geschützt wird. Im Rahmen des Untreuetatbestandes stellt sich die grundsätzliche Frage, ob eine Vermögensbetreuungspflicht bei rechts- und sittenwidrigen Rechtsgeschäften angenommen werden kann.

193 LG Regensburg, Urt. v. 26.04.2005 – 3 Ns 112 Js 14307/01, NStZ-RR 2005, 312.

194 A.A. *Beukelmann*, in: BeckOK StGB, § 263 Rn. 44, der diesen Fall einer anderen Fallgruppe zuordnet.

195 Vgl. die zuvor genannten Beispielsfälle und BGH, Urt. v. 04.09.2001 – 1 StR 167/01, NStZ 2002, 33, „Verdeckter Polizist".

a BGH, Urt. v. 27.03.1953 – 2 StR 146/52, NJW 1954, 889 „Beauftragung zum Erwerb von Falschgeld“

Zunächst entschied der BGH im Jahr 1953, dass eine Untreue bei gesetzeswidrigen Geschäften nicht vorliegt. E erhielt von L 2.500 DM und sollte damit Falschgeld für L kaufen, E verwendete das Geld jedoch für sich selbst. Der BGH lehnte eine Strafbarkeit des E wegen Untreue ab, da es an einer Vermögensbetreuungspflicht im Sinne des § 266 Abs. 1 Alt. 2 StGB mangelte und nahm eine Unterschlagung gemäß § 246 StGB an. Er war der Ansicht, dass aufgrund von § 812 BGB eine Pflicht zur Rückgabe des Geldes bestand. Denn E erhielt das Geld ohne Rechtsgrund, da die zugrunde liegende Vereinbarung gemäß § 134 BGB i. V. m. § 147 StGB nichtig und E dadurch bereichert war. § 817 S. 2 BGB fand keine Anwendung, da keine Leistung im Sinne des § 817 S. 2 vorlag.[196]

Um einen Treuebruchtatbestand im Sinne des § 266 StGB anzunehmen genügt es dem BGH folgend nicht, wenn ein Schuldner vertraglichen oder gesetzlichen Pflichten zuwiderhandelt. Gefordert wird vielmehr, dass „eine ihm Kraft eines Treueverhältnisses obliegende Pflicht, fremde Vermögensinteressen wahrzunehmen, verletzt“ wurde. Da der Vertrag nichtig war bestand die Pflicht des E allein darin, das Geld zurückzugeben. Er habe keinerlei Bewegungsfreiheit und Selbstständigkeit in der Verwendung des Geldes gehabt, was aber Voraussetzung ist, um eine Vermögensbetreuungspflicht im Sinne des § 266 StGB anzunehmen. Diese hätte angenommen werden können, wenn der zugrunde liegende Vertrag rechtmäßig gewesen wäre.

Bereits in der damaligen Literatur wurde zu Recht kritisiert, dass auch „ein nichtiges Rechtsverhältnis mehr ist als gar kein Rechtsverhältnis“.[197] Auch ein nichtiges Rechtsgeschäft kann auf einem faktischen Treueverhält-

196 Eine Leistung i. S. d. des § 817 S. 2 liege nur vor, wenn der Vermögensvorteil in das Vermögen des Empfängers übergehen soll und nicht nur eine zu einem vorübergehenden Zweck gewährte Leistung, BGH, Urt. v. 27.03.1953 – 2 StR 146/52, NJW 1954, 889.

197 *Bruns*, NJW 1954, 857, 860.

nis beruhen, was für den Tatbestand des §266 Abs.1 StGB nach der letzten Alternative ausreiche. Es gebe keinen Unterschied zu Fällen, in denen der zivilrechtliche Vertrag aus Formmängeln oder Minderjährigkeit nichtig ist.

Die nachfolgende Rechtsprechung schloss sich der Meinung an, ein faktisches Treueverhältnis auch innerhalb sittenwidriger und rechtswidriger Rechtsgeschäfte anzunehmen.[198] In einer weiteren Entscheidung zwei Jahre später sah der BGH, dass der BGH in dem hier besprochenen Fall keine generell ablehnende Aussage treffen wollte, sondern er nur dadurch nicht zu der Frage kam, ob ein Treueverhältnis auch zwischen „Verbrechern" bestehen könne, weil E die von §266 StGB vorausgesetzte selbstständige Befugnis gefehlt habe.[199] Letztendlich kann dahinstehen, wie diese Entscheidung zu werten ist, denn der BGH entschied in allen nachfolgenden Entscheidungen, auch ein zu illegalem Zweck begründetes Vertrauensverhältnis reiche aus, eine Untreue anzunehmen.[200]

b BGH, Urt. v. 17.11.1955 – 3 StR 234/55, BGHSt 8, 254, „Untreue an FDJ-Geld"

Der Angeklagte E war Leiter der Finanzabteilung der „Freien Deutschen Jugend" (FDJ). Aus Angst, nach Zerwürfnissen mit der FDJ verhaftet zu werden, wollte er aus Ostberlin in die Bundesrepublik fliehen. Unter dem Vorwand, er müsse Geld an die SED aushändigen, ließ er sich 150.000–170.000 DM von einem Kassenwart der FDJ auszahlen. Tatsächlich aber nutzte er das Geld für seine Flucht und verbrauchte es vollständig für sein

198 So etwa BGH, Urt. v. 17.11.1955 - 3 StR 234/55, BGHSt 8, 254, „Untreue an FDJ- Geld"; BGH, Urt. v. 27.02.1975 - 4 StR 571/74, NJW 1975, 1234, „Bundesliga Bestechungsgelder".

199 BGH, Urt. v. 17.11.1955 - 3 StR 234/55, BGHSt 8, 254, 258 f.; so auch *Bruns*, NJW 1954, 857, der bedauert, dass der BGH in dieser Entscheidung diese Frage umgangen habe.

200 Nicht nur die nachfolgenden Entscheidungen nahmen dies an, sondern vereinzelt auch bereits vorangegangene Entscheidungen vgl. RGSt 41, 265, RGSt 38, 363; RGSt 73, 157.

Leben „im Westen". Das Geld stammte aus Mitteln, die die FDJ von der SED für „illegale Zwecke der Westarbeit" erhielt, um gesetzwidrige „Wühlarbeit" in der Bundesrepublik vor der Septemberwahl 1953 durchzuführen. Die FDJ war aber in der Bundesrepublik als staatsfeindliche Organisation bereits verboten.[201] Das entwendete Geld war damit ursprünglich für strafbare „Handlungen gegen den Bestand oder die verfassungsmäßige Ordnung der Bundesrepublik" gemäß §§ 90a, 93, 129 StGB a.F.[202] vorgesehen. Fraglich war, ob sich E wegen Untreue strafbar machte, indem er das Geld für eigene Zwecke verwendete.

Der BGH verurteilte E wegen Untreue nach § 266 StGB, denn die Rechtsordnung kenne „im Bereich der Vermögensverbrechen allgemein kein wegen seiner Herkunft, Entstehung oder Verwendung schlechthin schutzunwürdiges Vermögen, sei es im Ganzen oder in Teilen." Auch wenn das Geld ursprünglich für geplante Straftaten bereitgestellt wurde, unterliege es zwar der gesetzmäßigen polizeilichen Abwehr, jedoch könne unbeschadet seiner Zweckbestimmung oder Bemakelung auch Raub, Diebstahl, Erpressung, Unterschlagung und Betrug an diesem begangen werden. Das Strafrecht greife nicht zum Wohl des Täters, sondern im Interesse der Allgemeinheit ein, „welche nicht dulden kann, daß sich jemand, und sei es selbst im Zusammenhang mit Verbrechen an unrecht erworbenem oder sonst bemakeltem Gut eigenmächtig bereichert, oder daß gesetzlose Zustände einreißen, die zu Gewalttaten führen und den Nährboden weiterer Verbrechen bilden können."[203] Obwohl das Geld für sittenwidrige Zwecke vorgesehen war, stellte das Gericht einen Vermögensschaden fest und entsprach dem Diktum des Reichsgerichts.[204]

201 BGH, Urt. v. 17.11.1955 – 3 StR 234/55, BGHSt 8, 254.

202 Entspricht der StGB Fassung, für § 90a StGB, die vom 31.08.1951/01.09.1951, bis 21.03.1961 galt, für § 93 StGB, der Fassung vom 01.10.1953 bis 01.08.1968 sowie für § 129 StGB der Fassung vom 31.08.1951/01.09.1951 bis 30.10.1953.

203 BGH, Urt. v. 17.11.1955 – 3 StR 234/55, BGHSt 8, 254, 256.

204 RG, Beschl. v. 14.12.1910 – 1214/10, RGSt 44, 230.

Zu diskutieren bleibt, ob der Vermögensschutz im Rahmen illegaler Geschäfte auch für den Treuebruchtatbestand des §266 Abs.1 Alt.2 StGB gilt. Da dieser eine schuldhafte Verletzung rechtlicher Pflichten zur Vermögensbetreuung bestraft, komme es darauf an, ob solche Pflichten hier überhaupt vorliegen können.[205] Diese Frage ist bis heute auch in der Literatur umstritten.[206] Dagegen wird vorgebracht, dass sitten- oder gesetzeswidrige Rechtsgeschäfte ungeeignet sind, ein rechtlich geschütztes Treueverhältnis im Sinne des Treuebruchtatbestandes zu begründen. Ein Treueverhältnis beruhe einer Ansicht nach nur auf Beziehungen und Umständen, die der Rechts- und Sittenordnung unterliegen.[207] Anderenfalls wäre es ein Verstoß gegen die Einheit der Rechtsordnung, wenn gegen die guten Sitten oder Gesetz verstoßende Sonderbeziehungen strafrechtlich geschützt werden.[208]

Dennoch nehmen sowohl der BGH als auch die herrschende Literatur[209] den strafrechtlichen Schutz nach §266 StGB an. Der „Treuebruchtatbestand setze nicht allgemein voraus, daß dieses „Treueverhältnis“ und die aus ihm erwachsende Pflicht zur Vermögensfürsorge auf einem sittlichen Treueband“ beruhe.[210] Ist das zugrundeliegende Rechtsgeschäft nichtig, unterliegen die

205 BGH, Urt. v. 17.11.1955 - 3 StR 234/55, BGHSt 8, 254, 256 ff.

206 Vgl. dazu etwa *Dierlamm/Becker*, in: MüKo StGB, §266 Rn.171 ff.; *Schünemann*, in: LK StGB, §266 Rn.64 mit jeweils weiteren Nachweisen.

207 So noch vertreten vom Reichsgericht, Urt. v. 05.12.1953 - 3 D 859/35, RGSt 70, 7, 9; in der Literatur vertreten von *Hoyer*, in: SK StGB, §266 Rn.41; *Kindhäuser*, in: NK §266 Rn.42; *Perron*, in: S/S StGB, §266 Rn.31; Maurach/Schroeder/Maiwald/Hoyer/Momsen, StrafR BT 1, §45 Rn.30.

208 *Perron*, in: S/S StGB, §266 Rn.31; ablehnend *Schünemann*, in: LK StGB, §266 Rn.64, der die Meinung vertritt, das „Prinzip der Einheit der Rechtsordnung“ werde erst relevant bei der Frage, ob das Vermögen auch unter dem Schutz der Rechtsordnung stehe.

209 Arzt/Weber/Heinrich/Hilgendorf, §22 Rn.55; *Bruns*, NJW 1954, 857; *Bruns*, in: FS Mezger 1954, 355 ff.; *Dierlamm/Becker*, in: MüKo StGB, §266 Rn.175; *Franke*, JuS 1981, 444, 446; *Heger*, in: Lackner/Kühl/Heger StGB, §266 Rn.10; Krey/Hellmann/Heinrich, StrafR BT 2, §18 Rn.918; *Kühl*, JuS 1989, 505, 512 f.; *Luthmann*, NJW 1960, 419; *Schünemann*, in: LK StGB, §266 Rn.167 ff.; Wessels/Hillenkamp/Schuhr, StrafR BT 2, §20 Rn.819.

210 BGH, Urt. v. 17.11.1955 - 3 StR 234/55, BGHSt 8, 254, 257; zustimmend *Schünemann*, in:

verbleibenden Pflichten beider Teile einem anderen notwendigerweise allgemeinen Maßstab, nämlich wie bei anderen Vermögensstraftaten auch „in dem überragenden Allgemeininteresse an der Ungestörtheit der öffentlichen Ordnung." Dieses Interesse verlange, dass sich die Beziehungen zwischen „Treugeber" und Partner noch im Rahmen der Strafgesetze bewegen.[211] Dies bedeutet aber nicht, dass sich der Auftragnehmer schon wegen Untreue strafbar macht, wenn er dem sitten- oder gesetzeswidrigen Auftrag des „Treugebers" nicht nachkommt. Es könne keine Rechtspflicht für E zur Ausführung des Auftrages bestehen.[212] Er habe sich nicht der Untreue strafbar gemacht, als er das Geld nicht auftragsgemäß zu strafbaren Zwecken einsetzte. Eine Strafbarkeit wäre ebenfalls entfallen, wenn er das Geld den Behörden der Bundesrepublik übergeben hätte. Auch dieses Verhalten wäre rechtmäßig gewesen, §§ 98 Abs. 2, 86 StGB a.F.[213] und hätte keinen Pflichtverstoß bedeutet, da das gesetzeswidrige Interesse der FDJ ohne Bedeutung ist.[214] Hingegen sei nicht nachvollziehbar, warum E „nicht seinen allgemeinen Verwaltungspflichten ordnungsgemäß nachzukommen hatte, solange er sie beibehielt [...]. Damit verletzte er die öffentliche Ordnung in derselben Weise wie – unter denselben äußeren Umständen – durch die Begehung eines andern Vermögensverbrechens."[215] Es komme hinzu, dass in Fällen, in denen die §§ 263, 242 und 246 StGB mangels Erfüllung der jeweiligen Tatbestände nicht vorliegen, eine Strafvorschrift fehlen würde. Dies sei umso

LK StGB, § 266 Rn. 64, der ebenfalls den klaren Willen des Gesetzgebers erkennt, dass es für ein „Treueverhältnis" gerade nicht auf die zivilrechtliche Wirksamkeit ankommt, sondern sich lediglich um eine Beschreibung des *modus operandi* handle.

211 BGH, Urt. v. 17.11.1955 - 3 StR 234/55, BGHSt 8, 254, 257.

212 RG, Urt. v. 05.12.1953 - 3 D 859/35, RGSt 70, 7, 9 f.; Arzt/Weber/Heinrich/Hilgendorf, StrafR BT, § 22 Rn. 55; *Fischer*, StGB, § 266 Rn. 45; *Luthmann*, NJW 1960, 419; *Perron*, in: S/S StGB, § 266 Rn. 31; *Schünemann*, in: LK StGB, § 266 Rn. 64; Wessels/Hillenkamp/Schuhr, StrafR BT 2, § 20 Rn. 819.

213 Entspricht der Gesetzesfassung vom 31.08.1951/01.09.1951 bis zum 01.08.1968.

214 BGH, Urt. v. 17.11.1955 - 3 StR 234/55, BGHSt 8, 254, 258.

215 BGH, Urt. v. 17.11.1955 - 3 StR 234/55, BGHSt 8, 254, 258 f.

weniger statthaft, da § 266 StGB Tatbestände der Aneignungsverbrechen ergänzen soll.[216]

Mithin hat sich E wegen Untreue strafbar gemacht, auch wenn das Geld für einen sittenwidrigen und verbotenen Zweck bestimmt war. Der BGH stimmte mit dieser Entscheidung der bisherigen Rechtsprechungslinie zum wirtschaftlichen Vermögensbegriffes zu und erweitert die Kernaussagen der „Grundsatzentscheidung“ aus 1910 auch auf das Vorliegen eines Treueverhältnisses innerhalb illegaler Rechtsgeschäfte.

c BGH, Urt. v. 27.02.1975 – 4 StR 571/74, NJW 1975, 1234, „Bundesliga-Bestechungsskandal“

Der Vorsitzende T des Fußballvereins L bestach Spieler eines anderen Fußballvereins E, das nächste Spiel gegen seinen Verein zu verlieren, damit dieser nicht aus der Bundesliga absteigt. T setzte privates Vermögen und weitere 100.000 DM vom Konto seines Vereins L ein, übergab eine Anzahlung sowie den Rest der Summe nach dem Spiel an die Spieler des gegnerischen Vereins E. Der Plan ging zunächst auf, L besiegte E und konnte den Abstieg aus der Bundesliga verhindern. Nach Bekanntwerden des Falls wurde L zum Ende der nächsten Saison die Bundesligalizenz entzogen, T wurde vom Landgericht Bielefeld wegen Untreue nach § 266 StGB zu einer Geldstrafe von 25.000 DM verurteilt.

Das Landgericht Bielefeld ging unwiderlegbar davon aus, dass ohne die Manipulation des Spiels L abgestiegen wäre. Die durch die Bundesliga-Zugehörigkeit erzielten tatsächlichen Einnahmen haben die „geopferten 100.000 DM“ erheblich überschritten, es sei kein „konkreter Schaden“ eingetreten. Jedoch sei die Gefahr, dass die Manipulation vor Beginn der neuen Bundesliga Spielzeit aufgedeckt werden würde, so groß gewesen, dass

216 *Bruns*, NJW 1954, 858.

„die (weitere) Bundesligazugehörigkeit in einem einen Vermögensschaden bedeutenden Maße gefährdet gewesen sei“. Diesem widersprach der BGH, da es aufgrund der kurzen Zeitspanne zwischen manipuliertem Spiel und Beginn der neuen Saison praktisch unmöglich gewesen sei, dass eine vollstreckbare Entscheidung des Sportgerichtes auf Lizenzentzug ergehen würde. Daher bestünde keine solche Gefährdung.[217]

In Frage komme jedoch, ob ein Vermögensnachteil in der nach dem Spiel an die Spieler erfolgten Zahlung gesehen werden kann.[218] Eine (vertragliche) Verpflichtung aus dem illegalen Geschäft gab es nicht, der Sieg des Vereins L und der Erhalt der Bundesliga standen bereits fest. Daher könnte in der zweiten Zahlung kein kompensierender Vermögensvorteil mehr erreicht worden sein. Dies führe allerdings zu einer gespaltenen Betrachtung, die nach Ansicht des BGH einem solchen Geschäft nicht gerecht werde. Auch unredliche und verbotene Geschäfte sollen als ein wirtschaftlich einheitlicher, zusammenhängender Vorgang gesehen werden. Beim Vermögensvergleich seien Nachteil und Vorteil im Gesamten zu berücksichtigen.[219] Auch diese BGH-Entscheidung folgt eindeutig dem wirtschaftlichen Vermögensbegriff.

d Weitere Entscheidungen

In weiteren BGH-Entscheidungen wurde festgestellt, dass eine Untreue bei der Vereitelung von Geschäften, die sich auf rechtlich missbilligte Zwecke bereitgehaltene oder in rechtlich anfechtbarer Weise erworbene Vermö-

217 BGH, Urt. v. 27.02.1975 – 4 StR 571/74, NJW 1975, 1234, „Bundesliga Bestechungsgelder“.

218 Die Gerichte gingen zu Gunsten des T davon aus, dass die Zahlungen vor dem Spiel aus seinem privaten Vermögen stammten und dadurch das Risiko eines Vermögensnachteils für den Verein verringert wurde.

219 BGH, Urt. v. 27.02.1975 – 4 StR 571/74, NJW 1975, 1234, „Bundesliga Bestechungsgelder“.

gensgegenstände bezogen, möglich ist.[220] Aus den weiteren Entscheidungsbegründungen ergaben sich aber keine neuen Aspekte hinsichtlich der hier relevanten Fragen.

Die zivilrechtliche Rechtsprechung folgte der Rechtsprechung der Strafsenate und hielt im Rahmen der Prüfung des § 823 Abs. 2 i. V. m. § 266 StGB eine Untreue trotz Illegalität des zugrundeliegenden Rechtsgeschäfts für möglich. Die Illegalität hindere nicht die Annahme, dass ein Treueverhältnis im Sinne des § 266 Abs. 1 StGB vorliegt[221] und eine Untreue an Sachen, die für einen rechtswidrigen Zweck bestimmt sind, konsequent angenommen wird.[222]

5 Zwischenergebnis

Der BGH vertritt seit der Grundsatzentscheidung des Reichsgerichtes aus 1910 stringent einen wirtschaftlichen Vermögensbegriff hinsichtlich des strafrechtlichen Vermögensschutzes von Besitz- Eigentumspositionen an Sachen, die zu einem illegalen Zweck eingesetzt wurden und nimmt keine normativen Einschränkungen des Vermögensbegriffes vor. Auch verwendet er den gleichen Vermögensbegriff für Vermögensdelikte im engeren Sinne. Einzig im Fall der Untreue kommt neben der Frage des Vermögensschadens die Frage hinzu, ob eine Vermögensbetreuungspflicht auch bei illegalen Rechtsgeschäften gesehen werden kann. Dies bejahte der BGH mit dem „Untreue an FDJ- Geld"-Fall ausdrücklich[223] und hielt in den nachfolgenden Entscheidungen daran fest.

220 BGH, Urt. v. 19.01.1965 - 1 StR 497/64, BGHSt 20, 143, 146; BGH, Beschl. v. 27.01.2010 - 5 StR 488/09, NStZ 2010, 703.

221 BGH, Urt. v. 06.12.1983 - VI ZR 117/82, NJW 1984, 800.

222 Vgl. zur Untreue rechtswidrig erhaltener Sachen unten, 1. Kapitel AII5.

223 BGH, Urt. v. 17.11.1955 - 3 StR 234/55, BGHSt 8, 254.

II Rechtswidrige Besitzpositionen

Im zweiten Abschnitt der ersten Fallgruppe wird untersucht, ob sich der strafrechtliche Vermögensschutz ändert, wenn die Besitzposition selbst mit einem Rechtsmangel behaftet ist. Der Unterschied ist, dass nicht wie zuvor eine rechtmäßig besessene Sache zur Erreichung eines rechtswidrigen Zweckes eingesetzt wird, sondern der Besitz an der Sache selbst rechtlich bemakelt ist und beispielsweise aus einem Hehlergeschäft stammt oder durch Straftat erlangt wurde. Neben dem rechtswidrigen Besitz ist der verbotene Besitz wie zum Beispiel an erlaubnispflichtigen Betäubungsmitteln gemäß §§3 Abs.1 Nr. 1, 29 Abs.1 S.1 Nr. 1 BtMG zu unterscheiden. Zunächst soll der strafrechtliche Schutz des „lediglich" rechtswidrigen Besitzes anhand der höchstrichterlichen Rechtsprechung untersucht werden, während der Schutz des zugleich verbotenen Besitzes im darauffolgenden Abschnitt behandelt wird.[224]

Der strafrechtliche Vermögensschutz eines rechtswidrigen Besitzes ist in der Literatur umstritten. Anhänger der wirtschaftlichen Lehre befürworten dies, solange der faktische Besitz Vermögenswert innehat, da die zivilrechtliche Besitzlage keinen Einfluss auf den strafrechtlichen Schutz habe. Uneinig sind sich die Vertreter der juristisch-ökonomischen Lehre. Ein Teil der Vertreter nimmt einen Schutz im Hinblick auf die zivilrechtlichen Besitzschutzrechte nach §858 ff. BGB an und räumt auch dem rechtswidrigen Besitzer Besitzschutzrechte ein. Ein anderer Teil lehnt es hingegen ab, aus zivilrechtlichem Besitzschutz Aussagen für den strafrechtlichen Vermögensschutz zu ziehen und verneint den strafrechtlichen Vermögensschutz mit Blick auf die Rechtswidrigkeit des Besitzes.[225]

224 Siehe unten 1. Kapitel AIII.

225 Siehe dazu ausf., Anfragebeschluss des 2. Strafsenates, BGH, Beschl. v. 01.06.2016 - 2 StR 335/15, NStZ 2016, 596, 1. Kapitel AIII2.

1 RG, Beschl. v. 14.12.1910 – II 1214/10 – RGSt 44, 230, „Grundsatzentscheidung"

Wegweisend für diese Kategorie der ersten Fallgruppe ist wieder die „Grundsatzentscheidung" aus 1910, in der das Reichsgericht ausdrücklich auch auf den rechtswidrigen Besitz einging. Der Senat urteilte, es sei „anerkannt", dass auch „dem Diebe die gestohlene Sache wieder gestohlen" und auch dem Betrüger, die durch Betrug erlangte Sache „wieder durch Betrug abgenommen werden" kann. So sei der Verbrecher „in seinem Vermögen nicht friedlos".[226] Damit nahm das Reichsgericht an, dass auch der rechtswidrige Besitz strafrechtlich geschützt ist. Dies ist im Hinblick auf die wirtschaftliche Vermögenstheorie stringent, da es nach dieser keinen Unterschied macht, ob der Besitz rechtswidrig oder rechtmäßig ist und es allein darauf ankommt, ob der Sache ein wirtschaftlicher Wert beigemessen werden kann.

2 BGH, Urt. v. 16.08.1995 – 2 StR 303/95 – BGHR StGB § 253 Abs 1 Vermögenswert 1 „Falscher Barbesitzer" und BGH, Beschl. v. 27.05.2008 – 4 StR 58/08, NStZ 2008, 627, „Gestohlener Transporter"

In einem Fall bejahte der BGH die mittels Nötigung erzwungene Herausgabe und Räumung einer rechtswidrig besessenen Bar als eine (versuchte) räuberische Erpressung. Auch der unrechtsmäßige Besitz an einer Bar ermöglicht es diesen gewinnbringend zu nutzen und einen Vermögensvorteil zu erzielen. Einen Vermögenswert hat der Besitz insoweit als mit ihm Gebrauchsvorteile verbunden sind.[227] Der BGH wertete somit ohne weitere

226 RG, Beschl. v. 14.12.1910 – 1214/10, RGSt 44, 230, 232, 248.

227 BGH, Urt. v. 16.08.1995 – 2 StR 303/95 – BGHR StGB § 253 Abs 1 Vermögenswert 1; vgl. hinsichtlich des Vermögenswertes von Besitz BGH, Urt. 05.07.1960 – 5 StR 80/60, BGHSt 14, 386 mwN; *Lackner*, in: LK StGB, 10. Aufl. 1988, § 263 Rn. 182 ff.

Erläuterung auch den Verlust eines rechtswidrig erlangten Besitzes als Vermögensschaden.

In einem weiteren Fall übergab L dem E einen gestohlenen Transporter, da E, der von vornherein beabsichtigte den vereinbarten Kaufpreis nicht zu zahlen, L Kaufbereitschaft vortäuschte.[228] Der BGH bestätigte die Entscheidung des Landgerichtes,[229] das E wegen Betruges zu Lasten des L verurteilte. Aufgrund der Täuschung des E über dessen Zahlungswilligkeit erlangte er den Besitz an dem gestohlenen Transporter und erfüllte den Tatbestand des §263 Abs.1 StGB. Dabei spiele es keine Rolle, dass der Transporter gestohlen war, „denn auch der durch einen Diebstahl erlangte rechtswidrige Besitz gehört zu dem vom §263 StGB geschützten Vermögen." Mit der Übernahme des Transporters erlangte E einen rechtswidrigen Vermögensvorteil, der BGH bestätigte den wirtschaftlichen Vermögensbegriff und schützte strafrechtlich auch den durch Diebstahl erlangten Besitz.[230]

3 BGH, Urt. v. 11.04.2018 - 5 StR 595/17, NStZ-RR 2018, 221, „Schädigung des IS-Vermögens"

In diesem Fall hatte der BGH darüber zu entscheiden, ob auch Gelder der Terrororganisation „Islamischer Staat" (IS) strafrechtlich geschützt sind. E gab vor einen Terroranschlag zu planen und bat die islamistische Terrororganisation auf einer Chatplattform um Gelder für sein Vorhaben. E hatte nicht die Absicht, den Anschlag durchzuführen, sondern benötigte das Geld für eigene Belange. Ohne das Wissen des E war die Chatplattform aber von

228 Beschl. v. 27.05.2008 - 4 StR 58/08, NStZ 2008, 627, „Gestohlener Transporter", der Sachverhalt ist mehraktig, die weiteren Handlungen werden unten ausgeführt, 1. Kapitel BII1a und 2. Kapitel BII1.

229 LG Rostock, Urt. v. 12.09.2007 - 435 Js 20933/05 - 11 KLs 25/05.

230 Beschl. v. 27.05.2008 - 4 StR 58/08, NStZ 2008, 627, „Gestohlener Transporter".

syrischen Oppositionellen übernommen worden, die nur vorgaben Mitglieder des IS zu sein und die Kontaktdaten des E an Diplomatenkreise und diese wiederum an deutsche Behörden weitergaben. Nach Meinung des BGH war das Geld des IS „doppelt bemakelt", da die verbotene Terrororganisation IS durch deliktische Handlungen in den Besitz des Geldes gekommen ist.

Wie die Vorinstanz wertete der BGH die Tat des E als versuchten Betrug zum Nachteil des IS. Auch das Vermögen der Terrororganisation sei durch § 263 Abs. 1 StGB geschützt und werde nicht normativ eingeschränkt. Der Senat betonte an der ständigen Rechtsprechung festzuhalten, weil die Rechtsordnung „im Bereich der Vermögensdelikte allgemein kein wegen seiner Herkunft, Entstehung oder Verwendung schlechthin schutzunwürdiges Vermögen"[231] kenne. Daran ändere auch der Gesetzeszweck des § 89c StGB Geldzuflüsse an Terrororganisationen zu verhindern nichts. Abgesehen davon, dass dessen Tatbestand hier nicht erfüllt sei, habe sich der Gesetzgeber bei der Schaffung des § 89c StGB nicht mit der Reichweite des Vermögensschutzes nach § 263 StGB befasst.[232]

Dies wurde zum Teil in der Literatur kritisiert, da es befremdlich erscheine, den IS mit allen (militärischen) Mitteln auf verschiedenen Staatsgebieten zu bekämpfen, aber ihm gleichzeitig der deutsche strafrechtliche Vermögensschutz zukomme.[233] Dem wurde richtigerweise entgegengehalten, dass der „IS mit staatlichen Mitteln im Rahmen des völkerrechtlichen und nationalen Regelwerks der Terrorismusbekämpfung und humanitären Völkerrechts bekämpft [... werde] und nicht von Privatpersonen".[234] Die sitten-

231 BGH, Urt. v. 11.04.2018 – 5 StR 595/17, NStZ-RR 2018, 221, 223, mit Verweis auf BGH, Urt. v. 17.11.1955 – 3 StR 234/55, BGHSt 8, 254, 256, „Untreue an FDJ- Geld" und BGH, Urt. v. 26.10.1998 – 5 StR 746/97, NStZ-RR 1999, 184.

232 BGH, Urt. v. 11.04.2018 – 5 StR 595/17, NStZ-RR 2018, 221, 223, mit Verweis auf BT-Drucks. 18/4087, S. 7.

233 *Jahn*, JuS 2018, 719, 721; vgl. auch Entscheidungsanmerkung von *Ebner*, ZWH 2018, 297, 298.

234 *Li*, NZWiSt 2019, 405, 410.

widrigen und verbotenen Handlungen des IS sind kein Freibrief dafür sein Vermögen zu schädigen.

Die Entscheidung wird mit dem Argument befürwortet, dass sich andernfalls „willkürliche" Abgrenzungsprobleme stellen können, ob schädigende Handlungen gegen den IS noch „wertungskonform" sind und somit straflos bleiben sollen oder welche Handlungen wie beispielsweise die Tötung eines IS-Mitgliedes durch Privatpersonen als zu weitgehend anzusehen sind, die bestraft werden müssen.[235] Dennoch ist eine Abgrenzung ohne Willkür möglich, da sich die Wertung des Gesetzgebers mit der Schaffung des § 89c StGB Terrororganisationen die finanziellen Mittel zu entziehen nur auf das Vermögen der Organisation beschränkt und davon keine Straftaten gegen das Vermögen oder die Gesundheit einzelner Personen umfasst sind.

Gegen das BGH-Urteil wird vorgebracht, dessen Argumentation hinsichtlich des § 89c Abs. 2 und 3 StGB reiche nicht aus. Die dahinterstehende Wertung sei unberücksichtigt geblieben, mit der Regelung des § 89c StGB sei beabsichtigt, die Finanzierung terroristischer Straftaten flächendeckend unter Strafe zu stellen.[236] Die Annahme eines Betruges „konterkariere diese Zielsetzung", terroristischen Straftaten die finanzielle Grundlage zu entziehen.[237] Dies dürfe nicht durch das Ziel eines umfassenden Vermögensschutzes unterlaufen werden.[238]

Dieser Ansicht wird wiederum entgegengehalten, dass „die finanzielle Unterstützung nicht mit der Bestrafung einer finanziellen Schädigung gleichgesetzt werden" darf. Es muss zwischen einer Bestrafung der finanziellen Unterstützung solcher Organisationen und einer Bestrafung für die

235 *Li*, NZWiSt 2019, 405, 410.

236 *Jahn*, JuS 2018, 719, 721 mit Verweis auf BT-Drucks. 18/4087, 8 f.

237 *Wachter*, StV 2019, 87, 88.

238 *Jahn*, JuS 2018, 719, 721.

aufgrund einer Nötigungs- oder Täuschungshandlung erfolgten Wegnahme von wirtschaftlichen Vermögensgegenständen differenziert werden. Dies sei allein Aufgabe des Gewaltmonopols des Staates, eine Selbstjustiz wurde vom Gesetzgeber damit nicht bezweckt.[239] Hinzukommt, dass der § 89c Abs. 1 StGB den Begriff „Vermögenswerte“ verwendet und das Strafrecht selbst davon ausgeht, dass für Zwecke wie die Terrorismusfinanzierung eingesetzte Mittel als Vermögen zu bewerten sind. Warum das Strafrecht solche Positionen an anderer Stelle bei gleichlautendem Begriff nicht zum Vermögensbegriff zählen sollte, geht daher nicht hervor.[240] Damit entspricht auch diese Entscheidung des BGH dem wirtschaftlichen Vermögensbegriff der Grundsatzentscheidung, auch wenn es sich um das Vermögen einer Terrororganisation handelt und dieses geschädigt wird.

4 Erzwungener Diebstahl mit anschließender Aushändigung des Diebesguts

Täter E zwang den Geschädigten L, einen Diebstahl zu begehen und ihm anschließend die rechtswidrig erlangten Sachen zu übergeben.[241] Der BGH hatte zu entscheiden, ob sich E wegen eines Vermögensdeliktes strafbar machte und ein Vermögensschaden des L vorliegt, indem er zu einer „Dienstleistung“ (Diebstahl) ohne entsprechende Gegenleistung gezwungen wurde.[242] Ebenso käme ein Vermögensschaden durch die erzwungene Übergabe der rechtswidrig erlangten Diebesware in Frage.

239 *Li*, NZWiSt 2019, 405, 410.

240 Siehe die Übersicht, der im Wortlaut „Vermögen“-enthaltenden Delikte im StGB, *Zimmermann*, GA 2017, 544, 556.

241 BGH, Beschl. v. 06.05.2014 – 5 StR 170/14, NStZ-RR 2014, 246; BGH, Beschl. v. 08.01.2020 – 4 StR 548/19, NStZ 2020, 286; BGH, Beschl. v. 05.08.2020 – 3 StR 608/19 BeckRS 2020, 22031; BGH, Beschl. v. 05.08.2020 – 3 StR 71/20, BeckRS 2020, 22034.

242 Siehe dazu unten, 3. Kapitel C.

Der BGH verneinte in einem Fall[243] eine Vermögensverfügung des L in der Übergabe des Diebesgutes. Diese sei nur anzunehmen, wenn entweder eigene oder solche Vermögenswerte, deren Schutz der Leistende wahrnehmen konnte oder sollte, preisgegeben werden. Durch die Herausgabe von Sachen, die L unmittelbar zuvor auf Verlangen des E gestohlen hatte, sei sein Vermögen nicht betroffen. Für eine „Dreieckserpressung“ fehle es an einem Näheverhältnis zwischen L und dem Bestohlenem.[244] Auch in einem weiteren Fall lehnte der BGH ein Vermögensdelikt mangels Vermögensnachteil ab.[245]

Daraus wird teilweise von Seiten der Strafrechtswissenschaft gefolgert, der BGH sehe in dem Besitz rechtswidrig erlangter Waren keinen strafrechtlich schützenswerten Vermögensbestandteil und weiche dadurch von der wirtschaftlichen Vermögenstheorie ab.[246]

Dem ist nach hier vertretener Ansicht entgegenzuhalten, dass in solchen Konstellationen der zu einem Diebstahl und unmittelbar danach zur Herausgabe der Ware Gezwungene nicht Besitzer der Sachen wird. Er ist nur Besitzdiener für den Leistungsempfänger und übt lediglich den Besitz für den Besitzherren aus, vgl. § 855 BGB. Eine Besitzdienerschaft liegt vor, „wenn jemand die tatsächliche Gewalt für einen anderen ausübt und dabei dessen Weisungen Folge zu leisten hat.“[247] Indem E den L zwang die Waren zu stehlen und unmittelbar anschließend herauszugeben, folgte L lediglich den Weisungen des E, der dadurch bereits im Zeitpunkt der Entwendung der Waren durch den Besitzdiener L Besitzherr wurde. L erlangte zu keinem Zeitpunkt Besitz an den Waren und gab auch zu keinem Zeitpunkt

243 BGH, Beschl. v. 05.08.2020 – 3 StR 608/19 BeckRS 2020, 22031; im Ergebnis offen lassend: BGH, Beschl. v. 06.05.2014 – 5 StR 170/14, NStZ-RR 2014, 246; BGH, Beschl. v. 05.08.2020 – 3 StR 71/20, BeckRS 2020, 22034.

244 BGH, Urt. v. 20.04.1995 – 4 StR 27/95, BGHSt 41, 123, 125; BGH, Beschl. v. 08.01.2020 – 4 StR 548/19, NStZ 2020, 286; BGH, Beschl. v. 05.08.2020 – 3 StR 608/19 BeckRS 2020, 22031; vgl. ausf. zum Näheverhältnis, *Habetha*, NStZ 2020, 286.

245 BGH, Beschl. v. 08.01.2020 – 4 StR 548/19, NStZ 2020, 286.

246 So etwa *Jäger*, JA 2020, 551, 552.

247 *Schäfer*, in: MüKo BGB, § 855 Rn. 3.

eine Besitzabsicht zu erkennen. Der (rechtswidrige) Besitz an den Sachen ist zu keinem Vermögensbestandteil des L geworden und in der Übergabe des Diebesgutes des L an den E kann folgerichtig keine Verfügung über sein Vermögen gesehen werden. E hat sich „nur“ wegen Nötigung in Tateinheit mit Anstiftung zum Diebstahl strafbar gemacht.[248] Mithin entspricht auch diese Rechtsprechung der wirtschaftlichen Vermögenstheorie.

5 Veruntreuung rechtswidrig erlangter Gelder

Abschließend folgen zwei weitere Fälle,[249] in denen der BGH eine Untreue an rechtswidrig besessenen Geldern bejahte. Die Frage war, ob erhaltene Bestechungsgelder vor Verlust strafrechtlich geschützt sind: Notar E half P, der Gelder des L verwaltete, mit dem verwalteten Geld hochspekulative Geschäfte durchzuführen, zu denen beide nicht befugt waren und zum Verlust des gesamten anvertrauten Vermögens führten. Das Vermögen des L stammte aus angesammelten Bestechungsgeldern und der BGH musste entscheiden, ob sich E wegen Beihilfe zur Untreue strafbar gemacht hat. Dies wäre der Fall, wenn eine beteiligungsfähige Haupttat vorlag.

Der BGH entschied, dass „die Rechtsordnung im Bereich der Vermögensdelikte allgemein wegen seiner Herkunft, Entstehung oder Verwendung schlechthin schutzunwürdiges Vermögen nicht kennt und schon im Interesse der öffentlichen Ordnung dafür sorgen muß, daß insoweit kein rechtsfreier Raum entsteht.“ Ferner sei auch in anderen Bereichen der Konflikt verschiedener rechtlicher Ziele erkennbar, ohne dass die Einheit und Folgerichtigkeit der Gesamtrechtsordnung dadurch infrage gestellt wird. Auch der Entzug deliktisch erworbenen Vermögens könne einen Vermö-

248 BGH, Beschl. v. 05.08.2020 – 3 StR 608/19 BeckRS 2020, 22031.

249 BGH, Urt. v. 26.10.1998 – 5 StR 746/97, NStZ-RR 1999, 184 und BGH, Urt. v. 09.12.1987 – 3 StR 104/87, BGHSt 35, 137.

gensschaden im Sinne von § 266 StGB begründen und eine Vermögensbetreuungspflicht ohne Weiteres angenommen werden.[250]

In einer weiteren Entscheidung des BGH aus dem Jahr 1987 wurde eine Untreue ebenfalls nicht ausgeschlossen, weil sich der Auftragnehmer an den rechtswidrig erlangten Geldern des Auftraggebers zu dessen Lasten bereicherte.[251]

Beide Entscheidungen folgen der bisherigen Rechtsprechung, beziehen sich auf den wirtschaftlichen Vermögensbegriff und bestätigen auch bei illegalen Rechtsgeschäften ein faktisches Treueverhältnis im Sinne des § 266 StGB.

6 Zwischenergebnis

Der BGH unterstellt auch den rechtswidrigen Besitz einem strafrechtlichen Vermögensschutz, sofern dieser einen wirtschaftlichen Wert aufweist. Er differenziert nicht zwischen Betrug, Erpressung oder Untreue, verfolgt einheitlich denselben (wirtschaftlichen) Vermögensbegriff und nicht einer Form der juristisch-ökonomischen Vermögenstheorie. Er stützt seine Entscheidungen allein darauf, dass auch dem rechtswidrigen Besitz ein wirtschaftlicher Wert zukommen kann. Die zivilrechtlichen Verhältnisse haben nach der wirtschaftlichen Vermögenstheorie keinen Einfluss auf den strafrechtlichen Vermögensschutz. Daher ist der BGH nur konsequent, wenn er kein Bedürfnis sieht dies zu problematisieren. Alle BGH-Entscheidungen entsprechen der Grundsatzentscheidung des Reichsgerichtes.

250 BGH, Urt. v. 26.10.1998 – 5 StR 746/97, NStZ-RR 1999, 184.

251 BGH, Urt. v. 09.12.1987 – 3 StR 104/87, BGHSt 35, 137.

III Verbotene Besitzpositionen

Im dritten Abschnitt der ersten Fallgruppe wird der strafrechtliche Vermögensschutz von nicht nur rechtswidrigen, sondern zusätzlich auch verbotenem Besitz an Sachen wie zum Beispiel genehmigungspflichtige Betäubungsmittel, Waffen, Sprengstoff, aber auch Elfenbein diverse Pflanzen oder Kinderpornografie[252] anhand BGH-Rechtsprechung untersucht. Im ersten Abschnitt wird die Judikatur bis zum Jahr 2016 dargestellt. Das Gericht nahm für den verbotenen Besitz ebenfalls stringent einen strafrechtlichen Vermögensschutz an, begründete diesen aber nicht näher (1). Dies änderte sich, als der 2. Strafsenat im Jahr 2016 den anderen Strafsenaten einen Anfragebeschluss vorlegte, von der bisherigen Rechtsprechung abzuweichen.[253] Die Begründung sowie die Antworten der anderen Strafsenate werden im zweiten Abschnitt näher beleuchtet (2). Die Abschnitte danach zeigen die Auswirkungen des Anfragebeschlusses auf die nachfolgenden Rechtsprechungen auf (3) und werden dann in einem Zwischenergebnis zusammengefasst (4).

252 In der Praxis spielen fast ausschließlich illegale Betäubungsmittel i.S. der Anlagen I-III zu §1 Abs.1 BtMG eine Rolle. Hinzukommen aber auch besonders geschützte Tiere und Pflanzen i.S. des §44 Abs.2 S.1 Nr.1 BNatSchG, Waffen und Munition §51 Abs.1, §52 Abs.1 Nr.1, Abs.3 Nr.1 und 2 WaffG, Kriegswaffen §22a Abs.1 Nr. 6 KrWaffKontrG und Sprengstoff §40 Abs.1 Nr.3 SprengG i.V.m. § 3 Abs.2 Nr.1 SprengG oder Kinderpornografie, §184b StGB; *Cramer*, Vermögensbegriff, S.225 ff.; *Schmitz*, in: MüKo StGB, §242 Rn.17; siehe auch unten 1. Kapitel AIII2e.

253 BGH, Beschl. v. 01.06.2016 - 2 StR 335/15, NStZ 2016, 596.

1 BGH-Entscheidungen bzgl. des strafrechtlichen Schutzes des verbotenen Besitzes bis zum Anfragebeschluss v. 01.06.2016 – 2 StR 335/15, NStZ 2016, 596

In einem Fall aus dem Jahr 1976 täuschte E vor, sie könne L dabei helfen, dessen Heroin zu verkaufen. Gegen einen Vorschuss von 200 DM erhielt E die Drogen, verwendete das Rauschgift aber für ihren Eigenverbrauch und zahlte L den restlichen Kaufpreis nicht. Der BGH stellte fest, dass das irreführende Verhalten ursächlich dafür war, dass L ihr das Heroin gab und E sich daher wegen Betruges zu Lasten des L strafbar machte.[254] Dies zeigt, dass der BGH auch dem Verlust des verbotenen Besitzes einen Vermögenswert zukommen lässt, diesen strafrechtlich schützt und damit dem wirtschaftlichen Vermögensbegriff entspricht. Diese Ansicht vertrat der BGH auch in weiteren Fällen:

So entschied er in einem Fall aus dem Jahr 1995, dass eine (qualifizierte) Nötigung zur Herausgabe von Betäubungsmitteln als (schwere räuberische) Erpressung zu bewerten ist. In dem Fall hielt E eine geladene Waffe L zunächst an Kopf und schoss dann auf den Boden. Daraufhin übergab L dem E sofort die 600 g 0 g Haschisch. Der BGH sah im Verlust der Drogen einen Vermögensschaden ohne dies näher zu erläutern und schützte damit auch den an sich verbotenen Besitz.[255]

In einem weiteren Fall unterstellte der BGH ebenfalls den Besitzverlust von Drogen ohne Gegenleistung dem strafrechtlichen Vermögensschutz. Der Angeklagte E und sein Mittäter M täuschten mehrere Drogendealer über ihre Kaufabsicht, Kokain im Wert von 100 DM zu kaufen, obwohl sie vorhatten diese nicht zu bezahlen. Als der Drogendealer L dem E und M die

254 BGH, Urt. v. 05.05.1976 – 3 StR 111/76, Juris.

255 BGH, Beschl. v. 26.07.1995 – 3 StR 694/93, BGHR BtMG § 9 Abs 1 Nr 1 Sichverschaffen 2.

Drogen zeigte, versuchten sie diese an sich zu nehmen und ohne Bezahlung zu flüchten. Da L sie daran hinderte, bedrohte M den L absprachegemäß mit einem Messer, der dann das Kokain an M und E übergab. Der BGH verurteilte E unter anderem wegen schwerer räuberischer Erpressung gemäß §§253, 255 in Verbindung mit §250 Abs. 2 Nr. 1 StGB, da die Nötigung zur Herausgabe von Drogen den Tatbestand der räuberischen Erpressung erfüllt. Der Vermögensschaden der Drogendealer liege im Verlust der Drogen. „Auch an Sachen wie Rauschgift, die jemand aufgrund einer strafbaren Handlung besitzt und als Tatmittel zur Begehung geplanter Straftaten bereitstellt, kann unbeschadet ihrer Zweckbestimmung oder Bemakelung Erpressung und Betrug begangen werden.“[256] Damit bestätigt diese Entscheidung die bisherige BGH-Entscheidungsfindung, sämtliche Vermögenswerte unabhängig von ihrer Bemakelung strafrechtlich zu schützen.[257]

Der 2. Strafsenat hinterfragte diese Rechtsprechungslinie erstmals kritisch in seiner Entscheidung aus dem Jahr 2013. In dem Fall wurde ebenfalls die Herausgabe von Drogen mit Nötigungsmitteln verlangt. Da bereits auf Sachverhaltsebene unklar war, ob ein Nötigungsmittel vorlag, verwies der BGH den Fall zur neuen Verhandlung und Entscheidung an das Landgericht zurück mit dem Hinweis, das Tatbestandsmerkmal des Vermögensschadens genauer zu prüfen. Denn es sei „jedenfalls nicht unbestritten“, „dass der Verlust illegalen Besitzes an Betäubungsmitteln ein vom Recht anerkannter Vermögensschaden“ sei.[258] Damit äußerte der BGH zwar Zweifel, ob die Vermögensdelikte auch auf den verbotenen Besitz zu erstrecken sind, doch kann darin noch keine Abkehr von einem wirtschaftlichen Vermögensbegriff gesehen werden.

256 BGH, Urt. v. 04.09.2001 – 1 StR 167/01, NStZ 2002, 33; vgl. auch BGH, Urt. v. 17.11.1955 – 3 StR 234/55, BGHSt 8, 254, 256; BGH, Urt. v. 26.10.1998 – 5 StR 746/97, NStZ-RR 1999, 184 185 f.

257 Ebenso BGH, Beschl. v. 27.07.2004 – 3 StR 71/04, NStZ 2005, 155.

258 BGH, Beschl. v. 30.07.2013 – 2 StR 150/13, StraFo 2013, 480.

2 Anfragebeschluss des 2. Strafsenates, BGH, Beschl. v. 01.06.2016 – 2 StR 335/15, NStZ 2016, 596

Im Jahr 2016 legte der 2. Strafsenat den anderen Strafsenaten eine Anfrage vor die ständige Rechtsprechung dahingehend zu ändern, dass der unerlaubte Besitz von Betäubungsmittel kein Bestandteil des nach §§253, 263 StGB geschützten Vermögens sei.[259]

Der BGH hatte über folgenden Sachverhalt zu entscheiden: E wollte sich von L Heroin verschaffen und überzeugte S und B ihm dabei zu helfen. Sie gingen zur Wohnung des L, traten die Wohnungstür ein, schlugen und bedrohten L mit einem spitzen Gegenstand und forderten ihn zur Herausgabe des Heroins auf. Die Täter bekamen von L drei Plomben Heroin und flohen dann. Das Landgericht stellte eine Strafbarkeit bei E und S unter anderem wegen besonders schwerer räuberischer Erpressung in Tateinheit mit gefährlicher Körperverletzung fest, wogegen Revision eingelegt wurde. Der 2. Strafsenat sah die Revision hinsichtlich der besonders schweren räuberischen Erpressung als begründet an. Die Nötigung zur Herausgabe der Betäubungsmittel habe sich nicht gegen das geschützte Vermögen des L gerichtet und erfülle somit nicht den Tatbestand der Erpressung.

Die Ansicht des 2. Strafsenates, dass der unerlaubte Besitz von Betäubungsmittel kein Bestandteil des nach §§253, 263 StGB geschützten Vermögens ist, begründete er vor allem damit, dass es kein strafrechtlich schutzwürdiges Vermögen außerhalb des Rechts oder sogar im Widerspruch dazu gebe.[260] Diese Meinung verstieß gegen die ständige Rechtsprechung des BGH, die in solchen Fällen auch den verbotenen Besitz zum geschützten Vermögen zählte. Der 2. Strafsenat setzte die Revisionshauptverhandlung aus und fragte die anderen vier Strafsenate, ob sie seiner Meinung zustim-

259 BGH, Beschl. v. 01.06.2016 – 2 StR 335/15, NStZ 2016, 596; Anm. dazu *Beukelmann*, NJW-Spezial 2016, 504; *Jahn*, JuS 2016, 848; *Jäger*, JA 2016, 790; *Oehmichen*, FD-StrafR 2016, 380333; *Schäfer*, JR 2018, 153.

260 BGH, Beschl. v. 01.06.2016 – 2 StR 335/15, NStZ 2016, 596, 598.

men oder weiterhin an der bisherigen Rechtsprechung festgehalten werden solle. In ihrer Antwort traten die befragten Senate der Ansicht des 2. Strafsenates begründet entgegen. Im folgenden Abschnitt werden die Argumente des 2. Strafsenates näher dargestellt und anhand der Antworten der anderen Strafsenate sowie der Meinung in der Literatur diskutiert.

a Besitz ohne Recht zum Besitz sei kein Vermögenswert

Zunächst führte der 2. Strafsenat in seinem Anfragebeschluss an, dass nur der Besitz, der auf einem Recht zum Besitz beruht, Bestandteil des Vermögens sein kann. Besitz ohne ein Recht zum Besitz müsse, um Widersprüche mit der Gesamtrechtsordnung zu vermeiden, vom Vermögensschutz ausgeklammert werden.[261] Damit schloss sich der 2. Strafsenat der strengeren juristisch-ökonomischen Vermögenslehre an. Innerhalb der juristisch-ökonomischen Vermögenslehre wird ein breites Spektrum an Meinungen vertreten, ob auch der bemakelte Besitz zu schützen sei.

Die strenge Meinung der juristisch-ökonomischen Lehre sieht nur den rechtmäßigen Besitz als geschützt an,[262] da nur dieser „bereicherungsrechtlich auf Kosten seines Inhabers entzogen werden könne".[263] Für andere Vertreter hingegen ist auch der unrechtmäßige Besitz nach § 823 Abs. 1 BGB geschützt, solange dieser redlich ist.[264] Wieder andere Vertreter der juristisch-ökonomischen Lehre schließen wie die der wirtschaftlichen Vermögenstheorie auch den unredlichen bzw. unrechtmäßigen Besitz in den strafrechtlichen

261 BGH, Beschl. v. 01.06.2016 - 2 StR 335/15, NStZ 2016, 596, 598.

262 BGH, Beschl. v. 01.06.2016 - 2 StR 335/15, NStZ 2016, 596, 598; *Gallas*, in: FS Eb. Schmidt, S. 401, 408, 417, 426.

263 *Kindhäuser*, in: NK StGB § 263 Rn. 239.

264 *Cramer*, Vermögensbegriff, S. 225 f.; *Mitsch*, StrafR BT 2, S. 309; *Perron*, in: S/S StGB, § 263 Rn. 94; vgl. auch *Gallas*, in: FS Eb. Schmidt S. 426; *Geerds*, Vermögensschutz, S. 124.

Schutz im Hinblick auf die Besitzschutzrechte nach §§ 858 ff. BGB mit ein.[265] Die §§ 858 ff. BGB schützen jeglichen Besitz im Verhältnis zu Dritten vor verbotener Eigenmacht unabhängig von einem Recht zum Besitz oder dessen Gut- oder Bösgläubigkeit. Daraus ergebe sich die zivilrechtliche Wertung, dass auch der fehlerhafte Besitz nicht rechtlich missbilligt sei.[266]

Dagegen wird in dem Anfragebeschluss des 2. Strafsenates und in Teilen der Literatur vorgebracht, dass Sinn und Zweck der §§ 858 ff. BGB nicht der Vermögensschutz, sondern der Schutz des allgemeinen Rechtsfriedens ist und daher keine Schlüsse für den strafrechtlichen Vermögensschutz aus diesen Normen gezogen werden können.[267] Vielmehr seien doch ordentliche Verfahren und nicht die Besitzschutzrechte zuständig die endgültige Vermögenslage zu klären.[268]

Dieser Meinung kann entgegengehalten werden, dass durch den Besitzschutz nur die vorläufig entstandene Besitzposition geschützt wird, die bis zur Wiederherstellung des rechtmäßigen Besitzes von jedermann zu respektieren ist.[269] Dem schließt sich der 3. Strafsenat in seiner Antwort an.

265 Vgl. nur RG, Beschl. v. 14. 12. 1910 – 1214/10, RGSt 44, 230, 235, „Grundsatzentscheidung"; BGH, Beschl. v. 15. 11. 1951 – 4 StR 574/51, BGHSt 2, 364, „Drehbank"-Fall; BGH, Urt. v. 17. 11. 1955 – 3 StR 234/55, BGHSt 8, 254, 256; Beschl. v. 27. 05. 2008 – 4 StR 58/08, NStZ 2008, 627, „Gestohlener Transporter"; Arzt/Weber/Heinrich/Hilgendorf, StrafR BT, § 20 Rn. 115b; *Bruns*, in: FS Mezger, 335, 342 ff., 344; *Hefendehl* in: MüKo StGB, § 263 Rn. 637; *Kühl*, JuS 1989, 505, 510 ff.; Küper/Zopfs, StrafR BT, Rn. 632; *Lackner*, in: LK StGB, 10. Aufl. 1988, § 263 Rn. 133; *Rengier*, StrafR BT I, § 13, Rn. 162; *Satzger*, in: S/S/W StGB, § 263 Rn. 168; *Tiedemann*, in: LK StGB, § 263 Rn. 140; den verbotenen Besitz ausschließend: *Heger*, in: Lackner/Kühl/Heger StGB, § 263 Rn. 34; *Hillenkamp*, in: FS Achenbach, 189, 199, 204.

266 *Rengier*, StrafR BT I, § 13, Rn. 162; *Tiedemann*, in: LK StGB, § 263 Rn. 141.

267 BGH, Beschl. v. 01. 06. 2016 – 2 StR 335/15, NStZ 2016, 596, 598; vgl. *Dehne-Niemann*, NStZ 2009, 37 f.; *Gallas*, in: FS Eb. Schmidt, 401, 426 f.; *Kindhäuser*, in: NK StGB, § 263 Rn. 239; *Kölbel*, in: Hdb. Wirtschaftsstrafrecht, Teil 5, 1. Kap. Rn. 83; *Zieschang*, in: FS Hirsch, 831, 837 f.

268 *Kindhäuser*, in: NK StGB, § 263 Rn. 239; *Gallas*, in: FS Eb. Schmidt, 401, 426.

269 *Lackner*, in: LK StGB, 10. Aufl. 1988, § 263 Rn. 133.

Da die §§858ff. BGB auch dem unrechtmäßigen Besitzer eine vorläufige Herrschaftsposition verschaffen, verleiht diese Position gegenüber Dritten eine rechtlich stärkere Stellung als beispielsweise die Eigentumsvermutung nach §1006 BGB und es würde eine faktische Verwertungsmöglichkeit bestehen.[270]

Der 2. Strafsenat hält jedoch die Besitzschutzrechte als Begründung eines Vermögensschutzes für noch weniger aussagekräftig, wenn der Besitz als solcher wie im vorliegenden Fall verboten ist und ein Anspruch auf die Wiedereinräumung des strafbaren Besitzes an Betäubungsmitteln nach §861 BGB nicht besteht.[271] Damit bezog sich der 2. Strafsenat auf eine Entscheidung des 4. Strafsenat, der in Form eines *obiter dictum* ausführte, dass ein Anspruch auf Besitzkehr aus §859 Abs.2 BGB nicht vorliegt, wenn der konkrete Besitz als solcher verboten ist und eine Wiedereinräumung des Besitzes nach erfolgter verbotener Eigenmacht erneut zu einer strafrechtswidrigen Besitzlage führt.[272]

Nach der hier vertretenen Auffassung kommt es aber nicht auf die Ansprüche an, die auf eine Wiedereinräumung des Besitzes abzielen, sondern auf die, die den Verlust von (jeglichem) Besitz schützen. Nach §859 Abs.1 BGB kann sich jeder Besitzer, also auch der Besitzer eines faktisch verbotenen Besitzes, gegen die verbotene Eigenmacht eines Dritten wehren.[273] Da es vorliegend um die Frage geht, ob der verbotene Besitz vor Verlust strafrechtlich geschützt wird, sollte auch nur auf diesen Anspruch und nicht auf den Wiedereinräumungsanspruch abgestellt werden. Dies reicht aus, die §§858ff. BGB als Begründung für den zivilrechtlichen Schutz hin-

270 BGH, Beschl. v. 15.11.2016 – 3 Ars 16/16, NStZ-RR 2017, 244; nach der h.M. kommt es für einen Anspruch aus §861 Abs.1 BGB nicht auf ein Recht zum Besitz an, vgl. *Fritzsche*, in: BeckOK BGB, §861 Rn.6; *Gutzeit*, in: Staudinger BGB, §861 Rn.6; *Herrler*, in: Grüneberg BGB, §861 Rn.6; *Schäfer*, in: MüKo BGB, §861 Rn.5.

271 Vgl. auch *Hillenkamp*, in: FS Achenbach, 189, 205.

272 BGH, Beschl. v. 21.04.2015 – 4 StR 92/15, NJW 2015, 2898, 2900, „Fliehender Drogenkäufer", vgl. Besprechung des Falls unten, 1. Kapitel BI3c

273 BGH, Beschl. v. 15.11.2016 – 3 Ars 16/16, NStZ-RR, 2017, 244.

sichtlich jeglichen Besitzes heranzuziehen,[274] sofern im Besitz der Sache auch ein wirtschaftlicher Wert liegt.[275] Es wurde eingehend dargestellt, dass auch das Zivilrecht diesen Besitz schützt. Weshalb der strafrechtliche Vermögensschutz nicht mit dem Argument abgelehnt werden kann, das Zivilrecht erkenne diesen Besitz nicht an oder missbillige ihn rechtlich.[276]

Der 2. Strafsenat vertrat ferner den Standpunkt, unerlaubten Betäubungsmitteln komme auf dem legalen Markt kein Wert zu und müsse daher vom strafrechtlichen Vermögensschutz ausgenommen werden, da es sonst zu einer „faktischen Anerkennung des illegalen Markts und seiner in den Handelsstufen progressiven Wertsetzungen" kommt.[277] Der 3. Strafsenat stimmte dem zwar zu, erhob aber zu Recht den Einwand, dies sei nach wirtschaftlicher Betrachtung irrelevant. Allein die tatsächlichen Verhältnisse seien maßgeblich, unabhängig von einer Klagbarkeit der Sache oder eines Rechts.[278] Gerade der hohe wirtschaftliche Wert setzt Anreize sich überhaupt auf illegale Rechtsgeschäfte einzulassen, obwohl sie gesetzlich verboten und Verstöße unter Strafe gestellt sind.[279]

274 Innerhalb der hier besprochenen ersten Stufe, kommt es nur auf die Frage an, ob der Besitz vor Verlust geschützt ist. Ob hingegen auch ein Anspruch auch Wiedereinräumen des bemakelten Besitzes besteht, ist innerhalb der zweiten Stufe von Bedeutung, vgl. 1. Kapitel BI3.

275 BGH, Beschl. v. 15.11.2016 – 3 ARs 16/16, NStZ-RR 2017, 244; vgl. auch *Hefendehl*, in: MüKo StGB, §263 Rn. 637.; *Saliger*, in: M/R StGB, §263 Rn. 172; *Tiedemann*, in: LK StGB, §263 Rn. 140 mwN.

276 Im Ergebnis schloss sich dem auch der 1. Strafsenat in seinem Antwortbeschluss an. Er sah die Begründung des 2. Strafsenates im Anfragebeschluss ebenfalls gerade im Hinblick auf die weiten Regelungen der Besitzschutzrechte nach §§ 858 ff. BGB als nicht überzeugend begründet an, BGH, Beschl, v. 21.02.2017 – 1 ARs 16/16, NStZ-RR 2017, 112.

277 BGH, Beschl. v. 01.06.2016 – 2 StR 335/15, NStZ 2016, 596, 598 f.

278 BGH, Beschl. v. 15.11.2016 – 3 Ars 16/16, NStZ-RR 2017, 244, 245; vgl. auch BGH, Urt. v. 25.11.1951 – 4 StR 574/51, BGHSt 2, 364, 367, „Drehbank"-Fall.

279 BGH, Beschl. v. 15.11.2016 – 3 Ars 16/16, NStZ 2017, 244, 245.

b „Offenkundiger Widerspruch“

Abgesehen von der Frage, ob die §§ 858 ff. BGB den strafrechtlichen Vermögensschutz rechtfertigen, sah der 2. Strafsenat im speziellen Fall des unerlaubten Besitzes von Betäubungsmitteln eine Ablehnung desselben aus einem weiteren Grund als begründet an. Es stelle einen „offenkundigen Widerspruch“ dar wenn bestraft werde, wer ohne Genehmigung Betäubungsmittel besitzt (§ 29 Abs. 1 Nr. 3, § 29a Abs. 1 Nr. 2 BtMG) aber gleichzeitig auch derjenige bestraft wird, der diesen Besitz durch Täuschung (§ 263 StGB) oder Nötigung (§§ 253, 255 StGB) jemandem entzieht. Der Verlust des unerlaubten Besitzes sei gerade der rechtlich erwünschte Zustand.[280]

Die Strafrechtsordnung als „ultima ratio“ des Rechtsgüterschutzes dürfe nur angewendet werden, „wenn ein bestimmtes Verhalten über sein Verbotensein hinaus in besonderer Weise sozialschädlich und für das geordnete Zusammenleben der Menschen unerträglich [und] seine Verhinderung daher besonders dringlich“ sei.[281] Dies sei nicht einschlägig, wenn der unerlaubte Besitz an Betäubungsmittel entzogen wird, denn ein solcher Entzug ist erträglich und eine Verhinderung durch das Strafrecht damit nicht geboten. Das Strafrecht dürfe strafbare Positionen nicht schützen, da dies sonst zu einer „faktischen Anerkennung des Unrechtsverkehrs“ führt,[282] was wiederum gegen Wertentscheidungen der Verfassung verstößt.[283] Daher sei der unerlaubte Besitz von Betäubungsmitteln kein strafrechtlich schutzbedürftiges Rechtsgut, wodurch dem Staat die Legitimation „zur Bestrafung der auf

280 BGH, Beschl. v. 01.06.2016 - 2 StR 335/15, NStZ 2016, 596, 598; *Mitsch*, StrafR BT 2, S. 11; *ders.*, JuS 2003, 122, 124; *Saliger*, in: M/R StGB, § 263 Rn. 172.

281 BGH, Beschl. v. 01.06.2016 - 2 StR 335/15, NStZ 2016, 596, 598, mit Verweis auf BVerfG, Beschl. v. 26.02.2008 - 2 BvR 392/07, BVerfGE 120, 224, 239 f.

282 BGH, Beschl. v. 01.06.2016 - 2 StR 335/15, NStZ 2016, 596, 598; *Cramer*, JuS 1966, 472, 476.

283 BGH, Beschl. v. 01.06.2016 - 2 StR 335/15, NStZ 2016, 596, 598; vgl. *Zieschang*, in: FS Hirsch, 831, 838 ff.

die Entziehung eines seinerseits strafbaren Besitzes gerichteten Handlung unter dem speziellen Gesichtspunkt eines Vermögensdelikts“[284] fehle.

Dagegen wendete der 3. Strafsenat zu Recht ein, es liege ebenfalls nicht im staatlichen Interesse, „dass sich irgendein Dritter – noch dazu unter Missachtung des staatlichen Gewaltmonopols – auf unredliche Art und Weise in den Besitz von Betäubungsmitteln bringt.“ Da dieses Verhalten nach § 29 Abs. 1 Nr. 1 Alt. 10 BtMG strafbar ist, kann nicht von einem offenkundigen Widerspruch gesprochen werden. Es ist nicht ersichtlich, warum die Ansicht des 2. Strafsenates mehr mit der Rechtsordnung übereinstimmen soll als die Anwendung des rein wirtschaftlichen Vermögensbegriffs.[285]

Auch gegen die Begründung des Reichsgerichtes in seiner Grundsatzentscheidung aus 1910[286] hinsichtlich des Täterstrafrechts übte der 2. Strafsenat Kritik. Es würde heute nicht mehr die „Gefährlichkeit des Täters“ oder seine „kriminelle Gesinnung“ bestraft, wie noch das Reichsgericht die Strafbarkeit auch für die hier besprochenen Fälle begründete.[287] Das damalige „von einem Täterstrafrecht geprägte Vorstellungsbild“ sei heute nicht mehr passend.[288] Dem ist zuzustimmen. Auf Grundlage dieses Argumentes kann heute eine Strafbarkeit nicht mehr gestützt werden.

c Keine fehlenden Strafbarkeitslücken

Nach Auffassung des 2. Strafsenates ist auch der Ansicht des Reichsgerichts, die Vermögensdelikte dienen nicht nur dem Vermögen des Einzel-

284 BGH, Beschl. v. 01.06.2016 – 2 StR 335/15, NStZ 2016, 596, 598; *Hillenkamp*, in: FS Achenbach, 189, 198 ff.

285 BGH, Beschl. v. 15.11.2016 – 3 Ars 16/16, NStZ-RR, 2017, 244, 245.

286 RG, Beschl. v. 14.12.1910 – 1214/10, RGSt 44, 230.

287 RG, Beschl. v. 14.12.1910 – 1214/10 – RGSt 44, 230, „Grundsatzentscheidung“.

288 BGH, Beschl. v. 01.06.2016 – 2 StR 335/15, NStZ 2016, 596, 598.

nen, sondern auch der allgemeinen Rechtsordnung, nicht zu folgen.[289] Die heutige Strafrechtsordnung habe „eine Vielzahl von Auffangtatbeständen zur Schließung von Strafbarkeitslücken." So verhindern beispielsweise die §§ 29 ff. BtMG, §§ 240, 261 StGB einen strafrechtsfreien Raum, sodass eine weite Auslegung der §§ 253, 263 StGB nicht nötig sei. Eine solche Auslegung stehe wiederum „im Widerspruch zum Gebot der engen Auslegung des fragmentarischen Strafrechts nach dem Ultima-ratio-Prinzip".[290]

Es ist zuzustimmen, dass diese „Auffangtatbestände" erfüllt sein können, auch wenn die Vermögensdelikte im engeren Sinne keine Anwendung finden. Jedoch ist darauf hinzuweisen, dass die Eigentumsdelikte nach §§ 242, 249, 250 StGB, die zu den Vermögensdelikten im weiteren Sinne gehören, weiterhin anwendbar sind.[291] Die Abgrenzung zwischen Vermögensdelikten im engeren Sinne und Eigentumsdelikten hängt davon ab, ob der Besitzverlust durch Wegnahme oder Vermögensverfügung erfolgt. Daher wendet der 3. Strafsenat zu recht ein, dass wenn der Täter den Besitzer zur Duldung der Wegnahme der Sache durch Drohung mit einer Waffe zwingt, sich dieser wegen besonders schweren Raubes nach §§ 250 Abs. 2 Nr. 1, 249 Abs. 1 StGB mit einer Mindeststrafandrohung von fünf Jahren Freiheitsstrafe strafbar macht. Wenn aber der Täter den Besitzer durch eine gleiche Drohung dazu bringt ihm die Sache auszuhändigen, wären die Vermögensdelikte im engeren Sinne nicht anwendbar. Er macht sich nur wegen Nötigung nach § 240 Abs. 1 StGB strafbar, das mit einer Geldstrafe oder mit bis zu drei Jahren Freiheitsstrafe gegebenenfalls in Tateinheit mit einem Waffendelikt bestraft wird.[292] Aufgrund der sehr unterschiedlichen Strafmaßstäbe und der oft vom Zufall abhängigen Handlungssituationen, die zum konkreten Be-

289 Vgl. oben, AI1aiii.

290 BGH, Beschl. v. 01.06.2016 - 2 StR 335/15, NStZ 2016, 596, 598.

291 Vgl. dazu zugleich unten, 1. Kapitel AIV.

292 BGH, Beschl. v. 15.11.2016 - 3 ARs 16/16, NStZ-RR 2017, 244.

sitzverlust führen, kann dies zu erheblichen Abweichungen führen, die nicht hingenommen werden können.[293]

Der 2. Strafsenat sah dagegen keinen Grund, illegalen Besitz durch die Vermögensdelikte im engeren Sinne zu schützen, nur weil Drogen vor der Wegnahme durch die Eigentumsdelikte geschützt sind. Zum einen würden Wertungswidersprüche zwischen Eigentums- und Vermögensdelikten im engeren Sinne auch an anderer Stelle hingenommen.[294] Zum anderen sei auch der Schutz des unerlaubten Besitzes von Betäubungsmitteln durch die Eigentumsdelikte nicht zwingend.[295] Eigentumsdelikte müssen vielmehr teleologisch reduziert werden, sodass auch verbotene Betäubungsmittel nicht mehr deren Schutz unterliegen.[296] Eine derartige Reduktion der Eigentumsdelikte wird jedoch von allen Strafsenaten entschieden abgewiesen.[297]

d Einziehung nach §§ 73 ff. StGB stehe einem strafrechtlichen Schutz entgegen

Ergänzend führt der 2. Strafsenat aus, indem Betäubungsmittel der Beschlagnahme durch Einziehung nach §§ 33 Abs. 2 BtMG, §§ 74, 261 Abs. 7 StGB oder nach § 73 StGB unterliegen und jeglicher Umgang mit Betäubungsmittel verboten ist, gebe die Strafrechtsordnung eine Bewertung gegen die Schutzwürdigkeit solcher Güter zu erkennen.[298] Der 2. Strafsenat

293 BGH, Beschl. v. 15.11.2016 – 3 ARs 16/16, NStZ-RR 2017, 244.

294 BGH, Beschl. v. 01.06.2016 – 2 StR 335/15, NStZ 2016, 596, 599; *Wittig*, in: BeckOK StGB, § 253 Rn. 14.1; *Kudlich*, JA 2006, 335, 336.

295 Abl. etwa *Engel*, NStZ 1991, 520 ff.; *Hoyer*, in: FS Fischer, 361, 365 ff.; *Schmitz*, in: MüKo StGB, § 242 Rn. 17 f.; *Puppe*, in: FS Fischer, 463, 466 ff.; *Wolters*, in: FS Samson, 495 ff.; kritisch *Fischer*, StGB, § 242 Rn. 5a.

296 BGH, Beschl. v. 01.06.2016 – 2 StR 335/15, NStZ 2016, 596, 598.

297 Siehe ausf. unten im Rahmen des strafrechtlichen Vermögensschutzes der Eigentumsdelikte, 1. Kapitel A IV.

298 *Bergmann/Freund*, JR 1988, 189, 191; *Fischer*, StGB, § 263 Rn. 108; *Kindhäuser*, in: GS

sah die Begründung des Reichsgerichtes, dass der Straftäter „nicht friedlos gestellt“ werden dürfe, als entwertet an.[299]

Dem tritt der 3. Strafsenat in seiner Antwort auf den Anfragebeschluss entgegen, der §33 BtMG widerspreche nicht einem Vermögensschutz. Vielmehr gebe der Gesetzgeber zu erkennen, dass Betäubungsmittel Bestandteil privaten Vermögens sein können. Nach §74e Abs.1 StGB a.F. (§75 Abs.1 StGB n.F.)[300] geht das Eigentum an der Sache mit der Rechtskraft der Entscheidung auf den Staat über. Daraus schloss der 3. Strafsenat, es komme „implizit zum Ausdruck“, dass sich die eingezogenen Betäubungsmittel vorher in fremdem Vermögen befunden haben müssen, da sonst eine gerichtliche Einziehungsentscheidung nicht erforderlich sei.[301] Dem ist entgegenzuhalten, dass die Wirkung der Einziehung, „lediglich“ der Eigentumsübergang an den Staat ist. Daraus lässt sich nicht der Schluss ziehen, dass auch Vermögen an den Staat übergeht. Eigentum und Vermögen sind differenziert zu betrachten, denn es gibt auch wirtschaftlich wertloses Eigentum. Es kann aufgrund der Einziehung und dem Eigentumsübergang nicht automatisch auch auf das Bestehen von Vermögen geschlossen werden. Aus den Einziehungsregelungen lassen sich keine Schlüsse für oder gegen einen strafrechtlichen Vermögensschutz ziehen.

Zu Recht trat der 2. Strafsenat auch einer BGH-Entscheidung aus dem Jahr 2003 entgegen. In dieser wurde unter anderem der Schutz von Betäubungsmittelgeld bejaht, da die Annahme eines Vermögensdeliktes notwendig sei, damit überhaupt die Voraussetzungen für die Anordnung des Ver-

Heinze, 447, 454 f.; *Kindhäuser/Wallau*, NStZ 2003, 152 f.; *Mitsch*, JuS 2003, 122, 123.

299 BGH, Beschl. v. 01.06.2016 – 2 StR 335/15, NStZ 2016, 596, 598.

300 Aufgrund des Gesetzes zur Reform der strafrechtlichen Vermögensabschöpfung traten umfassende Änderungen ab 01.07.2017 in Kraft. Der Inhalt des §74e Abs.1 StGB a.F. ist seit der Reform in §75 Abs.1 StGB geregelt.

301 BGH, Beschl. v. 15.11.2016 – 3 ARs 16/16, NStZ-RR 2017, 244.

falls gegeben sind.[302] Ein solcher Umkehrschluss war nach der Meinung des 2. Strafsenat nicht erforderlich, da bereits unter anderem gemäß § 29 Abs. 1 Nr. 1 BtMG der unerlaubte Anbau, die Herstellung, das Handel treiben, die Ein- und Ausführung, Veräußerung, die Abgabe, das in den Verkehr bringen, der Erwerb oder die Verschaffung in sonstiger Weise von unerlaubten Betäubungsmitteln strafbar sei. Dies allein rechtfertige eine Einziehung von Betäubungsmittel vorzunehmen.[303]

e Einwände gegen die Ausklammerung des bemakelten Besitzes aus dem strafrechtlichen Vermögensschutz

Nach Ansicht des 3. Strafsenat führt der Ausschluss des unerlaubten Betäubungsmittelbesitzes aus dem strafrechtlichen Vermögensschutz dazu, dass weitere Gegenstände wegen einer möglichen Ungleichbehandlung auszunehmen sind. Jeder Umgang mit Betäubungsmitteln ohne Erlaubnis ist nach § 3 BtMG verboten.[304] Ein solches Verbot mit Erlaubnisvorbehalt findet sich ebenfalls im Waffenrecht nach § 2 Abs. 2 WaffG, wonach der Umgang mit Waffen oder Munition auch einer Erlaubnis bedarf, vergleichbare Regelungen bestehen für Kriegswaffen. So muss beispielsweise die Herstellung (§ 2 Abs. 1 KrWaffKontrG), die tatsächliche Gewalt (§ 2 Abs. 2 KrWaffKontrG) und die Beförderung (§ 3 KrWaffKontrG) von Kriegswaffen genehmigt sein; der Erwerb von und Umgang mit Sprengstoff erfordert eine Erlaubnis gemäß § 27 SprengG. Der unerlaubte Besitz dieser Gegenstände ist ebenfalls unter Strafe gestellt.[305] Damit eine Ungleichbehandlung des Besitzes dieser Gegenstände und dem unerlaubten Besitz von Betäubungsmitteln verhin-

302 BGH, Urt. v. 07.08.2003 – 3 StR 137/03, BGHSt 48, 322, 330, „Säumiger Haschischkäufer", siehe unten 1. Kapitel BI3a.

303 BGH, Beschl. v. 01.06.2016 – 2 StR 335/15, NStZ 2016, 596, 598.

304 *Oğlakcıoğlu*, in: MüKo StGB, BtMG, § 3 Rn 1.

305 Vgl. bzgl. Waffen und Munition § 51 Abs. 1, § 52 Abs. 1 Nr. 1, Abs. 3 Nr. 1 und 2 WaffG, bzgl.

dert wird, müssten auch diese vom strafrechtlichen Vermögensschutz ausgeklammert werden. Dies ist jedoch mit Verweis auf den erheblichen Wert dieser gehandelten Gegenstände nicht nachvollziehbar. Eine Ungleichbehandlung würde ansonsten wiederum zu einem Verstoß gegen die Einheit der Rechtsordnung führen, wenn bei gleicher Regelungstechnik nicht alle Gegenstände gleich geschützt werden.[306] Gegen eine solche Ungleichbehandlung sprach sich auch der 1. Strafsenat in seiner Antwort zum Anfragebeschluss aus.[307]

Für den 4. Strafsenat ging die Vorlegungsfrage des 2. Strafsenates ebenfalls zu Recht zu weit, da alle Betäubungsmittel und alle Besitzarten erfasst werden. Damit sind auch Betäubungsmittel eingeschlossen, die gemäß § 1 Abs. 1 BtMG i. V. m. den Anlagen I bis III zum BtMG verkehrs- bzw. verschreibungsfähig sind. Ebenfalls sind nach der Vorlagefrage auch Fälle des nicht erlaubnispflichtigen beziehungsweise erlaubten Betäubungsmittelbesitzes nach §§ 3, 4 BtMG enthalten. Es bestehe jedoch kein sachlicher Grund, warum auch dieser Besitz vom strafrechtlichen Vermögensschutz ausgenommen werden soll.[308] Dies sah auch der 1. Strafsenat in seinem Antwortbeschluss. Es sei insbesondere bei Besitz, dem ein erlaubter Besitz vorangegangen sei wie beispielsweise Betäubungsmittel aus einem Apothekenbestand oder bei legalem Erwerb im Ausland, nicht hinreichend begründet, warum diesem kein Vermögenswert zugeordnet werden soll. Auch müsse bedacht werden, dass bei straflosem Erwerb im Ausland eine Anwendung von § 29 Abs. 1 Nr. 3 BtMG nicht unproblematisch ist, da es dazu keiner Erlaubnis nach § 3 BtMG bedarf.[309]

des Ausübens der tatsächlichen Gewalt von Kriegswaffen § 22a Abs. 1 Nr. 6 KrWaffKontrG und hinsichtlich Sprengstoff § 40 Abs. 1 Nr. 3 SprengG i. V. m. § 3 Abs. 2 Nr. 1 SprengG.

306 BGH, Beschl. v. 15.11.2016 - 3 ARs 16/16, NStZ-RR 2017, 244.

307 BGH, Beschl. v. 21.02.2017 - 1 ARs 16/16, NStZ-RR 2017, 112.

308 BGH, Beschl. v. 10.11.2016 - 4 ARs 17/16, NStZ-RR 2017, 44.

309 BGH, Beschl. v. 21.02.2017 - 1 ARs 16/16, NStZ-RR 2017, 112, 113.

Zusammenfassend hielten alle anderen Strafsenate am wirtschaftlichen Vermögensbegriff und somit auch am strafrechtlichen Vermögensschutz jeden Besitzes, auch dem verbotenen Besitz von Betäubungsmitteln, fest.[310] Aus Sicht der wirtschaftlichen Vermögenstheorie kommt es nicht auf die vorgebrachten Argumente des 2. Strafsenates an, da es insbesondere für die wirtschaftliche Vermögenstheorie gleichgültig ist, welche Argumente sich aus der Rechtsordnung ergeben. Zutreffend war für den 4. Strafsenat allein maßgeblich, „ob dem Besitz ein eigenständiger wirtschaftlicher Wert" zukommt, was grundsätzlich der Fall sei, „wenn mit dem Besitz wirtschaftlich messbare Gebrauchsvorteile verbunden sind, die der Täter nutzen will". Dies sei für den Betäubungsmittelbesitz zu bejahen und es gäbe keinen Anlass den wirtschaftlichen Vermögensbegriff generell aufzugeben, auch nicht für illegal besessene Betäubungsmittel.[311] Der 5. Strafsenat stimmte dem Beschluss des 4. Strafsenates zu und hielt an der bisherigen Rechtsprechung fest.[312] Ein Vermögensdelikt liege vor, „wenn der Verlust der Sache oder des Rechts, die der Täter durch seine Tat zu erlangen strebt, bei wirtschaftlicher Betrachtung zu einer Verringerung des Vermögens des Tatopfers führt." Dabei hat es keine Bedeutung, „ob die Sache oder das Recht aus einem unsittlichen oder gesetzwidrigen Geschäft oder aus einer strafbaren Handlung herrührt oder etwa für strafbare Zwecke eingesetzt werden soll". Schließlich kennt die Rechtsordnung „im Bereich der Vermögensdelikte allgemein kein wegen seiner Herkunft, Entstehung oder Verwendung schlechthin schutzunwürdiges Vermögen."[313]

310 BGH, Beschl. v. 10.11.2016 - 4 ARs 17/16, NStZ-RR 2017, 44; BGH, Beschl. v. 15.11.2016 - 3 ARs 16/16, NStZ-RR 2017, 244; BGH, Beschl. v. 07.02.2017 - 5 ARs 47/16, NStZ-RR 2017, 110; BGH, Beschl. v. 21.02.2017 - 1 ARs 16/16, NStZ-RR 2017, 112.

311 BGH, Beschl. v. 10.11.2016 - 4 ARs 17/16, NStZ-RR 2017, 44.

312 BGH, Beschl. v. 07.02.2017 - 5 ARs 47/16, NStZ-RR 2017, 110.

313 BGH, Beschl. v. 15.11.2016 - 3 ARs 16/16, NStZ-RR 2017, 244.

f Zwischenergebnis

Die Strafsenate entschieden sich gegen eine Änderung der Rechtsprechung und wollen weiterhin dem wirtschaftlichen Vermögensbegriff folgen. Auch wenn der anfragende Senat zum Teil schlüssige Argumente für eine Rechtsprechungsänderung vorbrachte, überzeugt nach hier vertretener Meinung die Gegenmeinung der anderen Strafsenate.

Aus Sicht der wirtschaftlichen Vermögenslehre kommt es zwar nicht auf zivilrechtliche Wertungen an. Doch der Einwand, dass kein Besitz ohne Recht zum Besitz strafrechtlich geschützt sein soll, da dieser aufgrund eines mangelnden Wiedereinräumungsanspruchs nicht geschützt sei, verkennt, dass die § 858 ff. BGB gleichwohl den verbotenen Besitz vor Verlust schützen. Daher kann aus den Besitzschutzrechten nach §§ 858 ff. BGB keine derartige zivilrechtliche Wertung entnommen werden.

Der Ansicht, dass sich das Strafrecht selbst in einen „offenkundigen Widerspruch" stellen würde, wenn es den Besitz an Betäubungsmitteln und zugleich die (täuschungsbedingte) Herbeiführung des Verlustes derer unter Strafe stellt, wurde zu Recht widersprochen. Auch das sich in Besitz bringen des verbotenen Besitzes nach § 29 Abs. 1 Nr. 1 Alt. 10 und 11 BtMG ist strafbar. Es ist daher nicht ersichtlich, warum Ersteres eher mit der Rechtsordnung übereinstimmen sollte als Letzteres.

Die Ausnahme eines verbotenen Besitzes aus dem strafrechtlichen Vermögensschutz führt zu nicht akzeptablen Wertungswidersprüchen gegenüber den Eigentumsdelikten, bei denen auch Drogen als fremde Sachen vor der Wegnahme geschützt sind und es oftmals vom Zufall abhängt, ob der Täter durch Nötigung oder Wegnahme in Besitz der Drogen kommt. Im Fall der eigenmächtigen Übergabe käme dann lediglich noch § 240 Abs. 1 StGB und § 29 Abs. 1 S. 1 Nr. 1 BtMG infrage, deren Strafrahmen stark von dem des Raubes nach §§ 253, 255 StGB abweicht. Aufgrund der sehr unterschiedlichen Strafmaßstäbe würde dies zu erheblichen Divergenzen führen, die nicht hingenommen werden können.

Aus der Vermögenseinziehung nach den §§73ff. StGB lassen sich keine Schlüsse ziehen, die für oder gegen einen strafrechtlichen Vermögensschutz sprechen. Nach der wirtschaftlichen Vermögenstheorie kommt es nicht darauf an, ob der Täter den Besitz behalten darf, sondern ob er die Handlung ausführte, die ihn rechtswidrig bereicherte.

Für die Wertbestimmung ist irrelevant, ob der verbotene Besitz nur auf dem Schwarzmarkt einen wirtschaftlichen Wert besitzt. Würde nur auf den legalen Markt abgestellt, wie es der 2. Strafsenat fordert, müssten auch andere verbotene Gegenstände wie Waffen und Sprengstoff als wirtschaftlich wertlos angesehen werden. Dies stimmt jedoch nicht mit der Realität überein und ist abzulehnen, denn besonders für solche Gegenstände werden auf dem Schwarzmarkt hohe Beträge gezahlt. Nach der hier präferierten wirtschaftlichen Vermögenstheorie kommt es darauf an, alle Positionen mit wirtschaftlichem Wert zu schützen, was sowohl für Waffen und Sprengstoff als auch für Betäubungsmittel gelten muss.

Der 2. Strafsenat konnte mit seiner Anfrage die anderen Strafsenate nicht überzeugen. Dennoch war diese Anfrage des 2. Strafsenat sinnvoll, da bisher eine tiefergehende Auseinandersetzung, ob auch dem verbotenen Besitz der strafrechtliche Vermögensschutz unterstellt sein soll, fehlte.

3 Nachfolgende höchstrichterliche Entscheidungen

Während des laufenden Anfrageverfahrens hielt der 2. Strafsenat in zwei Fällen[314] an seiner alten Rechtsprechungspraxis fest.[315] Im ersten Fall führt der Senat aus, dass derjenige, der durch Gewalt oder Drohung mit einem empfindlichen Übel zur Herausgabe von Drogen nötigt, sich der räuberischen Erpressung strafbar macht. Die Rechtsordnung kenne „im Bereich der Vermögensdelikte kein wegen seiner Herkunft, Entstehung oder Verwendung schlechthin schutzunwürdiges Vermögen." Daher könne auch an strafbar besessenen Drogen unbeschadet ihrer Zweckbestimmung oder Bemakelung Erpressung und Betrug begangen werden.[316] Auch im zweiten Fall wurde ein Rauschgifthändler zur Herausgabe von Drogen genötigt. Mit gleicher Begründung bejahte der BGH auch hier einen Vermögensschaden.[317]

Am 16. August 2017 entschied der Senat über den dem Anfragebeschluss zugrunde liegenden Fall.[318] Er sah von einer Vorlage an den Großen Senat für Strafsachen ab, hielt am wirtschaftlichen Vermögensbegriff und damit an der bisherigen Rechtsprechung, so wie es die anderen Strafsenate befür-

314 BGH, Urt. v. 22.09.2016 - 2 StR 27/16, BGHSt 61, 263; BGH, Urt. v. 07.12.2016 - 2 StR 522/15; NStZ-RR 2017, 111.

315 In dem Urteil v. 22.09.2016 - 2 StR 27/16, BGHSt 61, 263 auf das sich auch das zweite Urteil vom 07.12.2016 bezog, entschied der 2. Senat, dass das laufende Anfrageverfahren nach § 132 GVG eine Sachentscheidung auf der Grundlage der bisherigen Rechtsprechung trotz der Binnendivergenz zwischen den verschiedenen Sitzgruppen nicht hindere, da der Anfragebeschluss keine Sperrwirkung entfalte. Ebenfalls führe eine Binnendivergenz auch nicht zu einer Verpflichtung, eine Entscheidung des Senatsplenums herbeizuführen, denn dieser sei in der Sache unzuständig, wodurch die Entscheidung keine Bindungswirkung für die zuständige Sitzgruppe habe. Vgl. auch *Fischer*, in: FS Schlothauer, 471, 478 ff.; *Lorenz*, JR 2018, 128; *Puppe*, in: FS Fischer, 463, 471 ff.

316 BGH, Urt. v. 22.09.2016 - 2 StR 27/16, BGHSt 61, 263 mit Verweis auf BGH, Urt. v. 04.09.2001 - 1 StR 167/01, NStZ 2002, 33 „Verdeckter Polizist"; BGH, Beschl. v. 20.09.2005 - 3 StR 295/05, NJW 2006, 72 „Raub von Heroin".

317 BGH, Urt. v. 07.12.2016 - 2 StR 522/15, NStZ-RR 2017, 111.

318 BGH, Urt. v. 16.08.2017 - 2 StR 335/15, JR 2018, 153.

wortet hatten fest.[319] Der Senat verurteilte die Angeklagten E und S wegen besonders schwerer räuberischer Erpressung in Tateinheit mit gefährlicher Körperverletzung. Damit kann auch an Sachen, die aufgrund einer strafbaren Handlung besessen werden, unbeschadet ihrer Bemakelung eine Erpressung begangen werden.[320] In seiner Begründung schloss er sich weitestgehend den Begründungen der antwortenden Senate an. Auch in nachfolgenden Urteilen bewertete der 2. Strafsenat die mit Gewalt abgenötigte Herausgabe von Betäubungsmitteln wieder als schwere räuberische Erpressung.[321]

4 Zwischenergebnis

Die Rechtsprechung unterstellt alle Besitzpositionen an Sachen unter den strafrechtlichen Vermögensschutz im engeren Sinne unabhängig davon, ob sie rechtmäßig, rechtswidrig oder sogar verbotenerweise besessen werden, solange dem Besitz ein wirtschaftlicher Vermögenswert zugeordnet werden kann.[322] Zwar wurde der Schutz verbotenen Besitzes durch den Anfrage-

319 BGH, Beschl. v. 10.11.2016 – 4 ARs 17/16, NStZ-RR 2017, 44; BGH, Beschl. v. 15.11.2016 – 3 ARs 16/16, NStZ-RR 2017, 244; BGH, Beschl. v. 07.02.2017 – 5 ARs 47/16, NStZ-RR 2017, 110; BGH, Beschl. v. 21.02.2017 – 1 ARs 16/16, NStZ-RR 2017, 112.

320 BGH, Urt. v. 16.08.2017 – 2 StR 335/15, JR 2018, 153, 154; vgl. BGH, Urt. v. 04.09.2001 – 1 StR 167/01, NStZ 2002, 33, „Verdeckter Polizist“; BGH, Beschl. v. 20.09.2005 – 3 StR 295/05, NJW 2006, 72, 73 „Raub von Heroin“; BGH, Beschl. v. 21.04.2015 – 4 StR 92/15, NJW 2015, 2898 „Fliehender Drogenkäufer“; BGH, Urt. v. 22.09.2016 – 2 StR 27/16, BGHSt 61, 263, 264; BGH, Urt. v. 07.12.2016 – 2 StR 522/15, NStZ-RR 2017, 111, 112.

321 BGH, Urt. v. 16.08.2017 – 2 StR 344/15, NStZ 2018, 104; BGH, Beschl. v. 21.09.2017 – 2 StR 327/17, StV 2018, 776, der Fall basierte auf folgendem Sachverhalt: Der Angeklagte E, bewaffnet mit einem Springmesser, verschaffte sich mit weiteren Komplizen widerrechtlich Zutritt zur Wohnung des L, mit der Absicht, sich dessen Drogen verschaffen. Dort angekommen, wendeten E und seine Komplizen Gewalt gegen L an, bis dieser 15 g Marihuana herausgab.

322 Unterschiede ergeben sich hingegen in Bezug auf den Rückforderungsanspruch, siehe 2. Stufe, 1. Kapitel BI3.

beschluss des 2. Strafsenates 2016 vorübergehend in Zweifel gezogen, die sich daraus ergebende Diskussion war insbesondere wegen der mageren Begründung vorangegangener Urteile überfällig, änderte aber die höchstrichterliche Rechtsprechung im Ergebnis nicht. Maß aller Entscheidungen bleibt weiterhin die Grundsatzentscheidung aus dem Jahr 1910.[323]

IV Eigentumsschutz

Im Folgenden wird der strafrechtliche Vermögensschutz im weiteren Sinne, der Schutz von Eigentumspositionen an bemakelten Sachen, untersucht. Im Rahmen der Eigentumsdelikte ist im Gegensatz zu den Vermögensdelikten im engeren Sinne anerkannt, dass eine Zivilrechtsakzessorietät besteht und es hinsichtlich des Tatbestandsmerkmals einer fremden Sache auf die zivilrechtliche Eigentümerstellung ankommt.[324] Mit der Kernfrage, ob verbotenen Sachen die Eigentumsfähigkeit abzuerkennen ist oder ob der Tatbestand der Eigentumsdelikte einer teleologischen Reduzierung bedarf, befasste sich der BGH in einem Beschluss aus dem Jahr 2005.

323 RG, Beschl. v. 14.12.1910 - 1214/10, RGSt 44, 230.

324 BGH, Urt. v. 07.05.1953 - 3 StR 485/52, BGHSt 6, 377, 378; Arzt/Weber/Heinrich/Hilgendorf, StrafR BT, § 13 Rn. 35; *Denga*, JA 2018, 833; *Eisele*, StrafR BT II, Rn. 22; *Fischer*, StGB, § 242 Rn. 5; *Hoyer*, in: SK StGB § 242, Rn. 11 ff.; *Kindhäuser*, in: NK StGB, Vorbem. zu § 242 Rn. § 1 Rn. 22, § 242 Rn. 15; *Kudlich*, in: S/S/W StGB, § 242 Rn. 11; Maurach/Schroeder/Maiwald/Hoyer/Momsen, StrafR BT 1, § 32 Rn. 21; *Mitsch*, StrafR BT 2, S. 8; *Perron*, in: S/S StGB, § 242 Rn. 12; *Rengier*, StrafR BT I, § 2, Rn. 9; *Schmitz*, in: MüKo StGB, § 242 Rn. 33; *Vogel*, in: LK StGB, § 242 Rn. 18, 21 ff.

1 BGH, Beschl. v. 20.09.2005 – 3 StR 295/05, NJW 2006, 72, „Raub von Heroin" und Anfragebeschluss des 2. Strafsenates, BGH, Beschl. v. 01.06.2016 – 2 StR 335/15, NStZ 2016, 596

Der BGH nahm die bereits seit längerem in der Literatur[325] geführte Diskussion auf und untersuchte, ob Betäubungsmittel ein taugliches Tatobjekt im Rahmen von Eigentumsdelikten sein können. Die drogenabhängige E hatte der ebenfalls drogenabhängigen L unter Einsatz eines Messers 4 bis 5 g Heroin abgenommen. Auch im Rahmen des Anfragebeschlusses des 2. Strafsenates im Jahr 2016 wurde der strafrechtliche Eigentumsschutz von illegal besessenen Betäubungsmitteln erneut diskutiert. Diesen lehnte der anfragende Senat zunächst ab, da die Eigentumsdelikte einer teleologischen Reduktion bedürften, dem sich die weiteren Strafsenate jedoch nicht anschlossen.

Der BGH entschied schließlich in beiden Fällen, dass auch illegal erworbene Drogen Gegenstand von Eigentumsdelikten sein können, und hielt an der bisherigen Rechtsprechung fest. Er stellte zunächst in Frage, ob illegale Drogen überhaupt verkehrsfähig sein können, was von Teilen der Literatur verneint wird, da an illegalen Betäubungsmitteln weder Eigentum erworben noch übertragen werden kann.[326] Sämtlicher anderweitiger Umgang mit Betäubungsmitteln sei verboten und vom Eigentumsrecht bleibe nur eine leere „Begriffshülse" bestehen, deren Schutz nicht von den Eigentumsdelikten umfasst ist.[327]

325 Insbesondere *Engel*, NStZ 1991, 520 ff.; *Marcelli*, NStZ 1992, 220; *Vitt*, NStZ 1992, 221.

326 Im Ergebnis die Eigentumsdelikte ablehnend, etwa *Bechtel*, JR 2017, 197, 201 f.; *Buchholz*, Jura 2018, 264, 270; *Engel*, NStZ 1991, 520 ff.; *Hirschmann*, Besitzbetrug, S. 111 ff.; *Schmitz*, in: MüKo StGB, § 242 Rn. 17 f.; *Wolters*, in: FS Samson, 495 ff.; kritisch *Fischer*, StGB, § 242 Rn. 5a.

327 Bspw. *Engel*, NStZ 1991, 520, 521 welcher darüber hinaus differenziert zwischen illegal hergestellten sowie besessenen Drogen und solchen, die mit Erlaubnis des Bundesgesundheitsamtes hergestellt und/oder besessen werden.

a Eigentumsfähigkeit von illegalen Drogen

Zunächst ist zu prüfen, ob illegale Drogen grundsätzlich eigentumsfähig sind.[328] Der rechtsgeschäftliche Eigentumserwerb an Drogen durch Einigung und Übergabe gemäß §§ 929 ff. BGB ist nach herrschender Meinung nicht möglich, da neben dem Verpflichtungsgeschäft auch das Erfüllungsgeschäft gemäß § 134 BGB i. V. m. § 29 BtMG aufgrund der Fehleridentität nichtig ist[329] und der Erwerber der Drogen durch Abschluss des dinglichen Rechtsgeschäftes kein Eigentum an diesen erlangen kann. Daraus folgt die Frage, ob der Hersteller der Drogen aufgrund gesetzlichen Eigentumserwerbs Eigentümer von Betäubungsmittel sein kann und durch §§ 950, 953 BGB als Produzent gesetzliches Eigentum an den Drogen entstehen könnte.[330] Dem schließt sich der BGH richtigerweise an und führt aus, dass § 134 BGB zwar die Begründung neuen Eigentums hindert, jedoch keine Auswirkungen auf die bestehenden Eigentumsverhältnisse habe. Daher behält der Produzent das Eigentum an den Drogen und verliert es auch dadurch nicht, dass Anbau und Besitz von Drogen verboten sind.[331]

Die Literatur nimmt zutreffend an, dass auch andere als der Produzent

328 Die herrschende Meinung spricht sich für die Eigentumsfähigkeit verbotener Sachen aus, *Bosch*, in: S/S StGB, § 242 Rn. 19; *Kindhäuser*, in: NK StGB, § 242 Rn. 21; *Marcelli*, NStZ 1992, 220; Maurach/Schroeder/Maiwald/Hoyer/Momsen, StrafR BT 1, § 32 Rn. 25; *Schramm*, JuS 2008, 678, 680; *Vitt*, NStZ 1992, 221; Wessels/Hillenkamp/Schuhr, StrafR BT 2, § 2 Rn. 84; abl. etwa *Engel*, NStZ 1991, 520 ff.; *Schmitz*, in: MüKo StGB, § 242 Rn. 17 f.; *Wolters*, in: FS Samson, 495 ff.; kritisch *Fischer*, StGB, § 242 Rn. 5a.

329 Vgl. *Armbrüster*, in: MüKo BGB, § 134 Rn. 15 ff.; *Bechtel*, JR 2017, 197, 198; *Oğlakcıoğlu*, ZJS 2010, 340, 344 f.

330 *Bechtel*, JR 2017, 197, 199; *Marcelli*, NStZ 1992, 220; *Oğlakcıoğlu*, ZJS 2010, 340, 344 f.; *Schmitz*, in: MüKo StGB, § 242 Rn. 17; *Schramm*, JuS 2008, 678, 680; *Vitt*, NStZ 1992, 221; a.A. *Wolters*, in: FS Samson, 495, 500 ff., der § 958 Abs. 2 BGB analog für anwendbar hält; zweifelnd ebenfalls der Anfragebeschluss des 2. Strafsenates, BGH, Beschl. v. 01.06.2016 - 2 StR 335/15, NStZ 2016, 596, 599, wonach jedenfalls auch beim gesetzlichen Erwerb „kein vollwertiges Eigentum" entstehe.

331 BGH, Beschl. v. 20.09.2005 - 3 StR 295/05, NJW 2006, 72; *Marcelli*, NStZ 1992, 220; *Oğlakcıoğlu*, ZJS 2010, 340, 344 f.; *Vitt*, NStZ 1992, 221; a.A. *Wolters*, in: FS Samson, 495, 500 ff.

Eigentum erwerben können, wenn das Eigentum kraft Gesetzes übertragen wird.[332] Dies kann beispielsweise durch Verbindung oder Vermischung gemäß §§ 946 ff. BGB erfolgen. Auf den gesetzlichen Eigentumsübergang ist § 134 BGB nicht anwendbar, da dieser ein Realakt und unabhängig von einer sittenwidrigen oder verbotenen Herstellung ist.[333] Oft stammen die Drogen aus dem Ausland, wodurch Eigentum und etwaiger Eigentumserwerb aufgrund ausländischer Rechtsordnungen unterschiedlich beurteilt werden kann.[334] Richtigerweise gibt auch *Jäger* zu bedenken, dass, sollte den Drogen die Eigentumsfähigkeit aberkannt werden, dies Auswirkungen auf die Wertersatzeinziehung nach § 74c StGB hat. Wenn der Produzent nie Eigentum an den Drogen hatte, kann auch kein Wertersatz eingezogen werden, da dieser Eigentum voraussetzt.[335]

b Keine vollständige Entwertung der Eigentumsposition

Engel hält dem entgegen, selbst wenn Betäubungsmittel formal eigentumsfähig wären, sei das Eigentum entwertet, der Inhalt des Eigentums werde durch § 29 BtMG „auf Null reduziert". Aus § 903 BGB ergeben sich die Rechte, die dem Eigentümer einer Sache zustehen und er dürfe mit der Sache verfahren wie er möchte. Der Eigentümer kann über sein Eigentum verfügen, es erhalten, verändern oder auch zerstören. Dem Eigentümer von Betäubungsmitteln, deren Besitz und Herstellung untersagt ist, ist auch die Verfügung nicht möglich wegen § 134 BGB wodurch nur noch eine „leere Begriffshülse"

332 *Bechtel*, JR 2017, 197, 198; *Marcelli*, NStZ 1992, 220, mit weiteren Beispielen, *Oğlakcıoğlu*, ZJS 2010, 340, 344 f.; *Vitt*, NStZ 1992, 221.

333 BGH, Beschl. v. 20.09.2005 – 3 StR 295/05, NJW 2006, 72; *Oğlakcıoğlu*, ZJS 2010, 340, 344 f.; *Vitt*, NStZ 1992, 221; *Vogel*, in: LK StGB, § 242 Rn. 31.

334 BGH, Beschl. v. 20.09.2005 – 3 StR 295/05, NJW 2006, 72; *Vitt*, NStZ 1992, 221.

335 *Jäger*, JA 2016, 790, 792.

des Eigentums verbleibe.[336] Dieser Auffassung schloss sich der 2. Strafsenat in seinem Anfragebeschluss an, es entstehe an einem gegen ein strafrechtliches Verbot hergestellten Betäubungsmittel kraft Gesetzes gemäß §§ 950, 953 BGB kein „vollwertiges Eigentum," die Rechte des Eigentümers gemäß §§ 903, 985 ff. BGB seien durch die strafrechtlichen Verbote nach § 29 BtMG ausgeschlossen.[337] Dem wird entgegengehalten, dass durch die strafrechtliche Bemakelung nicht sämtliche Eigentumsrechte entfallen. So stehe es dem Eigentümer weiterhin frei, das Eigentum im Sinne von § 959 BGB aufzugeben oder es zu vernichten und auch der Konsum sei straffrei möglich, da nur der vorausgehende Besitz strafbar ist.[338] Dieser Ansicht wird allerdings wiederum entgegengehalten, dass die übrig gebliebenen „Rechte" der Dereliktion oder Vernichtung durch § 16 BtMG zur Pflicht umgestaltet werden würden.[339]

Folglich müssen nach Meinung von Teilen der Strafrechtswissenschaft und des anfragenden Strafsenates die Eigentumsdelikte teleologisch reduziert werden.[340] Der 2. Strafsenat begründet das damit, dass der Hersteller als Laie glaubt, durch die Veräußerung sein Eigentum an den Erwerber zu verlieren.[341] Darin sei eine Dereliktion zu sehen, da der Käufer der Drogen nur Gewahrsam und kein Eigentum an den Drogen erlangt. So entsteht an den Drogen nur noch ein Verwertungsinteresse durch Eigenkonsum, das nicht

336 *Engel*, NStZ 1991, 520, 521.

337 BGH, Beschl. v. 01. 06. 2016 – 2 StR 335/15, NStZ 2016, 596, 599; ebenfalls zustimmend, *Otto*, in: FS Beulke, 507, 519.

338 BayObLG, Beschl. V. 20. 04. 1990 – RReg. 4 St 18/90, NStZ 1990, 395, 396; BGH, Beschl. v. 20. 09. 2005 – 3 StR 295/05, NJW 2006, 72; *Bechtel*, JR 2017, 197, 201; *Herrler*, in: Grüneberg BGB, § 903 Rn. 5; *Schramm*, JuS 2008, 678, 680; a.A. hinsichtlich des Eigenverbrauchs, *Schmitz*, in: MüKo, StGB, § 242 Rn. 17.

339 BGH, Beschl. v. 01. 06. 2016 – 2 StR 335/15, NStZ 2016, 596, 598; *Schmitz*, in: MüKo, StGB, § 242 Rn. 18.

340 Vgl. etwa *Engel*, NStZ 1991, 520 ff.; *Schmitz*, in: MüKo StGB, § 242 Rn. 17 f.; *Wolters*, in: FS Samson, 495 ff.; kritisch *Fischer*, StGB, § 242 Rn. 5a.

341 Siehe zum Scheitern des rechtsgeschäftlichen Eigentumsübergang, 1. Kapitel AI2b.

schutzwürdig sei und der Gewahrsam durch das Strafrecht als „ultima ratio" gesichert werden müsse. Auch zum Schutz des noch „formalen Eigentümers" sei der Einsatz der staatlichen „ultima ratio" nicht geboten, denn ihm verbleibt nur „eine Rechtsposition ohne Substanz". Er könne die Herausgabe auch nicht verlangen, da diesem Anspruch § 29 Abs. 1 Nr. 1 BtMG entgegensteht.[342] Dem stimmt ein Teil der Literatur zu und begründet dies mit dem Sinn und Zweck des Eigentumsschutzes. § 242 StGB schütze das „Eigentum nicht als *abstractum* gegen Wegnahme, sondern die damit verbundenen Möglichkeiten nach § 903 BGB".[343] Durch die strafrechtliche Bemakelung der Betäubungsmittel seien genau diese Möglichkeiten „von vornherein auf ein Mindestmaß reduziert". Die Wegnahme von Betäubungsmitteln verletze nicht den Eigentümer in seinen Befugnissen aus § 903 BGB und der Schutzzweck des Eigentumsschutzes würde fehlgehen.[344] So könne „das Strafrecht auch mit der Strafdrohung der §§ 242, 249 StGB gegen Wegnahme des – unerlaubten – Besitzes von Betäubungsmitteln keinen sinnvollen Rechtsgüterschutz darbieten".[345]

Richtigerweise wird gegen eine teleologische Reduktion eingewandt, dass es für den strafrechtlichen Eigentumsschutz allein auf den Begriff der fremden Sache und somit auf die formale Eigentumsposition ankommt, „nicht aber auf die tatsächliche oder rechtliche Verfügbarkeit".[346] Das Zivilrecht unterscheidet nicht zwischen dem Eigentümer, der alle Rechte aus § 903 BGB ausüben kann und dem, der dies nicht kann. Unklar bleibt, auf welcher zivilrechtlichen Rechtsgrundlage die bislang unbekannte Figur des „eingeschränkten Eigentums" beruhe.[347] Aufgrund der strengen Zivilrechts-

342 BGH, Beschl. v. 01.06.2016 – 2 StR 335/15, NStZ 2016, 596, 598.

343 Vgl. *Schmitz*, in: MüKo, StGB, § 242 Rn. 17.

344 *Bechtel*, JR 2017, 197, 201 f.

345 BGH, Beschl. v. 01.06.2016 – 2 StR 335/15, NStZ 2016, 596, 598.

346 BGH, Beschl. v. 20.09.2005 – 3 StR 295/05, NJW 2006, 72.

347 BGH, Beschl, v. 21.02.2017 – 1 ARs 16/16, NStZ-RR 2017, 112.

akzessorietät des Eigentumsbegriffs ist eine Abweichung von diesem nicht sinnvoll. Andernfalls würde aufgrund mangelnder Bestimmtheit ein Auseinanderfallen des Eigentumsbegriffs im Straf- und Zivilrecht zu Rechtsunsicherheit führen. Nach verfassungskonformer Auslegung des Art. 103 Abs. 2 GG ist Rechtsunsicherheit zu vermeiden, ein Gesetz ist vorhersehbar und verlässlich zu gestalten.[348]

Der Begründung des 2. Strafsenates, die teleologische Auslegung entspreche dem objektiven Sinn der Eigentumsdelikte, ist nicht zu folgen, dazu müssten Anhaltspunkte im Gesetzestext vorliegen, ansonsten würde eine solche Auslegung gegen die Gewaltenteilung verstoßen. Es ist nicht Aufgabe des Rechtsanwenders, mit seiner subjektiven Vorstellung die Gesetzeslage zu verändern. Der Wortlaut der Eigentumsdelikte umfasse „fremde" bewegliche Sachen als taugliche Tatobjekte ohne Beschränkungen eines „nicht vollwertigen Eigentums". Damit wäre die Wortlautgrenze überschritten, wenn solches Eigentum nicht geschützt werde, weil auch an Drogen kraft Gesetzes Eigentum entstehen und auf andere übergehen kann.[349]

Eine Einschränkung des Tatbestandes der Eigentumsdelikte ist ebenfalls aufgrund des „ultima ratio" Prinzips nicht überzeugend, da auch in Fällen von Betäubungsmitteln unstrittig Eigentumspositionen entwendet werden und ein Strafbedürfnis entsteht. Dem ist zuzustimmen, weil anderenfalls der Drogendieb bzw. -räuber einem Drogenkäufer gleichgestellt werden würde.[350] Eine teleologische Reduktion der Eigentumsdelikte kann nicht befürwortet werden.[351]

348 *Buchholz*, Jura 2018, 264, 269 f.

349 BGH, Beschl. v. 15.11.2016 – 3 ARs 16/16, NStZ-RR 2017, 244.

350 Siehe oben, 1. Kapitel AIII2e.

351 BGH, Beschl. v. 20.09.2005 – 3 StR 295/05, NJW 2006, 72 und BGH, Beschl. v. 21.04.2015 – 4 StR 92/15, NJW 2015, 2989, „Fliehender Drogenkäufer"; BGH, Urt. v. 16.08.2017 – 2 StR 335/15, JR 2018, 153.

c Kein mangelnder Vorsatz

Ferner führt *Engel* an, dem Täter, der einem anderen Drogen wegnimmt, fehle auch der Tatbestandsvorsatz, sofern ihm keine positive Kenntnis über die Person des Eigentümers nachgewiesen werden kann. Dem Grundsatz *in dubio pro reo* folgend müsse zugunsten des Täters davon ausgegangen werden, dass eine Eigentumsfähigkeit der Betäubungsmittel fehle.[352] Dem hielt der BGH richtigerweise entgegen, diese Ansicht vermische Fragen der dogmatischen Einordnung mit Fragen der Beweisbarkeit von Tatbestandsmerkmalen. Um die Strafbarkeit eines Eigentumsdeliktes anzunehmen genüge es, wenn fremdes Eigentum verletzt wird. Dafür sei nicht erforderlich zu wissen wer Eigentümer ist und es sei belanglos, welche Vorstellungen der Täter über die Person des Eigentümers hatte. Es genüge das Wissen, die Drogen stünden weder in seinem Alleineigentum noch seien sie herrenlos.[353] *Hoyer* knüpft ebenfalls an den subjektiven Tatbestand an und hält die Rechtswidrigkeit der Zueignung für ausgeschlossen. Die staatlichen Konfiskationsrechte machten deutlich, dass der Verlust dem rechtlich gewünschten Zustand entspricht und der Eigentümer durch den Verlust der verbotenen Sache kein Unrecht erleidet, auch wenn der Verlust nicht durch Einziehung, sondern durch einen Dritten erreicht werde.[354]

Dem ist zu entgegnen, dass eine Verneinung der Rechtswidrigkeit zu Rechtsunsicherheit führt. Wie im Rahmen der Diskussion der teleologischen Reduktion des Tatbestandsmerkmals der Fremdheit besteht auch innerhalb der Prüfung der Rechtswidrigkeit der Zueignungsabsicht Konsens, dass diese sich nach dem Zivilrecht orientiert. Danach ist eine Rechtswidrigkeit ausgeschlossen, wenn dem Täter ein einredefreier und fälliger

352 *Engel*, NStZ 1991, 520, 521.

353 BGH, Beschl. v. 20.09.2005 – 3 StR 295/05, NJW 2006, 72.

354 *Hoyer*, in: FS Fischer, 361, 365 ff.; ebenfalls die Rechtswidrigkeit der Zueignung ablehnend, *Buchholz*, Jura 2018, 264, 270.

Anspruch auf Übereignung der Sache zusteht.[355] Davon umfasst sind aber nicht Ansprüche Dritter gegen das Opfer. Die Rechtswidrigkeit kann nur dann entfallen, wenn dem Täter die Sache aufgrund eines durchsetzbaren Anspruchs zusteht und nicht weil dem Opfer die Sache nicht gehört.

Wie bereits ausgeführt kommt es für die Strafbarkeit des Täters nicht auf die Schutzwürdigkeit des Opfers an. Eine Verneinung der Rechtswidrigkeit der erstrebten Zueignung, weil das Geld sowieso eingezogen wird, würde zu einer faktischen Erlaubnis der Selbstjustiz führen. Allein der Staat darf und kann die Einziehungsrechte vollziehen. Wenn er diesen nicht nachgeht, besteht kein Grund, warum Dritte dies ungestraft tun dürfen, denn mit der Wegnahme des verbotenen Besitzes durch den Täter liegt keine Eigentumsenteignung vor, sondern es geht nur der verbotene Besitz über. Der Besitzwechsel der verbotenen Sache führt beim Täter zu einem rechtswidrigen Zustand. Es ist nicht klar, warum das dem rechtlichen Zustand mehr entsprechen soll als das Verbleiben des verbotenen Besitzes beim Opfer. Die Besitzschutzrechte der §§ 858 ff. BGB schützen vor der Wegnahme, nicht aber die (Wieder-)Einräumung des Besitzes nach § 861 BGB, da dies auf einen rechtlich unerwünschten Zustand abzielt.[356]

d Kein Entfallen des Strafbedürfnisses wegen des BtMG

Weiterhin stellt der BGH fest, dass das Strafbedürfnis nicht durch die Strafvorschriften des Betäubungsmittelgesetzes entfällt[357] wie dies zum Teil in der Literatur erwogen wird.[358] Dem BGH ist zuzustimmen, denn zum einen

355 *Bosch*, in: S/S StGB, § 242 Rn. 59; *Kindhäuser*, in: NK StGB, § 242 Rn. 116 mit jeweils weiteren Nachweisen.

356 Vgl. unten zu der parallellaufenden Diskussion im Rahmen der Vermögensdelikte im engeren Sinne mit entsprechenden Nachweisen, 1. Kapitel BI3a.

357 BGH, Beschl. v. 20.09.2005 – 3 StR 295/05, NJW 2006, 72, 73.

358 *Engel*, NStZ 1991, 520, 521.

ist diese Argumentation dogmatisch fragwürdig, zum anderen werden, wie der BGH feststellt, der Dieb oder Räuber von Drogen auf eine Stufe mit einem Drogenkäufer gestellt, der die Drogen mit seinem Geld erwirbt. Der Schuldgehalt beider Taten ist ersichtlich nicht der gleiche. Erkennbar wird dies durch einen Vergleich der Strafandrohung, die bei schwerem Raub nach § 250 Abs. 2 StGB einen Strafrahmen von fünf bis 15 Jahren Freiheitsstrafe und nach § 29 Abs. 1 BtMG nur eine Geldstrafe oder Freiheitsstrafe bis zu fünf Jahren vorsieht. Man kann also nicht davon ausgehen, dass das Strafbedürfnis durch das Betäubungsmittelgesetz entfällt.[359]

Der BGH sieht auch illegale Betäubungsmittel unabhängig von ihrer strafrechtlichen Bemakelung als taugliches Schutzobjekt der Eigentumsdelikte und führt als weiteres Argument an, dass ein Schutz der Eigentumsdelikte im Hinblick auf die Vermögensdelikte geboten sei, da es oft vom Zufall abhängt, ob das Opfer die Drogen herausgibt oder weggenommen bekommt.[360] Dieses Argument ist jedoch im Hinblick darauf zirkelschlüssig, dass die Anwendbarkeit von Vermögensdelikten im engeren Sinne unter anderem damit begründet wird, dass sonst Wertungswidersprüche zu den Eigentumsdelikten entstehen. Daher ist diesem Argument kein weiteres Gewicht zu geben, gleichwohl aber überzeugt die Begründung, einen Eigentumsschutz bei illegalen Betäubungsmittel anzunehmen. Der BGH blieb weiterhin bei seiner bisherigen Rechtsprechung und behandelt den Eigentumsschutz an verbotenen Sachen im Rahmen des Vermögensschutzes im weiteren Sinne gleich mit denen im engeren Sinne.

359 BGH, Beschl. v. 20.09.2005 – 3 StR 295/05, NJW 2006, 72, 73.

360 BGH, Beschl. v. 20.09.2005 – 3 StR 295/05, NJW 2006, 72, 73.

2 Zusammenfassung weiterer BGH-Entscheidungen

In weiteren Fällen hatte der BGH über die strafrechtliche Bewertung des Verlustes von Drogen und Drogengeld durch Wegnahme zu entscheiden. In einem dieser Fälle brachen mehrere Täter in die Wohnung des L ein und entwendeten eine Haschischpalette, Bargeld und Elektrogeräte. Der BGH entschied, dass sich die Täter unter anderem wegen Raubes nach § 249 StGB strafbar machten, ging aber auf den Vermögensschaden nicht näher ein.[361] Dadurch lässt sich nicht klären, ob der Vermögensschaden allein durch die Wegnahme der elektronischen Geräte oder auch durch die Wegnahme der Drogen erfolgt ist. Der BGH bestätigte hingegen auch in nachfolgenden Fällen, dass die gewaltsame Wegnahme von Marihuana den Tatbestand eines (schweren) Raubes erfüllt.[362] Er betonte ausdrücklich, dass Betäubungsmittel neben fremden beweglichen Sachen Tatobjekte bei Raub oder Diebstahl sein können[363] und verfolgt damit die bisherige Rechtsprechungslinie.

361 BGH, Urt. v. 29.10.2009 - 4 StR 239/09, NStZ-RR 2010, 53.

362 BGH, Urt. v. 12.03.2015 - 4 StR 538/14, StraFo 2015, 216; BGH, Beschl. v. 21.04.2015 - 4 StR 92/15, NJW 2015, 2898, 2900, „Fliehender Drogenkäufer"; BGH, Urt. v. 23.08.2017 - 2 StR 560/15, NStZ- RR 2018, 15.

363 BGH, Beschl. v. 21.04. 2015 - 4 StR 92/15, NJW 2015, 2898, 2900, „Fliehender Drogenkäufer"; BGH, Urt. v. 23.08.2017 - 2 StR 560/15, NStZ- RR 2018, 15, dem folgender Sachverhalt zugrunde lag: Die Angeklagten G, H und K lockten L unter Vorspiegelung der Tatsache, für dessen Marihuana einen Käufer gefunden zu haben, auf einen abgelegenen Parkplatz. Dabei hatten sie tatsächlich keinen Käufer, sondern planten L „abzurippen". Am Tattag überfielen G, H und K mit Beteiligung der weiteren Angeklagten E und N den L auf dem Parkplatz. Sie forderten L auf, das „Dope" herzugeben. Aus Angst, L könne sich verteidigen wollen, zog N diesen zu Boden. G und E hielten ihre mitgebrachten Schreckschusspistolen vor den Kopf des L. G nahm sodann das Marihuana (120 g), was L schnell seinen Begleitern zugeworfen hatte, an sich. Darauf fuhren alle Angeklagten gemeinsam mit dem Auto weg und teilten die Drogen unter sich auf.

3 Zwischenergebnis

Der BGH erkennt auch illegal besessene Betäubungsmittel als taugliches Tatobjekt im Rahmen der Eigentumsdelikte an. Eine teleologische Reduktion, so wie sie Teile der Literatur und der 2. Strafsenat in seinem Anfragebeschluss vorschlagen, wurde von den anderen Strafsenaten und der herrschenden Meinung in der Literatur mit überzeugenden Argumenten entschieden abgewiesen. Eigentumsdelikte sind hinsichtlich der Fremdheit einer Sache streng zivilrechtsakzessorisch und richten sich allein nach den bürgerlich-rechtlichen Bestimmungen. Im Zivilrecht ist ein entwertetes Eigentum, wie es bei verbotenen Betäubungsmitteln vorliegen soll, nicht bekannt. Für die Frage, ob eine Sache fremd ist, reicht es daher aus, dass irgendjemand Eigentum daran hat. Der Wortlaut der Eigentumsdelikte verlangt hingegen nicht, dass auch rechtlich und tatsächlich alle Vorgaben eines „vollwertigen" Eigentums vorliegen müssen.

V Ergebnis der ersten Stufe

Die Rechtsprechungsanalyse zeigt, dass alle Besitz- oder Eigentumspositionen an Sachen vor Verlust strafrechtlich geschützt sind, unabhängig davon, ob die Sachen rechtmäßig, rechtswidrig oder sogar verbotenerweise besessen werden. Solange Rechtspositionen ein wirtschaftlicher Vermögenswert zukommt, sind diese nach den Vermögensdelikten im engeren Sinne und, sofern dieser im Eigentum anderer steht, auch nach den Vermögensdelikten im weiteren Sinne strafrechtlich geschützt.

Seit der Grundsatzentscheidung des Reichsgerichts aus 1910[364] wich der BGH nicht vom wirtschaftlichen Vermögensbegriff in Bezug auf den straf-

364 RG, Beschl. v. 14.12.1910 – 1214/10, RGSt 44, 230.

rechtlichen Vermögensschutz geldwerter, aber rechtlich bemakelter Besitz- und Eigentumspositionen an Sachen ab. Ein Verstoß gegen die Einheit der Rechtsordnung ist nicht zwingend zu sehen, da dem Geschädigten Rückforderungsansprüche auf die Sache zustehen können und eine Einheit der Gesamtrechtsordnung auch nach hier vertretener Ansicht nicht in dem Maße erfordert ist. Das Strafrecht ist unabhängig von den Wertungen des Zivilrechtes und verfolgt andere Aufgaben und Ziele. Dem Zivilrecht, insbesondere dem § 817 S. 2 BGB, lassen sich keine allgemeinen Rechtsgedanken entnehmen, die einem strafrechtlichen Vermögensschutz entgegenstehen würden. Dieser ist hinsichtlich des Verlustes von Besitz- oder Eigentumspositionen an körperlichen Gegenständen durch die Rechtsprechung daher einheitlich seit der Grundsatzentscheidung des Reichsgerichtes zu bejahen.

B 2. Stufe: Rückforderungs- und Wertersatzansprüche

Bei den bisher besprochenen Fällen wurde der Besitz an einem Leistungsobjekt durch Täuschung, Nötigung oder Wegnahme an den Täter ohne kompensierende Gegenleistung „geleistet". Unabhängig davon ob der Besitz des Geleisteten rechtmäßig, rechtswidrig oder sogar verboten war, wurde einheitlich ein Vermögensschaden bei dem Leistenden bejaht. Sowohl der strafrechtliche Vermögensschutz im engeren als auch im weiteren Sinne umfasste auf erster Stufe auch den verbotenen Besitz an illegalen Leistungsobjekten wie zum Beispiel an genehmigungspflichtigen Betäubungsmitteln.

Bei der im Folgenden zu behandelnden zweiten Stufe der ersten Fallgruppe geht es um Fälle, in denen sich der auf erster Stufe Leistende L den entwendeten Besitz am Leistungsobjekt vom Leistungsempfänger E wieder zurückholt bzw. einen (sekundären) Wertersatzanspruch durchsetzt. Spiegelbildlich gehören dazu auch diejenigen Fälle, in denen der ursprüngliche Leistungsempfänger E den ursprünglich Leistenden L hindert, sein Herausgabe- bzw. Wertersatzverlangen durchzusetzen.

Zunächst werden Fälle untersucht, in denen sich L den durch die Vortat des E entwendeten Besitz am Leistungsobjekt zurückholt. Dabei ist fraglich, ob sich L wegen eines Vermögensdelikts strafbar machen kann. Das Leistungsobjekt bleibt dasselbe wie auf der ersten Stufe, aber das Opfer der ersten Stufe wird jetzt zum Handelnden, zum potentiellen Täter. Auf der ersten Stufe hatte sich gezeigt, dass von der Rechtsprechung jeglicher Besitz von den Vermögensdelikten umfasst wird. Die Frage, die sich nun auf zweiter Stufe stellt ist, wie weit der Vermögensschutz reicht. Geht er so weit, dass der ursprünglich Leistende sich den Besitz an seiner geleisteten Sache zurückholen kann ohne sich wie bei legalen Geschäften auch wegen eines Vermögensdeliktes strafbar zu machen oder reicht er nicht so weit, dass er sich doch strafbar macht?

Die Rechtsprechungsanalyse zeigt, dass der BGH in diesen Fällen weiterhin den wirtschaftlichen Vermögensbegriff verwendet. Wenn sich der ursprünglich Leistende L „seine" Sache wieder zurückholt, stellt der Verlust dieser Sache für den originären Leistungsempfänger E einen Vermögensschaden dar. Dies ist konsequent, da der Ersttäter E den Besitz des Leistungsobjekts zwar nur durch ein Vermögensdelikt rechtswidrig erlangte, jedoch ist auch der rechtswidrige Besitz, wie bereits festgestellt, vom strafrechtlichen Vermögensschutz umfasst. Dies führt aber nicht zugleich zu einer Strafbarkeit des L, denn zum Teil lässt die Rechtsprechung die Strafbarkeit an der Absicht der rechtswidrigen Bereicherung scheitern. Dies hängt in diesen Fällen also nicht damit zusammen, dass der BGH von seinem wirtschaftlichen Vermögensbegriff abweicht, wie zum Teil behauptet wird.[365] Im folgenden Abschnitt wird dargestellt, wie weit die Rechtsprechung den strafrechtlichen Schutz innerhalb illegaler Rechtsgeschäfte auch auf die zweite Stufe erstreckt. Dazu wird wie auf der ersten Stufe nach den verschiedenen Besitzarten des Leistungsobjektes differenziert.

365 Bspw. sieht *Saliger*, in: M/R StGB, § 263 Rn. 154 a.E, eine Abkehr vom wirtschaftlichen Vermögensbegriff im Fall, BGH, Urt. v. 07.08.2003 – 3 StR 137/03, BGHSt 48, 322, „Säumiger Haschischkäufer", vgl. dazu sogleich 1. Kapitel BI3a.

I Eigenmächtige Durchsetzung von Rückforderungsansprüchen

1 Rückforderung des zu illegalen Zwecken eingesetzten rechtmäßigen Besitzes

a BGH, Beschl. v. 12. 03. 2002 – 3 StR 4/02, NJW 2002, 2117, „Schokolade statt Haschisch"

Im ersten Fall vereinbarte Drogenverkäufer E mit Drogenkäufer L die Lieferung von 35 kg Haschisch zum Preis von 87.000 DM. L zahlte den vereinbarten Kaufpreis an E, der aber nur 4 kg Haschisch und ansonsten 31 kg Schokolade lieferte. L wollte den Kaufpreis von E zurückverlangen, fand diesen aber nicht und entführte daraufhin die Freundin F des E. L hielt diese fest und bedrohte sie unter anderem mit Waffengewalt. E, der das Leben seiner Freundin bedroht sah, traf sich daraufhin mit L und gab einen Teil des Kaufpreises in Höhe von 77.000 DM gegen Freilassung seiner Freundin F zurück.[366]

Auf der ersten Stufe wurde die Strafbarkeit des E untersucht und festgestellt, dass sich dieser nach § 263 StGB strafbar machte, indem er täuschungsbedingt das (bemakelte) Kaufgeld ohne die vereinbarte Gegenleistung entgegennahm.[367] Auf der nun besprochenen zweiten Stufe wird hingegen die Strafbarkeit des L, der sich durch Gewalt mittels Entführung eines Menschen den geleisteten Kaufpreis zurückholte, untersucht. Das Leistungsobjekt ist wieder dasselbe wie auf der ersten Stufe: der Kaufpreis. Die Vorinstanz stellte eine Strafbarkeit des L wegen erpresserischen Menschenraubes nach § 239a StGB fest. Der BGH entschied jedoch, dass sich L nicht wegen erpresserischen Menschenraubes nach § 239a StGB, sondern „nur" wegen

366 BGH, Beschl. v. 12. 03. 2002 – 3 StR 4/02, NJW 2002, 2117.

367 Siehe oben, 1. Kapitel AI3f.

Geiselnahme gemäß § 239b Abs. 1 StGB strafbar machte. Die zur Erfüllung des Tatbestands erforderliche Absicht, sich durch die Erpressungshandlung auch rechtswidrig bereichern zu wollen sah der BGH im Gegensatz zur Vorinstanz nicht vorliegen. Um den Tatbestand des erpresserischen Menschenraubes zu erfüllen müssen (im Gegensatz zur Geiselnahme) alle Voraussetzungen der Erpressung vorliegen.[368] Wie bereits auf erster Stufe festgestellt, zählt auch der auf rechtswidrige Weise erlangte Kaufpreis zum strafrechtlich geschützten Vermögen des E, sodass der unfreiwillige Besitzverlust dieses Geldes für E einen Vermögensverlust darstellt.

Der BGH problematisierte die mangelnde Absicht einer rechtmäßigen Bereicherung. An dieser fehlt es nach allgemeiner Ansicht, wenn ein wirksamer, fälliger und einredefreier Anspruch gegen den Geschädigten besteht.[369] Im Rahmen dieser Prüfung besteht im Gegensatz zur Prüfung des Vermögensnachteils im objektiven Tatbestand Einigkeit, dass sich das Bestehen eines begründeten Anspruchs nach zivilrechtlichen oder öffentlich rechtlichen Maßstäben richtet.[370] Es ist demnach zu prüfen, ob nach dem Zivilrecht oder dem öffentlichen Recht ein Anspruch des L gegen E auf Rückgabe des Geldes bestand.[371]

368 Wessels/Hillenkamp/Schuhr, StrafR BT 2, § 19 Rn. 782.

369 Ständige Rechtsprechung, BGH, Urt. v. 17.12.1987 - 4 StR 628/87, NStZ 1988, 216; BGH, Beschl. v. 17.12.2008 - 1 StR 648/08, StV 2009, 357; BGH, Beschl. v. 23.02.2010 - 4 StR 438/09, NStZ 2010, 391; vgl. für weitere Nachweise *Hefendehl*, in: MüKo StGB, § 263 Rn. 1157 ff., Fn. 3202; *Eisele*, StrafR BT II, Rn. 643; *Fischer*, StGB, § 263 Rn. 191 f.; *Hoyer*, in: SK SGB, § 263 Rn. 275; *Kindhäuser*, in: NK StGB, § 263 Rn. 372; Krey/Hellmann/Heinrich, StrafR BT 2, § 11 Rn. 757; *Heger*, in: Lackner/Kühl/Heger StGB, § 263 Rn. 61; *Mitsch*, StrafR BT 2, S. 340; Wessels/Hillenkamp/Schuhr, StrafR BT 2, § 13 Rn. 615; *Wittig*, JA 2013, 401, 403; bereits einen Schaden ablehnend: Maurach/Schroeder/Maiwald/Hoyer/Momsen, StrafR BT 1, § 41 Rn. 144; *Perron*, in: S/S StGB, § 263, Rn. 171; *Tiedemann*, in: LK StGB, § 263 Rn. 186, 194, 265.

370 Ganz hM vgl. nur BGH, Urt. v. 26.09.1952 - 2 StR 307/52, BGHSt 3, 160,162; BGH, Beschl. v. 16.12.1963 - GSSt 1/63, BGHSt 19, 206, 214 f.; *Fischer*, StGB, § 263 Rn. 191; *Hefendehl*, in: MüKo StGB, § 263 Rn. 1158; *Hoyer*, in: SK StGB, § 263 Rn. 275; *Kindhäuser*, in: NK StGB, § 263 Rn. 372; *Heger*, in: Lackner/Kühl/Heger StGB, § 263 Rn. 61; *Lackner*, in: LK StGB, 10. Aufl. 1988, § 263 Rn. 275; *Perron*, in: S/S StGB, § 263, Rn. 171 ff.

371 Das Strafgericht ist bei seiner gerichtlichen Entscheidung nicht an die des Zivilgerichts

Da zwischen L und E wegen §134 BGB, §§3 Abs.1 Nr. 1, 29 Abs.1 S.1 Nr. 1 BtMG kein wirksames (Vor-)Vertragsverhältnis bestand, scheiden sämtliche (vor)vertraglichen, quasivertraglichen sowie Ansprüche aus dem Leistungsstörungsrecht aus,[372] bereicherungsrechtliche Ansprüche bestehen ebenfalls nicht. E hat zwar (mindestens) den Besitz am Kaufgeld erlangt, jedoch wäre ein kondiktionsrechtlicher Anspruch durch §817 S.2 BGB gesperrt.

In Frage kommt ein Anspruch des L gegen E auf Herausgabe des Geldes nach §985 BGB, sofern eine Vindikationslage gegeben ist, wofür L Eigentümer des Geldes geblieben sein müsste. Eine rechtsgeschäftliche Übereignung des Geldes von L an E scheitert daran, dass auch die dingliche Einigung zwischen L und E unwirksam war. Möglich wäre hingegen ein gesetzlicher Eigentumsverlust, wenn das von L geleistete Geld mit anderem Geld des E im Sinne des §§948 Abs.1, 947 BGB[373] vermengt wurde. Dazu fehlen jedoch weitere Sachverhaltsangaben. Sollte ein Eigentumsverlust nicht eingetreten sein und das Geld weiterhin (ohne Recht) im Besitz des E sein, besteht ein Herausgabeanspruch aus §985 BGB[374]. Insbesondere findet §817 S.2 BGB aufgrund seines Ausnahmecharakters außerhalb des Bereicherungsrechts keine Anwendung.[375] Selbst wenn ein Eigentumsverlust eingetreten wäre, könnte darüber hinaus ein deliktsrechtlicher Anspruch des L gegen E in Frage kommen. Wie an anderer Stelle auf erster Stufe dieser Arbeit festgestellt, beging E zuvor einen vollendeten Betrug. Somit bestand ein Anspruch des L gegen E auf Rückgabe des Kaufpreisanteils für die an Stelle von Haschisch

gebunden, BayObLG 28.11.1989 - 4 St 188/89, StV 1990, 165; *Hefendehl*, in: MüKo StGB, §263 Rn.1158; *Kindhäuser*, in: NK StGB, §263 Rn.372; *Tiedemann*, in: LK StGB, §263 Rn.264.

372 Vgl. zur zivilrechtlichen Nichtigkeit illegaler Rechtsgeschäfte oben, 1. Kapitel AI2b.

373 BGH, Beschl. v. 29.02.2000 – 1 StR 46/00, NStZ-RR 2000, 234;

374 Wessels/Hillenkamp/Schuhr, StrafR BT 2, §18 Rn.760.

375 Vgl. oben, 1. Kapitel, 1. Kapitel AI2b.

gelieferte Schokolade nach § 823 Abs. 2 BGB i. V. m. § 263 Abs. 1 StGB.[376] Dieser Anspruch ist nicht durch § 817 S. 2 BGB aufgrund dessen Ausnahmecharakters gesperrt[377] und entspricht auch dem Ergebnis des BGH, der einen Rückforderungsanspruch des L gegen E aus § 823 Abs. 2 BGB i. V. m. § 263 Abs. 1 StGB bejaht.[378] Daneben besteht nach hier vertretener Auffassung auch die Möglichkeit eines Anspruchs des L gegen E auf Wertersatz für das geleistete Geld nach § 826 BGB.[379]

L hat (mindestens) einen Anspruch gegen E auf Wiedereinräumung des Besitzes an dem geleisteten Kaufpreis.[380] Da es L an der Absicht der unrechtmäßigen Bereicherung fehlt hat er sich nicht nach § 239a StGB, sondern nach § 239b StGB strafbar gemacht. Die Absicht der unrechtmäßigen Bereicherung könne ferner fehlen, wenn sich L einen Rückforderungsanspruch lediglich vorgestellt hätte und so ein den Vorsatz ausschließender Tatbestandsirrtum über die Rechtswidrigkeit der beabsichtigten Bereicherung vorgelegen haben könnte.[381] Darauf kam es hier aber nicht an, da ein Anspruch auch tatsächlich bestand.

376 *Mitsch*, JuS 2003, 122, 125, zieht richtigerweise von dem Rückforderungsanspruch noch die Höhe der Wertdifferenz zwischen Schadensersatz und dem Wert der gelieferten Schokolade ab.

377 BGH, Beschl. v. 12. 03. 2002 – 3 StR 4/02, NJW 2002, 2117.

378 BGH, Beschl. v. 12. 03. 2002 – 3 StR 4/02, NJW 2002, 2117.

379 Siehe für die Prüfung der zivilrechtlichen Ansprüche oben, 1. Kapitel AI2b.

380 Teilw. wird dieser Anspruch jedoch als nicht durchsetzbar nach § 242 BGB angesehen, da ein schutzwürdiges Interesse an der Durchsetzung der Forderung fehle, da das Geld ohnehin dem staatlichen Konfiskationsrecht unterfalle, §§ 73 ff. StGB. Dieses habe Vorrang vor dem privaten Rückforderungsanspruch, *Kindhäuser*, in: NK StGB, § 263 Rn. 374; *Swoboda*, NStZ 2005, 481. Dem ist jedoch entgegen zuhalten, dass sich die §§ 73 StGB nicht eignen, eine eigene Fallgruppe des § 242 BGB zu bilden, siehe dazu sogleich unten, 1. Kapitel BI3a.

381 Die Judikatur ordnet die Rechtswidrigkeit des Vermögensvorteils richtigerweise als Tatumstand ein, daher stellt der Bewertungsirrtum über das Vorliegen eines Anspruchs auf den Vermögensvorteil zu haben, einen Tatbestandsirrtum dar, ständige Rechtsprechung; vgl. nur BGH, Urt. v. 20. 03. 1953 – 2 StR 60/53, NJW 1953, 834; BGH, Urt. v. 16. 12. 1997 – 1 StR 456/97, NStZ-RR 1999, 6, mwN; BGH, Urt. v. 09. 07. 2002 – 1 StR 93/02, NStZ 2002 597; vgl. für weitere Nachweise, *Hefendehl*, in: MüKo StGB, § 263 Rn. 1170 Fn. 3243; *Kind-*

i Wert der Schadensersatz- und Herausgabeansprüche

Der BGH ließ ein Vermögensdelikt des L aufgrund fehlender Absicht einer unrechtmäßigen Bereicherung scheitern, da L ein Anspruch gegen E auf Schadensersatz und im Wege der Naturalrestitution § 249 Abs. 1 BGB auf Herausgabe des Geldes zustand. Zu hinterfragen ist jedoch, ob eine Strafbarkeit des L nicht bereits am objektiven Tatbestand hätte scheitern müssen. Im vorliegenden Fall könnte es bereits an einem Vermögensschaden des E gemangelt haben. Zwar ist rechtswidrig erlangtes Geld vor Verlust auch strafrechtlich geschützt und E erlitt durch den Verlust des Geldes eine Vermögenseinbuße, aber der Verlust des Geldes könnte gleichzeitig durch einen hinzugekommenen Vermögenszuwachs kompensiert worden sein. Aufgrund des Saldierungsprinzips sind alle Vermögensnachteile mit den Vermögensvorteilen, die unmittelbar aus der Handlung entstanden sind, miteinander zu verrechnen. Dazu müssen alle Vermögenswerte vor der Vermögensverfügung mit denen nach der Vermögensverfügung verglichen werden.[382] Es liegt kein Schaden vor, wenn die aufgrund der Vermögensverfügung verursachte Minderung des Vermögens durch einen unmittelbar aus der Vermögensverfügung erlangten Vorteil wirtschaftlich vollständig kompensiert wird. Nur wenn der Wert des Vermögensverlustes größer ist als der Vermögenszuwachs, ist ein Schaden zu bejahen.[383]

häuser, in: NK StGB, § 263 Rn. 370; *Heger*, in: Lackner/Kühl/Heger StGB, § 263 Rn. 62; *Rengier*, StrafR BT I, § 13 Rn. 339.

382 Ständige Rspr.; vgl. nur BGH, Beschl. v. 18.07.1961 - 1 StR 606/60, BGHSt 16, 220, 221; BGH, Urt. v. 07.03.2006 - 1 StR 378/05, BGHSt 51, 10, 15; BGH, Beschl. v. 18.02.2009 - 1 StR 731/08, BGHSt 53, 199; BGH, Urt. v. 14.08.2009 - 3 StR 552/08, BGHSt 54, 69; *Fischer*, StGB, § 263 Rn. 111; *Hefendehl*, in: MüKo StGB, § 263 Rn. 661 ff.; Krey/Hellmann/Heinrich, StrafR BT 2, § 11 Rn. 705; *Lackner*, in: LK StGB, 10. Aufl. 1988, § 263 Rn. 143 f.; Maurach/Schroeder/Maiwald/Hoyer/Momsen, StrafR BT 1, § 41 Rn. 108; *Mitsch*, StrafR BT 2, S. 315 ff.; *Rengier*, StrafR BT I, § 13 Rn. 156; *Tiedemann*, in: LK StGB, § 263 Rn. 159, 161 f.; Wessels/Hillenkamp/Schuhr, StrafR BT 2, § 13 Rn. 566 f.

383 BGH, Urt. v. 18.05.1976 - 1 StR 146/76, BGHSt 26, 346, 347; BGH, Urt. v. 04.03.1999 - 5 StR 355/98, NStZ 1999, 353, 354; *Fischer*, StGB, § 263 Rn. 111; Krey/Hellmann/Heinrich, StrafR BT 2, § 11 Rn. 705 f.; *Mitsch*, JuS 2003, 122, 124; *ders.*, StrafR BT 2, S. 321 ff.; *Perron*,

Durch die vorangegangene Tat des E sind L Schadensersatz- und Herausgabeansprüche gegen E erwachsen. Treibt L das ihm entwendete Geld nun eigenmächtig wieder ein, erledigen sich die Ansprüche des L gegen E durch Erfüllung nach §362 BGB. Es stellt sich die Frage, ob E durch den Besitzentzug der Sache einen Vermögensschaden erleidet, wenn ihm dadurch gleichzeitig die Verbindlichkeit entfällt, das Geld zurückzugeben bzw. Schadensersatz zu leisten.[384] Ob der Vermögensschaden durch den Wegfall der Verbindlichkeit kompensiert wird, hängt wiederum davon ab, welcher wirtschaftliche Wert der weggefallenen Forderung zukommt.

Sowohl nach der wirtschaftlichen Vermögenslehre als auch der juristisch-ökonomischen Lehre richtet sich der Vermögenswert von Ansprüchen nach der Höhe der tatsächlichen Realisierbarkeit.[385] Dies hängt unter anderem von Erfüllungsbereitschaft und Erfüllungsfähigkeit des Schuldners ab, was dazu führen kann, dass der wirtschaftliche Wert negativ vom Nominalwert der Forderung abweicht.[386] Beispielsweise kann eine rechtlich fällige und durchsetzbare Forderung wirtschaftlich wertlos sein, wenn der Schuldner vermögenslos ist.[387] Andererseits kann eine rechtlich noch nicht bestehende Forderung einen wirtschaftlichen Wert haben, wenn der Schuldner die Absicht hat, diese zu erfüllen.[388] Aus Sicht des Gläubigers ist daher das „Haben" eines Vermögensgegenstandes in der Regel mehr wert als nur der Anspruch auf diesen, sodass der Wert des Rückforderungsanspruchs meist

in: S/S StGB, §263 Rn. 106 f., 128; *Satzger*, in: S/S/W StGB, §263 Rn. 206 ff., 214 f.; *Tiedemann*, in: LK StGB, §263 Rn. 159, 161, 197.

384 *Mitsch*, JuS 2003, 122, 124, prüft als möglichen Vermögenszuwachs noch die Freilassung der entführten Freundin, lehnt dies im Ergebnis richtigerweise ab.

385 BGH, Beschl. v. 15.11.1951 – 4 StR 574/51, BGHSt 2, 364, 369 f., „Drehbank"-Fall; Krey/Hellmann/Heinrich, StrafR BT 2, §11 Rn. 671, 686.

386 *Satzger*, in: S/S/W StGB, §263 Rn. 218; *Walter*, in: FS Herzberg, 763, 767 f.

387 BGH, Beschl. v. 17.08.2006 – 3 StR 279/06, NStZ 2007, 95.

388 Dies betrifft insbesondere Anwartschaften, tatsächliche Exspektanzen und Naturalobligationen, siehe ausf. *Hefendehl*, in: MüKo StGB, §263 Rn. 527 ff., 638.

nicht gleichwertig zum Besitz der Sache ist.[389] Im vorliegenden Fall zeigte E, nachdem er sich bereits durch Betrug den Besitz am Geld verschaffte und sich vor L versteckte, dass er nicht vorhatte dem Rückforderungsanspruch des L nachzukommen und somit keine Erfüllungsbereitschaft vorlag. E gab das Geld erst zurück, nachdem L die Freundin des E entführt hatte.[390]

Aus wirtschaftlicher Sicht entspricht der Wert der Forderung des L gegen E wegen der mangelnden Erfüllungsbereitschaft des E nicht mehr dem Nominalbetrag oder dem Innehaben der Sache selbst. Durch die Befreiung von der Verbindlichkeit ist E kein gleichwertiger Vermögenswert in Höhe des Verlustes des Geldes zugewachsen. Somit wurde der Vermögensschaden des E in Anbetracht der Gesamtsaldierung nicht durch den Wegfall der Verbindlichkeit vollständig kompensiert.[391] Es ist ein Vermögensschaden eingetreten und der objektive Tatbestand der Erpressung erfüllt.

ii Zwischenergebnis

Durch das Zurückholen des Geldes machte sich L nicht wegen eines Vermögensdeliktes strafbar.[392] Die Verneinung der Strafbarkeit des L liegt somit nicht darin begründet, dass der BGH von einem wirtschaftlichen Vermögensbegriff abweicht und E hinsichtlich des Verlustes des rechtswidrig erlangten Geldes nicht strafrechtlich schützen wollte. Das Gegenteil ist der Fall: Nur weil der BGH dem wirtschaftlichen Vermögensbegriff folgt, kann L einen Anspruch gegen E haben und die Absicht der rechtswidrigen Be-

389 Vgl. *Satzger*, in: S/S/W StGB, § 263 Rn. 222; *Mitsch*, JuS 2003, 122, 125, der auch allgemein die sinkende Zahlungsmoral von Schuldnern in Deutschland als Kriterium nennt.

390 Für die Berechnung des wirtschaftlichen Wertes der Forderung fließt hingegen nicht ein, ob der Gläubiger die Möglichkeit hat, die Forderung mit illegalen Mitteln einzutreiben, da der Umstand, dass es solcher Mittel bedarf, gerade die wirtschaftliche Wertlosigkeit der Forderung zeigt, vgl. Krey/Hellmann/Heinrich, StrafR BT 2, § 11 Rn. 683.

391 *Mitsch*, JuS 2003, 122, 125.

392 Kritisch Anm. *Kindhäuser/Wallau*, NStZ 2003, 152 ff.

reicherung entfallen. Indem der BGH den (ersten) Verlust des Geldes von L durch E als Betrug wertet, entsteht der Anspruch aus § 823 Abs. 2 StGB i. V. m. § 263 StGB, auf den sich der BGH stützt. Bei beiden Handlungen nimmt er jeweils einen Vermögensschaden an, obwohl es sich um Geld aus einem illegalen Rechtsgeschäft handelt.

Aus dem Blickwinkel des E hingegen reicht der strafrechtliche Vermögensschutz des durch Betrug erlangten Besitzes nicht gegenüber dem Betrugsopfer (L), dem vorherigen Besitzer. Geschützt ist der rechtswidrig erlangte Besitz des E jedoch gegenüber Dritten, die keinen Anspruch auf den Besitz haben. Im Ergebnis ist festzuhalten, dass der BGH in seiner strafrechtlichen Würdigung keinen Unterschied zwischen dem Schutz bemakelter und unbemakelter Sachen macht. Er hält an den Maßstäben der Grundsatzentscheidung des Reichsgerichtes aus 1910 fest und verfolgt weiterhin die wirtschaftliche Vermögenstheorie.

b BGH, Beschl. v. 23.02.2010 – 4 StR 438/09, NStZ 2010, 391, „Freikauf einer Prostituierten"

Auch im nächsten Fall hatte der 4. Strafsenat über die Strafbarkeit einer gewaltsamen Rückforderung eines rechtsgrundlos gezahlten Geldbetrages zu entscheiden.[393] L verliebte sich in die Prostituierte P und wollte sie von ihrem Zuhälter E für 10.000 EUR „freikaufen". Der Zuhälter stimmte dem zu und gab wie vereinbart nach Zahlung des Geldes den Reisepass der P heraus. Da der Reisepass bereits abgelaufen war und L sich „abgezockt" fühlte, versuchte er von E den „Freikaufpreis" mit Gewalt zurückzubekommen. Eine Zeugin holte Hilfe, bevor L sein Ziel erreichen konnte, L floh ohne das Geld.

393 BGH, Beschl. v. 23.02.2010 – 4 StR 438/09, NStZ 2010, 391.

Der BGH lehnte im Gegensatz zum Landgericht eine Strafbarkeit wegen versuchter schwerer räuberischer Erpressung ab und sah nur eine Strafbarkeit wegen gefährlicher Körperverletzung nach §§ 223, 224 Abs. 1 Nr. 2 und 4 StGB sowie wegen versuchter Nötigung gemäß § 240 Abs. 1, 2 und 3 StGB als erfüllt an. Der Strafsenat begründete, dass es an der Absicht der rechtswidrigen Bereicherung des L fehlt, da ihm ein Anspruch gegen E auf Rückzahlung der 10.000 EUR zusteht. Die Vereinbarung zwischen L und E über den Freikauf der P widerspreche den guten Sitten nach § 138 Abs. 1 BGB, da P zum Objekt degradiert und ihre persönliche Freiheit (insbesondere die sexuelle Selbstbestimmung) von einer Gegenleistung abhängig gemacht wurde. Jedoch sah der BGH einen Rückzahlungsanspruch des L gegen E aus § 812 Abs. 1 S. 1 Alt. 1 BGB als begründet an, die Zahlung des L an E stelle einen vermögenswerten Vorteil dar. Da der zugrundeliegende Vertrag gegen die guten Sitten verstößt, sei die Leistung des L an E ohne Rechtsgrund erfolgt und der Rückzahlungsanspruch auch nicht nach § 814 Alt. 1 BGB gesperrt, wonach das zur Erfüllung der Verbindlichkeit Geleistete nicht zurückgefordert werden kann, wenn der Leistende wusste, nicht zur Leistung verpflichtet gewesen zu sein. Im vorliegenden Fall habe L nicht freiwillig an E gezahlt, sondern sei vielmehr unter dem Druck gestanden, die aus der Vergangenheit bekannten Nachteile für P – E missachtete die Freiheit der P in strafbarer Weise (§ 232 StGB) – in Zukunft zu vermeiden. Der Rückzahlungsanspruch sei auch nicht durch § 817 S. 2 BGB gesperrt, da der Zweck der Wiedererlangung der Freiheit der P im Einklang mit der Rechtsordnung stehe. L wollte gerade nicht den von E „betriebenen Menschenhandel zum Zweck der sexuellen Ausbeutung perpetuieren". Mithin bestehe ein Anspruch des L gegen E auf Herausgabe des Geldes, wodurch die Absicht des L auf unrechtmäßige Bereicherung entfalle.

Die Rechtsprechung blieb beim rein wirtschaftlichen Vermögensbegriff, auch der Verlust des durch sittenwidriges Verhalten erlangten Geldes ist für

E ein Vermögensschaden. Die Strafbarkeit des L scheiterte hier lediglich an der fehlenden Absicht der rechtswidrigen Bereicherung.[394]

c Vergleich zu den Eigentumsdelikten, BGH, Beschl. v. 29.02.2000 – 1 StR 46/00, NStZ-RR 2000, 234, „gescheiterter Drogenverkauf"

Im nächsten Fall erfolgte der Verlust des Geldes durch Wegnahme und nicht aufgrund einer Vermögensverfügung. Zwei Parteien schlossen einen Kaufvertrag über genehmigungspflichtige Betäubungsmittel. L leistete den vereinbarten Kaufpreis, E händigte L die Betäubungsmittel aus. Nach Übergabe der Drogen nahm L dem E das Geld wieder gewaltsam ab. Fraglich war, ob sich L dadurch strafbar machte.

Der BGH lehnte eine Strafbarkeit des L nach § 249 StGB ab, da der wieder abgenommene Kaufpreis keine fremde Sache im Sinne des § 249 Abs. 1 StGB darstellt, denn er stehe weiterhin im Eigentum des L. Das Eigentum am Geld des L sei nicht durch die Übergabe im Rahmen des sittenwidrigen Geschäftes an E übergegangen, da die für einen rechtsgeschäftlichen Eigentumsübergang erforderliche dingliche Einigung der §§ 929 ff. BGB nach § 134 BGB i. V. m. § 29 BtMG nichtig war. Auch sei kein gesetzlicher Eigentumsübergang zum Beispiel durch Vermischung oder eine wirksame Eigentumsübertragung an einen Dritten ersichtlich, was zu einem Eigentumsverlust geführt hätte. Da L weiterhin Eigentümer des Geldes war, scheitere eine Strafbarkeit des L anhand des Tatbestandmerkmals einer fremden Sache. L habe sich durch die gewaltsame Wegnahme „seines" Geldes nur nach § 240 StGB strafbar gemacht.[395]

394 Der Fall unterscheidet sich insoweit zu den anderen Fällen, dass trotz zugrunde liegender Sittenwidrigkeit des Vertrages, der bereicherungsrechtliche Anspruch nicht durch § 817 S. 2 BGB gesperrt ist.

395 BGH, Beschl. v. 29.02.2000 – 1 StR 46/00, NStZ-RR 2000, 234.

Das Urteil des BGH steht im Einklang mit Fällen der Vermögensdelikte im engeren Sinne, in denen der Kaufpreis nicht durch Wegnahme, sondern durch eine Vermögensverfügung vom ursprünglichen Besitzer an den Täter überging. In beiden Fällen machte sich der originär Kaufpreisleistende, der sich das Kaufgeld zurückholte, nicht wegen eines Vermögensdelikts strafbar.

Aufgrund des oft nur vom Zufall abhängigen Geschehens, ob eine Sache durch Wegnahme oder Vermögensverfügung den Besitzer wechselt, ist ein Gleichlauf zwischen beiden Delikten – wie zuvor erläutert – insbesondere im Hinblick auf die jeweiligen Strafrahmen erstrebenswert. Dies ist ein weiteres Argument für die Verwendung des wirtschaftlichen Vermögensbegriffs, da eine Ablehnung der rein wirtschaftlichen Theorie zu unterschiedlichen Ergebnissen führen könnte. Nach der strengeren juristisch-ökonomischen Vermögenstheorie zählt Geld aus einem illegalen Geschäft nicht zum strafrechtlichen Vermögensschutz und eine Strafbarkeit des L (im Fall der erzwungenen Herausgabe) nach §253 StGB wäre abzulehnen und zwar unabhängig davon, ob L weiterhin Eigentümer des Geldes ist oder nicht. Nach der wirtschaftlichen Vermögenstheorie wäre hingegen ein Vermögensschaden anzunehmen. Das Vorliegen der Absicht der rechtswidrigen Bereicherung und in Folge auch die Strafbarkeit hängt jedoch von der Eigentümerstellung des L ab, ebenso eine Strafbarkeit nach §249 StGB im Falle einer Wegnahme. Hätte er das Eigentum verloren, würde er sich nach §249 StGB strafbar machen. Eine teleologische Reduktion des §249 StGB wird nicht diskutiert, da Geld unstrittig eigentumsfähig ist.

Daher ist der BGH in seiner Rechtsprechung nicht nur in der Anwendung des wirtschaftlichen Vermögensbegriffs, sondern auch hinsichtlich des Gleichlaufs zwischen Vermögensdelikten im engeren Sinne und den Eigentumsdelikten konsequent.

d BGH, Beschl. v. 21.07.2015 – 3 StR 104/15, NStZ 2015, 699, „Unschlüssiger Freier“

In einem weiteren Fall entschied der BGH, wie sich ein Freier E strafbar machte, als er vor Erbringung der vereinbarten sexuellen Leistungen auf diese verzichtete und versuchte, der Prostituierten L das bereits ausgehändigte Entgelt wieder abzunehmen. Das Landgericht Lüneburg verurteilte E wegen Raubes gemäß § 249 StGB. Der BGH sah hingegen den Vorsatz des E mangels Rechtswidrigkeit der erstrebten Zueignung als nicht für erwiesen an. Zwar sei auch nach Einführung des ProstG die Prostitution weiterhin sittenwidrig. Etwas anderes ergebe sich auch nicht aus § 1 ProstG, da dieser lediglich die Rechtsfolge des § 138 BGB ändert, wenn die Leistung nach den Vorgaben des § 1 ProstG erbracht wurde.[396] Aufgrund der weiterhin bestehenden Sittenwidrigkeit des Prostitutionsvertrages habe E grundsätzlich keinen Anspruch auf Herausgabe des gezahlten Geldes nach § 812 Abs. 1 S. 1 BGB wegen §§ 814 und § 817 S. 2 BGB. Allerdings sei nicht ausreichend bewiesen, dass E auch vom Ausschluss des Bereicherungsanspruchs gewusst habe. E sei psychisch auffällig gewesen, der deutschen Sprache nur unzureichend mächtig und entstamme einem fremden Kulturkreis mit einer anderen Rechtsordnung.[397]

Die Ablehnung des Raubes durch den BGH basiert aber nicht darauf, dass das sittenwidrig erhaltene Geld der P vom strafrechtlichen Schutz nicht umfasst ist, sondern auf der angenommenen Möglichkeit eines Tatbestandsirrtums gemäß § 16 Abs. 1 S. 1 StGB. So entspricht auch diese Entscheidung

396 BGH, Beschl. v. 21.07.2015 – 3 StR 104/15, NStZ 2015, 699; vgl. ferner zur rechtlichen Einordnung des Prostitutionsvertrages nach Einführung des ProstG, siehe unten 3. Kapitel B II.

397 Zu widersprechen ist daher *Sander*, in: MüKo StGB, § 249 Rn. 38, der aus dieser Entscheidung entnimmt, dass ein Anspruch des „Freiers“ auf Rückgabe des bereits gezahlten Entgelts gem. § 812 Abs. 1 S. 1 BGB in Betracht komme, solange die Prostituierte die vereinbarte sexuelle Leistung noch nicht erbracht hat.

dem wirtschaftlichen Vermögensbegriff und den Grundsätzen der Entscheidung des Reichsgerichtes aus 1910.[398]

e Zwischenergebnis

Es ist festzuhalten, dass ein ursprünglich Leistender, der seine rechtswidrig entwendete Sache zurückholt, sich nicht nach einem Vermögensdelikt im engeren Sinne strafbar macht, sofern ihm ein Rückforderungsanspruch auf die Sache zusteht. Dieser kann sich entweder aus dem Deliktsrecht nach § 823 Abs. 2 BGB i. V. m.i. V. m. einem Schutzgesetz, wenn ihm die Sache durch eine Straftat entwendet wurde oder aus dem Sachenrecht, wenn er Eigentümer der geleisteten Sache bleibt, ergeben. Auch das Opfer eines Vermögensdeliktes, das sich durch Wegnahme seine entwendete Sache zurückholt, macht sich nicht nach den Eigentumsdelikten strafbar, sofern es weiterhin Eigentümer der Sache ist und es damit an der Fremdheit der Sache fehlt. Der BGH verfolgt weiterhin den wirtschaftlichen Vermögensbegriff und den Leitgedanken der Grundsatzentscheidung aus 1910.[399]

2 Rückforderung rechtswidrigen Besitzes

In einer Entscheidung[400] aus dem Jahr 2007 hatte L einen LKW mit Ladung im Wert von 80.000 EUR gestohlen. E verschaffte sich Besitz an dem LKW einschließlich seiner Ladung und weigerte sich, diesen wieder an L herauszugeben. Wenige Tage später versuchten L und weitere Angeklagte E durch Schläge und Schüsse in beide Beine zur Rückgabe des LKWs samt Ladung

398 RG, Beschl. v. 14.12.1910 – 1214/10, RGSt 44, 230.

399 RG, Beschl. v. 14.12.1910 – 1214/10, RGSt 44, 230.

400 BGH, Beschl. v. 18.10.2007 – 4 StR 422/07, NStZ 2009, 37.

zu zwingen. Die Täter flohen ohne Ware, nachdem E behauptete, das Büro sei videoüberwacht.

Der BGH hob die Verurteilung der Vorinstanz wegen versuchter schwerer räuberischer Erpressung auf, denn L habe sich nur wegen versuchter Nötigung gemäß §§ 240, 22, 23 StGB in Tateinheit nach § 52 StGB mit gefährlicher Körperverletzung strafbar gemacht. L fehle es an der Absicht der unrechtmäßigen Bereicherung, da ihm ein Anspruch auf Wiedereinräumung des Besitzes aus § 861 Abs. 1 BGB zustand. Zwar sei der Besitz des L an dem LKW selbst fehlerhaft im Sinne des § 858 Abs. 2 S. 1 BGB gewesen, dies spiele aber keine Rolle, da auch der Dieb gegenüber Dritten Besitzschutz genieße.[401] Auch dieses Ergebnis folgt trotz Ablehnung der Strafbarkeit wegen eines Vermögensdeliktes den Vorgaben der Grundsatzentscheidung des Reichsgerichtes aus 1910 und dem darin definierten wirtschaftlichen Vermögensbegriff. Der BGH ließ die Strafbarkeit am subjektiven und nicht am objektiven Tatbestand scheitern.

Die Entscheidung löste in der Strafrechtswissenschaft Kritik aus, da ein Anspruch auf Wiedereinräumung des Besitzes aus § 861 BGB als possessorischer Besitzanspruch nicht geeignet sei, Aussagen über die Rechtmäßigkeit der erstrebten Bereicherung zu treffen.[402] Denn der possessorische Besitzschutz habe nur vorläufigen Charakter und sage gerade nichts bzgl. des endgültigen Zustandes aus.[403] Aufgrund der nur vorläufigen Aussagen des § 861 Abs. 1 BGB würde dieser nicht zur Feststellung der Rechtmäßigkeit

401 BGH, Beschl. v. 18.10.2007 – 4 StR 422/07, NStZ 2009, 37; vgl. auch *Fritzsche*, in: BeckOK BGB, § 861 Rn. 6; *Gutzeit*, in: Staudinger BGB, § 858 Rn. 58, § 861 Rn. 6; *Herrler*, in: Grüneberg BGB, § 861 Rn. 6; *Hillenkamp*, in: FS Achenbach, 189, 199, 205; *Schäfer*, in: MüKo BGB, § 861 Rn. 5.

402 *Dehne-Niemann*, NStZ 2009, 37, 38.

403 Anfragebeschluss des 2. Strafsenates v. 01.06.2016 – 2 StR 335/15, NStZ 2016, 596, 598; vgl. *Dehne-Niemann*, NStZ 2009, 37, 38; *Gallas*, in: FS Eb. Schmidt, 401, 426 f.; *Kindhäuser*, in: NK StGB, § 263 Rn. 239; *Mohrbotter*, GA 1967, 199, 213; *Zieschang*, in: FS Hirsch, 831, 837 f.

oder Rechtswidrigkeit einer Bereicherung beitragen.[404] Dies ist jedoch abzulehnen, da jedenfalls für diesen Moment dem rechtswidrigen Besitzer Besitzschutzrechte zugestanden werden.[405]

Eine ähnliche Diskussion wurde bereits im Rahmen der ersten Stufe geführt. Die dort zu klärende Frage war, ob auch dem rechtswidrigen Besitz Vermögensschutz zukommen kann. Dies wurde unter anderem mit Hinblick auf die §§ 858 ff. BGB, die jeglichen Besitz vor verbotener Eigenmacht schützen, bejaht. Die Frage, ob der Anspruch aus § 861 BGB auf Wiedereinräumung des Besitzes auch die Rechtswidrigkeit der Bereicherung ausschließen kann, wurde ausdrücklich offengelassen. Dies hat der BGH mit dieser Entscheidung nun ebenfalls bejaht.[406]

Neben dem vom BGH genannten zivilrechtlichen Anspruch aus § 861 Abs. 1 BGB kommen weitere Ansprüche in Frage. Ein Anspruch aus dem Eigentümer-Besitzer-Verhältnis nach § 985 BGB auf Herausgabe des LKWs scheidet aufgrund mangelnder Eigentümerstellung des L aus. Ein bereicherungsrechtlicher Anspruch des L gegen E aus § 812 Abs. 1 S. 1 Alt. 2 BGB auf Wiedereinräumung des Besitzes besteht hingegen und ist mangels Vorliegen einer Leistungskondiktion auch nicht durch § 817 S. 2 BGB gesperrt.[407] Daneben besteht weiterhin ein Anspruch des L gegen E aus § 823 Abs. 2 BGB i. V. m. einem Schutzgesetz.[408] Mithin bestehen unabhängig des Anspruchs aus § 861 BGB zivilrechtliche Ansprüche, die die Absicht einer unrechtmäßigen Bereicherung des L ebenfalls entfallen lassen.

Auch der rechtswidrig erlangte Besitz ist insoweit geschützt, als sich auch der erste rechtswidrige Besitzer die Sache vom zweiten rechtswidrigen Be-

404 *Dehne-Niemann*, NStZ 2009, 37, 38.

405 Vgl. etwa *Rengier*, StrafR BT I, § 13 Rn. 162; *Tiedemann*, in: LK StGB, § 263 Rn. 141.

406 Siehe dazu oben, 1. Kapitel AIII2a.

407 Vgl. auch *Dehne-Niemann*, NStZ 2009, 37, 38.

408 Aufgrund mangelnder Informationen des Sachverhaltes kommen §§ 242, 246 oder § 263 StGB in Frage.

sitzer zurückholen kann, ohne sich wegen eines Vermögensdeliktes strafbar zu machen.

3 Rückforderung verbotenen Besitzes

Es ist zu untersuchen, wie weit sich der strafrechtliche Vermögensschutz auf den faktisch verbotenen Besitz erstreckt und ob die durch Nötigung oder Täuschung erlangte Wiedereinräumung dieses Besitzes durch den ursprünglichen Besitzer die Voraussetzungen eines Vermögensdelikts erfüllt.

a BGH, Urt. v. 07.08.2003 – 3 StR 137/03, BGHSt 48, 322, „Säumiger Haschischkäufer"

In einem Fall aus dem Jahr 2003 hatte der BGH zu entscheiden, ob die gewaltsam erzwungene Rückgabe von Betäubungsmitteln durch den Drogenhändler eine räuberische Erpressung darstellt. Der Angeklagte L lieferte wie mit E vereinbart Haschisch an E zum Preis von 250 EUR. E zahlte trotz angekündigter Zahlungsbereitschaft wie von Anfang an geplant den Kaufpreis nicht. Daraufhin suchte L mit weiteren Tätern den E auf, fesselten und schlugen ihn, um die Drogen zurückzubekommen. Da diese jedoch bereits verbraucht waren, wollte L für die Drogen Wertersatz alternativ zur Zahlung des Kaufpreises durchsetzen. Bei dem Versuch des E, der Forderung des L nachzukommen und sich Wertsachen aus seinem Elternhaus zu verschaffen, wurden sie erwischt.

Das Landgericht verurteilte L wegen gefährlicher Körperverletzung in Tateinheit mit Freiheitsberaubung, Bedrohung, Nötigung und versuchtem Wohnungseinbruchsdiebstahl sowie Beleidigung zu einer Jugendstrafe. Eine Strafbarkeit wegen erpresserischen Menschenraubes nach § 239a StGB und räuberischer Erpressung nach §§253, 255 StGB lehnte das Landgericht aufgrund einer fehlenden Absicht der unrechtmäßigen Bereicherung des L ab, da L gegen E ein Schadensersatzanspruch aus §823 Abs.2 BGB i.V.m. §263 StGB zustehe. Der BGH lehnte hingegen das Bestehen eines Schadensersatzanspruchs des L gegen E ab, der die für die Erpressung erforderliche Absicht der unrechtmäßigen Bereicherung entfallen ließ. Ein solcher Anspruch stehe dem L nach dem Zivilrecht nicht zu. Der BGH verurteilte L unter anderem wegen räuberischer Erpressung nach §§253, 255 StGB.[409]

Im Vergleich zu den bisher analysierten Fällen der zweiten Stufe ergibt sich hier eine Besonderheit, da das geleistete Objekt, die Drogen, bereits verbraucht war. Es ist L nicht mehr möglich, „seine" Drogen zurückzufordern und verlangt stattdessen Wertersatz in Form von Geld oder anderen Wertgegenständen. Auf Rechtsfolgenseite tritt an die Stelle der Rückgabe der Sache im Rahmen der Rückforderungs- und Schadensersatzansprüche ein Wertersatzanspruch nach §251 Abs.1 BGB bzw. im Rahmen bereicherungsrechtlicher Ansprüche ein Wertersatzanspruch nach §818 Abs.2 BGB. Der Anspruch auf Rückgabe der Drogen wandelt sich in einen Anspruch auf Wertersatz um. Daher ist zunächst zu prüfen, ob L überhaupt ein Anspruch auf Rückgabe der Drogen zustand, der nur aufgrund des Verbrauchs der Drogen in einen Wertersatzanspruch umzuwandeln wäre. Wenn ein solcher Anspruch nach dem Zivilrecht bestünde, würde die Absicht der unrechtmäßigen Bereicherung entfallen.

Da das begehrte Leistungsobjekt nun ein Wertersatzobjekt und nicht mehr die Droge ist, kommt parallel zu den Rückforderungsansprüchen auch ein etwaiger primärer „Zahlungsanspruch" auf Bezahlung der Drogen in Frage. Sowohl die in Wertersatz umgewandelten Rückforderungsansprüche als auch der primäre Zahlungsanspruch würden die Entwendung von Wertsachen bzw. Geld rechtfertigen. Die Prüfung hinsichtlich eines Zahlungsanspruchs wird hier auf der zweiten Stufe der ersten Fallgruppe zunächst

409 BGH, Urt. v. 07.08.2003 – 3 StR 137/03, BGHSt 48, 322.

außen vorgelassen und wird näher im Rahmen der zweiten Fallgruppe behandelt.[410]

i Keine durchsetzbaren zivilrechtlichen Rückforderungsansprüche

Zunächst prüfte der BGH in seiner Entscheidung das Bestehen etwaiger zivilrechtlicher Rückforderungsansprüche des L gegen E auf Rückgabe der Drogen bzw. auf Wertersatz, die die Absicht der unrechtmäßigen Bereicherung entfallen lassen würden.[411]

Ein bereicherungsrechtlicher Anspruch sei durch §817 S.2 BGB gesperrt. L durfte daher weder den Besitz noch – aufgrund des Verbrauches der Betäubungsmittel – Wertersatz nach §818 Abs.2 BGB fordern. Auch aus einem Schadensersatzanspruch nach dem Deliktsrecht gemäß §823 Abs.2 BGB i.V.m. §263 StGB stehe L weder der Ersatz der Drogen im Wege der Naturalrestitution nach §249 Abs.1 BGB noch aufgrund des Verbrauchs Geldersatz nach §251 Abs.1 BGB zu. Zunächst ließ der Strafsenat die Frage offen, ob überhaupt in dem Verlust des „unter Strafandrohung stehende[n] Besitz[es] an dem Haschisch" ein Vermögensnachteil im Sinne von §263 StGB zu sehen sei und mit der vorangegangenen Handlung des E ein Betrug vorgelegen habe. Diese Frage wurde jedoch mittlerweile vom BGH – wie auf der ersten Stufe ausführlich dargestellt – bejaht.[412] Doch selbst wenn die Voraussetzungen eines Schadensersatzanspruches des L gegen E nach §823 Abs.2 BGB i.V.m. §263 StGB zu bejahen und der deliktische Anspruch entstanden wäre, sei dieser nicht durchsetzbar. Andernfalls stelle dies eine unzulässige Rechtsausübung nach Treu und Glauben

410 Siehe unten, 2. Kapitel BI1b.

411 BGH, Urt. v. 07.08.2003 - 3 StR 137/03, BGHSt 48, 322, 325 ff.

412 Siehe oben insbesondere die Diskussion zum Anfragebeschluss, 1. Kapitel AIII2.

i. S. v. § 242 BGB dar.[413] Der Schadensersatzanspruch des L ziele gemäß § 249 Abs. 1 S. 1 BGB darauf ab, das Haschisch zurückzugeben. Die Rückgabe von Betäubungsmitteln erfülle mit der Wiederinbesitznahme des Haschischs erneut den Straftatbestand des § 29 Abs. 1 S. 1 Nr. 3 BtMG.[414] Ein Anspruch, der auf die „Herstellung eines strafrechtlich verbotenen Erfolges" abziele, sei rechtsmissbräuchlich und dessen Geltendmachung verstoße gegen Treu und Glauben. „Denn ebenso, wie es rechtsmißbräuchlich [... sei], ein Recht, das durch ein gesetz-, sitten- oder vertragswidriges Verhalten erworben wurde, auszuüben" sei „es mißbräuchlich, ein Recht geltend zu machen, um einen gesetzwidrigen strafbaren Zustand herbeizuführen." Somit sei die Durchsetzbarkeit des Anspruchs auf Rückgabe der Betäubungsmittel des L gegen E nach § 823 Abs. 2 BGB i. V. m. § 263 StGB aufgrund der Einwendung des § 242 BGB verwehrt.[415]

Da bereits ein Anspruch auf Rückgabe der Drogen im Wege der Naturalrestitution nicht besteht, könne auch kein Anspruch auf Geldersatz gemäß § 251 Abs. 1 BGB gegeben sein. Einem solchen Anspruch stehe ebenfalls entgegen, dass „durch eine derartige Zahlung wirtschaftlich zumindest teilweise – nämlich in Höhe des negativen Interesses – die Rechtsfolge herbeigeführt würde, die der Gesetzgeber durch das Verbot des ungenehmigten Betäubungsmittelhandels unterbinden wollte". Auch stehe § 242 BGB sämtlichen anderen zivilrechtlichen Ansprüchen, die auf die Rückgabe der Drogen bzw. auf Geldersatz abzielen, wie § 311 Abs. 2, § 241 Abs. 2, § 280 Abs. 1, § 249 Abs. 1 BGB *culpa in contrahendo*; §§ 826, 249 Abs. 1 BGB; § 861 Abs. 1 BGB; § 1007 Abs. 1 BGB, entgegen. Mangels eines durchsetzbaren

413 Vgl. *Zieschang*, in: FS Hirsch, 830, 833.

414 Der Senat ließ offen, ob durch die Rückabwicklung des Geschäfts auch eine Strafbarkeit wegen Abgabe bzw. Erwerbs von Betäubungsmitteln erfüllt ist. Ablehnend etwa *Weber*, BtMG, § 29 Rn. 1124 bzw. 1215.

415 BGH, Urt. v. 07.08.2003 – 3 StR 137/03, BGHSt 48, 322, 327; vgl. auch *Sutschet*, in: BeckOK BGB, § 242 Rn. 52 f.; Vgl. auch *Grüneberg*, in: Grüneberg BGB, § 242 Rn. 43 f.

Anspruchs des L gegen E auf die Rückgabe der Betäubungsmittel bzw. Wertersatz handelte L in der Absicht sich unrechtmäßig zu bereichern.[416]

Ferner stellte sich der Strafsenat die Frage, ob L einem Tatbestandsirrtum im Sinne des §16 Abs.1 S.1 StGB unterlag. Da nach Ansicht der Rechtsprechung die rechtswidrige Bereicherung ein normatives Tatbestandsmerkmal ist, auf das sich auch der (bedingte) Vorsatz erstrecken muss, ist ein Irrtum über die Rechtswidrigkeit als Tatbestandsirrtum zu kategorisieren.[417] Liegt ein solcher Irrtum vor, führt dies zum Wegfall der Absicht der unrechtmäßigen Bereicherung.

Jedoch wird die Absicht einer unrechtmäßigen Bereicherung grundsätzlich schon angenommen, sobald der Täter es für möglich hält oder billigend in Kauf nimmt, dass seine Forderung nicht vollständig oder nicht in voller Höhe des erstrebten Vermögensvorteils besteht oder dass diese nicht von der Rechtsordnung geschützt ist. Dabei kommt es dem BGH darauf an, ob der Täter sich aus laienhafter Bewertung der Umstände einen solchen Anspruch auf die gewollte Leistung zumesse oder für zweifelhaft halte. Um einen Tatbestandsirrtum abzulehnen reiche es wiederum nicht allein aus, dass der Täter die tatsächlichen Umstände kenne, aus denen sich ergebe, dass ihm zivilrechtliche Ansprüche nicht zustehen. Demgegenüber genüge es wiederum für eine Bejahung eines Tatbestandsirrtums nicht allein, dass „sich der Nötigende nach den Anschauungen der einschlägig kriminellen Kreise als berechtigter Inhaber eines Anspruchs gegen das Opfer fühlt.“ Entscheidend sei seine Vorstellung, ob „dieser Anspruch auch von der Rechtsordnung anerkannt wird und er seine Forderung demgemäß mit gerichtlicher Hilfe in

416 BGH, Urt. v. 07.08.2003 – 3 StR 137/03, BGHSt 48, 322, 326 ff.

417 Ständige Rspr.; vgl. nur BGH, Urt. v. 20.03.1953 – 2 StR 60/53, NJW 1953, 834; BGH, Urt. v.16.12. 1997 – 1 StR 456/97, NStZ-RR 1999, 6, mwN; BGH, Urt. v. 09.07.2002 – 1 StR 93/02, NStZ 2002 597; vgl. für weitere Nachweise, *Hefendehl*, in: MüKo StGB, §263 Rn.1170 Fn.3243; *Kindhäuser*, in: NK StGB, §263 Rn.370; *Heger*, in: Lackner/Kühl/Heger StGB, §263 Rn.62; *Rengier*, StrafR BT I, §13 Rn.339.

einem Zivilprozeß durchsetzen könnte." Dafür sei „allein auf die Vorstellung des Täters über die materielle Rechtslage abzustellen". Gleichgültig sei dagegen, „ob der Täter die Forderung etwa wegen Beweisschwierigkeiten oder deswegen nicht für gerichtlich durchsetzbar hält, weil er durch eine Klage eigenes strafbares Tun offenbaren müßte."[418] Für den BGH lag es fern, dass der Täter irrig angenommen haben könnte, ihm stünde aus dem Betäubungsmittelgeschäft ein Anspruch zu, der auch mit Aussicht auf Erfolg einklagbar sei. Aufgrund dieser Anforderungen an den Tatbestandsirrtum dürfte in Konstellationen wie im vorliegenden Fall in der Regel kein Irrtum vorliegen.[419]

ii Vergleich zum „Schokolade statt Haschisch" Fall, BGH, Beschl. v. 12.03.2002 – 3 StR 4/02, NJW 2002, 2117

Der BGH nimmt demnach im Fall „säumiger Haschischkäufer"[420] eine Strafbarkeit nach Vermögensdelikten des Erstbesitzers an, der sich „seinen" Drogenbesitz zurückholen möchte. Damit kommt er zu einem anderen Ergebnis als beispielsweise im bereits besprochenen Fall „Schokolade statt Haschisch",[421] in dem der Betäubungsmittelkäufer vom Betäubungsmittelverkäufer den betrogenen Kaufpreis abpresste. Dennoch widerspricht keine der beiden Entscheidungen dem wirtschaftlichen Vermögensbegriff.[422] Auch sonst steht dieses Urteil nicht im Widerspruch zum „Schokolade statt Haschisch" Fall,[423] in dem der Strafsenat die Absicht der unrechtmäßigen

418 BGH, Urt. v. 07.08.2003 – 3 StR 137/03, BGHSt 48, 322, 329.

419 BGH, Urt. v. 07.08.2003 – 3 StR 137/03, BGHSt 48, 322, 328 f.

420 BGH, Urt. v. 07.08.2003 – 3 StR 137/03, BGHSt 48, 322.

421 BGH, Beschl. v. 12.03.2002 – 3 StR 4/02, NJW 2002, 2117.

422 Einen Wertungswiderspruch annehmend, Arzt/Weber Heinrich/Hilgendorf, StrafR BT, § 20 Rn. 120 d; *Fischer*, StGB, § 263 Rn. 108; *Saliger*, in: M/R StGB, § 263, Rn. 154 a.E.

423 BGH, Beschl. v. 12.03.2002 – 3 StR 4/02, NJW 2002, 2117; a.A. *Fischer*, StGB, § 263

Bereicherung für nicht gegeben ansah, da dem Käufer ein Schadensersatzanspruch nach § 823 Abs. 2 BGB i. V. m. § 263 StGB zustand und eine Erpressung ablehnte. Wie auch der dritte Strafsenat im Fall „Säumiger Haschischkäufer“ feststellte, sind beide Sachverhalte derart verschieden, was sich auf die rechtlich unterschiedliche Bewertung auswirkt.[424]

Der Unterschied beider Fälle liegt darin begründet, dass der Besitz von Betäubungsmitteln ohne Erlaubnis strafbar ist und das Bestreben des ersten Drogenbesitzers L die gelieferten Drogen zurückzufordern, auf die Herstellung eines strafbaren Zustands abzielt. Ein zivilrechtlicher Anspruch, der einen strafbaren Zustand herbeiführen würde, ist nach Treu und Glauben gemäß § 242 BGB nicht durchsetzbar. Dagegen zielt der Anspruch auf Herausgabe des gezahlten Kaufgeldes nicht auf Herstellung eines strafrechtlich relevanten Zustandes ab, da der Besitz von Kaufgeld, auch wenn dieses für einen illegalen Zweck eingesetzt wurde, nicht strafbar ist. Der betroffene Betäubungsmittelkäufer L verlangt vielmehr „den berechtigten Ausgleich seines durch das betrügerische Betäubungsmittelgeschäft erlittenen Schadens, der ihm durch Treu und Glauben nicht versagt wird.“[425]

Der Feststellung des BGH ist zuzustimmen. Der Unterschied zwischen Rückforderungsansprüchen, die auf Rückgabe verbotenen Besitzes abzielen und denen, die auf lediglich bemakelten Besitz abzielen, ist derart groß und wirkt sich auf eine unterschiedliche zivilrechtliche Wertung aus.

Rn. 108 f.; *Hecker*, JuS 2001, 228, 230; *Kindhäuser/Wallau*, NStZ 2003, 142, 153; *Kretschmer*, StraFo 2009 189, 190.

424 BGH, Urt. v. 07.08.2003 - 3 StR 137/03, BGHSt 48, 322, 329 f.

425 BGH, Urt. v. 07.08.2003 - 3 StR 137/03, BGHSt 48, 322, 329 f.; a.A. *Swoboda*, NStZ 2005, 476, 480 ff., wonach auch § 242 BGB für diese Ansprüche anwendbar sei.

iii Kritik der Literatur

Dieses Ergebnis wird von Teilen der Literatur kritisch gesehen. Sie verneint neben dem Anspruch auf Rückgabe der Drogen auch den Anspruch auf Rückgabe des Kaufgeldes nach § 823 Abs. 2 i. V. m. § 263 StGB. Das Geld, das zu strafbaren Zwecken eingesetzt bzw. erlangt wurde unterliegt der Einziehung nach § 73 ff. StGB und soll auch vom Schutzbereich des § 263 StGB ausgenommen werden.[426] Dagegen argumentiert der Senat, dass sich die §§ 73 ff. StGB nicht eignen, um den Tatbestand der §§ 253, 263 StGB auszulegen, weil es gerade einer Straftat bedarf, damit der Tatbestand der Einziehung oder des Verfalls erfüllt ist. Würde ein Betrug des Kaufgeldleistenden abgelehnt, weil das Kaufgeld der Einziehung unterliegt würde es „wiederum an den Voraussetzungen für die Anordnung des Verfalls fehlen“.[427]

Dieses Argument des BGH, dass die §§ 73, 74 StGB nicht zur Auslegung des Tatbestands der §§ 253, 263 StGB beitragen, stimmt im Ergebnis jedoch nicht in der Begründung. Denn auch das Kaufgeld ist einzuziehen, weil es für den Kauf von Betäubungsmitteln eingesetzt wurde und dies bereits eine eigene Straftat darstellt.[428] Damit das für illegale Zwecke eingesetzte Geld eingezogen werden kann, bedarf es keiner weiteren Straftat, wie der eines Betruges oder einer Erpressung. Dennoch eignen sich die §§ 73 ff. StGB nicht, um Aussagen über den Vermögensbegriff zu treffen, wie in der nachfolgenden Diskussion gezeigt wird.

Darüber hinaus wird ein Rückforderungsanspruch für das Kaufgeld nach § 823 Abs. 2 i. V. m. § 263 StGB in der Literatur abgelehnt, weil auf diesen

426 BGH, Urt. v. 07.08.2003 – 3 StR 137/03, BGHSt 48, 322, 330; *Bergmann/Freund*, JR 1988, 191; *Fischer*, StGB, § 263 Rn. 108; *Kindhäuser*, in: GS Heinze, 447, 454 f.; *Kindhäuser/Wallau*, NStZ 2003, 152 f.; *Mitsch*, JuS 2003, 122, 123.

427 BGH, Urt. v. 07.08.2003 – 3 StR 137/03, BGHSt 48, 322, 329 f.

428 So auch *Fischer*, StGB 66. Aufl. 2019, § 263 Rn. 108.

ebenfalls § 242 BGB Anwendung finde.[429] Dafür sollen feststehende strafrechtliche Leitgedanken mit zivilrechtlich anerkannten Wertungsgruppen des § 242 BGB verknüpft werden. Ziel sei es, die „Asymmetrie der Strafbarkeit [zu] verhindern". Durch die Anwendung des wirtschaftlichen Vermögensbegriffes wäre stets der „Ersttäter" nach Betrug oder Erpressung strafbar und der Zweite, der sich sein ursprünglich Geleistetes zurückholt, aber nicht, sofern es sich nicht um einen vormalig verbotenen Besitz handelt. Folgte man dem juristisch-ökonomischen Vermögensbegriff, wäre der „Ersttäter" straffrei und der zweite „Täter", der sich seinen Besitz zurückholt, würde sich wegen des Anspruchs aus § 985 BGB auch nicht strafbar machen.[430] Die Anwendung des juristisch-ökonomischen Vermögensbegriffs führe daher auch zu einer Ungleichheit, eben „nur als spiegelbildliches Gegenteil zur Lösung der Rechtsprechung." Beide Vermögensbegriffe haben eine zu vermeidende Asymmetrie der Strafbarkeit zur Folge. Daher solle § 242 BGB für alle Rückforderungsansprüche unabhängig davon angewendet werden, ob sie auf Rückgabe von Betäubungsmitteln oder von Kaufgeld abzielen.[431]

Zwar gebe es bisher noch keine Fallgruppe des § 242 BGB, die auch die Ansprüche auf die Rückforderung von Kaufgeld erfasst, jedoch kann eine solche entwickelt werden. § 242 BGB setze „demjenigen Grenzen, der kein schutzwürdiges Interesse an der Durchsetzung seiner Forderung vorweisen" kann. An einem solchen schutzwürdigen Interesse fehle es aber auch dem Betäubungsmittelkäufer, der Vermögenswerte für einen strafrechtswidrigen Zweck hergibt, da dieses Vermögen ohnehin der Einziehung unterliegt. Das dadurch entstandene „Konfiskationsrecht des Staates [... habe] Vorrang

429 *Swoboda*, NStZ 2005, 476, 480 ff.; *Li*, NZWiSt 2019, 405, 407; a.A. *Zieschang*, in: FS Hirsch, 831, 845, die Rückabwicklung von „gutem Geld", was für einen illegalen Zweck eingesetzt worden ist, entspreche sogar der rechtlichen Werteordnung.

430 Dies trifft folglich nicht für die streng juristisch-ökonomische Vermögenstheorie zu, da nach dieser stets ein Vermögensdelikt aufgrund mangelndem Vermögensschaden scheitern würde, da eine rechtswidrig erlangte Sache kein taugliches Tatobjekt sein kann.

431 *Swoboda*, NStZ 2005, 476, 479 f.

vor dem Anspruch desjenigen, der den Verfallsgegenstand" zurückfordert. Diesem stehe trotz formalen Bestehens des Anspruches der Gegenstand am Ende nicht zu und sei daher in seiner Rechtsausübung nicht schutzwürdig.[432]

Durch die Erweiterung des § 242 BGB um diese Anwendungsfälle liege auch keine ausufernde Erweiterung des Treu-und-Glaubens-Grundsatzes vor, da § 73 StGB eine rechtswidrige Tat oder § 74 StGB eine vorsätzliche Straftat voraussetzen, damit diese überhaupt Anwendung finden können. Damit könnte die neue Fallgruppe des § 242 BGB die strafrechtlich verbotenen Verträge umfassen.

iv Ablehnung der Kritik in der Literatur

Dieser Lösung ist zu widersprechen. Zunächst ist nicht ersichtlich, warum eine „Asymmetrie der Strafbarkeit" vermieden werden soll. Vielmehr bestimmt der Aufbau der Vermögensdelikte, dass aufgrund des Erfordernisses der Absicht der unrechtmäßigen Bereicherung eine solche Asymmetrie in der Natur dieser Delikte liegt unabhängig davon, ob es sich um illegale Geschäfte handelt oder nicht. Derjenige, der sich zuerst rechtswidrig bereichert, sei es durch Täuschung, Nötigung oder Wegnahme, lässt in der Regel zivilrechtliche Rückforderungsansprüche aus § 823 Abs. 2 i. V. m. §§ 263, 253 oder 249 StGB, § 861 BGB und sofern er Eigentümer ist, auch nach § 985 BGB entstehen. Dadurch entfällt beim zweiten „Täter", der sich den verlorenen Gegenstand zurückholen will, stets die Absicht der rechtswidrigen Bereicherung. Das spiegelbildliche Ergebnis von Erst- und Zweitbetrüger bzw. Erpresser/Dieb wird auch in anderen Fällen hingenommen und ist vom Gesetzgeber durch den Tatbestand so vorgegeben.[433]

432 *Swoboda*, NStZ 2005, 476, 481.

433 *Swoboda*, NStZ 2005, 476, 479 f., die den unterschiedlichen Tatbestandsaufbau zwar erkennt, jedoch verhindern möchte.

Ob durchsetzbare Ansprüche bestehen, die die Absicht der unrechtmäßigen Bereicherung entfallen lassen, richtet sich allein nach zivilrechtlichen und öffentlich-rechtlichen Maßstäben.[434] Dass § 242 BGB lediglich die Rückforderung von verbotenen Gegenständen untersagt, liegt an den im Zivilrecht entwickelten Fallgruppen. Eine der Fallgruppen des § 242 BGB ist die des Verbots der unzulässigen Rechtsausübung. Danach wird einem Anspruch die Durchsetzung versagt, der auf einen gegen das Gesetz verstoßenden Zustand abzielt.[435] Der Besitz von Kaufgeld an sich ist hingegen nicht verboten unabhängig davon, ob es aus einem illegalen oder legalen Geschäft stammt, und wird weder von dieser noch einer anderen Fallgruppe des § 242 BGB umfasst. Die Anwendungsfälle der unzulässigen Rechtsausübung nach § 242 BGB sollten stets „auf besonders schwerwiegende, eng begrenzte Ausnahmefälle beschränkt bleiben, weil jede Ausdehnung das Institut der Rechtskraft aushöhlen, die Rechtssicherheit beeinträchtigen und den Eintritt des Rechtsfriedens in untragbarer Weise in Frage stellen würde".[436] § 242 BGB zielt vielmehr darauf ab, die Gedanken des Gesetzgebers bezüglich bestimmter Fälle umzusetzen, in denen gewisse Konstellationen dazu geführt haben, dass der Wille des Gesetzgebers sich trotz Anwendung der Normen nicht im Ergebnis widerspiegelt. Dies ist der Fall, wenn ein Anspruch darauf abzielt, einen gesetzwidrigen Zustand herbeizuführen wie der Wiederinbesitznahme-Anspruch einer verbotenen Sache.[437] Es wird deutlich, dass ein Anspruch nicht durchsetzbar sein sollte, der auf das Erreichen eines verbotenen Zustandes hinausläuft und nicht im Willen des Gesetzgebers liegt. Daher ist § 242 BGB erforderlich, um den Willen des Gesetzgebers zu verfolgen, bildet aber einen eng begrenzten Ausnahmefall.

Dies ändert sich im Falle nicht verbotener Gegenstände, wie dem aus il-

434 Siehe oben, 1. Kapitel BI1a.

435 *Sutschet*, in: BeckOK BGB, § 242 Rn. 47, 52; *Pfeiffer*, in: Juris PK BGB, § 242 Rn. 70, 78.

436 BGH, Beschl. v. 20. 03. 2013 – XII ZB 81/11, MDR 2013, 718, Rn. 18, mwN.

437 ; *Schubert*, in: MüKo BGB, § 242 Rn. 221.

legalen Geschäften stammenden Kaufgeld. Der Besitz an Geld selbst ist kein gesetzlich verbotener Zustand und die Wiederinbesitznahme eines solchen Besitzes führt nicht zu einem gesetzwidrigen Zustand. Wem Ansprüche gegen wen und in welcher Höhe zustehen ist Regelung und Wertung des Gesetzgebers und darf nicht mit § 242 BGB umgangen werden.

Durch § 134 BGB sind die zugrunde liegenden Vereinbarungen zwar nichtig, was sich in den hier besprochenen Fällen auch auf das dingliche Rechtsgeschäft durchschlägt. Auch ist eine Kondiktion des Geleisteten wegen § 817 S. 2 BGB nicht möglich, jedoch ändert dies nichts daran, dass durchaus andere Rückforderungsansprüche bestehen können. Würden nun auch diese, insbesondere der Anspruch aus § 823 Abs. 2 i. V. m. einem Schutzgesetz durch § 242 BGB eingeschränkt werden, käme es einer Gleichstellung bzw. einer analogen Anwendung des § 817 S. 2 BGB auf andere Ansprüche außerhalb des Bereicherungsrechts gleich. Eine solche Analogie ist vom Gesetzgeber nicht gewollt, da dem § 817 S. 2 BGB ein Ausnahmecharakter zukommt und der somit nicht analogiefähig ist. Es liegt in der Wertung des Gesetzgebers, dass lediglich bereicherungsrechtliche Ansprüche im Falle des § 817 S. 2 BGB gesperrt sind und nicht etwa auch deliktische Ansprüche.[438] Das Ziel, durch Anwendung des § 242 BGB diese Rückforderungsansprüche zu sperren, würde nicht die Intention des Gesetzgebers stützen, sondern eine eigene Wertung verfolgen. Dies ginge zu weit und missachtet die Gewaltenteilung nach Art. 20 Abs. 2 S. 2 GG.[439]

Etwas anderes ergibt sich auch nicht im Hinblick auf die Einziehung gemäß §§ 73 ff. StGB. Diese veranlassen zwar, dass das geleistete Geld vom Staat eingezogen werden kann und der Wille des Gesetzgebers könnte dahingehend gedeutet werden, dass auch das Kaufgeld nicht wieder zurückzu-

438 Siehe zur analogen Anwendung des § 817 S. 2 BGB auf das Deliktsrecht oben, 1. Kapitel A I 2 b; a. A. Larenz/Canaris, SchuldR, S. 162.

439 Siehe zur Gewaltenteilung ausf. *Grzeszick*, in: Maunz/Dürig GG, Art. 20 Rn. 52 ff., 61 ff.

fordern ist.[440] Der Anspruch des Staates entsteht jedoch neben dem Rückforderungsanspruch des ursprünglich Leistenden. Aus der Tatsache, dass der staatliche Anspruch Vorrang hat, ergibt sich, dass der andere Anspruch nicht entfällt. Allein das Argument, dass der Betäubungsmittelkäufer kein schutzwürdiges Interesse an der Durchsetzung seiner Forderung hat, weil dem Staat vorrangig der Gegenstand zusteht, reicht nicht aus einen Rechtsmissbrauch bei weiterem Bestehen des Anspruchs zu bejahen, der mittels § 242 BGB unterbunden werden müsste.

Auch eignen sich die §§ 73 ff. StGB nicht als Begründung, die Anwendungsfälle des § 242 BGB um eine eigene Fallgruppe zu erweitern. Dem Gericht steht im Falle des § 74 StGB ein Ermessen zu, ob es die Einziehung anordnet.[441] Würde § 242 BGB um Ansprüche auch deren Inhalt vom Staat konfisziert werden kann ergänzt werden, führe dies in Folge der Ermessensregelung zu einer unannehmbaren Rechtsunsicherheit.

v Zwischenergebnis

Es ist festzuhalten, dass im Fall „Säumiger Haschischkäufer" der ursprünglich Leistende L, der sich „seine" Drogen zurückholen will, in der Absicht der unrechtmäßigen Bereicherung handelt, da kein Rückforderungsanspruch auf den Besitz unerlaubter Betäubungsmittel und somit auch kein Wertersatzanspruch wegen § 242 BGB durchsetzbar ist. Dies steht nicht im Widerspruch zur bisherigen Rechtsprechung, insbesondere nicht zum Fall „Schokolade statt Haschisch", da die Sachverhalte derart verschieden sind, dass eine unterschiedliche rechtliche Wertung gegeben ist. Ein Anspruch, der auf einen verbotenen Zustand abzielt wie die Besitzeinräumung illegaler Betäubungsmittel, ist wegen § 242 BGB nichtig und kann nicht mit Hilfe

440 So bspw. *Kindhäuser*, in: GS Heinze, 447, 454 f.; *Kindhäuser/Wallau*, NStZ 2003, 152.

441 *Eser/Schuster*, in: S/S StGB, § 74 Rn. 27.

eines Zivilprozesses durchgesetzt werden. Dies trifft auf die Besitzrückerlangung von lediglich bemakelten, aber nicht verbotenem Besitz nicht zu. Auch ergibt sich nichts anderes im Hinblick auf die Einziehung dieses bemakelten Besitzes aufgrund der §§ 73 ff StGB. Offen ließ der BGH in dieser Entscheidung, ob der Drogenbesitz einen Vermögenswert im Sinne der strafrechtlichen Vermögensdelikte darstellt. Wie bereits im Rahmen des Anfragebeschlusses ausführlich beleuchtet, entschieden sich alle Strafsenate dafür, auch den Drogenbesitz dem strafrechtlich geschützten Vermögen zuzuordnen.[442]

b Weitere nachfolgende Entscheidungen

Zunächst sei eine BGH-Entscheidung aus dem Jahr 2016 erwähnt, der folgender Sachverhalt zugrunde lag: L wollte 2,5 kg Marihuana und 4 kg Amphetamin mit einem Verkaufswert von 30.000 EUR für seinen Käufer importieren und übergab die Drogen an den für den Käufer handelnden Kurier E, aber das Rauschgift kam aus ungeklärten Gründen nicht am vereinbarten Ort an. Der Käufer der Drogen ging davon aus, dass E diese unterschlagen hatte, und bat L, die Drogen oder einen entsprechenden Geldbetrag einzutreiben, der dazu wiederum den A beauftragte. A bedrohte E mit einer Schusswaffe und forderte die Herausgabe der Betäubungsmittel oder die Zahlung des Wertersatzes einschließlich Eintreibungskosten in Höhe von insgesamt 60.000 EUR. Aufgrund der Drohung gab E 1 kg Amphetamine an A heraus.

Der BGH hatte zu entscheiden, ob sich L wegen Anstiftung zur räuberischen Erpressung strafbar machte. Er bejahte dies und erläuterte näher, dass derjenige, der durch „Gewalt oder Drohung mit einem empfindlichen Übel zur Herausgabe von Drogen nötigt, um sich oder einen Dritten zu be-

442 Siehe oben, Anfragebeschluss des 2. Strafsenats, BGH, Beschl. v. 01.06.2016 – 2 StR 335/15, NStZ 2016, 596, 1. Kapitel AIII2.

reichern, [...] sich der räuberischen Erpressung“ strafbar macht. Die Rechtsordnung kenne kein „[...] schlechthin schutzunwürdiges Vermögen.“[443] Die Frage, ob möglicherweise die Absicht der unrechtmäßigen Bereicherung des A entfallen sein könnte, da er die Drogen für den vorherigen Besitzer L zurückholen bzw. Wertersatz für diesen eintreiben wollte, wurde nicht thematisiert und einfach angenommen. Mit diesem Urteil und weiteren Entscheidungen mit vergleichbarem Sachverhalt verfolgt der BGH sowohl hinsichtlich des strafrechtlichen Vermögensschutzes von illegalen Drogen als auch hinsichtlich der Verneinung eines Rückforderungsanspruchs weiterhin seine bisherige Linie.[444]

c Vergleich zu Eigentumsdelikten, BGH, Beschl. v. 21.04.2015 - 4 StR 92/15, NJW 2015, 2898, „Fliehender Drogenkäufer“

Zum Vergleich mit dem Vermögensschutz der Eigentumsdelikte ist eine weitere Entscheidung mit folgendem Sachverhalt zu erwähnen: Drogenhändler L vereinbarte mit Drogenkäufer E einen Kaufvertrag über 3 kg Marihuana. L übergab E die entsprechenden Drogen, der wiederum – wie geplant – ohne zu zahlen zu Fuß floh. L verfolgte E mit einem Auto, fuhr auf ihn zu, prallte aber gegen einen Baum. Daraufhin verfolgte er den fliehenden E weiter zu Fuß, geriet mit ihm in eine körperliche Auseinandersetzung und konnte unter Einsatz von Pfefferspray einen Teil des Marihuanas wieder an sich

443 BGH, Urt. v. 22.09.2016 - 2 StR 27/16, BGHSt 61, 263; vgl. zur Strafbarkeit des A, BGH, Urt. v. 16.08.2017 - 2 StR 344/15, NStZ 2018, 104, der ebenfalls eine schwere räuberische Erpressung mit ähnlicher Begründung bejahte. „Auch an Sachen, die jemand aufgrund einer strafbaren Handlung besitzt, kann - unbeschadet ihrer Zweckbestimmung oder Bemakelung - eine Erpressung begangen werden.“.

444 BGH, Urt. v. 16.08.2017 - 2 StR 344/15, NStZ 2018, 104; vgl. auch, BGH, Urt. v. 23.08.2017 - 2 StR 150/16, Juris.

bringen. Unklar blieb, ob L dem E die Drogen entrissen oder diese vom Boden aufgehoben hatte.

Der BGH entschied, dass das Handeln des L unter anderem den Tatbestand des schweren Raubes gemäß § 250 Abs. 2 Nr. 1 StGB erfüllte. Ausdrücklich betonte er, dass auch Betäubungsmittel fremde bewegliche Sachen und damit Tatobjekt eines Raubes oder Diebstahls sein können. Er ging im Einklang mit der bisherigen Rechtsprechung davon aus, dass L kein Rückforderungsanspruch bezüglich der Betäubungsmittel gegen E zustand, der der Annahme der Absicht einer unrechtmäßigen Bereicherung entgegenstehen würde. Ein solcher Anspruch könnte auch nicht auf das Selbsthilferecht verbotener Eigenmacht nach § 859 Abs. 2 BGB gestützt werden. Selbst wenn „gegebenenfalls in Anwendung des Zweifelsgrundsatzes" *in dubio pro reo* E dem L die Drogen durch verbotene Eigenmacht entzog und L den E auf frischer Tat verfolgte, sodass die Voraussetzungen nach § 859 Abs. 2 BGB zur Selbsthilfe erfüllt wären, sei diese hier nicht anwendbar. Denn die Besitzkehr nach § 859 Abs. 2 BGB sei „Ausdruck eines allgemeinen Friedensschutzes, indem sie die auf dem Besitz beruhende vorläufige Güterzuordnung aufrecht" erhalte. Daher kann Selbsthilfe nicht angewendet werden, wenn der vorliegende Besitz als solcher verboten ist und die Besitzkehr erneut zu einer strafrechtswidrigen Besitzlage führt. Dies sei der gleiche Grund, warum Schadensersatzansprüche auf Wiedereinräumung des Besitzes im Wege einer Naturalrestitution nach § 249 Abs. 1 BGB nicht verlangt werden können.[445] Der BGH verweist insofern auch auf die bereits besprochene Entscheidung „Säumiger Haschischkäufer"[446], demzufolge ein Anspruch auf Wiedereinräumung des verbotenen Besitzes wegen § 242 BGB nicht möglich ist. Damit schließt sich der Strafsenat der bisherigen Rechtsprechung

445 BGH, Beschl. v. 21.04.2015 – 4 StR 92/15, NJW 2015, 2898, 2900, „Fliehender Drogenkäufer".

446 BGH, Urt. v. 07.08.2003 – 3 StR 137/03, BGHSt 48, 322, 326 f., „Säumiger Haschischkäufer".

und einer Anwendung des § 242 BGB bei Ansprüchen, die auf die (Wieder) Inbesitznahme eines verbotenen Besitzes abzielen, an.[447]

Die Ablehnung des Anspruchs auf Wiedereinräumung des Besitzes nach § 861 Abs. 1 BGB im Falle verbotener Sachen im Sinne von § 859 Abs. 2 BGB widerspricht nicht der sonstigen Rechtsprechung, die die Besitzschutzrechte auch im Rahmen von illegalen Geschäften für anwendbar erklärt, wie es zum Teil von der Literatur dargestellt wird.[448] In dem hier besprochenen Fall betonte der Strafsenat ausdrücklich, dass die Besitzkehr einen allgemeinen Rechtsfriedengedanken verfolgt, der besonders die vorläufige Güterzuordnung schützt. Daher könne der Anspruch aus § 861 Abs. 1 BGB nicht bejaht werden, wenn dieser auf eine erneut strafrechtswidrige Besitzlage abzielt. Der BGH schließt sich damit der vorherigen Rechtsprechung an.[449] Dies bedeutet aber nicht zugleich, dass, nur weil ein Anspruch auf Wiedereinräumung des verbotenen Besitzes im Wege der Selbsthilfe nicht durchsetzbar ist, der verbotene Besitz an sich nicht vor einer Wegnahme geschützt ist. Der Besitzer einer verbotenen Sache darf sich weiterhin gegen verbotene Eigenmacht gemäß § 859 Abs. 1 BGB wehren[450] jedoch nur, solange er noch den (verbotenen) Besitz innehat. Sobald ein Besitzwechsel stattfand, darf er sich diesen nicht mehr zurückholen. Das Ergebnis entspricht dem mutmaßlichen Willen des Gesetzgebers, dass verbotene Gegenstände möglichst wenig ihren Besitzer wechseln sollen. Der Besitzer einer verbotenen Sache

447 BGH, Beschl. v. 21.04.2015 – 4 StR 92/15, NJW 2015, 2898, 2900, „Fliehender Drogenkäufer".

448 Einen Widerspruch zwischen den höchstrichterlichen Rechtsprechungen sehen hingegen *Oğlakcıoğlu*, NStZ 2015, 573; *Schmitz*, in: MüKo StGB § 242 Rn. 18; siehe auch *Kudlich*, NJW 2015, 2901, der es nicht für überzeugend hält, dass zum einen die tatsächliche Besitzposition ausreicht, um trotz faktischer Nichtbetroffenheit des Eigentümers einen Diebstahl zu begründen, andererseits aber nicht geeignet sein soll, eine Besitzkehr zu ermöglichen.

449 BGH, Urt. v. 07.08.2003 – 3 StR 137/03, BGHSt 48, 322, 326 f., „Säumiger Haschischkäufer".

450 Siehe oben, 1. Kapitel AIII2; vgl. auch BGH, Beschl. v. 15.11.2016 – 3 Ars 16/16, NStZ-RR, 244.

darf sich zwar gegen jeden Besitzverlust wehren, hat aber keinen Anspruch auf Wiedereinräumung des verbotenen Besitzes, da dies zu einer strafrechtswidrigen Besitzlage führt und wegen § 242 BGB nicht durchsetzbar ist. Der Beschluss steht im Einklang mit der übrigen Rechtsprechung.

d Zwischenergebnis

Nach der BGH-Rechtsprechung ist bei allen Besitzarten zunächst der objektive Tatbestand des Vermögensdelikts dadurch erfüllt, indem ein Vermögensschaden/-nachteil aufgrund des wirtschaftlichen Vermögensbegriffs bejaht wird. Erst im Rahmen des subjektiven Tatbestands im Hinblick auf die Absicht der unrechtmäßigen Bereicherung ergeben sich Unterschiede. Dem ursprünglich Leistenden stehen sowohl im Falle des rechtmäßigen als auch im Falle des rechtswidrigen (aber nicht verbotenen) Besitzes zivilrechtliche Ansprüche auf Wiedereinräumung des Besitzes zu. Dies führt wegen der fehlenden Absicht, sich rechtswidrig bereichern zu wollen, zu einer Ablehnung des subjektiven Tatbestandes. Lediglich ein Rückforderungsanspruch der auf die Wiederinbesitznahme eines verbotenen Besitzes abzielt, ist nicht möglich, da nach § 242 BGB kein Anspruch auf die Schaffung eines gesetzwidrigen Zustandes abzielen darf. Diese Unterschiede entstehen in Folge verschiedener zivilrechtlicher Wertungen, aber nicht aus einer Ablehnung des wirtschaftlichen und einer Anwendung des juristisch-ökonomischen Vermögensbegriffes.[451]

451 RG, Beschl. v. 14.12.1910 – 1214/10, RGSt 44, 230.

4 Zusammenfassung und Diskussion

Der BGH vertritt weiterhin einen wirtschaftlichen Vermögensbegriff. Jeglicher Besitzverlust einer geldwerten Sache stellt einen Vermögensschaden bzw. Vermögensnachteil dar, der vor Verlust strafrechtlich geschützt ist, wenn er einen wirtschaftlichen Wert hat. Unterschiede in der Reichweite des Schutzes ergeben sich lediglich gegenüber dem vorherigen oder rechtmäßigen Besitzer der Sache. Sofern der vorherige Besitzer einen Anspruch auf Rückgabe der Sache hat, besteht kein strafrechtlicher Vermögensschutz vor einer Besitzentziehung durch diesen. Im Fall des verbotenen Besitzes besteht in der Regel auch gegenüber dem vorherigen Besitzer strafrechtlicher Vermögensschutz, da ein Anspruch auf Herausgabe des verbotenen Besitzes nicht durchsetzbar ist. Damit scheint der verbotene Besitz vor Verlust auf den ersten Blick besonders geschützt zu sein, da eine durch Täuschung oder Nötigung erzwungene Herausgabe dieses Besitzes stets den Tatbestand des Betruges oder der Erpressung erfüllt. Es könnte zwar zunächst widersprüchlich wirken, dass gerade der verbotene Besitz besonders vor Besitzverlust strafrechtlich geschützt ist. Betrachtet man die Situation allerdings aus Sicht des vorherigen Besitzers, so reicht für ihn der Schutz seines Besitzes so weit, dass er sowohl rechtmäßigen, aber für illegale Zwecke eingesetzten Besitz als auch rechtswidrigen aber nicht verbotenen Besitz zurückholen darf ohne sich eines strafrechtlichen Vermögensdeliktes strafbar zu machen. Fordert er hingegen „seinen“ verbotenen Besitz zurück, macht er sich nach den Vermögensdelikten im engeren und auch im weiteren Sinne strafbar. Für ihn reicht der Schutz des verbotenen Besitzes zwar bis zum Verlust, aber nicht so weit, dass er diesen straffrei zurückfordern kann. Daher ist aus Sicht des vorherigen Besitzers der verbotene Besitz am wenigsten geschützt.

Das Ergebnis entspricht den Gedanken der Grundsatzentscheidung des Reichsgerichtes und ist stringent mit dessen zugrundeliegenden Wertungen.[452] Es liegt im Interesse des Gesetzgebers, den Handel und die Verbreitung von unerlaubten Betäubungsmitteln, Waffen, Sprengstoff usw. möglichst gering zu halten und zu unterbinden, auch wenn dies zur Folge hat, dass für den einzelnen Besitzer dieser Besitz grundsätzlich gegenüber jedermann und dadurch besonders stark vor Verlust geschützt ist. Die Verbreitung solcher Gegenstände wird durch den umfassenden strafrechtlichen Schutz eingeschränkt.[453] Diesem Ergebnis ist auch aus rechtspolitischer Sicht zuzustimmen.

II Hindern der Durchsetzung von Rückforderungsansprüchen

Nachdem die Strafbarkeit des ursprünglich Leistenden L, der sein Rückforderungsverlangen durchsetzt, geprüft wurde, wird nachfolgend die Strafbarkeit des ursprünglichen Leistungsempfängers E betrachtet.[454] Setzt der Leistungsempfänger E Nötigung oder Täuschung ein, um den durch eine Vortat erlangten Vermögensvorteil vor dem Herausgabeverlangen des ursprünglich Leistenden L zu sichern, könnte dies eine sogenannte Sicherungserpressung bzw. einen sogenannten Sicherungsbetrug darstellen.[455] Der durch die erste Tat geschaffene Vermögensvorteil soll durch die zweite Tat gesichert

452 Vgl. oben RG, Beschl. v. 14.12.1910 – 1214/10, RGSt 44, 230, 1. Kapitel AI2.

453 Vgl. hinsichtlich erlaubnispflichtiger Betäubungsmittel, *Weber*, BtMG, Einleitung Rn. 128, §1 Rn. 3, 6, wonach geschützte Rechtsgüter des BtMG neben der Gesundheit des Einzelnen und der Bevölkerung auch die Gestaltung des sozialen Zusammenlebens sind, so dass dieses von „sozialschädlichen Wirkungen des Umgangs mit Drogen" freigehalten wird.

454 Eine Täuschung kann z. B. vorliegen, wenn der Täter einen Irrtum über eine angeblich bestehende Aufrechnungslage erzeugt, wodurch das Opfer von der Durchsetzung des Herausgabeanspruch absieht.

455 Der Begriff „Sicherungserpressung" bzw. „-betrug" ist missverständlich, da es sich aus Sicht der Rechtsprechung hierbei gerade nicht um eine/n tatbestandlich erfüllte/n Erpressung oder Betrug handelt, vgl. BGH, Beschl. v. 26. 05. 2011 – 3 StR 318/10, NStZ 2012, 95.

oder verwertet werden. Es entsteht nach Ansicht der Rechtsprechung kein neuer selbstständiger Schaden, sofern der bisherige Schaden nicht vertieft oder erweitert wird. Der ursprüngliche Leistungsempfänger E wird nur für die erste Straftat wegen eines Vermögensdeliktes verurteilt, aber nicht mehr wegen der Sicherungserpressung bzw. des Sicherungsbetruges. Eine andere Situation entsteht, wenn der Leistungsempfänger von Beginn an plante, den Besitz durch Täuschung und/oder Nötigung zu erlangen. Beide Alternativen werden im Folgenden dargestellt.

1 Fälle der sogenannten Sicherungserpressung

a BGH, Beschl. v. 27.05.2008 – 4 StR 58/08, NStZ 2008, 627, „Gestohlener Transporter"

E brachte L aufgrund einer angeblichen Zahlungsbereitschaft dazu, ihm den Besitz am von L gestohlenen Transporter zu verschaffen. Nachdem E den Besitz erhalten hatte, erkannte L die Täuschung des E, der nicht für den Transporter zahlen wollte, und forderte E wieder zur Herausgabe des Transporters oder Zahlung des Kaufpreises auf. E hinderte mit zwei Komplizen und unter Einsatz eines waffenartigen Gegenstandes L daran, sich den Besitz am Transporter zurückzuholen und zwang ihn zum Verzicht auf die Kaufpreisforderung.[456]

Der Fall wurde bereits weiter oben im Rahmen der Prüfung der ersten Stufe dargestellt und erläutert, dass auch rechtswidrig erlangter Besitz zum strafrechtlich geschützten Vermögen gehört und E zunächst einen Betrug zu Lasten des L beging.[457] Auf der jetzt zu betrachtenden zweiten Stufe ist zu klären, wie sich E strafbar machte, als er L unter Einsatz von Nötigung

456 BGH, Beschl. v. 27.05.2008 – 4 StR 58/08, NStZ 2008, 627.

457 Siehe oben, 1. Kapitel AII2.

zwang, von seinem Rückforderungsverlangen abzusehen, nachdem er in den Besitz des gestohlenen Wagens gekommen war.[458] Das Landgericht verurteilte E unter anderem wegen schwerer räuberischer Erpressung in Tateinheit mit Betrug. Der BGH stimmte zwar dem Landgericht der Verurteilung wegen Betruges, jedoch nicht hinsichtlich der schweren räuberischen Erpressung zu, da durch die Anwendung der Nötigungsmittel L kein weiterer Vermögensschaden entstanden sei. Vielmehr sei E wegen Betruges zu Lasten des L in Tatmehrheit mit Nötigung zu verurteilen.[459]

Dem Urteil des BGH ist zuzustimmen. Durch den vorangegangenen Betrug des E verlor L den Besitz am gestohlenen Transporter und erlitt dadurch einen Vermögensschaden. Wenn nun E den L mit Hilfe von Nötigungsmitteln daran hindert sich den Besitz wieder zurückzuholen, ist L kein erneuter Vermögensschaden entstanden. Als Vermögensschaden kommt zwar zum einen eine Vertiefung des Besitzverlustes in Frage, da durch das Verhalten des E der Besitzverlust endgültig gefestigt wurde. Zum anderen kommt als Vermögensschaden auch das Hindern an der Geltendmachung des Rückforderungsanspruchs, sofern diesem ein wirtschaftlicher Wert beizumessen ist,[460] in Betracht. Darin sah der BGH jeweils keinen eigenständigen Vermögensschaden, da der Vermögensnachteil bereits durch den Besitzverlust ohne Gegenleistung aufgrund des vorherigen Betruges entstand. „Die nach Beendigung des Betruges erfolgte Bedrohung diente allenfalls der Sicherung des vom [E] bereits erlangten Vermögensvorteils."[461]

Da der BGH hier einen Vermögensschaden ablehnt, stellt sich die Frage,

458 Zu der Frage der Strafbarkeit des E, indem er L zum Verzicht auf die Kaufpreisforderung zwang, siehe, BGH, Beschl. v. 27.05.2008 – 4 StR 58/08, NStZ 2008, 627, „Gestohlener Transporter", 2. Kapitel BII1.

459 BGH, Beschl. v. 27.05.2008 – 4 StR 58/08, NStZ 2008, 627.

460 Vgl. zum Wert der Rückforderungsansprüche, BGH, Beschl. v. 12.03.2002 – 3 StR 4/02, NJW 2002, 2117, „Schokolade statt Haschisch", siehe oben, 1. Kapitel BI1a.

461 BGH, Beschl. v. 27.05.2008 – 4 StR 58/08, NStZ 2008, 627; vgl. BGH, Beschl. v. 05.09.1986 – 3 StR 359/86, StV 1986, 530; *Bosch*, in: S/S StGB, § 253 Rn. 34.

ob er damit auch den Rückforderungsansprüchen, die trotz Illegalität des zugrunde liegenden Rechtsgeschäfts (wirksam) entstanden sind, keinen eigenständigen Wert beimisst und damit vom rein wirtschaftlichen Vermögensbegriff abweicht. Diese Frage zu klären hilft ein Vergleich mit einem Fall ähnlichen Sachverhalts, der im Gegensatz aber auf einem legalen Rechtsgeschäft basierte. Wenn der BGH auch im Fall legaler Rechtsgeschäfte einen Vermögensschaden durch das Hindern des Rückforderungsanspruchs ablehnt, kann daraus geschlussfolgert werden, dass die Ablehnung eines Vermögensschadens im Fall des gestohlenen Transporters nicht mit der Illegalität des dort zugrunde liegenden Rechtsgeschäfts zusammenhängt.

b Exkurs: BGH, Beschl. v. 26. 05. 2011 – 3 StR 318/10, NStZ 2012, 95 „Lenkgetriebe"

Der BGH hatte sich mit der Frage zu beschäftigen, wie eine Nötigungshandlung mit dem Ziel, einen betrügerisch erlangten Vermögensvorteil zu sichern, zu bewerten ist. Er soll zeigen, dass der BGH in den Konstellationen einer Sicherungserpressung unabhängig von der Legalität des zugrundeliegenden Rechtsgeschäftes die Sicherungshandlung nicht als Vermögensdelikt wertet.[462] Im vorliegenden „Lenkgetriebe-Fall" täuschte E mit seinem Komplizen K den Kfz- Händler L über die Zahlungsbereitschaft für ein Lenkgetriebe. Durch die Täuschung durften E und K das Getriebe vor Zahlung des Kaufpreises in ihrem Auto verstauen und wollten sofort danach ohne Zahlung wegfahren. Als L dies bemerkte, stellte er sich vor das Auto und versuchte beide daran zu hindern. Daraufhin schlugen E und K auf L ein, um wegfahren zu können und L auf die Forderung verzichte.

E entzog L den Besitz mittels Betrug und setzte anschließend Nötigungs-

462 Vgl. weitere Entscheidungen im Rahmen legaler Rechtsgeschäfte mit ähnlichen Sachverhaltskonstellationen, BGH, Urt. v. 22.09.1983 – 4 StR 376/83, BGHSt 32, 88; BGH, Beschl. v. 10.10.1983 – 4 StR 405/83, MDR 1984, 155.

mittel ein, um L von seinem Rückforderungs- und Zahlungsverlangen abzuhalten. Der BGH entschied, dass sich E und K „nur" wegen Betruges und Nötigung und nicht auch wegen räuberischer Erpressung strafbar machten. Da die Nötigungshandlung nur eingesetzt worden sei, um den durch Betrug erlangten Vermögensvorteil zu sichern, liege eine sogenannte Sicherungserpressung vor.

Eine räuberische Erpressung wäre dann anzunehmen, „wenn die – von vornherein beabsichtigte – Gewalt unmittelbar nach der Täuschung eingesetzt worden wäre, um das Opfer zu nötigen, die Schädigung des Vermögens endgültig hinzunehmen."[463] Dies war vorliegend nicht der Fall, denn die Nötigungshandlung von E und K wurde erst nach Abschluss der betrügerischen Handlung spontan gefasst und die Tat war auch nicht von Beginn an durch nötigende Elemente geprägt. Ferner habe die Nötigung nicht zu einer Vertiefung des bereits eingetretenen Vermögensnachteils geführt und es fehle am Kausalzusammenhang zwischen Nötigungserfolg und Nachteilseintritt, da der Vermögensschaden bereits durch den Gewahrsamswechsel eingetreten war. Auch der erzwungene Verzicht auf die Herausgabe- und Zahlungsforderungen habe keine eigenständige Bedeutung.[464] Damit stimmt dieses Urteil mit dem Ergebnis des Falls des „gestohlenen Transporters"[465] überein.

c Zwischenergebnis

Der BGH wendet sich nicht vom wirtschaftlichen Vermögensbegriff ab und nimmt keine sonstigen normativen Einschränkungen hinsichtlich des Umfangs des strafrechtlich geschützten Vermögens vor. E erfüllt in der vorlie-

463 BGH, Beschl. v. 26.05.2011 – 3 StR 318/10, NStZ 2012, 95, 96, „Lenkgetriebe"; vgl. auch BGH, Beschl. v. 25.02.1997 – 1 StR 804/96, NStZ-RR 1997, 297, „Täuschender Drogendealer"; BGH, Urt. v. 04.09.2001 – 1 StR 167/01, NStZ 2002, 33, „Verdeckter Polizist".

464 BGH, Beschl. v. 26.05.2011 – 3 StR 318/10, NStZ 2012, 95, 96, „Lenkgetriebe".

465 BGH, Beschl. v. 27.05.2008 – 4 StR 58/08, NStZ 2008, 627.

genden Konstellation einer sogenannten Sicherungserpressung nicht den objektiven Tatbestand der schweren räuberischen Erpressung. Im Rahmen einer solchen Fallgestaltung wird unabhängig davon, ob das zugrunde liegende Rechtsgeschäft legal oder illegal ist, in der nach Besitzerlangung erfolgten Beutesicherung kein Erpressungs- oder Betrugstatbestand gesehen. Die Sicherung einer durch Vermögensdelikt erlangten Sache ist, sofern es sich um dieselbe Sache handelt, kein eigenständiges Vermögensdelikt.

2 Diskussion bzgl. der Sicherungserpressung

Der BGH vertritt trotz des verwendeten Terminus der „Sicherungserpressung" die sogenannte Tatbestandslösung, nach der bereits auf Tatbestandsebene ein Vermögensdelikt verneint wird. Danach erfüllt die mit Nötigungsmitteln erfolgte Sicherung einer durch Vermögensdelikt erlangten Sache nicht den objektiven Tatbestand einer Erpressung aufgrund eines mangelnden Vermögensnachteils.[466]

Teile des Schrifttums hingegen vertreten die sogenannte „Konkurrenzlösung",[467] wonach der Tatbestand der Erpressung auch in solchen Fällen vollständig erfüllt sei. Dies wird unter anderem damit begründet, dass der Wertverlust erst durch die zweite Tat final besiegelt werde. Der Täter wird aber trotz der Erfüllung zweier Tatbestände durch verschiedene Tathandlungen nur nach einer Tat bestraft, da der Unrechts- und Schuldgehalt dadurch bereits vollständig abgegolten ist. Die Taten stehen somit in Gesetzeskonkur-

466 Ausf., *Bittmann*, NStZ 2012, 289; *Grabow*, NStZ 2014, 121; *Kudlich*, in: S/S/W StGB, § 242 Rn. 22; *Kretschmer*, JuS 2013, 24 ff.; *Sickor*, GA 2007, 590; Wessels/Hillenkamp/Schuhr, StrafR BT 2, § 9 Rn. 429 ff.

467 *Beukelmann*, in: BeckOK StGB, § 263 Rn. 121; *Bosch*, in: S/S StGB, § 253 Rn. 34; *Holtz*, MDR 1987, 92, 94; *Sinn*, in: SK StGB, § 253 Rn. 38; *Schröder*, MDR 1950, 398, 400 f.; mitbestrafte Nachtat bejahend für die Vereitelung eines Herausgabeanspruchs oder eines Selbsthilferechts nach § 229 StGB, *Kindhäuser*, in: NK StGB, § 252 Rn. 33.

renz zueinander.[468] Würden beide Taten bestraft, wäre der gleiche Unrechtserfolg zweimal bestraft, was gegen das Doppelverwertungsverbot verstößt. Daher trete der Tatbestand des Betruges bzw. der Erpressung, die lediglich den Besitzverlust sichern und Rückforderungsansprüche verhindern sollen, als (straflose) mitbestrafte Nachtat auf Konkurrenzebene zurück.[469]

Die Ansicht des BGH ist vorzuziehen, da zum einen für die Bejahung eines Erpressungstatbestandes der Kausalzusammenhang zwischen Schadenserfolg und Nötigungshandlung fehlt und zum Zeitpunkt der Sicherungshandlung der Vermögensschaden bzw. -nachteil bereits auf Seiten des Opfers eingetreten ist. Zum anderen ist dieses Ergebnis insbesondere mit Blick auf den räuberischen Diebstahl nach § 252 StGB schlüssig. Der Tatbestand des § 252 StGB ist nur erfüllt, wenn die Vortat einen Diebstahl darstellt, der Täter bei frischer Tat entdeckt wird und den erhaltenen Gewahrsam durch Gewalt oder Drohung sichert. Der Gesetzgeber hat den Betrug explizit nicht als mögliche Vortat genannt, auch gibt es keine entsprechende Norm für den Fall eines Betruges als Vortat. Würde man im Falle eines Betruges mit anschließender Sicherungserpressung eine Erpressung bejahen, würde der § 252 StGB umgangen werden. Gleiches gilt bei einem Diebstahl als Vortat, bei dem die Sicherungserpressung jedoch mit zeitlicher Zäsur erfolgt und der Dieb damit nicht mehr auf frischer Tat erwischt wurde.[470] Der § 252 StGB beschreibt in seinem – vom Gesetz eng begrenzten – Anwendungsbereich die Fälle, in denen die Sicherung der Vermögenslage ein raubähnliches Delikt darstellt.[471] Sollte nun auch in den anderen Konstellationen eine räube-

468 Zu den Unterschieden von Gesetzeskonkurrenz und Idealkonkurrenz, *Puppe*, JuS 2016, 961, 962.

469 *Heger*, in: Lackner/Kühl/Heger StGB, Vorb. § 52 Rn. 31 f.; *Puppe*, JuS 2016, 961, 965; allgemein zur Thematik vgl. *Fischer*, StGB, Vorb. § 52 Rn. 64 ff.; *v. Heintschel-Heinegg*, in: MüKo StGB, Vorb. § 52 Rn. 56; *Jäger*, in: SK StGB, Vorb. § 52 Rn. 101; *Sternberg-Lieben/Bosch*, in: S/S StGB, Vorb. § 52 Rn. 127 ff.

470 Vgl. BGH, Beschl. v. 05.09.1986 - 3 StR 359/86, StV 1986, 530.

471 BGH, Urt. v. 18.04.2002 - 3 StR 52/02, NJW 2002, 2043; *Jäger*, JA 2011, 950; *Heger*, in:

rische Erpressung angenommen werden, führte das zu einem raubähnlichen Delikt, das aber nicht vom engen Anwendungsbereich des § 252 StGB umfasst ist.[472] Lediglich die Nötigungshandlung ist ein weiteres strafrechtliches Verhalten, das noch nicht von dem vorherigen Betrug umfasst wurde und somit einen eigenen Straftatbestand erfüllt. Die Bedrohung stellt nur den Straftatbestand einer Nötigung nach § 240 StGB und nicht den einer schweren Erpressung dar.[473]

3 Sonderfall: Von Beginn an geplante unmittelbar an die Vortat anknüpfende Sicherungshandlung

Von den Fällen der Sicherungserpressung bzw. des Sicherungsbetruges sind die Fälle abzugrenzen, in denen der Täter bereits von Beginn an plante, ein Nötigungsmittel unmittelbar nach der ersten Täuschungs- oder Nötigungshandlungshandlung einzusetzen, um das Opfer zur endgültigen Duldung des Besitzverlustes der Sache zu zwingen. In dieser Konstellation nimmt der BGH Tateinheit zwischen erster und zweiter Tat an.[474]

a BGH, Urt. v. 04.09.2002 – 1 StR 167/01, NStZ 2002, 33, „Verdeckter Polizist"

Der Angeklagte E hatte die Absicht sich mit dem Geld des L zu bereichern. Dafür plante er ihm vorzutäuschen, Drogen an ihn zu verkaufen und das

Lackner/Kühl/Heger StGB, § 252, Rn. 1; *Küper*, Jura 2001, 21.

472 *Jäger*, JA 2011, 950; *Kindhäuser*, in: NK StGB, § 252 Rn. 31 ff.; *Kudlich*, in: S/S/W StGB, § 252 Rn. 22.

473 BGH, Beschl. v. 27.05.2008 – 4 StR 58/08, NStZ 2008, 627, „Gestohlener Transporter".

474 Kritisch zur Abgrenzung des BGH hinsichtlich der Sicherungserpressung, *Grabow*, NStZ 2014, 121.

Kaufgeld einzustecken ohne die Betäubungsmittel zu liefern. Alternativ wollte er das Geld mit Hilfe von Nötigungsmitteln einfordern. L (ein verdeckter Polizist) gab dem E das vereinbarte Kaufgeld für die vermeintlichen Drogen. Nachdem E das Geld von L erhielt, lief er, ohne die Drogen an L zu übergeben, davon. Als L ihm folgte und das Geld zurückforderte, stieß und trat E den L, um das Kaufgeld behalten zu können. Die Polizei griff ein und stoppte die Auseinandersetzung. In diesem Fall hatten die Gerichte zu entscheiden, wie nach einem Vermögensdelikt (hier Betrug) eine Nötigungshandlung zur Sicherung der Beute zu beurteilen ist. Der Unterschied zu den vorherigen Fällen lag darin, dass der Betrüger von vornherein plante, Nötigungsmittel einzusetzen und es auch unmittelbar nach der Täuschung tat.

Das Landgericht verurteilte E wegen Betruges zu Lasten des L in Tatmehrheit mit gefährlicher Körperverletzung sowie tateinheitlich begangener Nötigung. Der BGH verurteilte E hingegen wegen Betruges in Tateinheit mit gefährlicher Körperverletzung und versuchter räuberischer Erpressung. Denn „wenn unmittelbar anschließend [an die Täuschung] das Mittel der Gewalt eingesetzt wird, um das Opfer zu einem solchen Verhalten zu nötigen", sei auch der Erpressungstatbestand erfüllt.[475] Daher stehe hier der Betrug in Tateinheit, § 52 StGB mit der versuchten räuberischen Erpressung und mit der gefährlichen Körperverletzung. Diese Voraussetzungen lägen vor, denn indem E den L durch Täuschung zur Zahlung der vermeintlichen Drogen bewegte, erfüllte er einen vollendeten Betrug nach § 263 StGB. Mit der Übergabe des Geldes habe L aufgrund mangelnder Gegenleistung einen Vermögensschaden erlitten; auch das Geld, das zu verbotenen Zwecken eingesetzt wird, unterliege strafrechtlichem Schutz. Weil E gegen L zusätzlich Gewalt einsetzte, um ihn daran zu hindern sich das Geld zurückzuholen, mache sich E auch wegen (versuchter) räuberischer Erpressung in Tatein-

475 BGH, Urt. v. 04.09.2002 – 1 StR 167/01, NStZ 2002, 33; BGH, Beschl. v. 25.02.1997 – 1 StR 804/96, NStZ-RR 1997, 297, „Täuschender Drogendealer"; BGH, Beschl. v. 26.05.2011 – 3 StR 318/10, NStZ 2012, 95, „Lenkgetriebe".

heit mit gefährlicher Körperverletzung strafbar, denn der Tatplan des E sah von vornherein die Anwendung von Gewalt vor. Schließlich setzte E den Tatplan auch um und die Erpressungshandlung erfolgte unmittelbar nach der Betrugshandlung.

Die Entscheidung widerspricht nicht vorangegangenen Entscheidungen, denn der Unterschied der Ergebnisse ist darin begründet, dass E im letzteren Fall von Beginn an plante, neben Täuschungsmitteln auch Nötigungsmittel einzusetzen um an das Vermögen zu gelangen. In dem Fall des „gestohlenen Transporters“[476] hingegen entschloss sich E erst nach Erhalt des Besitzes spontan für den Einsatz von Nötigungsmitteln. Aufgrund dieser Unterschiede kam der BGH auch zu unterschiedlichen Ergebnissen. Es kann dahinstehen, ob die Abgrenzung zur Sicherungserpressung zu befürworten ist und ob der BGH diese stets stringent durchführt.[477] Fest steht aber, dass er diese Abgrenzung unabhängig in Fällen illegaler oder legaler Rechtsgeschäfte vornimmt.

b BGH, Beschl. v. 25.02.1997 – 1 StR 804/96, NStZ-RR 1997, 297, „Täuschender Drogendealer“

Bereits im Jahr 1997 entschied der BGH über einen ähnlichen Fall. E veranlasste L zur Übergabe von Drogen, indem er L über seine Bereitschaft zur Zahlung des Kaufpreises täuschte. L bemerkte die Täuschung in unmittelbarem Zusammenhang mit dem Leistungsaustausch. E setzte daraufhin Nötigungsmittel durch das Vorhalten einer Waffe ein um L zu zwingen, die Schädigung seines Vermögens hinzunehmen.

Auch in diesem Fall verurteilte der BGH E wegen versuchten Betruges in

476 BGH, Beschl. v. 27.05.2008 – 4 StR 58/08, NStZ 2008, 627.

477 Kritisch zur Abgrenzung der Sicherungserpressung, *Grabow*, NStZ 2014, 121.

Tateinheit mit schwerer räuberischer Erpressung. Mit Übergabe der Drogen traf L eine Vermögensverfügung ohne die versprochene Gegenleistung in Form des Kaufpreises zu erhalten. Da L in unmittelbarem Zusammenhang mit dem Leistungsaustausch die Täuschung bemerkte, war der Schaden nicht endgültig eingetreten und der Vermögensvorteil noch nicht gesichert. Die Strafbarkeit wegen schwerer räuberischer Erpressung begründete der BGH wieder damit, dass E von Beginn an plante, L zu täuschen und die Drogen ohne Bezahlung gegebenenfalls auch mit Waffengewalt wegzunehmen. Schließlich setzte E die Waffe wie geplant ein, um L von einem Zahlungs- und Rückgabeverlangen abzuhalten. In solchen Fällen finde „der Erpressungstatbestand jedenfalls dann Anwendung, wenn nach fehlgeschlagener Täuschung unmittelbar anschließend das Mittel der Gewalt eingesetzt wird, um das Opfer zu nötigen, die erstrebte Schädigung seines Vermögens hinzunehmen“.[478] Dieser Beschluss reiht sich in die bisherige Rechtsprechung ein.

4 Zwischenergebnis

Die besprochenen Fälle sind sich zwar vom Sachverhalt her ähnlich, doch wurde eine (versuchte) räuberische Erpressung lediglich in den letzten beiden Fällen bejaht. Im Fall des „gestohlenen Transporters“ machte sich der Leistungsempfänger, der den Leistenden davon abhielt sich „seinen“ Transporter zurückzuholen, nur wegen Betruges in Tateinheit mit Nötigung strafbar, da er den Entschluss der Nötigungshandlung spontan nach Beendigung des Betruges fasste und weiterer Vermögensschaden durch die Nötigungshandlung nicht entstand. Ist hingegen die Nötigungshandlung von vornherein geplant und wird diese auch unmittelbar nach der vorangegangenen Tat ausgeführt, um den ursprünglich Leistenden zu nötigen den Vermögens-

478 BGH, Beschl. v. 25.02.1997 – 1 StR 804/96, NStZ-RR 1997, 297, „Täuschender Drogendealer“.

schaden hinzunehmen, stehen Betrug und Erpressung in Tateinheit. Ob diese Abgrenzung sinnvoll ist oder nicht, ist ein eigenständiges Problem innerhalb des Strafrechts und kein spezifisches, das sich aus der Illegalität von Rechtsgeschäften ergibt.

Wie der Exkurs zeigt, wendet die höchstrichterliche Rechtsprechung auch innerhalb illegaler Rechtsgeschäfte die gleichen Regelungen an wie bei Fällen legaler Rechtsgeschäfte und nimmt keine normativen Korrekturen hinsichtlich der Strafbarkeit aufgrund des illegalen Rechtsgeschäftes vor. Da der BGH in der Verhinderung der Durchsetzung solcher Rückforderungsansprüche keinen eigenständigen Vermögensschaden sieht, kann eine Abkehr vom wirtschaftlichen Vermögensbegriff nicht gesehen werden.

III Ergebnis der zweiten Stufe

Auch auf zweiter Stufe erfolgt keine Abkehr des BGH von der Grundsatzentscheidung und dem wirtschaftlichen Vermögensbegriff des Reichsgerichtes. Der ursprünglich Leistende L, der sich „seinen" durch Vermögensdelikt vom Leistungsempfänger E entwendeten Besitz an der Sache wieder verschafft, erfüllt zwar den objektiven Tatbestand eines Vermögensdeliktes, da auch der Verlust der von E rechtswidrig besessenen Sache für E entsprechend der wirtschaftlichen Vermögenstheorie einen Vermögensschaden darstellt. Dennoch scheitert eine Strafbarkeit des L im Rahmen des subjektiven Tatbestandes, wenn ihm gegen E ein Anspruch auf Rückgabe der Sache zusteht. In der Regel steht L durch die Vortat des E ein solcher Anspruch aus § 823 Abs. 2 i. V. m. einem Schutzgesetz wie beispielsweise §§ 263, 253, 242 oder 249 StGB zu. Dieser ist nach § 242 BGB nicht durchsetzbar, wenn er auf die Einräumung eines illegalen Besitzes, also eines rechtlich verbotenen Zustandes, abzielt. In diesem Fall macht sich auch der ursprünglich Leistende strafbar, wenn er sich „seine" illegal besessene Sache zurückholt.

Hindert der Leistungsempfänger den ursprünglich Leistenden daran sich den Besitz der Sache zurückzuholen, macht er sich nicht erneut wegen eines Vermögensdeliktes strafbar, wenn der Entschluss zur Sicherung der Beute spontan erst nach Vollendung der ersten Tat erfolgt und damit eine Sicherungserpressung bzw. ein Sicherungsbetrug vorliegt. Dies ist jedoch nicht darauf zurückzuführen, dass es sich um Rückforderungsansprüche handelt, die auf einem ursprünglich illegalen Rechtsgeschäft basieren und deshalb in diesen kein strafrechtlich geschützter Vermögenswert zu sehen sei. Denn der Vergleich zu Fällen, denen ein legales Rechtsgeschäft zugrunde liegt, ergab ebenfalls, dass das Hindern dieser Rückforderungsansprüche keinen eigenständigen Vermögensschaden begründet.

Hatte der Leistungsempfänger hingegen von Beginn an die Absicht, durch Täuschung oder Nötigung in den Besitz der Sache zu kommen und führt er beide Handlungen auch unmittelbar nacheinander aus, liegt Tateinheit von Betrug und Erpressung vor. In diesen Sonderfällen stehen nach Ansicht des BGH Täuschungs- und Nötigungshandlung so nah beieinander, dass beide kausal für den Besitzverlust und somit für den Vermögensschaden sind.

2. Kapitel Strafrechtlicher Schutz rechtlich bemakelter Ansprüche

In der folgenden ebenfalls in zwei Stufen unterteilten Fallgruppe wird analysiert, ob und wie weit der BGH aus illegalen Geschäften stammende Ansprüche dem strafrechtlichen Vermögensschutz unterstellt. Die erste Stufe befasst sich mit der Strafbarkeit des Leistungsempfängers, der den Leistenden um einen nichtigen Anspruch täuscht oder zum Verzicht nötigt. Die zweite Stufe gliedert sich wiederum in zwei Ebenen auf: Die erste Ebene betrifft Fälle, in denen das Opfer eines vorangegangenen Vermögensdeliktes seinen vereinbarten Anspruch auf die vermeintlich geschuldete Gegenleistung durchsetzt. Die zweite Ebene umfasst den Fall, dass der ursprünglich Betrügende das Betrugsopfer an dieser Durchsetzung hindert.

A 1. Stufe: Unfreiwillige Aufgabe bemakelter Ansprüche

Die erste Stufe der zweiten Fallgruppe beginnt mit einem Rückblick auf vergangene Rechtsprechungen. Zunächst wird anhand von drei wegweisenden Entscheidungen die Entwicklung der Judikatur des Reichsgerichts, des Obersten Gerichtshofes für die Britische Zone (OGH) bis hin zu der des BGH dargestellt.

Der BGH entschied in seiner „Drehbank"-Entscheidung aus dem Jahr 1951, dass grundsätzlich auch aus einem illegalen Rechtsgeschäft stammende Ansprüche dem strafrechtlichen Vermögensschutz zu unterstellen sind, sofern ihnen ausnahmsweise trotz der mangelnden Durchsetzbarkeit wirtschaftlicher Wert zukomme. Diese Rechtsprechung wurde fortgeführt bis der BGH im Rahmen der sogenannten „Dirnenprellungs"-Fälle von diesem Verdikt abwich. Er begründete die Ablehnung des Schutzes des nichtigen Lohnzahlungsanspruchs einer Prostituierten damit, dass dies sonst zu Wertungswidersprüchen innerhalb der Rechtsordnung führe. Neben den „Dirnenprellungs"-Fällen nennt das Schrifttum weitere Entscheidungen, in denen die Rechtsprechung der juristisch-ökonomischen Vermögenstheorie und nicht der wirtschaftlichen Vermögenstheorie folgte.[479] Ob dies mit der tatsächlichen Rechtsprechungspraxis übereinstimmt, wird in einem weiteren Abschnitt näher beleuchtet. Wie sich zeigen wird, nimmt die Literatur diesen Standpunkt zum Teil voreilig ein, da sich dieser weder aus den Begründungen noch den Ergebnissen der Entscheidungen zwingend ergibt.

479 Vgl. etwa, *Perron*, in: S/S StGB, § 263 Rn. 93; einschränkend *Beukelmann*, in: BeckOK StGB, § 263 Rn. 44; *Saliger*, in: M/R StGB, § 263 Rn. 174, 175 a.E.

I Historische Entwicklung strafrechtlichen Vermögensschutzes nichtiger Ansprüche

1 RG, Urt. v. 26.01.1931 – 730/30, RGSt 65, 99, „Wohnungsmangel"

Das Gericht hatte in dem Verfahren zu entscheiden, ob und, wenn ja, wie nichtige Ansprüche aus einem illegalen Rechtsgeschäft ebenfalls dem strafrechtlichen Vermögensschutz unterliegen: L erhielt vom Wohnungsamt ein Recht auf Inanspruchnahme einer Vierzimmerwohnung einschließlich einer Vordringlichkeitsbescheinigung und damit ein höchstpersönliches Recht. L ermächtigte E die Rechte aus dieser Bescheinigung für ihre Rechnung gegen Entgelt ganz oder zum Teil an einen Dritten abzutreten. Obwohl diese Abrede gegen das damalige Wohnungsmangelgesetz verstieß und nichtig war, veräußerte E die Rechte der L für 200 RM an D. Wie von Beginn an geplant, leitete E nur einen Teilbetrag unter Vorspiegelung, es handele sich um den gesamten Betrag, an L weiter. Den Rest behielt E für sich.

Fraglich war ob E einen Betrug zu Lasten der L beging, indem er sie über die Höhe des bestehenden „Anspruchs" der L gegen E täuschte. Das Landgericht bejahte einen Betrug des E zu Lasten der L, da dieser die L durch Täuschung dazu veranlasste, keine weiteren Ansprüche an ihn zu stellen. Das Revisionsgericht entschied, E habe keinen Betrug, sondern höchstens eine Unterschlagung begangen. Grundsätzlich könne zwar ein Vermögensschaden darin gesehen werden, dass über das Bestehen eines Anspruchs getäuscht wurde, wenn der Irrtum dazu führt, dass der Leistende von der Verfolgung seiner Ansprüche absieht. Jedoch sei dafür Voraussetzung, dass diese Ansprüche rechtlichen Bestand haben, denn nur in diesem Fall würde die Nichtverfolgung eine Vermögensschädigung der Leistenden bedeuten. Die vertragliche Abrede zwischen L und E war, wie beide wussten, nichtig.

Damit lag kein rechtlicher Anspruch vor, und L habe keinen Vermögensschaden erlitten.[480]

Damit entschied das Reichsgericht, dass nur bestehende und nicht nichtige Ansprüche strafrechtlich geschützt sind, was dem Diktum der Grundsatzentscheidung einer rein wirtschaftlichen Betrachtung des Vermögensschutzes widerspricht.

2 Oberster Gerichtshof für die Britische Zone, Urt. v. 11.10.1949, OGHSt 2, 193, „Falsche Lösegeldzahlungen"

Der OGH wiederum entschied, dass auch Ansprüche ohne rechtlichen Bestand einen Vermögenswert im Sinne des § 263 StGB haben können:

E kaufte von L auf dem Schwarzmarkt Butter, um diese an A weiterzuverkaufen. A täuschte E darüber, dass er an seine Abnehmer 50.000 RM „Lösegeld" zahlen müsse, damit dieser die Ware vertreibe. Dies glaubte E dem A und erklärte sich bereit, A dieses Lösegeld zu zahlen, sofern er wiederum seine eigene Schuld gegenüber L um diesen Betrag kürzen könne. Dafür gab er L jedoch wahrheitswidrig an, dass er A ein Lösegeld von 100.000 RM zahlen müsste mit dem Vorsatz, die übrigen 50.000 RM selbst zu behalten. L glaubte den bewusst gemachten falschen Angaben des E und erklärte sich mit einem um 100.000 RM geringeren Betrag als den Abrechnungen entsprechend einverstanden. Die Differenz von 50.000 RM behielt E für sich.

Der OGH entschied, dass sich E wegen Betruges zu Lasten des L strafbar machte. Darin, dass E den L durch bewusste Täuschung zu einem Verzicht auf einen Teil seiner Forderung gegen E veranlasste, sei eine sein Vermögen schädigende Verfügung zu sehen und verwies auf die Grundsatzentscheidung von 1910, nach der es kein gegen Betrug ungeschütztes Vermögen ge-

480 RG, Urt. v. 26.01.1931 – 730/30, RGSt 65, 99.

be.[481] Daher könnten auch widerrechtlich besessene Werte zum Vermögen gehören. Zwar wurde der wirtschaftliche Vermögensbegriff bisher nur für Sachwerte und nicht auch für nichtige Ansprüche angenommen. Hinsichtlich des strafrechtlichen Schutzes von Ansprüchen wurde ein Betrug bisher nur bejaht, wenn dieser rechtlichen Bestand habe.[482] Es sei jedoch nicht zu verstehen, warum bei Sachwerten eine wirtschaftliche Betrachtungsweise gelten solle, während es im Bereich der Ansprüche aber darauf ankomme, ob der Anspruch rechtlichen Bestand habe. Ein rechtlich nicht bestehender Anspruch könne mit dessen Erfüllung einen wirtschaftlichen Wert haben und Gegenstand eines Betruges sein. Auch bei rechtlich anerkannten Ansprüchen sei die Klage im Zivilprozess nur eine Möglichkeit der Durchsetzung. Oft seien Zahlungsfähigkeit, Zahlungswilligkeit und gesellschaftliche Bindungen des Schuldners entscheidend. Solche Umstände könnten einem Anspruch unabhängig von seinem rechtlichen Bestand einen wirtschaftlichen Wert verleihen. Es könne im vorliegenden Fall nicht nur darauf ankommen, ob L, wenn er die Täuschung des E erkannt hätte, auf die Zahlung der 100.000 RM verzichten würde. Stattdessen komme es darauf an, ob L geeignete Schritte hätte unternehmen können, um an diesen Betrag zu gelangen, obwohl er ihm von Rechts wegen nicht zustand. Dies sei hier anzunehmen, die Forderung sei von L und E als zu Recht bestehend behandelt worden. E war zahlungsfähig und wäre nicht bereit gewesen sich dem Ruf, eine aus einem Schwarzmarktgeschäft stammende Forderung nicht bezahlt zu haben, auszusetzen.

Auch hing es nur vom Zufall ab, dass E noch nicht gezahlt hatte und so eine Täuschung zur Kürzung einer rechtlich nicht anerkannten, aber als bestehend behandelten Forderung führte, jedoch nicht zur Hingabe von Geld. Wäre das Geschäft bereits vollständig abgewickelt worden bevor E den L täuschte, hätte die gleiche Täuschung dazu geführt, dass L dem E den Be-

481 RG, Beschl. v. 14.12.1910 - 1214/10, RGSt 44, 230.

482 Mit Verweis auf, RG, Urt. v. 26.01.1931 - 730/30, RGSt 65, 99.

trag in Geld gegeben hätte und der Betrug des E zu Lasten des L wäre bejaht worden. A hatte E bereits die rechtlich nicht bestehende Forderung erfüllt und nachträglich von E die Zahlung des angeblichen Lösegelds in Höhe von 50.000 RM verlangt, die A ebenfalls für sich behielt. E wurde somit durch die Zahlung an A von diesem betrogen. Das wirtschaftliche Ergebnis sei aber in beiden Fällen gleich, beide seien um 50.000 RM ärmer geworden.[483]

Mit dieser Entscheidung wurde der strafrechtliche Vermögensschutz nichtiger Ansprüche aus einem illegalen Rechtsgeschäft mit dem strafrechtlichen Vermögensschutz von Sachwerten gleichgestellt. Dies entspricht der Grundsatzentscheidung des Reichsgerichts aus 1910[484] mit seiner rein wirtschaftlichen Betrachtungsweise.

3 BGH, Urt. v. 15.11.1951 – 4 StR 574/51, BGHSt 2, 364, „Drehbank"

Im sogenannten „Drehbankfall" von 1951 befasste sich auch der BGH mit dem strafrechtlichen Schutz eines nichtigen Anspruches und hatte zu entscheiden, ob er zu der Entscheidung des Reichsgerichtes aus 1931[485] oder der des OGH tendiert. Der BGH folgte zunächst nicht der Reichsgerichtsentscheidung aus 1931, denn es könne „nicht anerkannt werden, daß eine nichtige Forderung rechtsgrundsätzlich dem wirtschaftlichen Vermögen nicht zugerechnet werden könne und deshalb als Gegenstand eines Betrugs schlechthin ausscheide." Auch so eine Forderung könne wirtschaftlichen Wert haben, wenn „geschäftliche, verwandtschaftliche, freundschaftliche, sonstige gesellschaftliche oder andere Bindungen" vorliegen, die den

483 OGH, Urt. v. 11.10.1949, OGHSt 2, 193, „Falsche Lösegeldzahlungen"

484 RG, Beschl. v. 14.12.1910 – 1214/10, RGSt 44, 230.

485 RG, Urt. v. 26.01.1931 – 730/30, RGSt 65, 99.

Schuldner veranlassen könnten, auch die nicht klagbare Forderung zu erfüllen, „etwa um Nachteile zu vermeiden, die sich aus der Verweigerung der Zahlung ergeben" könnten. In Frage kämen aber auch weitere Beweggründe wie die „Zahlungsfähigkeit und das Verhältnis beider Partner zueinander [...]."[486]

Allein die Klagbarkeit der Forderung sei bei einer wirtschaftlichen Betrachtung kein entscheidendes Merkmal. So wurde in der Rechtsprechung bereits entschieden, dass auch verjährte Ansprüche, Forderungen aus Spiel oder Wette, andere Anwartschaften sowie der mit Wahrscheinlichkeit zu erwartende Vermögenszuwachs Gegenstand eines Betruges sein könnten. Bei all diesen Positionen handele es sich nicht um Rechte, sondern um tatsächliche Verhältnisse, die einen wirtschaftlichen Wert besitzen können und daher zum Vermögen im Sinne des §263 StGB gehören.[487] Indem das Reichsgericht in seiner Entscheidung[488] den Vermögensschaden auf zivilrechtliche Gesichtspunkte beschränkt, sei es wieder zum Begriff des „rechtlich geschützten Vermögens" zurückgekehrt, der aber in der „Grundsatzentscheidung" aus 1910[489] mit zutreffender Begründung abgelehnt wurde. Das Strafrecht sei nicht abhängig von der Entscheidung, ob im Privatrecht ein Schaden vorliegt oder nicht, sondern für das Strafrecht sei allein der wirtschaftliche Vermögensbegriff maßgebend.[490]

Auch hielt der BGH dem Einwand, ein widerrechtlicher Erwerber einer solchen Forderung verdiene keinen strafrechtlichen Schutz, entgegen, dass der Betrüger dennoch strafwürdig sei. Es komme im Strafrecht weder auf ein „Sühnebedürfnis des Opfers noch auf dessen Verzeihung", sondern darauf

486 BGH, Urt. v. 15.11.1951 – 4 StR 574/51, BGHSt 2, 364.

487 BGH, Urt. v. 15.11.1951 – 4 StR 574/51, BGHSt 2, 364, 366 f. mwN.

488 RG, Urt. v. 26.01.1931 – 730/30, RGSt 65, 99.

489 RG, Beschl. v. 14.12.1910 – 1214/10, RGSt 44, 230, „Grundsatzentscheidung".

490 BGH, Urt. v. 15.11.1951 – 4 StR 574/51, BGHSt 2, 364.

an, „den vom Gesetzgeber mit dem Strafrecht verfolgten Zweck der Gewährleistung allgemeiner Rechtssicherheit zu erreichen". Der Staat greife nicht nur ein um den Einzelnen zu schützen, denn „nicht dem Geschädigten allein werde die strafrechtliche Sühne als Genugtuung geschuldet", sondern die allgemeine Rechtsordnung müsse vor der durch den Täter betätigten „Gesinnung" eine Pflichtverletzung zu begehen, geschützt werden. Bliebe das Verhalten straflos, würde dies Anreize setzen, sich „Opfer in den Kreisen der sittlich schwachen Personen zu suchen."[491] Ferner sei eine unterschiedliche Beurteilung von Forderungen und Sachwerten aus wirtschaftlicher Sicht nicht zu verstehen. Oftmals hänge die Strafbarkeit vom Zufall ab, je nachdem, wie weit die Abwicklung des Geschäfts bereits erfolgt ist. Ein solches Ergebnis widerspreche einer unbefangenen natürlichen Betrachtungsweise. So entschied der BGH, nicht an der Entscheidung des Reichsgerichtes aus dem Jahr 1931[492] festzuhalten.

Andererseits könne „ein nichtiger Anspruch dem Sachwert nicht schlechthin gleichgestellt werden,"[493] vielmehr sei eine Einzelfallprüfung der Umstände des Falls durchzuführen. Nur in bestimmten Fällen, in denen anderweitige Bindungen zwischen den Parteien und eine wirtschaftliche Leistungsfähigkeit des Schuldners gegeben sind, komme einer solchen Forderung ein wirtschaftlicher Wert zu. In den meisten Fällen sei hingegen einer nichtigen Forderung kein wirtschaftlicher Wert beizumessen. Ob diese Voraussetzungen erfüllt sind oder nicht, bedürfe der besonderen Feststellung durch den Tatrichter. Zweifelsfrei liege die Annahme eines wirtschaftlichen Wertes bei Sachwerten oder Geldbeträgen wesentlich näher als bei einer nichtigen Forderung. Wenn diese ausnahmsweise als Vermögenswert gewertet werde, sei eine eingehende tatsächliche Feststellung unerlässlich. Damit entschied der BGH, auch der Entscheidung des OGH nicht unein-

491 BGH, Urt. v. 15.11.1951 - 4 StR 574/51, BGHSt 2, 364, 368.

492 RG, Urt. v. 26.01.1931 - 730/30, RGSt 65, 99.

493 BGH, Urt. v. 15.11.1951 - 4 StR 574/51, BGHSt 2, 364, 369.

geschränkt zu folgen. Zwar könnten nichtige Forderungen einen wirtschaftlichen Wert haben und somit dem strafrechtlichen Vermögensschutz unterliegen. Dies sei jedoch eine im Einzelfall jeweils zu prüfende Ausnahme.

4 Zwischenergebnis

Der BGH entschied, aus einem illegalen Geschäft stammende Forderungen als Vermögensbestandteil im Strafrecht anzuerkennen und nicht der Reichsgerichtsentscheidung aus dem Jahr 1931[494] zu folgen. Er schloss sich jedoch nicht vollkommen der Meinung des OGH an, der solche Forderungen den Sachwerten gleichstellte. Der BGH legte fest, dass weiterhin an dem durch die Grundsatzentscheidung aus 1910 entwickelten wirtschaftlichen Vermögensbegriff festzuhalten sei und auch nichtige Forderungen vermögensrechtlich zu schützen sind, da auch diese einen wirtschaftlichen Wert haben können. Dass ein wirtschaftlicher Wert vorliegt, sei jedoch eine Ausnahme und erfordere eine Einzelfallprüfung.

II Weitere BGH-Entscheidungen

Im nächsten Abschnitt wird untersucht, ob der BGH heute noch diesem Verdikt folgt und bemakelten Ansprüchen strafrechtlichen Vermögensschutz zukommen lässt. Dies soll anhand der nachfolgenden Fälle geprüft werden. Zu berücksichtigen sind hier ebenfalls die Fälle aus der ersten Fallgruppe der zweiten Stufe, da dort bereits – zum Teil mittelbar im Rahmen der Vermögenskompensation, zum Teil unmittelbar – der strafrechtliche Vermögensschutz nichtiger Ansprüche behandelt wurde.[495] Jedoch haben die meisten

494 RG, Urt. v. 26.01.1931 - 730/30, RGSt 65, 99.

495 Siehe oben 2. Stufe: Rückforderungs- und Wertersatzansprüche, 1. Kapitel B.

Entscheidungen keine wesentlichen Erkenntnisse zum strafrechtlichen Vermögensschutz nichtiger Ansprüche ergeben, da diesen Ansprüchen in den Fällen kein wirtschaftlicher Wert zukam.

1 BGH, Urt. v. 23.11.1955 – 5 StR 110/55, BGHSt 8, 221, „Kartellgeschäfte"

In dem zunächst zu besprechenden Fall lehnte der BGH einen Vermögensschaden durch den täuschungsbedingten Verzicht auf Geltendmachung einer illegalen „Forderung" ab. Dennoch kann aus dieser Entscheidung nicht der Schluss gezogen werden, der BGH folge nicht mehr der wirtschaftlichen Vermögenstheorie, da schon nach dieser Theorie der Forderung kein wirtschaftlicher Wert zugesprochen werden konnte. Dem Fall lag folgender Sachverhalt zugrunde: L ist Lieferant von Zementwaren und Teil eines Kartells, in dem der Warenpreis höher liegt als er sich bei freiem Wettbewerb ergeben würde. Käufer E schloss mit L einen Kaufvertrag über die Lieferung der Waren ab und täuschte L jedoch so, dass er mehr Ware für weniger Geld erhielt. E zahlte somit einen niedrigeren Preis als den eigentlich vereinbarten Kartellkaufpreis. Fraglich war, ob E einen Betrug zu Lasten des L in Höhe der Differenz zwischen Kartellpreis und gezahltem Kaufpreis oder zwischen (kartellfreiem) Marktpreis und gezahltem Kaufpreis beging. Der BGH entschied sich für Letzteres.

Die kartellrechtlichen Preisabsprachen wurden aufgrund der Lieferbedingungen des L Teil des Kaufvertrages zwischen L und E. Diese Preisabsprachen verstießen gegen MRVO Nr. 78 und führten zu einer Teilnichtigkeit des Vertrages wegen des zu hoch verlangten Kaufpreises.[496] Damit hatte

496 Es komme für die Annahme einer Teilnichtigkeit auch nicht darauf an, ob die Lieferverträge auch ohne die verbotenen Abreden geschlossen worden wären, i. S. d. § 139 BGB, da diese Regelung hinter dem mit der MRVO Nr. 78 erstrebten Ziel (die Entfaltung des Wirtschaftslebens) zurücktrete, BGH, Urt. v. 23.11.1955 – 5 StR 110/55, BGHSt 8, 221, 224 f.

L einen wirksamen Anspruch gegen E in Höhe des kartellfreien Marktpreises, der die Rechtswidrigkeit zumindest in dieser Höhe entfallen ließ. Er hatte jedoch keinen Anspruch in Höhe des unwirksam vereinbarten höheren kartellbedingten Kaufpreises. Der BGH entschied, dass der bezahlte Preis nach den Grundsätzen der reinen Marktwirtschaft angemessen war und ein vollendeter Betrug nicht in Betracht käme. Daraus kann aber nicht geschlussfolgert werden, dass der BGH keinen Vermögensschaden in der Nichtzahlung der nichtigen Forderung sieht und er nichtige Forderungen vom strafrechtlichen Schutz ausnehmen will. Vielmehr ist anzunehmen, dass er der nichtigen Forderung keinen wirtschaftlichen Wert beimisst, da nur der kartellfreie Kaufpreis dem wirtschaftlichen Wert entspricht und eben nicht der künstlich überteuerte Kartellpreis. Der Kaufpreis von Waren bestimmt sich auf dem freien Markt durch Angebot und Nachfrage und der durch das Kartell festgelegte höhere Preis entspricht nicht dem ökonomischen Wert der Ware. Eine über den regulär gebildeten Marktpreis hinausgehende Forderung hat keinen wirtschaftlichen Wert und es kann auch im täuschungsbedingten Verzicht auf eine wirtschaftlich wertlose Forderung kein Vermögensschaden liegen.

2 OLG Hamburg, Urt. v. 08.06.1966 – 1 Ss 97/65, NJW 1966, 1525, „Unschlüssige Prostituierte“

Das OLG Hamburg entschied 1966, wie sich die Prostituierte E strafbar machte, als sie den Freier L mit Gewalt daran hinderte, sich den im Voraus an E gezahlten „Unrechtslohn“ zurückzuholen, nachdem E die vereinbarten Dienste spontan verweigerte.[497]

Zu erörtern war, ob L durch die Handlung der E einen Vermögens-

497 OLG Hamburg, Urt. v. 08.06.1966 – 1 Ss 97/65, NJW 1966, 1525, „Unschlüssige Prostituierte“.

nachteil erlitt. Das Gericht ging davon aus, dass E bereits Eigentümerin des Geldes war und erst nach Zahlung des Betrages entschied, die sexuelle Dienstleistung nicht erbringen zu wollen.[498] Daher stand L gegen E weder ein zivilrechtlicher Anspruch nach § 985 BGB noch nach § 823 Abs. 2 BGB i.V.m. § 263 StGB zu. Er hatte aber einen – zwar nach § 817 S. 2 BGB nichtigen – Kondiktionsanspruch auf Rückgabe des gezahlten Geldes. Fraglich war, ob dieser nichtige Anspruch als Vermögenswert anzusehen ist und in dessen erzwungenem Verzicht ein Vermögensnachteil lag. Das OLG Hamburg schloss sich der „Drehbank"-Entscheidung des BGH an, in der auch aus illegalen Rechtsgeschäften stammende „Forderungen" dem strafrechtlich geschützten Vermögen zugeordnet wurden, wenn zu erwarten war, dass die Forderung aufgrund familiärer, geschäftlicher oder freundschaftlicher Beziehungen beglichen wird.[499] Es käme daher darauf an, ob E „aus einem Rest von Anstandsgefühl heraus" sich „bereit gefunden hätte das Geld herauszugeben". Solche Feststellungen seien dem angefochten Urteil nicht zu entnehmen und führte dazu, dass der Schuldspruch aufgehoben und zur erneuten Entscheidung zurückverwiesen wurde.

Das OLG warf zwar selbst ein, diese Ansicht führe dazu, dass „der Rechtsbrecher von besonders übler Gesinnung etwa wegen betrügerischem Verhalten zum Nachteil seines Komplizen strafrechtlich frei ausgehe, während derjenige, der aus einem Rest von Anstandsgefühl unter Umständen zum „redlichen" Teilen der Beute hätte bewegt werden können [...]", jedoch sei dies „eine Auswirkung des der Natur der Sache entsprechenden wirtschaftlichen Vermögensbegriff", die hingenommen werden müsse.[500] Dem ist entgegenzuhalten, dass jede der Parteien ihren Vertragspartner selbst wählt,

498 Da E nicht aufgrund eines Vermögensdeliktes in den Besitz des Geldes kam, wurde dieser Fall nicht in der 1. Fallgruppe besprochen.

499 BGH, Urt. v. 15.11.1951 – 4 StR 574/51, BGHSt 2, 364.

500 OLG Hamburg, Urt. v. 08.06.1966 – 1 Ss 97/65, NJW 1966, 1525, 1526.

mit dem sie (illegale) Geschäfte betreibt. Wird ein seriöser Geschäftspartner ausgesucht, besteht eine höhere Erwartung auf tatsächliche Erfüllung der vereinbarten Leistungen, was bei skrupellosen Partnern nicht immer zu erwarten ist. Jeder muss sein eigenes Risiko mit der Auswahl seiner Geschäftspartner tragen. Im Ergebnis ist festzuhalten, dass diese Rechtsprechung dem wirtschaftlichen Vermögensbegriff folgt und auch im Hindern eines nichtigen Rückforderungsanspruchs ein Vermögensdelikt gesehen werden kann.

3 Im Rahmen der Prostitution entstandene Lohnansprüche

a Abweichende Rechtsprechung vor Einführung des ProstG

In der Literatur wird dem BGH ein Abweichen vom wirtschaftlichen Vermögensbegriff im Rahmen der Fälle der „Dirnenprellung“ vor Einführung des ProstG unterstellt.[501] Diesen Fällen liegt der Sachverhalt zugrunde, dass eine Prostituierte L eine entgeltliche sexuelle Dienstleistung erbringt und der Leistungsempfänger E die Prostituierte wie von Beginn an geplant nicht bezahlt. Die Lohnvereinbarung war zu der Zeit der im Folgenden zu besprechenden Entscheidungen aufgrund der Sittenwidrigkeit der Prostitution nach § 138 BGB nichtig.[502] L hatte nur einen nichtigen Zahlungsanspruch gegen E.

Ein Vermögensschaden der L kommt in zweierlei Hinsicht in Betracht: im Erbringen der sexuellen Dienstleistung und in der Nichtzahlung des vereinbarten Entgeltes. In beiden Fällen lehnte der BGH einen Vermögensschaden ab. Im Folgenden wird zunächst nur der zweite Fall besprochen, die Erläuterung der ersten Alternative erfolgt ausführlich weiter unten im Rah-

501 *Saliger*, in: M/R StGB, § 263 Rn. 153.

502 Siehe unten zur Einführung des ProstG, 3. Kapitel B II.

men der Fallgruppe des Vermögensschutzes illegaler Arbeits- und Dienstleistungen.[503]

In dem vom BGH zuerst zu entscheidenden Fall aus dem Jahr 1953 stellte der 2. Senat fest, dass dem Geschlechtsverkehr „für das Recht kein in Geld zu veranschlagender Wert“ zukomme. „Daher“ stehe „auch der „Anspruch“ der Prostituierten gegen den „Freier“ auf den vereinbarten Lohn nicht dem durch ein sittenwidriges Rechtsgeschäft erlangten Sachwert gleich.“ Die Prellung einer Prostituierten sei auch nach den Grundsätzen der „Drehbank“-Entscheidung[504] kein Betrug.[505] In dieser Begründung kann, abweichend als zum Teil in der Literatur vertreten,[506] noch keine Abwendung des BGH vom wirtschaftlichen Vermögensbegriff hinsichtlich nichtiger Ansprüche gesehen werden. Vielmehr hält der BGH ausdrücklich an den Vorgaben der „Drehbank“-Entscheidung[507] fest, nach denen auch nichtigen Ansprüchen ein Vermögenswert zukommen kann. Einen solchen wirtschaftlichen Wert sah der BGH hier aber nicht als erfüllt an. Aus Sicht des BGH gab es scheinbar keine Anhaltspunkte nach denen zu erwarten war, dass E den Anspruch trotz mangelnder Durchsetzbarkeit erfüllt.

In einem weiteren Fall aus dem Jahr 1987[508] hatte der BGH über einen ähnlichen Sachverhalt zu entscheiden. Hier wich er in seinen Entscheidungsgründen vom wirtschaftlichen Vermögensbegriff ab, obwohl er ausdrücklich an der vorherigen Entscheidung festhielt, die den wirtschaftlichen Vermögensbegriff noch bestätigte. Er begründete seine Entscheidung damit, dass sich

503 Siehe unten, 3. Kapitel B.

504 BGH, Urt. v. 15.11.1951 – 4 StR 574/51, BGHSt 2, 364.

505 BGH, Urt. v. 09.10.1953 – 2 StR 402/53, BGHSt 4, 373, „Falschgeldzahlung“.

506 *Lackner*, in: LK StGB, 10. Aufl. 1988, § 263 Rn. 122; *Saliger*, in: M/R StGB, § 263 Rn. 153.

507 Urt. v. 15.11.1951 – 4 StR 574/51, BGHSt 2, 364 ff.

508 BGH, Beschl. v. 28.04.1987 – 5 StR 566/86, NStZ 1987, 407, „Geprellte Prostituierte“.

das Strafrecht „in Widerspruch zur übrigen Rechtsordnung [setze], wenn es im Rahmen des Betrugstatbestandes nichtigen Ansprüchen Schutz gewähre, die aus verbotenen oder unsittlichen Rechtsgeschäften hergeleitet werden". Da die Prostitution gegen die guten Sitten verstoße,[509] sei die Aussicht der Prostituierten, durch sexuelle Leistungen den versprochenen oder üblichen Lohn zu erhalten, kein Bestandteil des strafrechtlich geschützten Vermögens. Anders sehe es hingegen mit dem bereits erlangten Entgelt aus, das Bestandteil des strafrechtlichen Schutzes sei. Diese Begründung wurde in weiteren vergleichbaren Fällen im Rahmen der „Dirnenprellung"[510] übernommen und später auch für Fälle des Telefonsexes verwendet, wo geleistet, aber nicht bezahlt wurde.[511]

In dieser Begründung wich der BGH erstmals eindeutig vom rein wirtschaftlichen Vermögensbegriff und dem Diktum des Reichsgerichtes aus 1910 ab.[512] Mit dem Argument, dass sich das Strafrecht in Widerspruch zur Rechtsordnung setzen würde, wenn es aus illegalen Geschäften stammende Ansprüche schütze, brachte er zum Ausdruck, dass er diese anders behandelt als Ansprüche aus legalen Geschäften, unabhängig von ihren wirtschaftlichen Werten. Er schränkte also den strafrechtlichen Vermögensschutz wegen der Illegalität des zugrundeliegenden Rechtsgeschäftes ausdrücklich ein. Dennoch entspricht das Ergebnis der Entscheidung weiterhin der wirtschaftlichen Vermögenstheorie, da es der nichtigen Lohnforderung bereits am wirtschaftlichen Wert fehlen dürfte. Fraglich bleibt, ob aus der Entscheidung eine generelle Abkehr von der Grundsatzentscheidung bezüglich nichtiger Forderungen abgeleitet werden kann. Aufschluss darüber wird die nachfolgende Übersicht der Judikatur geben.

509 Vgl. zur (damaligen) Sittenwidrigkeit von Prostitution, BGH, Urt. v. 06.07.1976 – VI ZR 122/75, BGHZ 67, 119, 122 ff.

510 BGH, Beschl. v. 20.12.1988 – 1 StR 654/88, wistra 1989, 142.

511 OLG Hamm, Beschl. v. 26.01.1989 – 1 Ws 354/88, NJW 1989, 2551; LG Mannheim, Urt. v. 18.05.1995 – (12) 3 Ns 21/95, NJW 1995, 3398.

512 RG, Beschl. v. 14.12.1910 – 1214/10, RGSt 44, 230.

b Keine Neuerungen durch Einführung des ProstG

Zunächst ist festzustellen, dass die Rechtsprechung zu den „Dirnenprellungs“-Fällen nach der Änderung der Gesetzeslage an Aktualität verloren hat. Zum 1. Januar 2002 trat das Gesetz zur Regelung der Rechtsverhältnisse der Prostituierten – Prostitutionsgesetz – vom 20. Dezember 2001 (BGBl. I S. 3983) in Kraft, das dem eingetretenen Wandel in der gesellschaftlichen und rechtlichen Bewertung der Prostitution widerspiegeln soll.[513] § 1 ProstG erklärt die Entgeltforderung des Leistenden nach erbachter sexueller Handlung für rechtswirksam. Der wirtschaftliche Wert dieser Forderung ist nach den allgemeinen Kriterien bzgl. wirksamer Forderungen zu bestimmen.[514] Werden sexuelle Dienstleistungen aufgrund einer Vereinbarung gegen Entgelt erbracht, entsteht ein rechtlich durchsetzbarer Anspruch auf Lohnzahlung gemäß § 1 ProstG. Zahlt der Leistungsempfänger, wie von vornherein beabsichtigt, die Lohnforderung nicht oder zwingt die Prostituierte nach (freiwillig) erbrachtem Geschlechtsverkehr auf die Forderung zu verzichten, begeht er mit Einführung des ProstG einen regulären Eingehungsbetrug bzw. eine Forderungserpressung zu Lasten der Prostituierten.[515]

Wird hingegen eine Prostituierte zu sexuellen Leistungen gezwungen, stellt sich die Frage einer Forderungserpressung nicht, da es schon mangels übereinstimmender Willenserklärungen nicht zu einem (rechtlich unwirk-

513 Vgl. Entwurf eines Gesetzes zur Verbesserung der rechtlichen und sozialen Situation der Prostituierten, BT-Drucks. 14/5958, S. 4; BGH, Beschl. v. 07.05.2003 - 5 StR 536/02, StV 2003, 616; BGH, Urt. v. 13.07.2006 - I ZR 241/03, BGHZ 168, 314, 318 f.; BGH, Beschl. v. 18.01.2011 - 3 StR 467/10, NStZ 2011, 278, „Erzwungener Geschlechtsverkehr“; BGH, Beschl. v. 01.08.2013 - 4 StR 189/13, NStZ 2013, 710, „Genötigte Prostituierte; *Armbrüster*, in: MüKo BGB, Anh. zu § 138 (ProstG), § 1 Rn. 1 ff.; *Fischinger*, in: Staudinger BGB, ProstG, § 1 Rn. 1, 10 ff.; *Looschelders*, in: NK BGB, Anh. zu § 138 (ProstG), § 1 Rn. 2; *Wendtland*, in: BeckOK BGB, 45. Ed. 1.11.2017, § 138 Rn. 3.

514 *Perron*, in: S/S StGB, § 263 Rn. 93a; siehe zum Fall des Rückverlangens des bereits gezahlten Lohns oben, 1. Kapitel BI1d.

515 BGH, Urt. v. 02.02.2016 - 1 StR 435/15, BGHSt 61, 149, „Zahlungsunwilliger Kunde“; BGH, Urt. v. 07.05.2020 - 4 StR 586/19, NZWiSt 2020, 322.

samen) Vertrag kommen kann, aus dem „Ansprüche" auf Lohn entstehen können. Die Frage, ob der Lohnanspruch einer Prostituierten auch dem strafrechtlichen Vermögensschutz unterfällt, stellt sich nur, wenn ein Austauschgeschäft vorliegt, indem überhaupt ein (ggf. nichtiger) Anspruch auf Lohnzahlung vereinbart wurde. Diese Konstellation spielt demnach nur im Rahmen des Betruges oder in einem – im Anschluss nach vereinbarter sexueller Dienstleistung – erzwungenem Verzicht auf den Lohn eine Rolle. Die parallellaufende Frage, ob die Prostituierte durch Einsatz ihrer „Arbeitskraft" wirtschaftlich geschädigt ist, wird gesondert im 3. Kapitel dieser Arbeit geprüft.[516] Da Lohnansprüche einer Prostituierten nach Einführung des ProstG wirksam entstehen und nicht mehr zu den „bemakelten" Ansprüchen zählen, wird im Folgenden nur eine aktuelle BGH-Entscheidung als Beispiel der Rechtsprechungsänderung dargestellt.

c BGH, Urt. v. 07.05.2020 – 4 StR 586/19, NZWiSt 2020, 322, „getötete Prostituierte"

Der BGH hatte im Mai 2020 zu entscheiden, wie sich E strafbar machte, als er die Prostituierte L aufsuchte, mit ihr auf dem Parkplatz Geschlechtsverkehr im Wissen vollzog, dass dafür üblicherweise ein Betrag in Höhe von 40 EUR bis 50 EUR fällig wird, er aber kein Geld mit sich führte. Als L nach dem Geschlechtsverkehr Bezahlung forderte und E nicht zahlen konnte, schrie L den E laut an, der daraufhin die L erwürgte, um sie zum Schweigen zu bringen. Das Landgericht entschied, dass E nicht das Mordmerkmal der Verdeckungsabsicht nach § 211 Abs. 2 StGB erfüllte, da es an einer zu verdeckenden Straftat fehle.

Der BGH hob die Entscheidung mit der Begründung auf, E verwirklichte einen Eingehungsbetrug zum Nachteil der L, weil E die sexuellen Dienst-

516 Siehe unten, 3. Kapitel B.

leistungen in Anspruch nahm, obwohl er kein Geld hatte die Forderung zu begleichen. Ein Vermögensschaden „im Sinne des § 263 Abs. 1 StGB trete ein, wenn die Vermögensverfügung bei wirtschaftlicher Betrachtung unmittelbar zu einer nicht durch Zuwachs ausgeglichenen Minderung des wirtschaftlichen Gesamtwertes seines Vermögens“ führe. Ausgehend vom Zeitpunkt der Vermögensverfügung sei „bei der für die Schadensfeststellung erforderliche Gesamtsaldierung der Geldwert des erworbenen Anspruchs gegen den Vertragspartner und der Geldwert der eingegangenen Verpflichtung miteinander zu vergleichen“.[517] L entstand nach der gesetzlichen Regelung des § 1 S. 1 ProstG eine rechtswirksame Forderung gegen E, die aufgrund der täuschungsbedingten Abrede sofort fällig war. In Fällen, in denen absprachegemäß die Entgeltforderung sofort zu begleichen ist, führe die Unfähigkeit des Schuldners sofort zu zahlen bei wirtschaftlicher Betrachtung dazu, dass der Anspruch in seinem Wert gegenüber dem täuschungsbedingt Vereinbarten gemindert sei. Der Getäuschte könne in so einem Fall nicht sofort wirtschaftlich frei über das Entgelt verfügen. Auch hänge „die spätere Erfüllung des Entgeltanspruchs von der künftig erst eintretenden Zahlungsfähigkeit und der fortbestehenden Zahlungsbereitschaft des Schuldners ab.“ Das daraus resultierende Ausfallrisiko trage der Gläubiger, das jedoch aufgrund der täuschungsbasierten Vereinbarung der sofortigen Zahlung nicht mit in die Höhe des Entgelts eingerechnet worden sei. Die weiteren Vorkehrungen, die der Gläubiger treffen müsse um die Erfüllung der Forderung in Zukunft zu ermöglichen, sei mit einem Aufwand verbunden, der nach wirtschaftlicher Betrachtung zu einer „Minderung des wirtschaftlichen Wertes des Anspruchs gegenüber der täuschungsbedingt vereinbarten sofortigen Barzahlung“ führt.[518] Der wirtschaftlichen Minderung des Entgeltanspruchs stehe auch nicht entgegen, dass L wusste wo E wohnt und der Anspruch rechtlich durchsetzbar sei. Dies sei nur der Fall, wenn im Zeitpunkt der Vermögens-

517 BGH, Urt. v. 07.05.2020 – 4 StR 586/19, NZWiSt 2020, 322, 323.

518 BGH, Urt. v. 07.05.2020 – 4 StR 586/19, NZWiSt 2020, 322, 323 f.

verfügung die zeitnahe Erfüllung der Entgeltforderung mit Sicherheit zu erwarten sei.[519] Aus dieser Entscheidung ergibt sich, dass der BGH den nach §1 S.1 ProstG wirksam entstandenen Lohnanspruch einer Prostituierten auch dem strafrechtlichen Vermögensschutz unterstellt.

d Zwischenergebnis

Vor Einführung des ProstG entschied der BGH, der Lohnanspruch einer Prostituierten falle nicht unter den strafrechtlichen Vermögensschutz, da dies zu Widersprüchen zur übrigen Rechtsordnung führen würde.[520] Damit wandte sich der BGH sowohl vom wirtschaftlichen Vermögensbegriff der Grundsatzentscheidung aus dem Jahr 1910[521] als auch von der „Drehbank"-Entscheidung des BGH[522] ab. Mit Einführung des ProstG haben die Entscheidungen der Dirnenprellung hinsichtlich des entstandenen Lohnanspruchs (nicht aber hinsichtlich der erbrachten Arbeitskraft) an Aktualität verloren. Offen bleibt, ob die in diesen Rechtsprechungen entwickelte Abkehr vom wirtschaftlichen Vermögensbegriff auch außerhalb der Fälle von „Dirnenprellung" Eingang in die Rechtsprechung fand. Dies wird in der nachfolgenden Untersuchung der weiteren BGH-Rechtsprechung diskutiert.

519 BGH, Urt. v. 07.05.2020 - 4 StR 586/19, NZWiSt 2020, 322, 324.

520 BGH, Beschl. v. 28.04.1987 - 5 StR 566/86, NStZ 1987, 407, „Geprellte Prostituierte"; BGH, Beschl. v. 20.12.1988 - 1 StR 654/88, wistra 1989, 142; OLG Hamm, Beschl. v. 26.01.1989 - 1 Ws 354/88, NJW 1989, 2551; LG Mannheim, Urt. v. 18.05.1995 - (12) 3 Ns 21/95, NJW 1995, 3398.

521 RG, Beschl. v. 14.12.1910 - 1214/10, RGSt 44, 230.

522 BGH, Urt. v. 15.11.1951 - 4 StR 574/51, BGHSt 2, 364.

4 BGH, Urt. v. 27.02.1975 – 4 StR 571/74, NJW 1975, 1234, „Bundesliga Bestechungsgelder“ und BGH, Beschl. v. 18.02.2009 – 1 StR 731/08, BGHSt 53, 199, „Schneeballsystem“

Neben den „Dirnenprellungs-“fällen sind nur wenige Entscheidungen des BGH zu finden, in denen er sich zu der Frage des strafrechtlichen Vermögensschutzes aus illegalen Rechtsgeschäften stammender Ansprüche äußerte. Im bereits weiter oben besprochenen Fall „Bundesliga Bestechungsgelder“ folgte der BGH der rein wirtschaftlichen Vermögenstheorie und betonte ausdrücklich, dass zum Vermögen „nach der maßgeblichen wirtschaftlichen Betrachtungsweise alles, was in Geldwert messbar ist, z.B. [...] Ansprüche aus rechtlich missbilligten Geschäften“ gehöre. Ein Vermögensschaden des L wurde konsequenterweise abgelehnt, obwohl der Verein auf eine nichtige Forderung leistete, ihm aber nach wirtschaftlicher Betrachtung durch das als einheitlich anzusehende (verbotene) Rechtsgeschäft ein Vermögensvorteil zufloss. Durch den Klassenerhalt in der Bundesliga habe L mehr Einnahmen erzielt als Nachteile durch den Verlust der Bestechungsgelder erhalten.[523]

Diese Entscheidung erging zeitlich vor dem „Dirnenprellung“-Fall und kann daher nicht dazu herangezogen werden festzustellen, ob der BGH auch nach dem „Dirnenprellung“-Fall weiterhin dem wirtschaftlichen Vermögensbegriff folgte. Die „Bundesliga Bestechungsgelder“-Entscheidung soll nach einer Auffassung in der Literatur durch eine neuere Rechtsprechung verworfen worden sein:[524]

Einem Fall, den der BGH im Jahr 2009 zu entscheiden hatte, lag folgender Sachverhalt zu Grunde: Verschiedene Anleger L übergaben E zum Investieren insgesamt mehr als 28. Mio. EUR, weil er eine sichere und hoch

523 Siehe oben, BGH, Urt. v. 27.02.1975 – 4 StR 571/74, NJW 1975, 1234, „Bundesliga Bestechungsgelder“, 1. Kapitel AI4c.

524 *Bosch*, JA 2009, 548, 550.

rentable Geldanlage versprach. Jedoch legte E wie von Beginn an geplant das Geld nicht wie vereinbart an und verbrauchte es privat. Er nutzte ein „Schneeballsystem“, um Altanleger auszuzahlen, damit diese ihm weiterhin vertrauten und neue Anlagen tätigten.[525] Der BGH entschied, dass E einen Betrug zu Lasten der L im Umfang der gesamten Leistungen beging. Dies schließe auch die Erstinvestoren, die später absprachegemäß ihre Leistungen erhielten, mit ein, denn darin sei nur eine Schadenswiedergutmachung zu sehen. Im Zeitpunkt der Vermögensverfügung der ersten Investoren sei der von den Investoren erlangte Gegenanspruch bereits wirtschaftlich wertlos gewesen. Zwar hätte für die ersten Anleger eine „gewisse Chance“ bestanden, ihr Kapital zurückzuerhalten und die versprochenen Erträge zu erzielen. Dies habe aber nicht auf dem erfundenen Anlagemodell beruht, sondern hing „vom weiteren „Erfolg“ des allein auf Täuschung aufgebauten Systems und vom Eingang weiterer betrügerischer erlangter Gelder“ ab. Die darauf „basierende Aussicht auf Erfüllung der vom [...E] eingegangenen Verpflichtung war nicht, auch nicht teilweise, die versprochene Gegenleistung, sondern ein *aliud* ohne wirtschaftlichen Wert. Eine auf die Begehung von Straftaten aufgebaute Aussicht auf Vertragserfüllung [... sei] an sich schon wertlos.“ Daher sei wegen des „objektiv völlig unrealistischen Anlagemodells und der damit verbundenen Ertragsversprechungen“ ein schnelles Ende zu erwarten gewesen, jedenfalls war von Anfang an nicht absehbar, wann das System zusammenbreche.[526]

Diese Entscheidung wurde von Teilen der Literatur so aufgefasst, der BGH

525 Dem Fall liegt zwar ein legales Rechtsgeschäft zugrunde, die Literatur bespricht ihn dennoch in dieser Fallgruppe. Denn die Ablehnung eines Vermögensschadens einer auf der Begehung von Straftaten gerichtete Aussicht sei als wertlos anzusehen, *Fischer*, StGB, § 263 Rn. 104, 130.

526 BGH, Beschl. v. 18.02.2009 – 1 StR 731/08, BGHSt 53, 199, „Schneeballsystem“.

schütze Forderungen aus einem nichtigen Rechtsgeschäft strafrechtlich nicht und weiche damit von einem rein wirtschaftlichen Vermögensbegriff ab.[527]

Dem ist zu Recht entgegen zu halten, dass gerade bei wirtschaftlicher Betrachtung im Rahmen von Risikogeschäften unmittelbar ein Wertverlust vorliegt, „wenn mit diesem Geschäft eine nicht mehr vertragsimmanente Verlustgefahr verbunden ist".[528] Ein Schaden ist für den Zeitpunkt zu bestimmen, in dem die Vermögensverfügung erfolgte.[529] Mit Eingehen der Verpflichtung muss die getätigte Leistung also höher sein, als die „gewährte Gegenleistung unter Berücksichtigung aller mit ihr verbundenen Gewinnmöglichkeiten". Da hier der erlangte Gegenanspruch aufgrund des von vornherein unrealistischen Anlagemodells wirtschaftlich wertlos war, entstand ein Vermögensschaden in der vollen Höhe der Anlagen.[530] Obwohl eine gewisse Chance für die Erstanleger bestand, war diese aufgrund ihrer „auf die Begehung von Straftaten [aufgebauten] Aussicht auf Vertragserfüllung an sich" von Beginn an wirtschaftlich wertlos.[531] Auch unterstellt der BGH, dass im Zeitpunkt der Vermögensverfügung aufgrund des völlig unrealistischen Anlagemodells ein schnelles Ende in Sicht und es nicht absehbar war, ob das System zusammenbricht, bevor der Anleger sein Kapital zurückerhielt.

Dem mag zwar entgegengehalten werden, dass zumindest ein gewisser wirtschaftlicher Wert in der Gewinnchance der ersten Anleger gesehen wer-

527 *Fischer*, StGB, § 263 Rn. 104, 130; *Bosch*, JA 2009, 548, 550.

528 O.V. NJW-Spezial 2009, 248; BGH, Beschl. v. 18.02.2009 – 1 StR 731/08, BGHSt 53, 199, „Schneeballsystem"; vgl. auch die Zivilrechtsrechtsprechung, BGH, Versäumnisurt. v. 04.02.2021 – III ZR 7/20, NJW 2021, 1759, 1760 f.; BGH, Urt. v. 17.03.2015 - VI ZR 11/14, WM 2015, 819.

529 Vgl. zum Zeitpunkt des Entstehens des Vermögensschadens beim Anlagebetrug, zuletzt bestätigt durch, BGH, Beschl. v. 19.05.2021 – 1 StR 496/20, NStZ-RR 2021, 310.

530 O.V. NJW-Spezial 2009, 248; BGH, Beschl. v. 18.02.2009 – 1 StR 731/08, BGHSt 53, 199, „Schneeballsystem".

531 BGH, Beschl. v. 18.02.2009 – 1 StR 731/08, BGHSt 53, 199, „Schneeballsystem"; *Schröder*, FD-StrafR 2009, 278858.

den könnte und kein Vermögensschaden in der gesamten Höhe angenommen werden dürfe. Jedoch hängt die Auffassung des BGH, dass er in dieser keinen wirtschaftlichen (Rest-)wert mehr sieht, allein von dessen ökonomischer Bewertung ab. Es bestand nach Ansicht des BGH im Zeitpunkt der Vermögensverfügung eine derart hohe Wahrscheinlichkeit für einen endgültigen Verlust der Anlage, dass dies bereits eine objektive Minderung des Gesamtvermögens darstellte.[532] Dies ist aber nicht auf eine Abkehr vom wirtschaftlichen Vermögensbegriff zurückzuführen, sondern hängt mit einer unterschiedlichen Beurteilung, welcher wirtschaftliche Wert noch in der Anlage gesehen werden kann, zusammen. Diese Auffassung kann auch einer ökonomischen Betrachtungsweise entsprechen. Denn wenn eine solche Forderung mit Kenntnis des zugrundeliegenden, völlig unrealisierbaren Anlagemodells und dem unabsehbaren Ende dieses Schneeballsystems auf dem freien Markt angeboten würde, wäre mit großer Wahrscheinlichkeit kein Preis geboten worden. Daher kann die tatsächliche Gegenleistung in der Chance, dennoch Geld zu verdienen als wirtschaftlich wertlos betrachtet werden.

Dem BGH wird ferner entgegengehalten, diese Entscheidung widerspreche der zuvor besprochenen „Bundesliga Bestechungsgelder"-Entscheidung,[533] da in dieser die erlangte Chance auf den Klassenerhalt als Vermögenswert anerkannt wurde, obwohl die Fußballspieler bestochen wurden und Straftaten begehen mussten.[534] Jedoch verkennt diese Ansicht, dass der BGH in der hier besprochenen Entscheidung den Vermögensschaden nicht nur deshalb ablehnt, weil zur weiteren Begehung Straftaten begangen werden müssen,

532 BGH, Beschl. v. 18.02.2009 - 1 StR 731/08, BGHSt 53, 199, „Schneeballsystem"; vgl. auch BGH, Versäumnisurt. v. 04.02.2021 - III ZR 7/20, NJW 2021, 1759; 1761; BGH, Urt. v. 19.10.2011 - 1 StR 336/11, NStZ-RR 2012, 81, 82.

533 BGH, Urt. v. 27.02.1975 - 4 StR 571/74, NJW 1975, 1234.

534 *Bosch*, JA 2009, 548, 550.

sondern weil er basierend auf einer wirtschaftlichen Betrachtung der Forderung keinen Geldwert beimisst.[535]

Damit ist der „Schneeballsystem"-Entscheidung weder eindeutig zu entnehmen, dass der BGH weiterhin der wirtschaftlichen Vermögenstheorie folgt, noch dass er diese nicht mehr annehme. Er begründet die Ablehnung eines Vermögensschadens nicht mit anderenfalls entstehenden Wertungswidersprüchen innerhalb der Rechtsordnung, sondern damit, dass in den Forderungen kein wirtschaftlicher Wert zu sehen ist. Dies entspricht weiterhin der wirtschaftlichen Vermögenstheorie sowie der Grundsatzentscheidung des Reichsgerichtes.

5 BGH, Beschl. v. 02.05.2001 – 2 StR 128/01, NStZ 2001, 534, „Kurierfahrten"

In einem weiteren Fall[536] unterstellt die Literatur dem BGH wieder, er weiche vom wirtschaftlichen Vermögensbegriff hinsichtlich des strafrechtlichen Schutzes bemakelter Ansprüche ab.[537] E zwang L zur Lagerung von und zu Kurierfahrten mit unverzollten Zigaretten. Fraglich war, ob E dem Vermögen des L dadurch einen Nachteil zufügte. In Betracht kamen sowohl der Einsatz der Arbeitskraft des L ohne Gegenleistung als auch die Nichtgewäh-

535 Zu beachten ist ebenfalls, dass der BGH abgesehen davon auch in der „Bundesliga Bestechungsgelder"- Entscheidung nicht entschied, dass eine auf Straftaten basierende Chance Vermögenswert haben könnte, da die Vereinsgelder erst nach dem manipulierten Spiel, also nach Begehung der Straftaten flossen. Zu diesem Zeitpunkt stand bereits fest, dass der Klassenerhalt gesichert war und ein Lizenzverlust praktisch nicht mehr bis zum Beginn des neuen Spieljahres in der Bundesliga (aufgrund des langwidrigen Verfahrens) möglich war. Damit bestand im Zeitpunkt der Zahlung der Vereinsgelder kein Risiko mehr, dass der Klassenerhalt, welcher zu wesentlich höheren Einnahmen führte als das gezahlte Bestechungsgeld, nicht eintrete. Daher widersprechen sich die beiden Judikaturen nicht.

536 BGH, Beschl. v. 02.05.2001 – 2 StR 128/01, NStZ 2001, 534, „Kurierfahrten".

537 *Perron*, in: S/S StGB, § 263 Rn. 93; einschränkend *Beukelmann*, in: BeckOK StGB, § 263 Rn. 44; *Saliger*, in: M/R StGB, § 263 Rn. 174, 175 a.E.

rung eines Beuteanteils. In beiden Fällen verneinte der BGH einen Vermögensschaden, die erste Alternative wird weiter unten im Rahmen der nächsten Fallgruppe der „illegalen Arbeitsleistung“ besprochen.[538] Bezüglich der zweiten Möglichkeit lehnte der BGH einen Vermögensnachteil des L ab, da ein denkbarer Beuteanteil keinen Vermögenswert im Sinne von § 253 StGB habe. Der Teilnehmer an einer Straftat erwerbe gegen seine Tatgenossen „keinen vermögenswerten, rechtlich geschützten Anspruch, der deshalb auch nicht dem Vermögensbegriff des § 253 StGB unterfallen“ könne.[539]

Aus dieser Entscheidungsbegründung wird in der Literatur zum Teil geschlussfolgert, dass nach Ansicht des BGH ein Anspruch „rechtlich geschützt“ sein müsse und Ansprüche aus illegalen Rechtsgeschäften nicht vom Vermögensschutz umfasst sind.[540] Da der BGH jedoch gleichzeitig darauf abstellt, der Täter habe keinen „vermögenswerten“ Anspruch, kann auch nach der rein wirtschaftlichen Vermögenstheorie kein Vermögenswert im Sinne von § 253 StGB vorliegen. Daher ist der Literatur nicht uneingeschränkt zu folgen, vielmehr stimmen Begründung und Ergebnis sowohl mit der wirtschaftlichen als auch mit der juristisch-ökonomischen Vermögenstheorie überein. Allein in der erfolgten Begründung des BGH, dass kein vermögenswerter, rechtlich geschützter Anspruch vorliege, kann nicht geschlussfolgert werden, der BGH wolle nur rechtlich bestehende Ansprüche schützen. Die Begründung ist vielmehr offen und kann auch dahingehend verstanden werden, dass der BGH hier nur Eigenschaften des Anspruches aufzählt.

538 Siehe unten, 3. Kapitel C I.

539 BGH, Beschl. v. 02.05.2001 – 2 StR 128/01, NStZ 2001, 534, „Kurierfahrten“.

540 *Perron*, in: S/S StGB, § 263 Rn. 93; einschränkend *Beukelmann*, in: BeckOK StGB, § 263 Rn. 44; *Saliger*, in: M/R StGB, § 263 Rn. 174, 175 a.E.

III Ergebnis der ersten Stufe

Die Analyse der Rechtsprechung ergab, dass sich der BGH im Jahr 1951 in der sogenannten „Drehbank"-Entscheidung[541] ausdrücklich für den strafrechtlichen Vermögensschutz der aus illegalen Geschäften stammenden Ansprüche aussprach. Jedoch sei der wirtschaftliche Wert eines nichtigen Anspruchs stets im Einzelfall genau zu prüfen, in der Regel liege bemakelten Ansprüchen mangels ihrer Durchsetzungsmöglichkeit auch kein wirtschaftlicher Wert zugrunde. Sofern besondere Umstände vorliegen, die eine Erfüllung des Anspruchs dennoch erwarten lassen (wie das Vorliegen geschäftlicher, familiärer oder freundschaftlicher Beziehungen), könne dies im Einzelfall zu einer anderen Bewertung führen. Dies entspricht auch den Vorgaben der Grundsatzentscheidung des Reichsgerichtes[542] und einer rein wirtschaftlichen Betrachtung.

Der BGH distanzierte sich von dieser Rechtsprechung wenige Jahre später im Rahmen der Fälle der „Dirnenprellung" und sprach sich erstmals gegen einen wirtschaftlichen Vermögensbegriff zugunsten einer Einheit der Rechtsordnung aus.[543] Jedoch waren dies die einzigen Fallkonstellationen innerhalb illegaler Rechtsgeschäfte, in denen der BGH solche Ansprüche aus dem strafrechtlichen Vermögensschutz ausdrücklich ausschloss. Auch verloren diese Fälle mit der Einführung des ProstG an Aktualität.

Die Literatur hält dem BGH dennoch entgegen auch in anderen Fällen, hinsichtlich nichtiger Ansprüche von der wirtschaftlichen Vermögenstheorie abzuweichen. Dies konnte in den hier geprüften Fällen nicht bestätigt werden. Dem Schrifttum ist insoweit zuzustimmen, der BGH unterstellte tatsächlich seit der „Drehbank"-Entscheidung aus illegalem Geschäft

541 BGH, Urt. v. 15.11.1951 – 4 StR 574/51, BGHSt 2, 364, 365.

542 RG, Beschl. v. 14.12.1910 – 1214/10, RGSt 44, 230.

543 Vgl. nur BGH, Beschl. v. 28.04.1987 – 5 StR 566/86, NStZ 1987, 407, „Geprellte Prostituierte".

stammende Ansprüche nicht mehr ausdrücklich dem strafrechtlichen Vermögensschutz. Die genaue Analyse dieser Fälle zeigt aber, dass es auch bei konsequenter Lösung der Fälle nach der rein wirtschaftlichen Vermögenstheorie nicht zu anderen Ergebnissen gekommen wäre, da in der Regel den nichtigen Ansprüchen in diesen Fällen nach wirtschaftlicher Bewertung kein Marktwert beizumessen war.[544]

544 Vgl. auch *Kindhäuser*, in: NK StGB, § 263 Rn. 234.

B 2. Stufe: Bemakelte Gegenleistungsansprüche

I Eigenmächtige Durchsetzung von Gegenleistungsansprüchen

Die nächste Stufe der zweiten Fallgruppe befasst sich mit Fällen, in denen ein aus einem rechts- und sittenwidrigen Rechtsgeschäft stammender „Anspruch“ durchgesetzt wird. Dies betrifft oftmals Konstellationen, in denen der „Gläubiger“ vorher betrogen wurde, indem er seinen Teil des Geschäftes erfüllte, ohne die vereinbarte Gegenleistung des Schuldners zu erhalten. Zuvor wurde in der zweiten Stufe der ersten Fallgruppe die Durchsetzung des Rückforderungsanspruchs des Betrogenen gegen den Täter geprüft. Das Betrugsopfer war im Besitz der Sache und holte sich die durch Vermögenstat verlorene Sache wieder zurück und es bestand in der Regel ein Rückforderungsanspruch auf das ursprünglich Geleistete. Ein eigenmächtiges Umsetzen des Herausgabeanspruchs führte nicht zu einer Verurteilung wegen eines Vermögensdeliktes, da die Absicht der rechtswidrigen Bereicherung entfiel. Abweichend davon wurden nur Sachen behandelt, deren Besitz verboten und damit kein Herausgabeanspruch durchsetzbar war, der die Rechtswidrigkeit der beabsichtigten Bereicherung ausgeschlossen hätte.[545] In den jetzt zu besprechenden Fällen fordert der Betrogene eine Sache ein, in deren Besitz er noch nicht war, deren Übergabe ihm aber im Rahmen eines illegalen Geschäftes versprochen wurde. Damit hat der Gläubiger weder einen vertraglichen, dinglichen oder sonstigen (Herausgabe-)Anspruch auf die vereinbarte Gegenleistung.

Ob Ansprüche, die aus einem beiderseitigen illegalen Rechtsgeschäft stammen, strafrechtlich geschützt sind, ist im Rahmen dieser Stufe nur mittelbar im Wege der Gesamtsaldierung überprüfbar. Denn sollten die nichti-

545 Vgl. oben, 1. Kapitel B.

gen Ansprüche einen wirtschaftlichen Wert haben und vom strafrechtlichen Vermögensschutz umfasst sein, müssten sie als wegfallende Verbindlichkeit innerhalb der Schadensberechnung kompensatorisch berücksichtigt werden. Die Fälle sind zunächst danach gegliedert, ob die eingetriebene Gegenleistung eine legale (1) oder verbotene Sache (2) ist.

1 Einforderung der Gegenleistung: Übergabe bemakelter aber nicht verbotener Sachen

a BGH, Urt. v. 23.07.2008 – 5 StR 46/08, NStZ 2008, 626, „Irrender Dealer"

In dem zunächst zu behandelnden Fall[546] hatte der BGH über folgenden Sachverhalt zu entscheiden: L ging mit einer Eisenstange bewaffnet in die Wohnung des E, um dort Schulden aus früheren Drogengeschäften einzutreiben. Nachdem E sagte, er habe kein Geld in der Wohnung, schlug L auf E ein. Anschließend durchsuchte L die Wohnung des E nach dem „geschuldeten" Geld. Als die Suche erfolglos blieb, verließ L die Wohnung des E wieder. Fraglich war, wie sich L strafbar machte, als er versuchte seine aus dem illegalen Rechtsgeschäft stammende „Forderung" auf den Kaufpreis durchzusetzen.

Das Landgericht sah von einer Verurteilung wegen versuchten (besonders) schweren Raubes ab. L habe einem Tatbestandsirrtum unterlegen, weil er davon ausging, eine Forderung gegen E gehabt zu haben. Der BGH hingegen nahm eine Strafbarkeit wegen versuchten besonders schweren Raubes gemäß §§ 250 Abs. 2 Nr. 1, 22 StGB in Tateinheit mit gefährlicher Körperverletzung an. Ohne weitere Begründung zum objektiven Tatbestand sah der BGH einen Vermögensschaden auf Seiten des E. Lediglich die Frage, ob

546 BGH, Urt. v. 23.07.2008 – 5 StR 46/08, NStZ 2008, 626.

die Absicht der rechtswidrigen Bereicherung des L aufgrund eines Tatbestandsirrtums ausgeschlossen sein könnte, erläuterte er ausführlicher.

i Keine Kompensation des Vermögensschadens

Die Feststellung eines Vermögensschadens auf Seiten des E bedarf einer weiteren Erläuterung. Zwar zielte es L auf Geld des E ab, doch der durch den Entzug für E entstandene Vermögensschaden könnte wiederum durch Vermögenszuwachs kompensiert worden sein. In Frage käme der vermeintliche „Anspruch" des L gegen E auf Bezahlung der Drogen. Dieser könnte eine Verbindlichkeit sein, die durch die geplante Entwendung des Geldes entfällt, E dadurch von einer Verbindlichkeit befreit wäre und den Vermögensschaden des E hätte ausgleichen können.[547] Grundsätzlich nimmt der BGH eine Kompensation des Vermögensschadens insoweit an, wie „das Vermögen von einer Verbindlichkeit in Höhe des Verlusts befreit wird".[548] Jedoch besteht im vorliegenden Fall keine rechtlich durchsetzbare Verbindlichkeit, sondern lediglich eine (rechtlich nichtige) Vereinbarung zwischen L und E, sodass der BGH eine mögliche Schadenskompensation nicht in Erwägung zog.

Daraus wird in der Literatur zum Teil der Schluss gezogen, der BGH zähle nichtige Ansprüche auf Gegenleistung innerhalb illegaler Rechtsgeschäfte nicht zum strafrechtlich geschützten Vermögen,[549] da dieser „Anspruch" nicht (ausdrücklich) im Wege einer Gesamtsaldierung berücksichtigt wurde. Dieses Argument wirkt zunächst überzeugend, denn im Rahmen legaler

547 Vgl. bereits oben zur Berechnung der Kompensation durch den Wegfall einer Verbindlichkeit, 1. Kapitel BI1a.

548 BGH, Beschl. v. 05.07.2011 – 3 StR 444/10, NStZ-RR 2011, 312, 313.

549 Vgl. *Fischer*, StGB, §263 Rn. 104, wonach aus diesem Fall hervor gehe, dass die Rechtsprechung einer aus einem nichtigen Rechtsgeschäft stammende Forderung, keinen rechtlich geschützten Wert beimesse.

Rechtsgeschäfte werden Ansprüche im Wege der Gesamtsaldierung berücksichtigt und können zur Schadenskompensation führen.[550]

Es folgt die Frage, ob der BGH von der rein wirtschaftlichen Vermögenstheorie abweicht, indem er den (nichtigen) Anspruch nicht im Wege der Gesamtsaldierung berücksichtigte. Dies ist zu verneinen. Vielmehr dürfte die Nichtberücksichtigung des Wegfalls der Verbindlichkeit darin begründet sein, dass diesem nichtigen Anspruch kein wirtschaftlicher Wert zukommt, der im Wege der Gesamtsaldierung abzugsfähig gewesen wäre. Ein Vermögensschaden kann nicht pauschal durch Befreiung von einer Verbindlichkeit kompensiert werden, da dies nur möglich ist, wenn die Forderung dem Nominalwert entspricht. Liegt der Wert der Forderung unter dem Wert des durch die Tat erlangten Vermögensvorteils, ist ein Vermögensschaden zu bejahen.[551] Es reicht nicht allein aus, dass die Forderung Teil des strafrechtlich geschützten Vermögens ist, sie muss auch wirtschaftlich werthaltig sein. Die wirtschaftliche Berechnung von Ansprüchen wird auch vom BVerfG gefordert als es entschied, dass die Nachteilsermittlung anhand wirtschaftlicher Kriterien zu erfolgen hat.[552]

Eine rechtlich bestehende Forderung hat, auch wenn sie vom Schuldner bestritten oder im Rechtsstreit befangen ist, grundsätzlich nicht den gleichen wirtschaftlichen Wert wie eine vom Schuldner anerkannte oder freiwil-

550 Vgl. BGH, Beschl. v. 05.07.2011 – 3 StR 444/10, NStZ-RR 2011, 312, 313 f.

551 Umkehrschluss aus BGH, Beschl. v. 05.07.2011 – 3 StR 444/10, NStZ-RR 2011, 312, 313 f.; vgl. aber auch den umgekehrten Fall, wonach ein Vermögensschaden abgelehnt wurde, wenn ein begründeter, aber schwer beweisbarer Anspruch mit Hilfe einer Täuschung durchgesetzt wurde, BGH, Urt. v. 26.09.1951 – 2 StR 307/52, BGHSt 3, 160, 167.

552 BVerfG, Beschl. v. 23.06.2010 – 2 BvR 2559/08, BVerfGE 126, 170, 200 ff., 211 f.; BVerfG, Beschl. v. 07.12.2011 – 2 BvR 2500/09, BVerfGE 130, 1, 47 f.

lig erfüllte Forderung.[553] Nach der rein wirtschaftlichen Vermögenstheorie hat ein Anspruch oft nicht den Wert wie der durch die Tat erlangte Vorteil.[554]

Wenn grundsätzlich schon bei rechtlich bestehenden aber nicht ohne Weiteres durchsetzbaren Ansprüchen ein Abschlag vom Nominalbetrag vorzunehmen ist, muss dies erst recht für nichtige und somit rechtlich nicht durchsetzbare Ansprüche gelten. Daher kann ein nichtiger Anspruch in der Regel nicht seinen Nominalbetrag wert sein und es kommt dadurch nicht zu einer Vermögenskompensation in voller Höhe des durch die Tat entstandenen Schadens. Ein Vermögensschaden liegt daher auch nach der wirtschaftlichen Vermögenstheorie weiterhin vor.

Aus der Bejahung eines Vermögensschadens kann nicht pauschal geschlossen werden, dass nichtige Ansprüche (auf die Gegenleistung) von der Rechtsprechung nicht zum geschützten Vermögen gezählt werden.[555] Selbst wenn sie dem strafrechtlichen Schutz unterfallen und im Rahmen der Gesamtsaldierung berücksichtigt werden, würde dies aufgrund der Wertlosigkeit zum gleichen Ergebnis führen, wie wenn sie vom strafrechtlichen Vermögensschutz nicht umfasst wären. Daher würde der BGH im vorliegenden Fall den Vermögensschaden auch bejahen, wenn er der wirtschaftlichen Vermögenstheorie folgt und nichtige Ansprüche ebenso zum Teil des strafrechtlich geschützten Vermögens zählt.

ii Kein Bestehen eines Tatbestandsirrtums

Schließlich entschied der BGH, dass L auch den subjektiven Tatbestand erfüllte, da er mit der Absicht sich rechtswidrig zu bereichern handelte und

553 BGH, Urt. v. 26.09.1952 – 2 StR 307/52, BGHSt 3, 160, 162.

554 *Perron*, in: S/S StGB, § 263 Rn. 132; *Mitsch*, StrafR BT 2, S. 322 ff.; *Satzger*, in: S/S/W StGB, § 263 Rn. 222.

555 So aber, *Fischer*, StGB, § 263 Rn. 104; lediglich in Frage stellend *Saliger*, in: M/R StGB, § 263 Rn. 154, 174 f.; *Satzger*, in: S/S/W StGB, § 263 Rn. 170.

keinem Tatbestandsirrtum unterlag. In seiner Begründung schloss sich der BGH größtenteils der bereits zuvor besprochenen Entscheidung „Säumiger Haschischkäufer“[556] an. Letztlich komme es darauf an, „ob der Angeklagte nach laienhafter Bewertung der Umstände einen Anspruch auf die erstrebte Leistung sich nicht zumisst oder für zweifelhaft hält“. Somit liege kein Irrtum über das Bestehen des Anspruchs vor, „wenn sich der Nötigende lediglich nach den Anschauungen der einschlägig kriminellen Kreise als berechtigter Inhaber eines Zahlungsanspruchs gegen das Opfer [... fühle].“ Ausschlaggebend sei, ob sich der Angeklagte vorstellte, „dass dieser Anspruch auch von der Rechtsordnung anerkannt wird und er seine Forderung demgemäß mit gerichtlicher Hilfe in einem Zivilprozess durchsetzen könnte“.[557] Diese Vorstellungen konnten beim Angeklagten nicht festgestellt werden und ein Tatbestandsirrtum war abzulehnen.

iii Zwischenergebnis

Der ursprünglich betrogene L macht sich strafbar, wenn er die versprochene Gegenleistung von E eintreibt. Aufgrund der Nichtigkeit des zugrundeliegenden Rechtsgeschäfts hat L keinen rechtlich bestehenden Anspruch gegen E auf Erfüllung der vereinbarten Gegenleistung, auch unterlag L keinem Tatbestandsirrtum, damit handelt er rechtswidrig. Dass der BGH hier einen Vermögensschaden bejaht, obwohl E eine „Verbindlichkeit“ entfällt, widerspricht auch nicht der Annahme, der BGH folge dem wirtschaftlichen Vermögensbegriff. Aus dieser Entscheidung kann weder geschlossen werden, der BGH schütze aus illegalen Geschäften stammende Ansprüche noch nehme er diese vom Umfang der Vermögensdelikte aus.

556 Siehe oben, BGH, Urt. v. 07.08.2003 - 3 StR 137/03, BGHSt 48, 322, „Säumiger Haschischkäufer“, 1. Kapitel BI3a.

557 BGH, Urt. v. 23.07.2008 - 5 StR 46/08, NStZ 2008, 626, „Irrender Dealer“; BGH, Urt. v. 07.08.2003 - 3 StR 137/03, BGHSt 48, 322, 329.

b BGH, Urt. v. 07.08.2003 – 3 StR 137/03, BGHSt 48, 322, „Säumiger Haschischkäufer“

Gleiches gilt auch für den im Rahmen der ersten Fallgruppe auf zweiter Stufe bereits ausführlich besprochenen Fall „Säumiger Haschischkäufer“,[558] bei dem untersucht wurde, ob L gegen E einen Anspruch auf Rückgabe der Drogen bzw. Wertersatz hatte. Diesen lehnte der BGH ab und bejahte die Absicht der rechtswidrigen Bereicherung. Auch bei der Alternative, dass L versuchte seinen Kaufpreisanspruch durchzusetzen, kam der BGH zu keinem anderen Ergebnis. Ein vertraglicher Anspruch auf Bezahlung der Betäubungsmittel aus §433 Abs.2 BGB scheiterte an der Nichtigkeit des zugrunde liegenden Geschäfts nach §134 BGB, §§3 Abs.1 Nr. 1, 29 Abs.1 S.1 Nr. 1 BtMG.

Wieder nahm der BGH einen Vermögensschaden auf Seiten des E an ohne den Wegfall des „Kaufpreisanspruches“ des L gegen den E im Wege der Gesamtsaldierung zu berücksichtigen. Wie bereits im vorherigen Fall festgestellt, entspricht der Wert nichtiger Forderungen in der Regel nicht dem Nominalbetrag, weshalb ein Vermögensschaden trotz Wegfall der „Verbindlichkeit“ zu bejahen ist. Auch wenn der BGH solche Ansprüche zum strafrechtlich geschützten Vermögen zählte, würde dennoch ein Vermögensschaden zu bejahen sein. Der Literatur-Meinung, der BGH weiche in diesem Fall von der wirtschaftlichen Vermögenstheorie ab, kann nicht gefolgt werden.[559] Es bleibt weiterhin offen, ob der BGH solche Ansprüche dem strafrechtlichen Vermögen zuordnet oder eben nicht.

558 Siehe oben, BGH, Urt. v. 07.08.2003 – 3 StR 137/03, BGHSt 48, 322, „Säumiger Haschischkäufer“, 1. Kapitel BI3a.

559 *Perron*, in: S/S StGB, §263 Rn. 93; *Satzger*, in: S/S/W StGB, §263 Rn. 170.

c BGH, Beschl. v. 11.07.2000 – 4 StR 232/00, Juris

In einem Fall aus dem Jahr 2000[560] entschied der BGH über folgenden Sachverhalt: Der Angeklagte L versuchte die „Kaufpreisforderung“ aus einem Betäubungsmittelgeschäft einzutreiben, indem er der „Schuldnerin“ E drohte, er werde sie von dem Balkon ihrer Wohnung im dritten Stock werfen, wenn sie das Geld nicht bis zu einem bestimmten Zeitpunkt zahle. Als er trotz der Drohung von ihr kein Geld bekam, verließ L die Wohnung wieder. Das Landgericht Bielefeld verurteilte L unter anderem wegen versuchter räuberischer Erpressung. Der BGH hingegen hob das Urteil des Landgerichtes auf und verwies die Sache an eine andere Strafkammer des Landgerichts zurück. Der Strafsenat begründete, dass zwar alle objektiven Tatbestandsvoraussetzungen für eine Erpressung vorgelegen hätten, aber der Erpressungsvorsatz des L nicht rechtsfehlerfrei festgestellt wurde, denn die Androhung von Gewalt des L gegenüber der E sollte der Durchsetzung eines „vermeintlichen Anspruchs“ dienen. L könnte sich einen Anspruch vorgestellt haben, der in Wirklichkeit nicht bestand und somit einem Tatbestandsirrtum nach § 16 Abs. 1 S. 1 StGB unterfallen sein. Nach seiner Vorstellung hätte er dann ohne die Absicht einer rechtswidrigen Bereicherung gehandelt. Jedoch genüge es zur Annahme des Erpressungsvorsatzes, wenn der Angeklagte es „für möglich hielt und billigend in Kauf nahm, daß die Forderung nicht bestand, oder von der Rechtsordnung nicht geschützt ist.“ Diese Feststellungen hätten im Urteil des Landgerichtes gefehlt und es wurde daher aufgehoben.[561]

Mit dieser Entscheidung zeigte der BGH, dass er in solchen Fällen grundsätzlich einen Tatbestandsirrtum für möglich hält. Zur Frage, ob der BGH solche Ansprüche zum strafrechtlich geschützten Vermögen zählt oder nicht, ergeben sich nach dieser Entscheidung keine neuen Erkenntnisse.

560 BGH, Beschl. v. 11.07.2000 – 4 StR 232/00, Juris.

561 BGH, Beschl. v. 11.07.2000 – 4 StR 232/00, Juris.

d BGH, Urt. v. 15.04.2021 – 5 StR 371/20, NStZ 2022, 106, „Wechselgeld“

Den vorgenannten Entscheidungen schloss sich der BGH in einem Urteil aus dem Jahr 2021 an: L kaufte von E Drogen zum Preis von 10 Euro, bezahlte diese mit einem 20 Euroschein und erhielt im Gegenzug die Drogen aber nur einen 5 Euroschein als Wechselgeld. Als L dies wenig später auffiel, forderte er von E unter Anwendung von Gewalt die restlichen 5 Euro Wechselgeld ein.

Abweichend zum Landgericht sah der BGH eine versuchte räuberische Erpressung als in Betracht kommende Straftat an. Der Wechselgeldanspruch L gegen E sei rechtlich nicht durchsetzbar, da auch dieser als Teil des Betäubungsmittelgeschäfts nichtig sei.[562] Für den Vorsatz reiche ein für möglich halten und ein billigend in Kauf nehmen aus, dass die eingeforderte Forderung nicht bestand und nicht mit Mitteln der Zivilprozessordnung durchgesetzt werden könne. Auch wenn sich der Einfordernde nach Anschauung der einschlägigen kriminellen Kreise als berechtigter Inhaber des Anspruchs fühlt, sei entscheidend, ob er sich auch vorstellt, diesen Anspruch mit gerichtlicher Hilfe durchsetzen zu können. Dies hätte hinsichtlich des L geprüft werden müssen.[563]

2 Einforderung der Gegenleistung: Übergabe verbotener Sachen

Auch in umgekehrten Fällen, in denen der Leistende L nicht der Drogenverkäufer, sondern der Käufer war, die bezahlten, aber nicht erhaltenen

562 Kritisch dazu, *Beukelmann/Heim*, NJW-Spezial 2021, 377; *Lichtenthäler*, FD-StrafR 2021, 439567.

563 BGH, Urt. v. 15.4.2021 – 5 StR 371/20, NStZ 2022, 106 f., „Wechselgeld“.

Drogen vom Drogenkurier E einforderte, bejaht der BGH eine Vermögensstraftat. Der Täter will im Gegensatz zu den Fällen auf der zweiten Stufe der ersten Fallgruppe nicht seine bereits geleisteten Drogen zurück und seinen (vermeintlichen) Herausgabeanspruch durchsetzen, sondern verlangt die versprochene Übergabe der „vertraglichen" Gegenleistung oder alternativ (sekundär) den Wertersatz für die Drogen. Wegen der Unwirksamkeit des Kaufvertrages hat der Gläubiger aber keinen vertraglichen oder sonstigen Anspruch auf Gegenleistung.

Als Beispiel aus der Rechtsprechungspraxis dient folgende Entscheidung:[564] L beauftragte den E eine größere Menge Kokain von einem Händler aus Curaçao über Amsterdam nach Düsseldorf zu bringen, der aber mit den Drogen in Amsterdam festgenommen und nach Deutschland abgeschoben wurde. In Deutschland angekommen, traf sich E mit L. Dieser glaubte der Geschichte des E nicht und setzte Gewalt ein, um von E die geschuldeten Drogen oder alternativ Wertersatz für diese zu erhalten. Fraglich war, wie sich L strafbar machte, als er versuchte seinen „Anspruch" gegen E auf Übergabe der Drogen durchzusetzen. Der BGH entschied, dass das Nötigen zur Herausgabe von Betäubungsmitteln durch Gewalt grundsätzlich den Tatbestand der räuberischen Erpressung nach §§ 253, 255 i. V. m. § 249 StGB erfüllt. Auch ergebe sich kein Herausgabeanspruch des L gegen E nach § 985 BGB daraus, dass sich die Tat gegen den eigenen Kurier des L richtete. Denn L könne aufgrund von § 134 BGB wegen des Verstoßes gegen das betäubungsmittelrechtliche Veräußerungsverbot kein Eigentum durch Übergabe der Drogen des Drogenverkäufers an den Kurier erwerben.[565] Damit lehnt der BGH einen Eigentumserwerb des L mittels Geheißerwerbes ab. Ein solcher hätte sonst zu einem Herausgabeanspruch nach § 985 BGB führen können, wobei auch dieser nach § 242 BGB nicht durchsetzbar gewesen wäre.[566] Der

564 BGH, Urt. v. 07.09.2006 – 3 StR 277/06, Juris.

565 BGH, Urt. v. 07.09.2006 – 3 StR 277/06, Juris Rn. 34.

566 Siehe oben, 1. Kapitel BI3a.

BGH äußerte sich dazu aber nicht, da nach seiner Ansicht bereits kein Anspruch auf Übergabe der Drogen bestand.

Ohne weitere Begründung nahm der BGH einen Vermögensschaden auf Seiten des E an. Wie bereits erläutert, hätte die Befreiung der „Verbindlichkeit" nach der wirtschaftlichen Vermögenstheorie im Rahmen der Gesamtsaldierung berücksichtigt werden müssen. Doch auch hier ist davon auszugehen, dass der nichtige Anspruch auf Übergabe der Drogen nicht dem Nominalbetrag entspricht, nach der wirtschaftlichen Vermögenstheorie keine vollständige Kompensation angenommen werden kann und ein Vermögensschaden zu bejahen ist. Die juristisch-ökonomische Vermögenstheorie hätte schon im Verlust der Drogen keinen Vermögensschaden gesehen und musste sich daher nicht mit der Frage befassen, ob der Anspruch auf Übergabe der Drogen Teil des wirtschaftlichen Vermögens sein und den Vermögensschaden ausgleichen könnte. Der BGH hielt es für fernliegend, dass L glaubte, der Kurier sei zur Lieferung der Drogen oder Ersatz für diese verpflichtet. L unterlag damit keinem Tatbestandsirrtum, der die Absicht einer rechtswidrigen Bereicherung hätte entfallen lassen. Dem schloss sich die Rechtsprechung in einer ähnlichen Sachverhaltskonstellation aus dem Jahr 2008 an und bejahte ohne weitere Ausführungen im Verlust der Drogen einen Vermögensschaden.[567]

Abweichend entschied der BGH in einem weiteren Fall aus dem Jahr 2000.[568] Hier sah der BGH von einer Sanktionierung des Gläubigers, der sich die „geschuldeten" Drogen aus einem Betäubungsmittelgeschäft eigenmächtig

567 Vgl., BGH, Beschl. v. 27.05.2008 - 4 StR 150/08, NStZ 2008, 569, „Unschuldiger Drogenkurier".

568 BGH, Urteil v. 09.07.2002 - 1 StR 93/02, NStZ 2002, 597, 598, in dieser Entscheidung beging E einen Betrug zum einen zu Lasten des L1, indem er von ihm Drogen kaufte, aber diese wie geplant nicht bezahlte und zum anderen zu Lasten des L2, indem er von diesem den Kaufpreis für Drogen entgegennahm ohne das versprochene Kokain auszuliefern. Daher suchten L1 und L2 zusammen E auf und wendeten Gewalt an, um ihre jeweiligen Forderungen gegenüber E durchzusetzen.

eintrieb, mangels Absicht einer rechtswidrigen Bereicherung ab. Der Täter sei vom Bestehen eines Anspruchs auf die angestrebte Bereicherung ausgegangen, sodass er in einem Tatbestandsirrtum nach §16 Abs. 1 S. 2 StGB handelte.[569]

Es ist festzuhalten, dass der BGH in seinen Entscheidungen zu unterschiedlichen Ergebnissen kommt, dies aber nicht auf uneinheitliche Rechtsprechungen, sondern auf einen – im Einzelfall vorliegenden – Tatbestandsirrtum zurückzuführen ist. Diese Entscheidungen schließen sich der bisherigen Rechtsprechungspraxis zum strafrechtlichen Schutz von verbotenem Besitz und damit dem wirtschaftlichen Vermögensbegriff an, lassen aber die Frage, ob auch eine nichtige Forderung auf Gegenleistung vom strafrechtlichen Schutz umfasst ist, weiterhin unbeantwortet. Denn der BGH würde auch einen Vermögensschaden bejahen, wenn er der wirtschaftlichen Vermögenstheorie folgt und auch nichtige Ansprüche zum Teil des strafrechtlich geschützten Vermögens zählen würde. Die Rechtsprechung widerspricht somit nicht den Grundsätzen der Grundsatzentscheidung des Reichsgerichtes aus 1910.[570]

3 Zwischenergebnis

Aus den bisher analysierten Entscheidungen geht nicht hervor, ob der BGH nichtige Ansprüche auf die vereinbarte Gegenleistung dem strafrechtlich geschützten Vermögen unterstellt und er diesen überhaupt einen wirtschaftlichen Wert beimisst. Grundsätzlich ist der im Rahmen eines illegalen Geschäfts der ursprünglich Betrogene wegen eines Vermögensdeliktes strafbar,

569 Der BGH hielt ausdrücklich an der bereits zuvor besprochenen Entscheidung des BGH v. 11.07.2000 - 4 StR 232/00, Juris fest.

570 RG, Beschl. v. 14.12.1910 - 1214/10, RGSt 44, 230.

wenn er die versprochene Gegenleistung eintreibt. Wegen der Rechtswidrigkeit des zugrunde liegenden Geschäfts hat dieser aber keinen Anspruch gegen den Betrüger auf Erfüllung der vereinbarten Gegenleistung. Zu beachten ist, dass stets ein die Rechtswidrigkeit ausschließender Tatbestandsirrtum infrage kommen kann, wenn der Betrogene annahm einen Anspruch auf Gegenleistung zu haben.[571]

II Hindern der Durchsetzung von Gegenleistungsansprüchen

Spiegelbildlich zu den vorherigen Fällen wird nun die Strafbarkeit des Leistungsempfängers E untersucht, wenn dieser mit Nötigungsmitteln (oder Täuschung) den ursprünglich Leistenden L daran hindert, seinen bemakelten Anspruch auf die versprochene Gegenleistung durchzusetzen. In der Rechtsprechungspraxis konnte ein Fall gefunden werden, der dieser Konstellation entsprach. Es handelt sich um den bereits zuvor an anderer Stelle besprochen „Gestohlener Transporter“-Fall. Im Zuge dieser Prüfung werden weitere Fälle, die jedoch nicht dem „Verbrechermilieu“ zuzuordnen sind, zum Vergleich und zur Auslegung herangezogen.

1 BGH, Beschl. v. 27.05.2008 - 4 StR 58/08, NStZ 2008, 627, „Gestohlener Transporter“

Im Fall „Gestohlener Transporter“ war L im Besitz eines gestohlenen Transporters. E täuschte L vor, ihm den Transporter abkaufen zu wollen, und kam

571 Einen Tatbestandsirrtum annehmend, BGH, Urteil v. 09.07.2002 - 1 StR 93/02, NStZ 2002, 597, 598. Die Anforderungen an das Vorliegen eines Irrtums wurden jedoch in der nachfolgenden Rechtsprechung erhöht, siehe oben, BGH, Urt. v. 23.07.2008 - 5 StR 46/08, NStZ 2008, 626, „Irrender Dealer“,2. Kapitel BI1a und BGH, Urt. v. 07.08.2003 - 3 StR 137/03, BGHSt 48, 322, „Säumiger Haschischkäufer“, 1. Kapitel BI3a.

so in den Besitz des Fahrzeuges. Als L die Rückgabe des Transporters oder alternativ den vereinbarten Kaufpreis eintreiben wollte, wurde er von E mit Nötigungsmitteln daran gehindert. Eine Strafbarkeit wurde aber abgelehnt, da allein im Hindern der Durchsetzung von Rückforderungsansprüchen kein weiterer Vermögensschaden zu sehen war.[572]

Im Folgenden wird untersucht, ob ein Vermögensschaden des L entstanden sein könnte, als E den L dazu nötigte, endgültig auf den Anspruch einer Gegenleistung zu verzichten. Der BGH lehnte auch hier eine Strafbarkeit wegen eines Vermögensdeliktes des E ab. Zwar könne eine Erpressung auch dadurch begangen werden, „dass der Täter das Tatopfer durch Drohung oder Gewalt dazu veranlasst, auf die Geltendmachung einer Forderung zu verzichten." Damit ein Vermögensschaden vorliegt, müsse aber die Forderung bestehen und werthaltig sein. Dies sei nicht erfüllt und da L keinen Anspruch auf Kaufpreiszahlung zustand, habe E lediglich eine Nötigung nach § 240 StGB begangen.[573] Die Entscheidungsbegründung könnte dahingehend verstanden werden, dass eine Forderung nur dann von den Vermögensdelikten umfasst ist, wenn beide Voraussetzungen des Bestehens und der Werthaltigkeit erfüllt sind. Der erzwungene Verzicht auf eine werthaltige, aber nicht bestehende Forderung würde nicht zu einem Vermögensschaden führen und somit gegen die Annahme einer rein wirtschaftlichen und für eine juristisch-ökonomische Betrachtungsweise des BGH sprechen. Die Antwort kann ein Vergleich mit BGH-Entscheidungen, denen vergleichbare Konstellationen zugrunde lagen, aber auf legalen Rechtsgeschäften basierten, geben.

572 Vgl. oben auf zweiter Stufe, 1. Kapitel BII1a.

573 BGH, Beschl. v. 27.05.2008 – 4 StR 58/08, NStZ 2008, 627.

a Vergleich zu Fällen legaler Rechtsgeschäfte

Im bereits oben dargestellten „Lenkgetriebe"-Fall,[574] beschäftigte sich der BGH ebenfalls mit der Frage, wie eine Nötigungshandlung zu bewerten ist, wenn sie die Durchsetzung eines (bestehenden) Anspruchs auf Kaufpreiszahlung hindert.[575] Der BGH nahm lediglich eine Betrugsstrafbarkeit mit anschließender Nötigung an und lehnte eine räuberische Erpressung ab, da dem L kein weiterer Vermögensschaden durch die Nötigungshandlung entstanden sei. Es fehle an der Kausalität zwischen Nötigungshandlung und Vermögensschaden. Auch dem anschließenden (vorläufigen) Verzicht auf die Geltendmachung der Kaufpreisforderung käme keine eigenständige Bedeutung zu.[576] Der Senat lehnte damit ausdrücklich einen Vermögensschaden durch den erzwungenen Verzicht auf eine Forderung im Zusammenhang einer Sicherungserpressung ab, obwohl die Kaufpreisforderung aus einem legalen Rechtsgeschäft stammte und rechtlich „bestand".

In einem weiteren Fall „Tanken ohne zahlen" wurde ebenso ein eigenständiger Vermögensschaden des Tankwarts L abgelehnt, als er von dem ohne Zahlung tankenden E gezwungen wurde auf die Kaufpreisforderung zu verzichten.[577] Auch hier sah der BGH in dem durch Nötigungshandlung erzwungenen Verzicht auf die Kaufpreisforderung keinen eigenständigen Vermögensschaden begründet. E traf den Entschluss zur Nötigungshand-

574 BGH, Beschl. v. 26.05.2011 - 3 StR 318/10, „Lenkgetriebe"

575 Dem Fall lag folgender Sachverhalt zugrunde: Käufer E schloss mit Verkäufer L einen Kaufvertrag über ein Lenkgetriebe ab, wobei E von Beginn an plante, nicht zu bezahlen. Nachdem er das Lenkgetriebe in seinem Wagen verstaut hatte und wegfahren wollte, versuchte L den E aufzuhalten und E zur Zahlung des Kaufpreises zu bewegen. Daraufhin schlug E mit seinem Komplizen K auf L ein, um wegfahren zu können und L zur Aufgabe der Kaufpreisforderung zu zwingen.

576 BGH, Beschl. v. 26.05.2011 - 3 StR 318/10, „Lenkgetriebe".

577 BGH, Beschl. v. 10.10.1983 - 4 StR 405/83, MDR 1984, 155, in diesem Fall tankte E mit der Absicht, nicht zu bezahlen. Als er nach dem Tankvorgang wegfahren wollte, stellte sich der Tankwart L vor E, um ihn am Wegfahren zu hindern. E fuhr jedoch auf L zu, sodass L den Weg frei mache musste.

lung erst spontan nach Eintritt des Betrugsschadens, um den durch Betrug erlangten Vermögensvorteil zu sichern.

In Fällen von „Fahrpreisprellerei“,[578] in denen der Fahrgast von vornherein plant ohne zu zahlen die Taxifahrt in Anspruch zu nehmen und nach dem Aussteigen mittels Nötigungsmitteln den Taxifahrer an der Durchsetzung des Zahlungsanspruchs zu hindern, wird ebenfalls kein autonomer Vermögensschaden im erzwungenen Verzicht gesehen.[579] Auch stellte der BGH in einer Entscheidung aus 2021 erneut fest, dass der Wert der Forderung sich nach wirtschaftlichen Gesichtspunkten bildet. Dieser Wert wird unabhängig von etwaigen Beschränkungen rechtlicher Durchsetzungsmöglichkeiten – in Bezug auf die Unterschreitung von Pfändungsfreigrenzen – gebildet.[580]

b Vergleich

Der Vergleich dieser Fälle mit dem Fall des „gestohlenen Transporters“ zeigt, dass in Fällen der Sicherungserpressung der BGH im erzwungenen Verzicht auf die Geltendmachung der Kaufpreisforderung keinen eigenständigen Vermögensschaden sieht, wenn zuvor ein Vermögensdelikt begangen wurde. Da selbst bei Fällen der Sicherungserpressung innerhalb legaler Rechtsgeschäfte der erzwungene Verzicht auf die Kaufpreisforderung keinen eigenen

578 Vgl. auch ausf. zu ähnlichen Fällen, *Kudlich*, JA 2015, 32.

579 Anders sieht dies aus, wenn der Fahrgast den Vorsatz, nicht zu zahlen, erst während der Fahrt fasst. Da es dann an einem Eingehungsbetrug fehlt, wird dem nach der Fahrt erzwungenen Verzicht auf die Fahrpreisforderung ein eigenständiger Vermögensschaden zugemessen. In diesem Fall besteht Kausalität zwischen Nötigungshandlung und Vermögensschaden. Dieser Schaden ist dann auch noch nicht von einem vorherigen Vermögensdelikt umfasst, vgl. BGH, Urt. v. 30.08.1973 – 4 StR 410/73, BGHSt 25, 224 ff.; gleiches gilt auch für das erzwungene Weiterfahren mit der Absicht, den Fahrpreis nicht bezahlen zu wollen, BGH, Beschl. v. 27.07.2002 – 3 StR 189/02, NStZ-RR 2002, 367; vgl. aber auch *Bockelmann*, in: FS Mezger, 363.

580 BGH, Urt. v. 09.06.2021 – 2 StR 13/20, NStZ-RR 2021, 281, 282.

Vermögensschaden begründet, kann nicht innerhalb illegaler Rechtsgeschäfte geschlussfolgert werden, dass dort die Ablehnung des Vermögensschadens auf dem Nichtbestehen der Kaufpreisforderung beruht. Dies hängt schlicht mit der Konstellation der Sicherungserpressung zusammen, bei der die Nötigung der gewaltsamen Sicherung des durch Betrug erlangten Vermögensvorteils dient.

2 Zusammenfassung und Diskussion der zweiten Stufe

Der Leistende, der seine aus einem illegalen Geschäft stammende Kaufpreisforderung durchsetzt, erfüllt den objektiven Tatbestand eines Vermögensdeliktes. Ein Wegfall der Verbindlichkeit für den Leistungsempfänger kompensiert in der Regel nicht den Wert des Besitzes der Sache. Im Rahmen des subjektiven Tatbestandes kann ein die Absicht der rechtswidrigen Bereicherung ausschließender Tatbestandsirrtum vorliegen. Dies ist in Einzelfallentscheidungen jeweils anhand der konkreten Tätervorstellungen zu prüfen, wodurch es zu unterschiedlichen Ergebnissen einer Strafbarkeit kommen kann. Trotzdem kann nicht von einer wechselnden Rechtsprechung des BGH gesprochen werden, er geht ebenso in diesen Fällen einheitlich vor.

Auch im spiegelbildlichen Fall, in dem der Leistungsempfänger den Leistenden daran hindert seine Zahlungsforderung durchzusetzen, macht sich der Leistungsempfänger wegen eines Vermögensdeliktes nicht strafbar. In Fällen der Sicherungserpressung dient das Hindern der Geltendmachung des Zahlungsanspruchs der Sicherung des bereits durch Betrug erlangten Vermögensvorteils. Nicht nur die Obstruktion der Durchsetzung des Rückforderungsanspruches (wie auf zweiter Stufe der ersten Fallgruppe erläutert wurde), sondern auch des Zahlungsanspruches des Leistenden gegen den Leistungsempfänger begründen danach keinen eigenen Vermögensschaden. Daher kann aus dem Urteil des „Gestohlenen Transporter"-Falls kein Schluss für oder gegen einen wirtschaftlichen Vermögensbegriff gezogen werden. Ein Indiz, dass der BGH nichtige Ansprüche in solchen Geschäften nicht vom strafrechtlichen Schutz umfassen möchte, könnte hingegen aus der Begründung der Entscheidung des Falles entnommen werden, in der er für das Vorliegen eines Vermögensschadens verlangt, dass eine Forderung bestehen *und* werthaltig sein muss.[581] Allerdings zeigte ein Vergleich zu BGH-Entscheidungen, die eine ähnliche Konstellation im Rahmen legaler Rechtsgeschäfte behandeln, dass selbst wenn die Forderung bestand, ein Vermögensschaden abgelehnt wurde. Aus dem Ergebnis im „Gestohlenen Transporter"-Fall kann nicht der Rückschluss gezogen werden, dass der nichtige Anspruch nur aufgrund seiner Illegalität nicht geschützt ist oder der BGH eine pauschale Aussage dahingehend treffen wollte, dass nur rechtlich bestehende Ansprüche geschützt sind. Denn ist zu berücksichtigen, dass der BGH auch faktische Gewinnaussichten, auf die ebenfalls kein rechtlicher Anspruch besteht wie Naturalobligationen oder Exspektanzen dem strafrechtlichen Vermögensschutz unterstellt, sofern sie werthaltig sind.[582] Ebenfalls strafrechtlich geschützt sind werthaltige Forderungen, wenn der Schuldner tatsächlich zahlungsfähig, aber eine rechtliche Durchsetzung aufgrund zivilprozessrechtlicher Pfändungshindernisse wie § 805 c ZPO nicht möglich ist.[583]

Die BGH-Rechtsprechung muss auch vor dem Hintergrund der BVerfG-Entscheidung aus dem Jahr 2010 bewertet werden, in der das BVerfG festlegte, dass der Vermögensnachteil auf ökonomischen Grundlagen beruhen soll. Berücksichtigt werden dürften auch normative Gesichtspunkte, jedoch

581 So stellte der BGH zuletzt nur auf die Werthaltigkeit ab, BGH, Urt. v. 09.06.2021 – 2 StR 13/20, NStZ-RR 2021, 281, 282.

582 Vgl. dazu bereits oben, BGH, Urt. v. 15.11.1951 – 4 StR 574/51, BGHSt 2, 364, „Drehbank", 2. Kapitel AI3; BVerfG, Beschl. v. 23.06.2010 – 2 BvR 2559/08, BVerfGE 126, 170, 213 f. mwN; BGH, Urt. v. 20.02.192 – 1 StR 496/61; *Kargl*, JA 2001, 714, 716; *Heger*, in: Lackner/Kühl/Heger StGB, § 263 Rn. 34; *Perron*, in: S/S StGB, § 263 Rn. 91; a.A. *Kindhäuser*, in: NK StGB, § 263 Rn. 232.

583 BGH, Urt. v. 09.06.2021 – 2 StR 13/20, NStZ-RR 2021, 281, 282.

müsse der Charakter als Vermögensdelikt gewahrt bleiben.[584] Zwar bezieht sich diese Entscheidung vorrangig auf die nachgelagerte Frage der Schadensfeststellung, dennoch lässt sich die Wertung entnehmen, dass Vermögen einem wirtschaftlichen und nicht rechtlichen Sinn entsprechen soll.

Das Wesen abstrakter Forderungen unterscheidet sich fundamental von denen verkörperter Gegenstände. Vermögenspositionen an Sachwerten wie der Besitz und das Eigentum wirken absolut. Sie gelten gegenüber jedermann und sind als solche auch nach außen hin zu erkennen. Ansprüche hingegen entstehen relativ zwischen Parteien aufgrund von Absprachen, denen erst dann ein wirtschaftlicher Wert beizumessen ist, wenn die Forderung mit Hilfe eines Zivilprozesses durchgesetzt werden kann und darüber hinaus der Schuldner zahlungsfähig und zahlungswillig ist. Werden diese Geschäfte außerhalb des Rechtes geschlossen, bleibt nur eine Erwartung auf Erfüllung, dass die jeweilige Partei trotz mangelnder Klagbarkeit leistet. Danach wird beispielsweise einer klagbaren Forderung kein wirtschaftlicher Wert beigemessen, wenn es dem Schuldner an Erfüllungsbereitschaft fehlt.[585] Umgekehrt kann ein Vermögensschaden auch in der Belastung mit einer solchen Forderung gesehen werden, wenn aufgrund gesellschaftlicher Stellung oder Geschäftsbeziehungen der Schuldner sich zur Erfüllung gedrängt fühlt.[586] Die im Rahmen dieser Fallgruppe gebildeten Anforderungen sollten dementsprechend auch auf die aus illegalen Geschäften stammenden nichtigen Ansprüche übertragen werden.

Bei den Fällen der Exspektanzen wird dem Leistungsopfer aufgrund eines betrügerischen Geschäftes die Möglichkeit genommen, mit einer anderen Partei ein vorteilhaftes Geschäft abzuschließen. War die Aussicht

584 BVerfG, Beschl. v. 23.06.2010 – 2 BvR 2559/08, BVerfGE 126, 170, 200 ff., 211 f.; BVerfG, Beschl. v. 07.12.2011 – 2 BvR 2500/09, BVerfGE 130, 1, 47 f.

585 BGH, Beschl. v. 17.08.2006 – 3 StR 279/06, NStZ 2007, 95.

586 *Perron*, in: S/S StGB, § 263 Rn. 9.

auf Vertragsabschluss mit der dritten Partei konkret genug, kann dieser ein wirtschaftlicher Wert zukommen.[587] Anders sieht dies bei den hier besprochenen Entscheidungen aus, da der Schuldner selbst den Gläubiger um die in Rede stehende Forderung täuscht. Schwerlich kann dann davon ausgegangen werden, dass diese Forderung eine konkret gesicherte Aussicht auf Vermögensmehrung hat, wenn gerade der Schuldner die Durchsetzung dieser verhindert. Schließlich bemisst sich die Aussicht auf Erfüllung der nichtigen Forderung bzw. Exspektanz unter anderem auch anhand der Erfüllungsbereitschaft und -fähigkeit des Schuldners. Daher dürfte in diesen Fällen in der Regel kein wirtschaftlicher Wert in der nichtigen Forderung gesehen werden.[588] Anders ist dies wiederum zu bewerten, wenn weitere Personen involviert sind und beispielsweise die Reputation eines „ordentlichen" Geschäftsmann in Frage gestellt wird.[589]

In der Literatur werden weitere BGH-Entscheidungen außerhalb der beiderseitigen illegalen Rechtsgeschäfte diskutiert,[590] in denen bestehende Ansprüche als Vermögenswert angesehen werden, obwohl sie bei wirtschaftlicher Betrachtung wegen fehlender Erfüllungsbereitschaft wertlos waren[591]

587 Vgl. etwa BGH, Urt. v. 20.02.1962 – 1 StR 495/61, NJW 1962, 973.

588 Ähnlich, *Hefendehl*, in: MüKo StGB, § 263 Rn. 639 f., der jedenfalls ab dem Zeitpunkt indem eine Partei die andere um eine versprochene Leistung täuscht, keine enge Freundschaft oder Komplizenschaft mehr annimmt. Daher mangele es stets in diesen Fällen an der vom BGH im Rahmen der „Drehbank"-Entscheidung entwickelten Voraussetzung der besonderen Bindung, aufgrund derer einer nichtigen Forderung wirtschaftlichen Wert beigemessen werden könne.

589 Vgl. oben, 2. Kapitel AI2, OGH, Urt. v. 11.10.1949, OGHSt 2, 193, „Falsche Lösegeldzahlungen"

590 Da diesen Fällen jedoch kein beiderseitig illegales Rechtsgeschäft zugrunde liegt, unterfallen sie nicht dem Umfang dieser Arbeit und werden daher nicht weiter ausgeführt.

591 BGH, Urt. v. 18.05.1976 – 1 StR 146/76, BGHSt 26, 346, in welchem der BGH einen Vermögensnachteil eines Eigentümers bejahte, der sich sein gestohlenes Kunstwerk zurückkaufte, obwohl das gezahlte Lösegeld unter dem Wert der erhaltenen Plastik lag. Der Täter sei „ohnehin nach §§ 861, 985 BGB zur alsbaldigen unentgeltlichen Rückgabe der gestohlenen oder gehehlten Kunstgegenstände verpflichtet". Daher sei in der Rückgabe

oder eine schwer beweisbare Forderung[592] vorlag.[593] In diesen Fällen kann nicht von einer normativen Korrektur der wirtschaftlichen Vermögenstheorie des BGH ausgegangen werden,[594] da auch die juristisch-ökonomische Theorie auf einer wirtschaftlichen Betrachtung mit anschließender normativer Korrektur basiert. Allein nach der rein juristischen Vermögenstheorie sind rechtlich bestehende Ansprüche[595] stets nach ihrem Nennwert zu berücksichtigen unabhängig davon, ob sie wirtschaftlichen Wert haben.[596] Mithin ist in solchen Fällen ein Abweichen von der wirtschaftlichen Vermögenstheorie zu bejahen. Hier handelt es sich um rechtlich bestehende Ansprüche und es lässt sich aus diesen Entscheidungen nicht die Schlussfolgerung ziehen, ob der BGH auch nichtige Ansprüche aus einem illegalen Rechtsgeschäft strafrechtlich schützt.

Festzuhalten ist, dass sich der BGH außer im Rahmen der „Dirnenprellungs"-Fälle nicht darauf beruft, aus illegalen Geschäften stammende Ansprüche vom strafrechtlichen Vermögensschutz zugunsten des Schutzes der

der Plastik keine Gegenleistung zu sehen, sondern lediglich ein Wiederausgleich des Vermögensschadens. Denn „wer nur leistet, was er sowieso ohne Entgelt leisten muss, kann sich nicht darauf berufen, dass er einen anrechenbaren Gegenwert erbracht" habe.

592 BGH, Urt. v. 26.09.1951 - 2 StR 307/52, BGHSt 3, 160, 167 der ein Vermögensschaden ablehnte, weil ein begründeter, aber schwer beweisbarer Anspruch mit Hilfe einer Täuschung durchgesetzt wurde; BGH, Urt. v. 18.12.1964 - 2 StR 461/64, BGHSt 20,136, 137; der ein Vermögensschaden ablehnte, weil Beweismittel für die „Tilgung" einer nicht bestehenden Forderungen mittels Nötigung verschafft wurden.

593 Anders BGH, Beschl. v. 17.08.2006 - 3 StR 279/06, NStZ 2007, 95.

594 So aber *Lackner*, in LK StGB, 10. Aufl. 1988, § 263 Rn. 122; *Saliger*, in: M/R StGB, § 263 Rn. 154.

595 So auch hinsichtlich des BGH, Urt. v. 18.05.1976 - 1 StR 146/76, BGHSt 26, 346; *Trunk*, JuS 1985, 945.

596 Wiederum dem rein wirtschaftlichen Vermögensbegriff folgend, BGH, Beschl. v. 17.08.2006 - 3 StR 279/06, NStZ 2007, 95, in welchem kein Vermögensschaden in dem erzwungenen Verzicht einer bestehenden, aber wirtschaftlich wertlosen Forderung gesehen wurde; a.A. hingegen *Li*, NZWiSt 2019, 405, 408, wonach hier die rein juristische Vermögenstheorie als verwirklicht gesehen wird.

Einheit der Rechtsordnung auszunehmen. Auf diese Begründung stützte der BGH außerhalb der „Dirnenprellungs“-Fälle gerade keine weitere Entscheidung. Vielmehr scheitert es in den obigen Fällen daran, dass den nichtigen Ansprüchen von vornherein kein eigenständiger wirtschaftlicher Wert beizumessen war und sich der BGH folglich nicht mehr mit der Frage des strafrechtlichen Vermögensschutzes befassen musste.

III Ergebnis der Fallgruppe

Der Literatur ist nicht zuzustimmen, dass der BGH in diesen Fällen der juristisch-ökonomischen Vermögenstheorie folgt. Dieser zum Teil voreilige Schluss ergibt sich zwingend weder aus der Rechtsprechungsbegründung noch aus dem Ergebnis der Fälle. Bei konsequenter Prüfung des wirtschaftlichen Vermögensbegriffs kommt es auch nach dieser Theorie in der Regel bereits dazu, dass solchen Forderungen kein wirtschaftlicher Wert beizumessen ist. Mit Ausnahme der vor Einführung des ProstG ergangenen „Dirnenprellung“-Fälle stützt der BGH seine Entscheidung innerhalb der Fälle illegaler Rechtsgeschäfte auch nicht darauf, dass der Schutz eines nichtigen Anspruchs zu einem Widerspruch der Rechtsordnung führe. Spätestens seit Einführung des ProstG haben jedoch diese Fälle an Aktualität verloren.

Die in der neueren Judikatur des BGH fehlende ausdrückliche Befürwortung eines strafrechtlichen Schutzes solcher Ansprüche lässt sich allenfalls als Indiz dafür auffassen, dass diese nicht mehr dem strafrechtlichen Schutz unterfallen sollen. Umgekehrt könnten gerade aufgrund der mangelnden Begründung des BGH bemakelte Ansprüche wegen eines Verstoßes gegen die Rechtsordnung vom strafrechtlichen Schutz auszunehmen, Rückschlüsse auf eine wirtschaftliche Vermögenstheorie gezogen werden. Dass diese Fragen sich nicht allein aus der Analyse der Judikatur klären lassen zeigt, welch untergeordnete Rolle diese dogmatische Frage in der Rechtsprechungspraxis spielt, da es in aller Regel bereits am wirtschaftlichen Wert bemakelter Ansprüche fehlen dürfte.

Wann ein wirtschaftlicher Wert in einem bemakelten Anspruch gesehen werden kann, bedarf einer weiteren Präzisierung. Eine Anlehnung an die bei Exspektanzen und Anwartschaften entwickelten Gesichtspunkte bezüglich der Feststellungen des wirtschaftlichen Wertes bietet sich dafür an. Jedoch bestehen auch innerhalb dieser Fallgruppen Unklarheiten, wann diesen konkret wirtschaftlicher Wert und somit strafrechtlicher Vermögensschutz zugesprochen werden kann.[597] Es besteht insbesondere in dieser Fallgruppe weiterer Forschungs- und Klarstellungsbedarf der Rechtsprechung. Es ist gleichwohl zu befürworten, dass der BGH – außer in den Dirnenprellungsfällen vor Einführung des ProstG – die Ablehnung eines strafrechtlichen Vermögensschutzes nicht auf Gründen der Einheit der Rechtsordnung stützt. Diese ist wie zu Beginn der Arbeit festgestellt weder vom Gesetzgeber gefordert noch erstrebenswert[598] und stimmt mit dem befürworteten Leitsatz der Grundsatzentscheidung überein, dass es strafrechtlich kein nicht geschütztes Vermögen gibt.[599]

597 Vgl. tiefergehend *Hefendehl*, in: MüKo StGB, § 263 Rn. 527 ff.; *Kargl*, JA 2001, 714.

598 Vgl. oben, 1. Kapitel AI2b.

599 RG, Beschl. v. 14.12.1910 - 1214/10, RGSt 44, 230, 232.

3. Kapitel Strafrechtlicher Schutz rechtlich bemakelter Arbeits- und Dienstleistungen

A Rechtsdogmatische Einordnung des Vermögenswertes von Arbeitskraft

Im folgenden Abschnitt wird untersucht, ob und inwieweit die Rechtsprechung zu illegalen Zwecken erbrachte Arbeits- und Dienstleistung dem strafrechtlichen Vermögensschutz unterstellt. Bei diesen Entscheidungen handelt es sich um Fälle, in denen der Leistende täuschungs- oder nötigungsbedingt seine Arbeitskraft als Leistung für einen illegalen Zweck erbringt, ohne den versprochenen Lohn vom Leistungsempfänger zu erhalten. Wieder sind die Verträge aufgrund des illegalen Zwecks nichtig nach §§ 134, 138 BGB und es entstehen weder auf das Erbringen der Arbeitskraft noch auf den vereinbarten Lohn durchsetzbare Ansprüche. Zuvor wurden die umgekehrten Fälle erläutert, in denen zwar der Lohn, aber nicht die Arbeitskraft geleistet wurde (wie beispielsweise die Zahlung an einen Auftragskiller[600] oder die Zahlung von Bestechungsgeldern[601]). In diesen Entscheidungen wurde ein Vermögensschaden durch den Verlust des Zahlungsmittels von der Rechtsprechung bejaht. In den jetzt zu besprechenden Fällen des

600 KG Berlin, Urt. v. 28.09.2000 - (4) 1 Ss 44/00 (50/00), NJW 2001, 86, „Killerlohn", 1. Kapitel AI3d.

601 BGH, Urt. v. 15.05.1956 - 2 StR 35/56, BGHSt 9, 245, „Schweigegeld" und BGH, Urt. v. 25.07.1960 - 2 StR 91/60, BGHSt 15, 88, 1. Kapitel AI3a; BGH, Urt. v. 02.07.1980 - 3 StR 201/80, BGHSt 29, 300, „Bestechender Anwalt Nr. 2", 1. Kapitel AI3c.

Einsatzes von Arbeitskraft ohne Zahlung, schließt sich die Frage an, ob der (Arbeitskraft-)Leistende einen Vermögensschaden erleidet. Ansatzpunkt könnte ein Vermögensschaden durch Nichtzahlung der nichtigen Lohnforderung bzw. durch den erzwungenen Verzicht auf die nichtige Lohnforderung sein. Wie bereits in der Fallgruppe zuvor festgestellt, entsteht dem Leistenden in der Regel aufgrund der wirtschaftlichen Wertlosigkeit nichtiger Ansprüche kein Vermögensschaden. Zum anderen stellen sich die Fragen, ob allein in dem Einsatz von illegaler Arbeitskraft ein Vermögenswert zu sehen ist und ob durch den täuschungsbedingten Einsatz dieser auch ein Vermögensschaden im Sinne der Vermögensdelikte entsteht. Die beiden letzten Fragen blieben bisher unbeantwortet und werden nun im folgenden Abschnitt erörtert.

Wie bei der bisherigen Untersuchung des strafrechtlichen Schutzes von bemakelten Sachen und Ansprüchen wird auch bei der Untersuchung des strafrechtlichen Schutzes von illegalen Arbeitsleistungen zunächst geprüft, ob ein wirtschaftlicher Wert in der Arbeitsleistung zu sehen ist.[602] Danach wird auf zweiter Ebene untersucht, ob diese Leistung aufgrund normativer Korrekturen aus dem Umfang des strafrechtlichen Vermögensschutzes ausgenommen werden sollte.

Die Arbeitskraft eines Menschen als „Fähigkeit durch den Einsatz geistiger oder körperlicher Kräfte Leistungen von wirtschaftlichem Wert zu erbringen“[603] ist nach herrschender Meinung in Literatur[604] und Rechtsprechung[605]

602 *Heinrich*, GA 1997, 24, 25; *Lenckner*, JZ 1967, 105, 106; *Zimmermann*, NStZ 2012, 211, 212.

603 BGH, Urt. v. 18.01.2001 – 4 StR 315/00, NJW 2001, 981.

604 *Fischer*, StGB, § 263 Rn. 100; *Hefendehl*, in: MüKo StGB, § 263, Rn. 596; *Heinrich*, GA 1997, 24 ff.; *Lackner*, in: LK StGB, 10. Aufl. 1988, § 263 Rn. 140; *Lampe*, in: FS Maurach, 375, 386; *Otto*, Jura 1993, 424, 427; *Saliger*, in: M/R StGB, § 263 Rn. 169; *Tiedemann*, in: LK StGB, § 263 Rn. 138.

605 Vgl. nur BGH, Urt. v. 18.01.2001 – 4 StR 315/00, NJW 2001, 981.

kein Vermögensbestandteil. Sie ist als individuelle Fähigkeit personengebunden, wird nicht als ein getrennt von der Person unabhängiges Wirtschaftsgut gesehen[606] und kann an sich nicht an andere verkauft werden.[607] Aber es ist nicht abzustreiten, dass durch den Einsatz der Arbeitskraft die dadurch erbrachte Arbeitsleistung einen (bedeutenden) wirtschaftlichen Wert für die Allgemeinheit und den Einzelnen hat.[608] Es entsteht daher das Bedürfnis auch die Arbeitsleistung als handelbares wirtschaftliches Gut anzusehen. In Literatur und Rechtsprechung ist inzwischen anerkannt, dass die Einbeziehung der Arbeitskraft in Form einer Arbeitsleistung in den Vermögensbegriff erforderlich ist.[609] So wird vertreten, dass Arbeitskraft als „versachlichtes Substrat", als „Arbeitsleistung oder auch nur als Möglichkeit, Arbeitskraft an andere zu binden und dadurch nutzbringend im Wirtschaftsverkehr einzusetzen, objektivierbar und insoweit als wirtschaftliches Gut begreifbar" sei.[610]

Es ist zu klären, unter welchen Voraussetzungen dies gelten soll[611] wobei stets die Frage nicht außer Acht gelassen werden kann, wodurch genau das Vermögen des Arbeitenden tangiert wird, wenn er seine Arbeitskraft einsetzt.[612] Überwiegend wird vertreten, dass die Arbeitskraft dann Vermögensbestandteil ist, wenn sie üblicherweise nur gegen ein Entgelt erbracht wird[613] oder die Möglichkeit besteht, die Arbeitskraft gegen Entgelt einzu-

606 *Cramer*, Der Vermögensbegriff, S. 237 ff.; *Heinrich*, GA 1997, 24, 25; *Lackner*, in: LK StGB, 10. Aufl. 1988, § 263 Rn. 140; *Lampe*, in: FS Maurach, 375, 386; *Saliger*, in: M/R StGB, § 263 Rn. 169.

607 *Heinrich*, GA 1997, 24, 25.

608 *Cramer*, Der Vermögensbegriff, S. 236, 245; *Heinrich*, GA 1997, 24, 25.

609 Vgl. etwa *Lackner*, in: LK StGB, 10. Aufl. 1988, § 263 Rn. 140.

610 *Lackner*, in: LK StGB, 10. Aufl. 1988, § 263 Rn. 140; *Tiedemann*, in: LK StGB, § 263 Rn. 138.

611 *Cramer*, Vermögensbegriff, S. 236, 245; *Heinrich*, GA 1997, 24, 25.

612 *Eckstein*, JZ 2012, 101, 103; *Lampe*, FS Maurach, 375 ff., 386.

613 *Hecker*, JuS 2011, 944, 945; *Kindhäuser*, in: NK StGB, § 263 Rn. 236; Krey/Hellmann/

setzen und ihr dadurch ein Tauschwert zukommt.[614] Weiterhin komme es darauf an, ob eine Leistung mit wirtschaftlichem Wert erbracht wurde.[615] Es wird unterschieden, ob der Leistende die Arbeitsleistung unabhängig von der konkreten Situation üblicherweise gegen Entgelt (subjektive Ansicht)[616] erbringt oder ob allgemein jemand für diese Tätigkeit üblicherweise ein Entgelt erhält (objektive Ansicht).[617] Sind diese Voraussetzungen erfüllt, komme der Arbeitsleistung ein wirtschaftlicher Realwert zu. Irrelevant sei, ob auch tatsächlich die Möglichkeit bestand, die Arbeitskraft anderweitig einzusetzen.[618] Unabhängig davon sind sich Vertreter der juristisch-ökonomischen Vermögenslehre einig der Einsatz von Arbeitskraft zu verbotenen und sittenwidrigen Zwecken vom strafrechtlichen Schutz auszunehmen,[619] was den rein wirtschaftlichen Vermögensbegriff korrigiert.[620] Die juristisch-ökonomische Vermögenstheorie führt somit eine zweistufige Prüfung durch. Basierend auf dem wirtschaftlichen Vermögensbegriff wird zunächst der wirtschaftliche Wert der Arbeitskraft ermittelt und in einem zweiten Schritt

Heinrich, StrafR BT 2, § 11 Rn. 681; *Perron*, in: S/S StGB, § 263, Rn. 96 f.; *Rengier*, StrafR BT I, § 13, Rn. 143; *Saliger*, in: M/R StGB, § 263 Rn. 169 f.; Wessels/Hillenkamp/Schuhr, StrafR BT 2, *§ 13* Rn. 563.

614 *Heger*, in: Lackner/Kühl/Heger StGB, § 263 Rn. 34.

615 *Cramer*, Vermögensbegriff, S. 243 f.; *Heinrich*, GA 1997, 24, 27; *Saliger*, in: M/R StGB, § 263 Rn. 169.

616 Etwa *Cramer*, Vermögensbegriff, S. 244.

617 Etwa *Heinrich*, GA 1997, 24, 31; *Zimmermann*, NStZ 2012, 211, 212 f.

618 Statt vieler, *Hefendehl*, in: MüKo StGB, § 263 Rn. 596.

619 *Bergmann/Freund*, JR 1988, 190; *Brand/Burkart*, JuS 2019, 139, 141; *Cramer*, Vermögensbegriff, S. 241 f.; *Hecker*, JuS 2001, 228, 230 f.; *Hecker*, JuS 2011, 944, 945; *Hoyer*, in: SK StGB, § 263 Rn. 130; *Kindhäuser*, in: NK StGB, § 263 Rn. 236; *Lackner*, in: LK StGB, 10. Aufl. 1988, § 263 Rn. 140; *Perron*, in: S/S StGB, *§ 263*, Rn. 97; *Rengier*, StrafR BT I, § 13 Rn. 154; *Saliger*, in: M/R StGB, § 263 Rn. 170; *Satzger*, in: S/S/W StGB, § 263 Rn. *169; Tiedemann*, in: LK StGB, § 263 Rn. 138; Wessels/Hillenkamp/Schuhr, StrafR BT 2, § 13 Rn. 563; a.A. Arzt/Weber//Heinrich/Hilgendorf, StrafR BT, § 20 Rn. 119 f.; *Heinrich* GA 1997, 32 ff.; Krey/Hellmann/Heinrich, StrafR BT 2, § 11 Rn. 677, 681; *Kohlhaas*, JR 1954, 97, 98.

620 *Satzger*, in: S/S/W StGB, § 263 Rn. 169.

die zu illegalen Zwecken erbrachte Arbeitsleistung aus dem strafrechtlichen Vermögensschutz ausgenommen. Wirtschaftlichen Wert hat eine Arbeitskraft nach dem vorgenannten grundsätzlich dann, wenn sie üblicherweise gegen ein Entgelt erbracht wird.

Dies wirft die nächste Fragestellung auf, worin genau in einer unfreiwillig erbrachten natürlichen Handlung ein Vermögensschaden gesehen wird. So wird in der Literatur vertreten der Vermögensschaden liege darin, dass der Leistende durch die vertragliche Bindung nicht mehr frei über seine Arbeitskraft verfügen kann. Es komme nicht darauf an, ob im konkreten Fall ein Vertrag auch wirksam geschlossen wurde, sondern darauf, ob die erbrachte Arbeitsleistung mit wirtschaftlicher Zielsetzung erfolgte.[621] Innerhalb des Betrugstatbestandes stellen sich kaum weitere Fragen und es kann davon ausgegangen werden, dass der Leistende die Arbeitskraft nur einsetzt, weil er auf den vereinbarten Gegenwert hofft.[622] Wird jedoch der Tatbestand der Erpressung untersucht, liegt also eine Nötigungshandlung anstelle einer Täuschung vor, zeigt sich schnell, dass mangels zugrundeliegender Vereinbarungen diese Kriterien nicht ohne weiteres auf diesen Tatbestand übertragen werden können.[623]

Eine weitere Frage ist, wie die höchstrichterliche Rechtsprechung erbrachte Arbeitsleistungen innerhalb illegaler Rechtsgeschäfte strafrechtlich dem Vermögensschutz unterstellt. Es lassen sich nur wenige Entscheidungen finden, in denen der BGH allein über den Wert von Arbeitskraft zu entscheiden hatte. In der Praxis gibt es wenig Bedarf, diese Fragen weiter zu klären, da in der Regel ein Arbeitsvertrag vorliegt bzw. im Falle des Fehlens eines Arbeitsvertrages die Grundsätze des fehlerhaften Arbeitsverhältnisses Anwendung finden, aus denen jeweils zivilrechtliche Lohnansprüche ent-

621 *Saliger*, in: M/R StGB, § 263 Rn. 169.

622 Ausgenommen sind Fälle, in denen der Leistungsempfänger den Leistenden bspw. eine Notsituation vortäuscht, um ihn zu einer unentgeltlichen Leistung wie einer Fahrt ins Krankenhaus zu bringen, vgl. dazu *Heinrich*, GA 1997, 24, 31.

623 So auch *Zimmermann*, NStZ 2012, 211, 212; siehe unten, 3. Kapitel BII; 3. Kapitel CI.

stehen und die allgemeinen Grundsätze über Eingehungs- und Erfüllungsbetrug Anwendung finden.[624] Daher kommt es in diesen Fällen nicht darauf an, ob auch allein in dem Einsatz von Arbeitskraft ein wirtschaftlicher Wert liegt.[625] Nach der Lehre der fehlerhaften Arbeitsverhältnisse ist ein nichtiger aber in Vollzug gesetzter Arbeitsvertrag so zu behandeln, als sei er wirksam zustande gekommen.[626] Dies gilt nicht, wenn besonders schwerwiegende Mängel vorliegen.[627] Dies ist jedoch in den hier besprochenen Fällen so und es tritt der unübliche Fall ein, dass tatsächlich über den wirtschaftlichen Wert und dessen strafrechtlichen Schutz von erbrachter Arbeitskraft zu entscheiden ist.[628]

Außerhalb der illegalen Rechtsgeschäfte hat die Rechtsprechung ebenfalls über den Wert und strafrechtlichen Schutz von Arbeitsleistung zu entscheiden, wenn ein Vertrag zur Erbringung einer Arbeits- oder Dienstleistung mit einem zahlungsunfähigen oder -unwilligen Partner geschlossen wurde und der Arbeitende die Leistung erbringt, ein sogenannter „Arbeitsbetrug“ vorliegt.[629] Der BGH entschied 2001 in einem Fall eines Arbeitsbetruges, dass „die Möglichkeit, die eigene Arbeitskraft zur Erbringung von Dienstleistungen einzusetzen, Teil des strafrechtlichen Vermögens ist, wenn diese

624 *Hefendehl*, in: MüKo StGB, § 263 Rn. 598.

625 Vgl. *Tiedemann*, in: LK StGB, § 263 Rn. 139.

626 *Joussen*, NZA 2006, 963; *Linck*, in: Arbeitsrechts-Handbuch, § 34 Rn. 51; *Preis*, in: Erfurter Kommentar ArbR, BGB § 611a Arbeitsvertrag, Rn. 151; *Koch*, in: ArbR A-Z, Faktisches Arbeitsverhältnis.

627 Vgl. etwa BAG, Urt. v. 01. 04. 1976 – 4 AZR 96/75, AP BGB § 138 Nr. 34; BAG, Urt. v. 03. 11. 2004 – 5 AZR 592/03, NZA 2005, 1409; *Linck*, in: Arbeitsrechts-Handbuch, § 34 Rn. 52; *Preis*, in: Erfurter Kommentar ArbR, BGB § 611a Arbeitsvertrag, Rn. 152; *Koch*, in: ArbR A–Z, Faktisches Arbeitsverhältnis.

628 Vgl. etwa BAG, Urt. v. 01. 04. 1976 – 4 AZR 96/75, AP BGB § 138 Nr. 34 (Vorführung von Geschlechtsverkehr auf einer Bühne); anders wiederum BAG Urt. v. 07. 06. 1972 – 5 AZR 512/71, AP BGB § 611 Faktisches Arbeitsverhältnis Nr. 18 (Arbeitsverhältnis einer Stripteasetänzerin).

629 vgl. auch *Lampe*, in: FS Maurach, 375; *Tiedemann*, in: LK StGB, § 263 Rn. 139a.

Leistungen üblicherweise nur gegen Entgelt erbracht werden".[630] Dies sei insbesondere dann der Fall, „wenn die Erbringung der persönlichen Arbeitsleistung Gegenstand einer (entgeltlichen) Vertragsbeziehung, in aller Regel eines Dienst-, Arbeits- oder Werkvertrags, zwischen Täter und Opfer" ist. Einen Vermögensschaden des Opfers sah der BGH darin begründet, dass er „nunmehr über seine Arbeitskraft – sei es unmittelbar, sei es in Form des Abschlusses von Dienstverträgen – nicht mehr frei zu eigenem Nutzen verfügen" könne. Dafür sei es „unbeachtlich, ob der Betroffene die Möglichkeit gehabt hätte, seine Arbeitskraft anderweitig gewinnbringend einzusetzen."[631] Aus dieser Entscheidung können hingegen keine Aussagen, inwieweit innerhalb illegaler Geschäfte erbrachte Arbeitskraft vom strafrechtlichen Vermögensschutz umfasst sein soll, abgeleitet werden. Aufschluss darüber soll die folgende Rechtsprechungsanalyse über Fälle illegaler Geschäfte bieten. Die Analyse kommt zu dem Ergebnis, dass der BGH weder die rein wirtschaftliche Vermögenstheorie noch die juristisch-ökonomischen Vermögenstheorie konsequent anwendet. In den untersuchten Fällen stimmen zwar die Ergebnisse der BGH-Entscheidungen oftmals mit den Ergebnissen der juristisch-ökonomischen Vermögenstheorie überein, nicht aber deren Begründungen. Denn die juristisch-ökonomische Vermögenstheorie sieht Leistungen, die üblicherweise nur gegen ein Entgelt erbracht werden, als wirtschaftlich wertvoll an und lehnt nur auf einer nachfolgenden Wertungsebene den strafrechtlichen Vermögensschutz ab. Die Judikatur lehnt hingegen oftmals schon den wirtschaftlichen Wert solcher Arbeitsleistungen ab. Aufgrund dessen kommt der BGH auch nicht mehr zu der Frage, ob solche Leistungen überhaupt dem strafrechtlichen Schutz unterfallen. Dies führt zu dem Schluss, dass der BGH keiner auf der wirtschaftlichen Vermögenstheorie beruhenden Theorie, also auch nicht der juristisch-öko-

630 BGH, Urt. v. 18. 01. 2001 - 4 StR 315/00, NJW 2001, 981; *Lackner*, in: LK StGB, 10. Aufl. 1988, § 263 Rn. 140.

631 BGH, Urt. v. 18. 01. 2001 - 4 StR 315/00, NJW 2001, 981; vgl. auch, RG, Urt. v. 29. 10. 1934 - 3 D 1082/34, RGSt 68, 379, 380; *Heinrich*, GA 1997, 24, 28 f.

nomischen Vermögenstheorie, folgt. Jedoch passen die Ergebnisse des BGH auch nicht zu der sonst bekannten rein juristischen Vermögenstheorie. Vor dem Hintergrund dieser Erkenntnisse entstand das Ziel einen neuen Ansatz zu entwickeln, der sowohl mit den Ergebnissen als auch mit den Begründungen des BGH übereinstimmt. Dieser neue Ansatz wird am Ende des Abschnittes beschrieben, nachdem in der folgenden Rechtsprechungsanalyse die Ergebnisse, Begründungen und Diskrepanzen zu den üblichen Vermögenstheorien herausgearbeitet wurden. Im Rahmen dieser Ausführungen wird sodann geprüft, ob die Rechtsprechung weiterhin an der Grundsatzentscheidung des Reichsgerichtes festhält.[632]

Die Analyse höchstrichterlicher Entscheidungen über den strafrechtlichen Vermögensschutz von Arbeitskraft innerhalb illegaler Rechtsgeschäfte wird in drei Gruppen unterteilt: Zunächst werden Entscheidungen, die sich mit dem strafrechtlichen Vermögensschutz von sexuellen Dienstleistungen (B) befassen, besprochen. Danach erfolgt eine Analyse der Judikatur über den Vermögensschutz von Straftaten (C) gefolgt von Entscheidungen über den Vermögensschutz von Schwarzarbeit (D). Abschließend werden der hier entwickelte Vermögensbegriff (E) sowie die Ergebnisse der Fallgruppe (F) erläutert.

632 RG, Beschl. v. 14.12.1910 – 1214/10, RGSt 44, 230.

B Erbringung von sexuellen Dienstleistungen

Die Erbringung sexueller Leistungen ist per se – anders als zum Beispiel die Begehung von Straftaten – nicht verboten. Wurden sexuelle Dienstleistungen gegen Entgelt erbracht (Prostitution), waren diese Verträge bis zum Inkrafttreten des ProstG im Jahr 2001 sittenwidrig i.S.d. §138 BGB. Auf eine tiefergehende Diskussion der Entscheidungen vor Inkrafttreten des ProstG wird wegen der fehlenden Aktualität nach der erfolgten Einführung des ProstG verzichtet, der Schwerpunkt wird daher auf den Entscheidungen nach Einführung des ProstG liegen.

I „Dirnenprellung" vor Einführung des ProstG

1 BGH, Urt. v. 09.10.1953 – 2 StR 402/53, BGHSt 4, 373, „Falschgeldzahlung"

Der BGH entschied im Jahr 1953 über folgenden Fall: E bezahlte wie von Beginn an geplant die „Dirne" L nach erbrachter vereinbarter sexueller Dienstleistung mit Falschgeld. Das Landgericht verurteilte E wegen Betruges zu Lasten der L, aber der BGH hob dieses Urteil wegen Fehlens eines Vermögensschadens wieder auf. Der 2. Senat stellte dazu fest, dass dem Geschlechtsverkehr für „das Recht kein in Geld zu veranschlagender Wert" zukommt. Die „Hingabe der Dirne" sei „weder für sie eine Vermögensverfügung noch für den „Freier" ein Vermögensvorteil." Aus diesem Grunde stehe „auch der „Anspruch" der Prostituierten gegen den „Freier" auf den vereinbarten Lohn nicht einem durch ein sittenwidriges Rechtsgeschäft erlangten Sachwert gleich." Die Prellung einer Prostituierten sei daher auch nach den Grundsätzen der Drehbankentscheidung[633] kein Betrug.[634]

Der BGH prüfte das Vorliegen eines Vermögensschadens anhand von zwei möglichen Ansätzen: Zum einen könnte er in der Erbringung der sexuellen Leistung selbst oder in der Nichterfüllung der vereinbarten Lohnzahlung liegen. Letzterer Ansatz wurde weiter oben bereits erörtert und ein Vermögensschaden abgelehnt.[635] Der BGH verneinte die Frage, ob L bereits durch die Erbringung der sexuellen Dienstleistung ein Vermögensschaden entstand, weil dem Geschlechtsverkehr kein wirtschaftlicher Wert zukomme. Die Frage, ob solche Leistungen auch dem strafrechtlichen Schutz unterfallen, musste der BGH damit nicht behandeln. Man könnte zunächst vermuten, der BGH vertrete auch hier die wirtschaftliche Vermögenstheorie. Jedoch stellte bereits *Cramer* 1968 richtigerweise fest, dass das Ergebnis des BGH nicht der rein wirtschaftlichen Vermögenstheorie entspricht und der BGH den wirtschaftlichen Wert der sexuellen Handlung aufgrund rechtlicher Gegebenheiten ablehnen musste. Denn nach der rein wirtschaftlichen Vermögenstheorie würde die Vermögensverfügung „bereits in der Bindung der eigenen Arbeitskraft an die Person des anderen liegen."[636] Auch handelt es sich bei der von einer Prostituierten erbrachten sexuellen Dienstleistung um eine Leistung, die üblicherweise gegen ein Entgelt erbracht wird. Auf die rechtliche Wirksamkeit der Vereinbarung kommt es im Rahmen der wirtschaftlichen Vermögenstheorie gerade nicht an. Rein wirtschaftlich betrachtet müsste der BGH hier einen Vermögensschaden annehmen und eine Ablehnung kann nur auf der Illegalität von Prostitution basieren. Daher vertritt der BGH – ohne dies ausdrücklich zu erwähnen – nicht die rein wirtschaftliche Vermögenstheorie.

633 BGH, Urt. v. 15.11.1951 – 4 StR 574/51, BGHSt 2, 364, „Drehbank".

634 BGH, Urt. v. 09.10.1953 – 2 StR 402/53, BGHSt 4, 373, „Falschgeldzahlung".

635 Siehe oben, 2. Kapitel AII3.

636 *Cramer*, Vermögensbegriff, S. 242 f.

Doch auch die juristisch-ökonomische Theorie stimmt nicht mit der Begründung des BGH überein, da diese auf der wirtschaftlichen Vermögenstheorie aufbaut und nur auf zweiter Ebene den strafrechtlichen Schutz illegaler Leistungen entfallen lässt. Da aber die Rechtsprechung bereits auf erster Ebene nicht von einer rein wirtschaftlichen Betrachtungsweise ausging und sie in der Erbringung der sexuellen Dienstleistung schon keinen wirtschaftlichen Wert sah, scheint sie weder der wirtschaftlichen noch der juristisch-ökonomischen Vermögenstheorie zu folgen.

2 BGH, Beschl. 28.04.1987 – 5 StR 566/86, NStZ 1987, 407, „Geprellte Prostituierte" und nachfolgende Rechtsprechungen

Der nachfolgend zu besprechenden Entscheidung[637] lag ein ähnlicher Sachverhalt zugrunde: E zahlte wie von vornherein beabsichtigt der Prostituierten L nicht den vereinbarten Lohn, nachdem sie die vereinbarten sexuellen Dienste erbrachte hatte. Der BGH entschied, dass E dadurch keinen Betrug zu Lasten der L beging. Der 5. Senat schloss sich ausdrücklich in seiner Begründung der vorherig besprochenen Entscheidung des 2. Strafsenates an.[638] Zwar könne „auch die Möglichkeit, die eigene Arbeitskraft zur Erbringung von Dienstleistungen einzusetzen zum Vermögen im Sinn des §263 StGB gehören, wenn solche Leistungen üblicherweise nur gegen Entgelt erbracht werden." Dies gelte aber nicht „für Leistungen, die verbotenen oder unsittlichen Zwecken dienen". Das Strafrecht setze „sich in Widerspruch zur übrigen Rechtsordnung [...], wenn es im Rahmen des Betrugstatbestandes nichtigen Ansprüchen Schutz gewährte, die aus verbotenen oder unsittlichen Rechtsgeschäften hergeleitet werden". Aufgrund der Sittenwidrigkeit

637 BGH, Beschl. 28.04.1987 – 5 StR 566/86, NStZ 1987, 407, „Geprellte Prostituierte".

638 BGH, Urt. v. 09.10.1953 – 2 StR 402/53, BGHSt 4, 373, „Falschgeldzahlung".

der Prostitution[639] sei der Lohnanspruch kein Bestandteil des strafrechtlich geschützten Vermögens. Gegen die Ablehnung eines Betruges spreche auch nicht, dass die Einkünfte der Prostituierten einkommensteuerpflichtig sind. „Für die Besteuerung [sei] es unerheblich ob ein Verhalten, das den Tatbestand eines Steuergesetzes ganz oder teilweise erfüllt, gegen ein gesetzliches Gebot oder Verbot oder gegen die guten Sitten" verstoße (§ 40 AO).[640]

Im Ergebnis entspricht diese Rechtsprechung der vorherigen Entscheidung, jedoch wird sie abweichend begründet. Hier lässt der 5. Strafsenat der Erbringung sexueller Dienstleistungen einen wirtschaftlichen Wert zukommen, schließt diesen jedoch ausdrücklich auf der zweiten Ebene vom strafrechtlichen Vermögensschutz aus und entspricht damit der juristisch-ökonomischen Vermögenstheorie.

Auch in den nachfolgenden Jahren lehnte die Rechtsprechung in ähnlichen Fallkonstellationen einen Vermögensschaden der geprellten Prostituierten mit gleicher Begründung ab.[641] Diese Urteile wurden auch auf die Nichtzahlung des Entgelts für Telefonsex erweitert, da auch dieser gegen die guten Sitten[642] verstoße.[643]

639 Vgl. auch die damalige zivilrechtliche Ansicht bzgl. der Sittenwidrigkeit der Prostitution, BGH, Urt. v. 06.07.1976 - VI ZR 122/75, BGHZ 67, 119, 122 ff.

640 BGH, Beschl. 28.04.1987 - 5 StR 566/86, NStZ 1987, 407, „Geprellte Prostituierte"

641 BGH, Urt. v. 09.10.1953 - 2 StR 402/53, BGHSt 4, 373, „Falschgeldzahlung"; BGH, Beschl. 28.04.1987 - 5 StR 566/86, NStZ 1987, 407, „Geprellte Prostituierte"; Vgl. etwa BGH, Beschl. v. 20.12.1988 - 1 StR 654/88, wistra 1989, 142.

642 A.A. AG Offenbach, Urt. v. 13.11.1987 - 36 C 3953/87.

643 OLG Hamm, Beschl. v. 26.01.1989 - 1 Ws 354/88, NJW 1989, 2551; LG Mannheim, Urt. v. 18.05.1995 - (12) 3 Ns 21/95, NJW 1995, 3398, in welcher die Sittenwidrigkeit des Telefonsex aufgrund einer Verletzung der Menschenwürde begründet wurde; vgl. hinsichtlich der zivilrechtlichen Nichtigkeit, LAG Schleswig-Holstein Urt. v. 14.10.2002 - 4 Sa 31/02, BeckRS 2002, 30797103.

II Gesetzesänderung durch das ProstG

Am 1. Januar 2002 trat das ProstG in Kraft[644] und erklärte in §1 ProstG die Entgeltforderung des Leistenden nach erbrachter sexueller Handlung für rechtswirksam. Dem Leistungsempfänger hingegen entsteht kein Anspruch auf Erbringung der sexuellen Leistung und er kann diese auch nicht einfordern, sondern lediglich nach §2 S.2 ProstG die Zahlung verweigern, sollte die Prostituierte die vereinbarte Leistung nicht erbringen.[645]

Umstritten ist, wie das ProstG solche Vereinbarungen rechtlich behandelt.[646] Das ProstG wird dahingehend verstanden, dass dieses lediglich zu einer Rechtsfolgenänderung des weiterhin nichtigen Vertrages führt und somit eine Ausnahmeregelung zu §138 BGB vorliegt.[647] Eine weiterhin bestehende Sittenwidrigkeit solcher Vereinbarungen wird mit einem Verstoß gegen die Menschenwürde aus Art. 1 Abs.1 GG begründet, denn eine rechtlich verbindliche Verpflichtung über die Erbringung von sexuellen Dienstleistungen verstoße gegen die Verfassung, wenn es den Körper des Menschen als Ware und zum Objekt degradiert.[648] Daher sei ein Vertrag die-

644 Siehe oben, 2. Kapitel AII3b.

645 *Perron,* in: S/S StGB, §263 Rn.93a; siehe zum Fall des Rückverlangens des bereits gezahlten Lohns oben, 1. Kapitel BI1d.

646 Vgl. zum Wandel der gesellschaftlichen und rechtlichen Bewertung der Prostitution, Entwurf eines Gesetzes zur Verbesserung der rechtlichen und sozialen Situation der Prostituierten, BT-Drucks. 14/5958, S.4; BGH, Beschl. v. 07.05.2003 - 5 StR 536/02, StV 2003, 616; BGH, Urt. v. 13.07.2006 - I ZR 241/03, BGHZ 168, 314, 318f.; BGH, Beschl. v. 18.01.2011 - 3 StR 467/10, NStZ 2011, 278, „Erzwungener Geschlechtsverkehr"; BGH, Beschl. v. 01.08.2013 - 4 StR 189/13, NStZ 2013, 710, „Genötigte Prostituierte; *Armbrüster,* in: MüKo BGB, Anh. zu §138 (ProstG), §1 Rn.1ff.; *Fischinger,* in: Staudinger BGB, ProstG, §1 Rn.10ff.; *Looschelders,* in: NK BGB, Anh. zu §138 (ProstG), §1 Rn.2f.; *Wendtland,* in: BeckOK BGB, 45. Ed. 1.11.2017, §138 Rn.3.

647 *Ellenberger,* Grüneberg BGB, Anh. zu §138 (ProstG), §1 Rn.2; *Majer,* NJW 2018, 2294f.; *ders.,* NJW 2008, 1926;

648 *Majer,* NJW 2018, 2294, mwN.; vgl. zur Objektformel des BVerfG *Herdegen,* in: Maunz/Dürig GG, Art.1 Abs.1 Rn.36.

ser Ansicht folgend stets sittenwidrig und nichtig,[649] die Sittenwidrigkeit bleibt unabhängig von einem gesellschaftlichen Wertewandel erhalten und Art. 1 Abs. 1 GG stehe nicht zur Disposition der öffentlichen Meinung.[650] Auch wäre ein Gesetz, das die Sittenwidrigkeit ausdrücklich ausschließt, aufgrund des damit einhergehenden Verfassungsverstoßes nichtig.[651] Für diese Ansicht spreche auch die Ausgestaltung des ProstG, da der Freier keinen Anspruch auf die Handlung hat und die Entgeltforderung erst nach der erbrachten Handlung *ex nunc* wirksam wird. Dies sei nach § 2 S. 2 ProstG auch der Fall, sofern nicht alle Voraussetzungen zur Wirksamkeit eines Vertrages vorliegen. Es handele sich „um einen nachträglich zum Teil wirksam werdenden Vertrag".[652] Eine andere Ansicht geht hingegen davon aus, dass die Sittenwidrigkeit nach Einführung des ProstG gänzlich entfällt,[653] da nach Konzeption des ProstG kein Raum mehr für eine Anwendbarkeit des § 138 BGB gegeben sei. Das ProstG gestalte die Vereinbarungen zwischen Freier und Prostituierter als einen einseitig verpflichtenden Vertrag,[654] nach dem der Leistende rechtlich nicht bindend verpflichtet ist, die Leistung zu erbringen. Dadurch verstoße diese Vertragsart nicht gegen die Menschen-

649 OLG Schleswig-Holstein, Urt. v. 13. 05. 2004 – 16 U 11/04 NJW 2005, 225, 226 f.; *Arnold*, in: Erman BGB, § 138 Rn. 140; *Ellenberger*, Grüneberg BGB, Anh. zu § 138 (ProstG), § 1 Rn. 2; *Kurz*, GewArch 2002, 142; vgl. ausf. *Bergmann*, JR 2003, 271, 272.

650 *Ellenberger*, Grüneberg BGB, Anh. zu § 138 (ProstG), § 1 Rn. 2.

651 *Majer*, NJW 2018, 2294.

652 *Ellenberger*, Grüneberg BGB, Anh. zu § 138 (ProstG), § 1 Rn. 2.

653 So etwa *Armbrüster*, in: MüKo BGB, Anh. zu § 138 (ProstG), § 1 Rn. 1, 31 ff., Fn. 67 mwN; *Beukelmann*, in: BeckOK StGB, § 263 Rn. 45; *Eckstein*, JZ 2012, 101, 104; *Fischinger*, in: Staudinger BGB, ProstG, § 1 Rn. 12 ff.; *Kretschmer*, StraFo 2003, 191, 194, Fn. 28; *Perron*, in: S/S StGB, § 263 Rn. 93a; *Zimmermann*, NStZ 2012, 211, 213.

654 So etwa *Armbrüster*, in: MüKo BGB, Anh. zu § 138 (ProstG), § 1 Rn. 12 f.; *Eckstein*, JZ 2012, S01, 104; *Kretschmer*, StraFo 2003, 191, 194, Fn. 28; *Perron*, in: S/S StGB, § 263 Rn. 93a; *Zimmermann*, NStZ 2012, 211, 213.

würde.[655] Diese Ansicht wird vor allem durch die Gesetzesbegründung gestützt, die von einem einseitig verpflichtenden Vertrag ausgeht.[656]

Der BGH schließt sich in den Fällen der „Dirnenprellungs“-erpressung der Ansicht an, nach der auch nach Einführung des ProstG „jedwede bindende Verpflichtung zur Vornahme sexueller Handlungen mit dem in Art. 1 Abs. 1 GG gewährleisteten Schutz der Menschenwürde unvereinbar“ bleibe und somit weiterhin als sittenwidrig zu betrachten sei.[657] Konsequenz dieser Ansicht ist, dass die Erbringung sexueller Leistungen auch nach Einführung des ProstG wegen ihrer weiterhin bestehenden Sittenwidrigkeit nach der juristisch-ökonomischen Vermögenstheorie nicht dem strafrechtlichen Vermögensschutz unterfallen kann, es sei denn sie wurde nach den Vorgaben des §1 ProstG getätigt. Nach der rein wirtschaftlichen Vermögenstheorie kam sexuellen Dienstleistungen bereits vor Einführung des ProstG ein wirtschaftlicher Wert und strafrechtlicher Vermögensschutz zu. Dieser besteht unabhängig von der zivilrechtlichen Rechtslage, wodurch sich an der Bewertung des strafrechtlichen Vermögensschutzes nichts ändert.

Im Folgenden wird anhand von BGH-Rechtsprechungen aufgezeigt, wie er nach Einführung des ProstG sexuelle Dienstleistungen vermögensstrafrechtrechtlich behandelte. Es werden die Maßstäbe, die sich für die vorliegenden Fälle aus der Grundsatzentscheidung des Reichsgerichtes aus dem

655 *Armbrüster*, in: MüKo BGB, Anh. zu §138 (ProstG), §1 Rn. 12 f., 31 ff.; *Fischinger*, in: Staudinger BGB, ProstG, §1 Rn. 12 ff.

656 BT-Drucks. 14/5958 und 14/7174.

657 OLG Schleswig-Holstein, Urt. v. 13.05.2004 - 16 U 11/04 NJW 2005, 225, 226 f.; BGH, Beschl. v. 01.08.2013 - 4 StR 189/13, NStZ 2013, 710, 711, „Genötigte Prostituierte“; BGH, Beschl. v. 18.01.2011 - 3 StR 467/10, NStZ 2011, 278, „Erzwungener Geschlechtsverkehr“; bzgl. Telefonsex, LAG Schleswig-Holstein, Urt. v. 14.10.2002 - 4 Sa 31/02, Juris; a.A. sind hingegen zum Teil die Zivilsenate vgl. BGH, Urt. v. 12.07.2006 - I ZR 241/03, BGHZ 168, 314; BGH, Urt. v. 08.11.2007 - III ZR 102/07, NJW 2008, 140; wiederum a.A. und eine Sittenwidrigkeit befürwortend, AG Lichtenberg, Urt. v. 26.10.2011 - 7 C 85/11, Juris.

Jahr 1910[658] ableiten lassen, erläutert und geprüft, ob auch die heutige Judikatur diesen Maßstäben folgt.

1 BGH, Beschl. v. 18. 01. 2011 – 3 StR 467/10, NStZ 2011, 278, „Erzwungener Geschlechtsverkehr"

Im ersten Fall zwang E die Prostituierte L unter Vorhaltung eines ungeladenen Schreckschuss-Revolvers zu sexuellen Handlungen. Das Landgericht bejahte unter anderem eine schwere räuberische Erpressung der Prostituierten nach §§ 250 Abs. 1 Nr. 1b, 253, 255 StGB, da E die L zusätzlich zur sexuellen Nötigung auch zwang, auf die Geltendmachung des üblichen Lohnes zu verzichten. Der BGH lehnte eine Strafbarkeit des E wegen §§ 250 Abs. 1 Nr. 1b, 253, 255 StGB ab.[659] Der L entstünden gegen E keine dienstvertraglichen Lohnansprüche, solche Forderungen gemäß § 1 S. 1 ProstG entstehen nur dann rechtswirksam, wenn die sexuellen Handlungen gegen ein vorher vereinbartes Entgelt vorgenommen wurden.

§ 1 S. 1 ProstG sei eine Ausnahmevorschrift zu § 138 Abs. 1 BGB und bestimme die „Wirksamkeit des Anspruchs der Prostituierten auf das vereinbarte Entgelt trotz Sittenwidrigkeit des Rechtsgeschäfts". Zu einer weitergehenden Anwendbarkeit allgemeiner Regelungen des Dienstvertragsrechts wie § 612 Abs. 1 und 2 BGB führe die Vorschrift nicht. Eine Erpressung der Prostituierten hinsichtlich des Verzichts auf das vereinbarte Entgelt wäre erst dann möglich, wenn die abgesprochene Handlung einvernehmlich vor-

658 RG, Beschl. v. 14. 12. 1910 – 1214/10, RGSt 44, 230.

659 Zwar entstünden der Prostituierten Schadensersatzansprüche auf Ersatz des ihr durch die Tat entstandenen materiellen und immateriellen Schaden gem. § 823 Abs. 1, Abs. 2 S. 1 BGB i. V. m. § 177 StGB, §§ 249, 253 BGB, diese seien jedoch nicht von der Absicht der rechtswidrigen Bereicherung umfasst.

genommen wurde.[660] Auch eine versuchte schwere räuberische Erpressung sei abzulehnen. Zwar sei es „grundsätzlich denkbar, dass sich der Täter, der irrtümlich davon ausgeht, er werde sich durch die dem Opfer abgepresste Handlung, Duldung oder Unterlassung rechtswidrig bereichern, der versuchten Erpressung schuldig macht (untauglicher Versuch [...]).“ Jedoch fehle es hier an entsprechenden Beweisen, auch würde eine solche Überlegung eines „Sexualstraftäters mehr als fern liegen“.[661]

Dem BGH-Beschluss lassen sich zwei zentrale Aussagen entnehmen: Die Erbringung sexueller Dienstleistungen gegen Entgelt ist trotz Einführung des ProstG weiterhin sittenwidrig und im Falle der Nichtzahlung nach einvernehmlichem Geschlechtsverkehr kommt ein Betrug zu Lasten der Prostituierten in Frage. Der BGH prüfte einerseits lediglich, ob ein Vermögensschaden im erzwungenen Verzicht der Durchsetzung einer Forderung vorliegen könnte. Nach hier vertretener Meinung liegt in einer abgepressten Arbeitsleistung nicht zugleich auch (konkludent) eine Vereinbarung auf eine etwaige Lohnzahlung vor, auf deren strafrechtlichen Schutz es daher auch nicht ankommt.[662] Andererseits fehlt der Entscheidung eine wesentliche Aussage, denn der BGH ging nicht darauf ein, ob in der (erzwungenen) Erbringung der „Arbeitskraft“ bereits ein Vermögensschaden für die Prostituierte liegen kann. Dafür wurde er zu Recht von Seiten der Literatur kritisiert.[663]

660 Dieser Aussage kann nicht entnommen werden, dass der BGH einen Vermögensschaden nur in dem erzwungenem Verzicht einer rechtlich bestehenden Forderung sieht. Denn hier bestand nicht einmal eine (nichtige) Vereinbarung auf Lohnzahlung, deren Durchsetzung verhindert hätte werden können.

661 BGH, Beschl. v. 18.01.2011 – 3 StR 467/10, NStZ 2011, 278 f., „Erzwungener Geschlechtsverkehr“.

662 Vgl. oben 2. Kapitel AII3b.

663 Etwa *Hecker*, JuS 2011, 944, 945.

a Meinungsstreit der Literatur

Vertreter der juristisch-ökonomischen Vermögenstheorie sind sich uneinig, ob in diesem Fall eine Erpressung angenommen werden kann oder nicht. Zunächst ist festzuhalten, dass in der überwiegend strafrechtlichen Literatur die Prostitution nach Einführung des ProstG als nicht mehr sittenwidrig angesehen wird[664] und auch sexuelle Dienstleistungen damit zum strafrechtlich geschützten Vermögen gehören. Wird eine solche Leistung aufgrund einer Täuschung oder Nötigung erbracht, müsse davon ausgegangen werden, dass dies auch einen Vermögensschaden verursacht. Zwar sei nicht in jeder sexuellen Handlung ein Vermögenswert zu sehen, jedoch sei dies der Fall, wenn die Prostituierte an ihrem Arbeitsplatz angetroffen und dort zur Erbringung sexueller Handlungen genötigt wird. Die Situation weise keinen Unterschied zu Situationen auf, in denen ein anderer Dienstleister zu einer Dienstleistung gezwungen wird.[665]

Dennoch sehen nicht alle Vertreter der juristisch-ökonomischen Vermögenstheorie im vorliegenden Fall auch den Erpressungstatbestand als erfüllt an, durch das ProstG sei nur die freiwillig erbrachte und nicht die erzwungene Leistung geschützt. Daher dürfe auch das Strafrecht unter Zwang erbrachte sexuelle Dienstleistungen nicht dem geschützten Vermögen zurechnen und als marktfähiges Gut anerkennen. Zum Teil wird dies damit begründet, dass durch den erzwungenen Geschlechtsverkehr die Prostituierte „zum Objekt degradiert werde", was die Annahme eines Vermögenswertes

664 *Eckstein*, JZ 2012, 100, 104; *Fischer*, StGB, §263 Rn. 107; *Hecker*, in: FS Kühne, 81, 88; *Hefendehl*, in: MüKo StGB, §263 Rn. 645; *Heger*, StV 2003, 355; *Heger*, in: Lackner/Kühl/Heger StGB, §263 Rn. 35; *Rengier*, StrafR BT I, §13 Rn. 144; *Perron*, in: S/S StGB, §263 Rn. 93a; Wessels/Hillenkamp/Schuhr, StrafR BT 2, §13 Rn. 597; *Zimmermann*, NStZ 2012, 211, 213.

665 *Hecker*, JuS 2011, 944, 945; siehe auch *Eckstein*, JZ 2012, 100, 104; *Hecker*, in: FS Kühne, 81, 88 f.; *Schwaab*, ZJS 2014, 705, 706 ff.; Wessels/Hillenkamp/Schuhr, StrafR BT 2, §18 Rn. 757.

verbietet.[666] Andere Meinungen sehen im erzwungenen Geschlechtsverkehr ein *Aliud*, das mit der Arbeitsleistung einer Prostituierten nichts gemeinsam habe.[667] Einigkeit würde herrschen, „dass das staatlich gebilligte Erzwingen von Sex mit Art. 1 Abs. 1 GG unvereinbar sei".[668]

b Kritik an der Auffassung der Literatur

Dieser wertungskorrigierenden Ansicht wird zu Recht widersprochen. Sie hat zur Folge, dass eine Prostituierte zwar um ihren Lohn betrogen, aber nicht erpresst werden kann.[669] Auch sei nicht ersichtlich, warum der Täter durch seine Rechtsverletzung mittels Drohung begünstigt werden sollte.[670] Dem wird wiederum entgegengehalten, dass der Täter nach §§ 240 Abs. 4 S. 2 Nr. 1, 177 StGB ebenso hart bestraft wird, wie bei der Bejahung eines Erpressungstatbestandes.[671] Jedoch erklärt dies nicht, wieso der Täter zum Schutz der Prostituierten nicht auch wegen eines Vermögensdeliktes bestraft werden sollte. Richtigerweise wird angeführt, dass die Strafbarkeit eines weiteren Tatbestandes „eine zusätzliche Komponente des Vorwurfs" verdeutliche. Auch wird dadurch der „im Vordergrund stehende Eingriff in die sexuelle Selbstbestimmung des Opfers" nicht kleingeredet.[672]

Auch der Begründung *Zimmermanns*, dass das staatlich gebilligte Erzwingen von sexuellen Handlungen mit der Menschenwürdegarantie nach

666 *Jäger*, JA 2014, 230, 231 f.

667 *Brand/Burkart*, JuS 2019, 139, 142; *Jäger*, JA 2014, 230, 231 f.

668 *Zimmermann*, NStZ 2012, 211, 213.

669 Hinsichtlich des Auseinanderfallens von Betrug und Erpressung ebenfalls bejahend, aber im Ergebnis der Wertungskorrektur zustimmend, *Jäger*, JA 2014, 230, 232; *Zimmermann*, NStZ 2012, 211, 213.

670 *Eckstein*, JZ 2012, 100, 104; *Hecker*, in: FS Kühne, 81, 89; *Schwaab*, ZJS 2014, 705, 706.

671 *Jäger*, JA 2014, 230, 232.

672 *Li*, NZWiSt 2019, 405, 408.

Art. 1 Abs. 1 GG unvereinbar sei, ist ebenfalls nicht zuzustimmen. Allein in der Annahme eines Vermögensnachteils kann keine „staatliche Billigung des Erzwingens sexueller Handlungen“ gesehen werden. Vielmehr stützt die Annahme eines Erpressungstatbestandes die Zielrichtung des § 1 S. 1 ProstG, die Entscheidungsfreiheit der Prostituierten zu schützen.[673] Die Ablehnung auf die Menschenwürde zurückzuführen würde zu einem gegenteiligen Ergebnis und weniger Schutz der Prostituierten führen.[674]

Schließlich kann auch nicht die Sittenwidrigkeit des Zwangs zur Ablehnung eines strafrechtlichen Vermögensschutzes der sexuellen Dienstleistung führen. Im Rahmen der Prüfung ob ein wirtschaftlicher Wert vorliegt, darf die Tathandlung gerade nicht berücksichtigt werden. Daher ist – sofern die Ansicht vertreten wird, dass durch das ProstG die Sittenwidrigkeit der Prostitution entfallen ist – die Arbeitsleistung einer Prostituierten vom strafrechtlich geschützten Vermögen umfasst und zwar unabhängig davon, ob sie durch betrügerische Handlung oder Nötigung erlangt wurde.[675] Auch entspreche es gerade „der Typik des Selbstschädigungsdeliktes der (räuberischen) Erpressung, dass die dem Opfer abgenötigte vermögenswerte Leistung nicht auf vertraglicher Grundlagen, sondern aufgrund einer Zwangslage erbracht“ werde.[676] Dem ist zuzustimmen, denn andernfalls würde dies zu einem Auseinanderfallen des Vermögensbegriffes zwischen der Erpressung und dem Betrug führen. Eine Wertungskorrektur, wie sie von *Zimmermann* vorgenommen wird, ist nicht im Strafgesetzbuch verankert. Vielmehr handelt es sich um einen einheitlichen Vermögensbegriff der Vermögensdelikte im engeren Sinne. Der wirtschaftliche Wert der Leistung muss losgelöst von der konkreten Tathandlung (Nötigung bzw. Täuschung) bestimmt werden.

Grenzen, wann eine mit Nötigung erzwungene Handlung den Menschen

673 *Hecker*, in: FS Kühne, 81, 89.

674 Wessels/Hillenkamp/Schuhr, StrafR BT 2, § 18 Rn. 757 a.E.; *Barton*, StV 2014, 418, 419; *Schwaab*, ZJS 2014, 705, 706.

675 Vgl. auch *Eckstein*, JZ 2012, 100, 104.

676 *Hecker*, JuS 2011, 944, 945.

zum Objekt degradiert und wann nicht, sind schwer auszumachen. Die versuchte Differenzierung *Jägers*, ob das Opfer in einer „würdewahrenden Rolle" bleibe, überzeugt nicht.[677] Zum einen ist dies ein wertender Begriff und verstößt gegen das Bestimmtheitsgebot,[678] zum anderen ist ein Mensch, der gezwungen wird Handlungen vorzunehmen und so als Mittel eingesetzt wird einen Zweck zu erreichen, stets zum Objekt degradiert. Die Grenzen, ab wann ein Verstoß gegen die Menschenwürde vorliegt, sind fließend und eignen sich daher nicht als Auslegung für ein Tatbestandsmerkmal im Strafrecht.[679]

c Ansicht des Bundesgerichtshofes

Letztendlich kann dahinstehen, welche der beiden in der Literatur vertretenen Lösungen Zuspruch verdient. Da der BGH weiterhin die Prostitution für sittenwidrig hält – wenn auch nicht mehr aufgrund eines Moralverstoßes, sondern im Hinblick auf die Menschenwürde – würde er, so er die juristisch-ökonomische Vermögenstheorie vertritt, ohnehin einen Vermögensnachteil ablehnen und eine sittenwidrige Arbeitsleistung würde nach der juristisch-ökonomischen Vermögenstheorie gerade nicht dem strafrechtlichen Vermögensschutz unterfallen. Nur weil die strafrechtliche Literatur vertritt, der Makel der Sittenwidrigkeit sei mit Einführung des ProstG entfallen, kommt das Schrifttum überhaupt zu dem oben beschriebenen Streitstand.

Nach der rein wirtschaftlichen Vermögenstheorie müsste ein Vermögens-

677 *Jäger*, JA 2014, 230, 232.

678 Siehe ausf. zum Bestimmtheitsgebot *Schmitz*, in: MüKo StGB, § 1 Rn. 47 ff.

679 Vgl. zur Menschenwürde allgemein, *Herdegen*, in: Maunz/Dürig GG, Art. 1 Abs. 1 Rn. 36; *Hillgruber*, in BeckOK GG, Art. 1 Rn. 12 ff.

schaden angenommen werden. Es kann zwar nicht in jeder Erbringung von sexuellen Leistungen ein wirtschaftlicher Vermögenswert gesehen werden. Wird jedoch eine Prostituierte an ihrem Arbeitsplatz zu sexuellen Leistungen gezwungen, die sie sonst nur gegen Entgelt erbringt, muss nach der rein wirtschaftlichen Vermögenstheorie von einem Vermögensschaden ausgegangen werden. Es ist nicht nachvollziehbar, warum eine Prostituierte im Vergleich zu anderen Dienstleistern wie zum Beispiel einem Taxifahrer, der zu unentgeltlichen Taxifahren gezwungen wird, behandelt werden sollte. Dies gilt insbesondere vor dem Hintergrund eines gesellschaftlichen Wandels, der die Prostitution als Beruf anerkennt und durch Einführung des ProstG auch gesetzlichen Ausdruck fand. Der §1 S.1 ProstG wurde zum Schutz der Prostituierten formuliert und es steht ihr weiterhin frei, sexuelle Leistungen zu erbringen.[680] Wird sie zu diesen Leistungen gezwungen, ist nicht nachvollziehbar, warum ihr der Schutz gleichzeitig zum Nachteil gereicht werden soll.

Die Entscheidung des BGH widerspricht im Ergebnis der favorisierten rein wirtschaftlichen Vermögenstheorie. Die Argumentation in der Literatur, dass es sich bei erzwungener sexueller Dienstleistung um ein *aliud* handelt oder bei den Dienstleistungen differenziert werden soll, ob der Dienstleistende in einer „Würde wahrenden Rolle" verbleibt, können nicht begründen, warum einer Prostituierten nicht zusätzlich auch der strafrechtliche Vermögensschutz zukommen soll. So erhielte die Prostituierte einen noch umfassenderen Schutz und würde damit rechtlich bessergestellt. Die Ablehnung des strafrechtlichen Vermögensschutzes durch den BGH widerspricht der wirtschaftlichen Vermögenstheorie sowie dem Diktum der Grundsatzentscheidung[681] und ist nicht nachvollziehbar.

680 BT-Drucks. 14/5958 und 14/7174; *Armbrüster*, in: MüKo BGB, Anh. zu §138 (ProstG), §1 Rn. 12 f., 31 ff.; *Fischinger*, in: Staudinger BGB, ProstG, §1 Rn. 12 ff.

681 RG, Beschl. v. 14.12.1910 – 1214/10, RGSt 44, 230.

2 BGH, Beschl. v. 01.08.2013 – 4 StR 189/13, NStZ 2013, 710, „Genötigte Prostituierte"

In dieser Entscheidung, der ein vergleichbarer Sachverhalt wie zuvor zugrunde lag, ging der BGH auf die Kritik der Literatur, sich nicht zum Vermögenswert der sexuellen Handlungen geäußert zu haben, ein. Der Angeklagte E versuchte die Prostituierte L mit einem Strumpf und Kabelbindern zu fesseln und zu vergewaltigen, ohne ihr dafür Geld zu zahlen. Dabei wurde er von Personen gestoppt, die der schreienden L zur Hilfe kamen. Das Landgericht ging davon aus, E sei es durch die Erzwingung des Geschlechtsverkehrs darauf angekommen, sich einen rechtswidrigen Vermögensvorteil zu verschaffen, und sah die sexuelle Dienstleistung einer Prostituierten als vermögenswerte Leistung an. Dieser Ansicht folgte der BGH nicht. Es könne offenbleiben, ob und inwieweit das 2002 in Kraft getretene ProstG einen „Wandel in der gesellschaftlichen und rechtlichen Bewertung der Ausübung der Prostitution zum Ausdruck gebracht" habe.[682] Denn „auch die Regelungen des Prostitutionsgesetzes [... hätten] nichts daran geändert, dass jedwede bindende Verpflichtung zur Vornahme sexueller Handlungen mit dem in Art. 1 Abs. 1 GG gewährleisteten Schutz der Menschenwürde unvereinbar" sei und „nicht rechtswirksam begründet werden" könnte.[683] Nach Ansicht des BGH komme „dem gegen den Willen der Prostituierten erzwungenen Geschlechtsverkehr [...] kein Vermögenswert i. S. d. § 253 Abs. 1 StGB" zu.[684] Leider fehlt es an einer weiteren Begründung dieser Entscheidung. Auch wenn der BGH einen Vermögenswert „i. S. d. § 253 Abs. 1 StGB" ablehnt, bleibt unklar, ob er in der Leistung selbst keinen wirtschaftlichen Wert sieht oder er der Meinung ist, dass zwar ein wirtschaftlicher Wert vorliegt, die-

682 BGH, Beschl. v. 01.08.2013 – 4 StR 189/13, NStZ 2013, 710, 711, „Genötigte Prostituierte".

683 BGH, Beschl. v. 01.08.2013 – 4 StR 189/13, NStZ 2013, 710, „Genötigte Prostituierte"; a.A. *Fischinger*, in: Staudinger BGB, ProstG, § 1 Rn. 12 ff.; *Armbrüster*, in: MüKo BGB, Anh. zu § 138 (ProstG), § 1 Rn. 31 ff.

684 BGH, Beschl. v. 01.08.2013 – 4 StR 189/13, NStZ 2013, 710, „Genötigte Prostituierte".

ser aber keinen geschützten Vermögensbestandteil gemäß § 253 Abs. 1 StGB darstellt. Jedenfalls widerspricht diese Entscheidung dem rein wirtschaftlichen Vermögensbegriff und den Maßstäben der Grundsatzentscheidung des Reichsgerichts. Nach diesen hätte ein Vermögensschaden zu Lasten der Prostituierten angenommen werden müssen.

3 BGH, Urt. v. 02.02.2016 – 1 StR 435/15, BGHSt 61, 149, „Zahlungsunwilliger Kunde"

Im nächsten Fall täuschte der Angeklagte E die Prostituierte L über seine Zahlungsbereitschaft. Er übergab ihr einen nicht gedeckten Scheck über 4.000 EUR für die erwarteten „Domina"-Dienste. L mietete einen Raum für 2.000 EUR an und erbrachte knapp zwei Tage lang die vereinbarten sexuellen Leistungen. Der BGH nahm einen Betrug des E zu Lasten der Prostituierten an,[685] zum strafrechtlich geschützten Vermögen gehörten auch die erbrachten sexuellen Leistungen. Zwar seien „Rechtsgeschäfte über die Erbringung sexueller Leistungen gegen Entgelt nach wie vor wegen Verstoßes gegen die guten Sitten gemäß § 138 Abs. 1 BGB" nichtig, allerdings bestimme „§ 1 S. 1 ProstG – insoweit als Ausnahmeregelung zu § 138 BGB –, dass eine rechtswirksame Forderung einer Prostituierten auf das für die sexuellen Leistungen vereinbarte Entgelt" entsteht, wenn diese erbracht wurde. Dieser gesetzgeberischen Wertung folgend müsse bereits „den in Erfüllung eingegangener Verabredungen und in Erwartung des vereinbarten Entgelts erbrachten sexuellen Leistungen ein betrugsstrafrechtlich relevanter wirtschaftlicher Wert zugemessen werden". Zahle der Freier wie von Beginn an

685 Der BGH sah zutreffender Weise von einer Anfrage an die anderen Strafsenate des BGH ab, ob diese an der gegenteiligen Rechtsprechung von vor Inkrafttreten des ProstG ergangenen Rechtsprechung festhalten würden, da sich durch § 1 S. 1 ProstG die Gesetzeslage geändert habe.

geplant das vereinbarte Entgelt nicht, fehle es an einer Kompensation für die Leistungen.[686]

In der Entscheidungsbegründung gibt der BGH zu erkennen, dass bereits in der Erbringung von sexuellen Dienstleistungen selbst ein Vermögensschaden liegen kann. Indem der BGH dies annimmt und gleichzeitig davon ausgeht, dass die entgeltliche Erbringung sexueller Dienstleistungen weiterhin sittenwidrig ist, folgt er nicht der juristisch-ökonomischen Vermögenstheorie, nach der eine sittenwidrige Dienstleistung nicht zum strafrechtlich geschützten Vermögen gehören kann. Auch §1 S.1 ProstG kann daran nichts ändern, denn er lässt nach Auffassung des BGH die Sittenwidrigkeit nicht entfallen, sondern ändert lediglich die Rechtsfolge. Der Vermögensschaden entsteht durch die Nichtzahlung der rechtswirksamen Forderung und nicht bereits durch die Erbringung der sexuellen Dienstleistung. Anders wäre es zu beurteilen, wenn der nachträglich wirksam gewordene Vertrag auch nachträglich die Sittenwidrigkeit der sexuellen Dienstleistung entfallen lassen würde. Dies ist jedoch nach Ansicht des BGH nicht der Fall. Die Vertreter der juristisch-ökonomischen Vermögenstheorie gehen zwar davon aus, dass ein Vermögensschaden auch durch die Erbringung sexueller Dienstleistungen angenommen werden muss, allerdings gehen diese abweichend zum BGH davon aus, dass Prostitution nicht mehr sittenwidrig ist.[687] Mithin entspricht diese Entscheidung wieder der Grundsatzentscheidung des Reichsgerichtes und dem darin enthaltenen Diktum einer wirtschaftlichen Betrachtung, alle Vermögenswerte unabhängig ihrer Legalität strafrechtlich zu schützen.

686 BGH, Urt. v. 02.02.2016 – 1 StR 435/15, BGHSt 61, 149, 153, „Zahlungsunwilliger Kunde".

687 So etwa *Armbrüster*, in: MüKo BGB, Anh. zu § 138 (ProstG), § 1 Rn. 1, 31 ff.; *Beukelmann*, in: BeckOK StGB, § 263 Rn. 45; *Eckstein*, JZ 2012, 101, 104; *Fischinger*, in: Staudinger BGB, ProstG, § 1 Rn. 12 ff.; *Kretschmer*, StraFo 2003, 191, 194, Fn. 28; *Perron*, in: S/S StGB, § 263 Rn. 93a; *Zimmermann*, NStZ 2012, 211, 213.

4 Weitere BGH-Entscheidungen

In einem Fall aus dem Jahr 2019[688] suchte der vermeintliche Täter E die Prostituierte L auf, um mit ihr unter anderem Geschlechtsverkehr ohne Bezahlung zu haben. Um L gefügig zu machen und zu verängstigen erwähnte er gegenüber L, er sei Mitglied einer Rockergruppierung und „abkassieren“ möchte, die „Jungs“ stünden vor dem Haus. Danach vollzog er wie geplant gegen den Willen der verängstigten L den Geschlechtsverkehr. L unterließ aus Furcht vor den angedrohten Zwangsmaßnahmen eine entsprechende Lohnzahlung in Höhe von 50 EUR einzufordern. Das Landgericht ging von einer Erpressung zum Nachteil der L aus, aber der BGH hob diese Entscheidung auf, da die Beweiswürdigung rechtlichen Bedenken begegne. Aufgrund dieser Begründung allein können aus dieser BGH-Entscheidung keine weiteren Erkenntnisse zum strafrechtlichen Vermögensschutz (erzwungener) sexueller Dienstleistungen gezogen werden.[689]

Schließlich bejahte der BGH in einem Fall aus dem Jahr 2020,[690] dass sich der Leistungsempfänger wegen eines Eingehungsbetruges zu Lasten einer Prostituierten strafbar machte, als er mit der Prostituierten Geschlechtsverkehr hatte, obwohl er kein Bargeld mit sich führte. Da hier ein wirksamer Lohnanspruch der Prostituierten gegen den Leistungsempfänger nach § 1 S. 1 ProstG entstand, kam der BGH nicht mehr zu der Frage, ob auch in der Erbringung der Arbeitskraft ohne Entgeltzahlung ein Vermögensschaden an sich gesehen werden kann.[691]

688 BGH, Beschl. v. 16.10.2019 – 2 StR 466/18, NStZ-RR 2020.

689 Ein anderes Verständnis vermag nur aufgrund des redaktionellen Leitsatzes in Frage kommen, wonach dem erzwungenen Geschlechtsverkehr kein Vermögenswert zukomme, da sich die Rechtsgutverletzung in einem Angriff auf die sexuelle Selbstbestimmung erschöpfe. Allerdings ist dieser Leitsatz nicht aus den Entscheidungsgründen abzuleiten, wie auch bereits von *Fahl*, JA 2021, 353, 355 angemerkt wurde.

690 BGH, Urt. v. 07.05.2020 – 4 StR 586/19, NZWiSt 2020, 322.

691 Vgl. dazu ausf. oben, 2. Kapitel AII3c.

III Diskussion und Zwischenergebnis

Vor Einführung des ProstG sah der BGH in der Erbringung sexueller Dienstleistungen zunächst keinen wirtschaftlichen Wert. In der danach folgenden Rechtsprechung änderte sich dies und er versagte sexuellen Dienstleistungen den strafrechtlichen Vermögensschutz, da dies sonst einen Widerspruch gegen die Rechtsordnung verursache. Dies widersprach eindeutig dem Diktum des Reichsgerichtes aus 1910.

Auch nach Einführung des §1 S.1 ProstG erachtet der BGH die Prostitution weiterhin als sittenwidrig im Sinne von §138 BGB und sieht die Rechtsgeschäfte darüber als nichtig an. Er geht weiterhin davon aus, dass in der (erzwungenen) sexuellen Dienstleistung einer Prostituierten – auch an ihrem Arbeitsplatz – kein Vermögenswert liege. Anders sei dies nur, wenn die Leistung freiwillig und nach den Vorgaben des ProstG erfolgt sei. In diesem Fall werde „den in Erfüllung eingegangener Verabredungen und in Erwartung des vereinbarten Entgelts erbrachten sexuellen Leistungen ein betrugsstrafrechtlich relevanter wirtschaftlicher Wert zugemessen“.[692]

Der BGH verfolgt bis heute die konsequente Linie, dass sexuelle Dienstleistungen nicht dem strafrechtlichen Vermögensschutz unterfallen, es sei denn, sie wurden nach den normierten Voraussetzungen des ProstG durchgeführt. Er wendet sich in seinem Ergebnis von der rein wirtschaftlichen Vermögenstheorie hinsichtlich des Schutzes sexueller Dienstleistungen ab. Die Rechtsprechungslinie entspricht nicht mehr den Maximen der Grundsatzentscheidung des Reichsgerichtes. Die Erbringung sexueller Leistungen ist gerade für eine Prostituierte (insbesondere an ihrem Arbeitsplatz) ein wesentlicher wirtschaftlicher Wert. Indem der BGH in diesen Fällen den strafrechtlichen Vermögensschutz davon abhängig macht, ob die sexuelle Dienstleistung den Vorgaben des ProstG entspricht oder nicht, macht er

692 BGH, Urt. v. 02.02.2016 - 1 StR 435/15, BGHSt 61, 149, „Zahlungsunwilliger Kunde“.

den strafrechtlichen Vermögensschutz von einer rechtlichen Wertung abhängig.

Die Abkehr vom wirtschaftlichen Vermögensbegriff zum Nachteil von Prostituierten ist zu bedauern und bedarf nach hier vertretener Auffassung weiterer Begründung. Der BGH stützt jedenfalls seit Einführung des ProstG den Ausschluss sexueller Dienstleistungen vom strafrechtlichen Vermögensschutz nicht mehr auf das Argument, es diene dem „Schutz der Einheit der Rechtsordnung“, wie es zuvor der Fall war. Vielmehr lehnt der BGH den strafrechtlichen Schutz mangels wirtschaftlichen Wertes der erzwungenen sexuellen Diensthandlungen ohne nähere Begründung ab. Die Verneinung eines wirtschaftlichen Wertes weicht jedoch von der bisherigen Definition, wann in dem Einsatz einer Arbeitskraft ein wirtschaftlicher Wert zu sehen ist, ab. Wie zuvor erläutert kommt auch den insbesondere am Arbeitsplatz erbrachten sexuellen Leistungen ein wirtschaftlicher Wert zu, wenn diese Handlungen üblicherweise gegen ein Entgelt erbracht werden. Der BGH scheint bei der Bewertung, wann einer Arbeitskraft wirtschaftlicher Wert zukommen kann, an andere Voraussetzungen anzuknüpfen. Wie ein solch anderer Ansatz des BGH aussehen könnte, wird im Nachgang an die im Rahmen dieses Kapitals besprochene Judikatur zusammenfassend erläutert.[693]

693 Vgl. unten, 3. Kapitel E.

C Begehung von Straftaten

Im nächsten Abschnitt werden Entscheidungen des BGH erläutert, in denen „Arbeitskraft“ zur Erfüllung einer Straftat eingesetzt wurde, und geprüft, ob diese dem strafrechtlichen Vermögensschutz unterfällt. Nach der rein wirtschaftlichen und auch der juristisch-ökonomischen Vermögenstheorie kann der Arbeitskraft zur Begehung einer Straftat ein wirtschaftlicher Wert beigemessen werden, wenn diese üblicherweise gegen ein Entgelt erfolgt. Jedoch wird diese Arbeitsleistung nach der letzteren Theorie vom strafrechtlichen Vermögensschutz ausgenommen, da die Begehung von Straftaten von der Rechtsordnung nicht geschützt, sondern missbilligt wird.

I BGH Entscheidungen

1 BGH, Beschl. v. 02.05.2001 – 2 StR 128/01, NStZ 2001, 534, „Kurierfahrten“

Im folgenden Fall hatte der BGH zu entscheiden, ob sich E wegen eines Vermögensdeliktes strafbar machte, als er L zu Lagerung und Kurierfahrten unverzollter Zigaretten zwang. Das Landgericht entschied, dass ein Vermögensschaden vorliegt und eine räuberische Erpressung erfüllt sei. Der Vermögensvorteil des E war darin begründet, dass L „durch die erzwungenermaßen unentgeltliche Erbringung dieser Leistungen [...] einen Vermögensschaden erlitten [habe]“, weil für die ihn geforderten Leistungen üblicherweise ein Entgelt geschuldet werde.[694] Der BGH verneinte hingegen einen Vermögensschaden, da „Handlungen der festgestellten Art, die der Erfüllung strafbarer Tatbestände dienen, [...] kein messbarer wirtschaft-

694 LG Erfurt, 23.11.2000, 820 Js 47619/98 – 3 KLs jug, S. 21.

licher Wert inne [wohne], so daß ihre erzwungene Vornahme zu keinem Vermögensschaden führen [... könnte]". Auch fehle es an der Absicht des E sich durch die Abnötigung dieser Handlungen bereichern zu wollen. Daher sei § 253 StGB zu verneinen.[695] Indem der BGH den strafrechtlichen Vermögensschutz mit der Begründung, in der Begehung einer Straftat liege kein „messbarer wirtschaftlicher Wert", ablehnt, entfällt die Prüfung, ob die bei Erfüllung einer Straftat eingesetzte Arbeitskraft auch strafrechtlich zu schützen sei. Dies eröffnet aber die Frage, ob der BGH weiterhin an der wirtschaftlichen Vermögenstheorie festhält, denn nach dieser müsste in jeder Arbeitskraft unabhängig von ihrer (Il-)Legalität ein wirtschaftlicher Wert gesehen werden, die üblicherweise gegen Entgelt erbracht wird. Vermögensstraftaten werden oftmals aus materiellen Motiven heraus begangen und es müsste grundsätzlich in der Durchführung einer solchen Straftat auch ein wirtschaftlicher Wert zu sehen sein. Zu klären ist, ab wann von der *Üblichkeit* einer Entgeltzahlung auszugehen ist.

Diese zu bejahen ist im Rahmen der Betrugsfälle weniger problematisch, da gerade eine (nichtige) Vereinbarung auf Lohnzahlung vorliegt und über deren Erfüllungsabsicht schlicht getäuscht wurde, die Wirtschaftlichkeit liegt hier bereits in der versprochenen Entgeltzahlung. Schwieriger ist es bei Fällen mit Erpressung, denn hier liegt keine Lohnvereinbarung vor, die die Üblichkeit einer Entgeltzahlung annehmen lässt. Der Leistende wird „lediglich" zur Leistung einer natürlichen Handlung gezwungen, in der noch kein Vermögensschaden für die leistende Person gesehen werden kann. Dieser entsteht nur, wenn die Person üblicherweise für diese Leistung ein Entgelt erhält. Dem BGH folgend kommt es auch nicht darauf an, dass die Person eine konkrete Aussicht auf eine wirtschaftliche Nutzung hatte.[696] Problematisch daran ist nach hier vertretener Ansicht, dass dies zu einer Ausuferung

695 BGH, Beschl. v. 02.05.2001 – 2 StR 128/01, NStZ 2001, 534, „Kurierfahrten".

696 Vgl. oben, 3. Kapitel A.

des „wirtschaftlichen“ Vermögensbegriffs führen kann,[697] denn heutzutage kann fast jede Leistung für Geld erworben werden. Es muss daher sehr restriktiv ausgelegt werden wann angenommen werden kann, dass eine Leistung „üblicherweise“ gegen Entgelt erbracht wird. Wird der Arbeitskraftleistende an seinem Arbeitsplatz – wie zuvor im Rahmen der Prostitutionsfälle – zu seiner üblichen Dienstleistung gezwungen, kann angenommen werden, dass es sich um eine Leistung handelt, die üblicherweise gegen Entgelt erbracht wird. Wird eine Leistung bei der Begehung einer Straftat und nicht an einem „Arbeitsplatz“ erfüllt, ist fraglich, ob hier ein wirtschaftlicher Wert anzunehmen ist. Da alles Handeln am (Schwarz-)Markt gegen Entgelt erworben werden kann, könnte in jeder erzwungenen Handlung auch ein wirtschaftlicher Wert und ein Vermögensschaden gesehen werden. Dies würde zu weit gehen und dazu führen, dass der Arbeitskraft an sich bereits ein wirtschaftlicher Wert zukäme, was zu Beginn dieses Kapitels begründet abgelehnt wurde.[698] Der ökonomische Charakter der Vermögensdelikte muss nach hier vertretener Meinung erhalten bleiben und darf nicht zu einem Schutz der Willensentschließungsfreiheit ausgedehnt werden. Daher muss die Üblichkeit einer Entgeltleistung eng ausgelegt werden. Dies dürfte auch den Gedanken der Grundsatzentscheidung des Reichsgerichtes entsprechen, wonach ebenfalls nur die geldwerten Güter einer Person und nicht die Willensentschließungsfreiheit des Leistenden zu schützen sind.[699] Für die Berechnung des Vermögensschadens kommt es auch nicht darauf an, ob der Leistungsempfänger durch die Tat einen Vermögensvorteil erlangt hat, beispielsweise indem er sich Aufwendungen ersparte, sondern es ist allein auf den Leistenden abzustellen. Dies führt dazu, dass die – bereits zuvor erläuterte[700] – objektive Ansicht, die eine Üblichkeit der Entgeltzah-

697 Ähnlich auch *Hefendehl*, in: MüKo StGB, § 263 Rn. 596 f.

698 Vgl. oben, 3. Kapitel A.

699 RG, Beschl. v. 14.12.1910 – 1214/10, RGSt 44, 230.

700 Vgl. oben, 3. Kapitel A.

lung annimmt, sobald diese Leistung üblicherweise am Markt gegen Entgelt angeboten wird,[701] abzulehnen ist. Vielmehr ist der subjektiven Ansicht zu folgen, die danach differenziert, ob die arbeitskrafterbringende Person diese üblicherweise gegen Entgelt erbringt.[702] Dies kann außerhalb eines regulären Arbeitsplatzes allenfalls bei einem Serien- oder Auftragstäter angenommen werden.

Im vorliegenden Fall hatte L in der Vergangenheit öfter für E diese Tätigkeiten erbracht und eine Bezahlung erhalten. Zum Tatzeitpunkt hatte er sich jedoch seit längerem entschieden, nicht mehr für E zu „arbeiten". Mit Aufgabe dieses „Berufes" zeigte L nach außen, dass er diese Leistungen trotz des Entgelts nicht mehr erbringen möchte. Wird er nun gezwungen, diese trotzdem zu erbringen, entsteht ihm aber kein Vermögensschaden, denn es wird ihm nicht die Möglichkeit genommen, die Leistung an anderer Stelle gewinnbringend einzusetzen. Im Ergebnis stimmt die Entscheidung des BGH auch mit der wirtschaftlichen Vermögenstheorie überein, sofern sie wie hier vertreten, eng ausgelegt wird.[703] Wünschenswert wäre es gewesen, wenn der BGH seine Entscheidung näher begründet hätte. Allein aus der allgemeinen Formulierung, der Begehung einer Straftat komme „kein messbarer wirtschaftlicher Wert" zu, geht nicht hervor, ob der BGH nur in diesem Fall keinen wirtschaftlichen Wert in der Begehung einer Straftat sah oder ob er dies grundsätzlich ausschließt. Nach der rein wirtschaftlichen Vermögenstheorie kann unter den oben genannten Bedingungen auch in der Begehung einer Straftat ein wirtschaftlicher Wert gesehen werden. Dies ist nicht zuletzt auf dem „Schwarzmarkt" zu sehen, auf dem zum Teil hohe Summen für die Ausführung von Straftaten geboten werden.[704]

701 Etwa *Heinrich*, GA 1997, 24, 31; *Zimmermann*, NStZ 2012, 211, 212 f.

702 Etwa *Cramer*, Vermögensbegriff, S. 244.

703 A.A. *Li*, NSWiSt 2019, 405, 407 f.

704 Vgl. *Macintyre/Wilson/Yardley/Brolan*, The British Hitman: 1974–2013, 325.

2 Weitere BGH-Entscheidungen

In einem Fall aus dem Jahr 2018[705] entführten die drei Angeklagten den L, da er ihnen angeblich 180 EUR schuldete. Sie wollten ihn zwingen, am Abend unter ihrer Aufsicht in eine Pizzeria einzubrechen und Geld zu entwenden. Damit L diesem Plan folgte, quälten sie ihn einen Tag lang mit verschiedenen schmerzhaften und herabwürdigenden Methoden auch noch nachdem er zugestimmt hatte, den Einbruch zu begehen. Schließlich konnte L flüchten, bevor es zu dem geplanten Einbruch kam. Der BGH sah abweichend vom Landgericht den Straftatbestand des versuchten erpresserischen Menschenraubes als nicht erfüllt an. Den Angeklagten habe es an der Absicht gefehlt, „die Sorge des [L] um sein Wohl zu einer Erpressung im Sinne des §253 StGB auszunutzen". Denn bei dem verlangten Verhalten, „einen Einbruch in eine Pizzeria zu begehen, handelte es sich nämlich um eine auf die Erfüllung eines Straftatbestandes gerichtete (abgepresste) Leistung, der grundsätzlich kein Vermögenswert im Sinne des §253 StGB zukommt."[706]

Zuletzt entschied der BGH im Jahr 2020 über folgenden Fall: E zwang mit einem Messer zwei 13-jährige Jungen dazu, Wertgegenstände in der Stadt zu stehlen. Auf dem Weg dorthin gelang es den Jungen, wegzulaufen.[707] Auch hier verurteilte das Landgericht E wegen versuchter besonders schwerer räuberischer Erpressung gemäß §§22, 253 Abs.1, 255, 250 Abs.2 Nr.1 StGB. Der BGH sah hingegen nur den Tatbestand der versuchten Nötigung nach §240 Abs.1, 2 und 3 StGB als erfüllt an. Dies begründete der 4. Strafsenat damit, dass nach dem Vorstellungsbild des E durch die Nötigung der Jungen einen Diebstahl zu begehen, für diese kein Vermögensnachteil entstand.[708] Denn

705 BGH, Beschl. v. 27.11.2008 - 2 StR 421/08, NStZ-RR 2009, 106.

706 BGH, Beschl. v. 27.11.2008 - 2 StR 421/08, NStZ-RR 2009, 106; BGH, Beschl. v. 02.05.2001 - 2 StR 128/01, NStZ 2001, 534, „Kurierfahrten".

707 BGH, Beschl. v. 08.01.2020 - 4 StR 548/19, NStZ 2020, 286.

708 Siehe oben zu der Frage, ob in der (nach den Tatplänen vorgestellten) erzwungenen Her-

„einem abverlangten Verhalten, das sich in der Begehung strafbarer Handlungen" erschöpfe, komme im „Vermögen des Genötigten kein wirtschaftlicher Wert zu, sodass die erzwungene Vornahme solcher Handlungen keinen Vermögensschaden beim Nötigungsopfer begründen" kann.[709]

Die Ergebnisse der BGH-Entscheidungen entsprechen den früheren Urteilen, dass in der Begehung einer Straftat kein wirtschaftlicher Wert zu sehen ist. Jedoch erwecken die Entscheidungsbegründungen des BGH den Eindruck, er gehe davon aus, dass *grundsätzlich* in der Begehung von Straftaten kein wirtschaftlich messbarer Wert zu sehen ist unabhängig davon, ob es sich um eine Straftat handelt, die von der Person üblicherweise gegen ein Entgelt erbracht wird. Dies steht im Widerspruch zu den Theorien, die auf der wirtschaftlichen Vermögenstheorie aufbauen. Denn nach der wirtschaftlichen Vermögenstheorie kann auch in der Begehung einer Straftat ein wirtschaftlicher Wert zu sehen sein, wenn diese Leistung von der handelnden Person üblicherweise gegen Entgelt erbracht wird. Auch nach der juristisch-ökonomischen Vermögenstheorie kann, da sie auf der wirtschaftlichen Vermögenstheorie aufbaut, solchen Leistungen ein wirtschaftlicher Wert zukommen. Nach der juristisch-ökonomischen Theorie wären solche (vermögenswerten) Leistungen lediglich in einem zweiten Schritt als nicht schützenswert zu betrachten.

Es ist unklar, ob sich der BGH hier nur begrifflich ungenau ausdrückt und solche Leistungen unabhängig ihres wirtschaftlichen Wertes aufgrund ihrer Illegalität nicht für schützenswert hält oder ob er einer anderen Definition folgt, wann der Arbeitskraft ein wirtschaftlich messbarer Wert

ausgabe der Diebesware ein Vermögensschaden zu sehen wäre, 1. Kapitel AII4.

709 BGH, Beschl. v. 08.01.2020 – 4 StR 548/19, NStZ 2020, 286; siehe zu weiteren Schwerpunkten des Falls, *Habetha*, NStZ 2020, 286; *Jäger*, JA 2020, 551, 552 ff.; offengelassen von BGH, Beschl. v. 05.08.2020 – 3 StR 71/20, BeckRS 2020, 22034; gar nicht erst angesprochen von BGH, Beschl. v. 06.05.2014 – 5 StR 170/14, NStZ-RR 2009, 106; BGH, Beschl. v. 05.08.2020 – 3 StR 608/19, BeckRS 2020, 22031.

zukommt. Es bleibt offen, ob der BGH überhaupt eine derartig generalisierende Aussage treffen wollte. Denn auch nach der rein wirtschaftlichen Vermögenstheorie wäre in den vorliegenden Fällen ein wirtschaftlicher Vermögenswert mangels der Üblichkeit der Entgeltleistung abzulehnen. Keine der zu den Straftaten genötigten Personen erbrachte Straftaten üblicherweise gegen ein Entgelt. Der Entscheidung ist nur zu entnehmen, dass der BGH Arbeitskraft, die zur Begehung einer Straftat geleistet wurde, bisher nicht als einen Vermögenswert ansieht. Welche Vermögenstheorie er zugrunde legt oder aus welchen Gründen er keinen Vermögenswert annimmt, bleibt fraglich.

3 BGH, Urt. v. 10.10.2012 – 2 StR 591/11, NJW 2013, 401, „Telekom-Spitzel"

Der leitende Angestellte A des Konzerns E, der im Bereich der Konzernsicherheit als Leiter einer Unterabteilung tätig war, beauftragte das Sicherheitsunternehmen L herauszufinden, wer im Konzern vertrauliche Informationen an die Presse weiterleitete. Dafür ließ er Telekommunikationsverbindungsdaten von Mitarbeitern des Konzerns und von Journalisten systematisch von L auswerten. Für die Dienstleistung zahlte A den vereinbarten Preis an L, obwohl der Vertrag zur Auswertung der Verbindungsdaten aufgrund des Inhalts einer strafbaren Handlungen gemäß § 134 BGB nichtig war.[710]

Sowohl das Landgericht als auch der BGH sahen in der Zahlung den Un-

710 Die Überlassung von Verbindungsdaten verstieß sowohl gegen § 88 Abs. 3 TKG als auch gegen § 206 Abs. 1 StGB. Die Sicherheitsfirma verstieß durch die Speicherung der Daten gegen § 44 Abs. 1 i. V. m. § 43 Abs. 2 Nr. 1 BDSG aF. (BDSG aF, trat am 11. 06. 2010 in der Fassung der Bekanntmachung vom 14. 01. 2003 (BGBl. I S. 66) in Kraft. Dieses wurde zuletzt durch Gesetz vom 30. 10. 2017 (BGBl. I S. 3618) m.W.v. 09. 11. 2017 geändert. Seit dem 25. 05. 2018 ist es aufgrund Gesetzes vom 30. 06. 2017 (BGBl. I S. 2097) außer Kraft getreten).

treuetatbestand gemäß § 266 StGB zu Lasten der E für erfüllt an. Als leitender Angestellter verletzte A seine Vermögensbetreuungspflicht, indem er dem Konzern E einen Vermögensnachteil zufügte. Den Vermögensnachteil sah die Rechtsprechung darin, dass eine rechtsgrundlose Zahlung geleistet wurde, ohne eine Gegenleistung zu erhalten.[711] Der BGH blieb Erläuterungen zu der Frage, ob E nicht ein Vermögen zugeflossen sein könnte, indem er die Arbeitsleistung der L erhielt, schuldig. Offenbar sah der BGH in der illegal erbrachten Arbeitskraft keinen (schützenswerten) Vermögenswert.[712] Er folgt somit nicht der wirtschaftlichen Vermögenstheorie, da die Arbeitskraft für ein Entgelt erbracht wurde und nach dieser Theorie ein wirtschaftlicher Wert hätte bejaht werden müssen. Offen bleibt, ob für den BGH ein wirtschaftlicher Wert vorlag, den er nur der juristisch-ökonomischen Vermögenstheorie folgend nicht für schützenwert hielt oder ob er bereits in der erbrachten Arbeitskraft keinen wirtschaftlichen Wert sah. Letzteres würde dazu führen, dass der BGH eine andere Definition als bisher angenommen zugrunde legt. Darauf wird weiter unten einzugehen sein.[713]

II Zwischenergebnis

Der zur Begehung von Straftaten eingesetzten „Arbeitskraft" wird von der höchstrichterlichen Rechtsprechung kein wirtschaftlicher Vermögenswert beigemessen. Dies gilt unabhängig davon, ob es sich um Taten handelt, die innerhalb des Verbrechermilieus nur gegen ein Entgelt erbracht werden. Damit folgt der BGH genau genommen weder der rein wirtschaftlichen Vermögenstheorie noch einer Vermögenstheorie, die auf einem anderen wirt-

711 BGH, Urt. v. 10.10.2012 – 2 StR 591/11, NJW 2013, 401, 403.

712 Kritisch und darin einen Verstoß gegen die Verfassung sehend *Burghardt/Bröckers*, NJW 2015, 903, 906, da dem Arbeitgeber wirtschaftlich kein Schaden entstanden sei, wenn die vereinbarte Arbeitsleistung erbracht wurde.

713 Vgl. unten, 3. Kapitel E.

schaftlichen Vermögensbegriff aufbaut und die auch bei der Begehung einer Straftat einen wirtschaftlicher Wert annimmt, der aber nach der juristisch-ökonomischen Vermögenstheorie aufgrund der Illegalität nicht schützenswert ist. Offen bleibt daher, ob sich der BGH schlicht begrifflich unsauber ausgedrückt hat, indem er „keinen messbaren wirtschaftlichen Wert" in einer solchen Leistung sieht oder ob er bereits einer anderen Definition folgt, wann Arbeitskraft in Form der Arbeitsleistung ein wirtschaftlich messbarer Wert zukommt. Wie eine solche Definition aussehen könnte, wird im Anschluss an die noch zu besprechenden Fälle erörtert.[714]

714 Vgl. unten, 3. Kapitel E.

D Leistung von Schwarzarbeit

Über den strafrechtlichen Vermögensschutz von Schwarzarbeit[715] hat der BGH soweit ersichtlich noch nicht entschieden und es lassen sich nur Vermutungen anstellen, ob er einen geprellten Schwarzarbeiter in seinem Vermögen als geschädigt ansehen würde oder nicht. Eingehende strafrechtliche Beachtung sollte der Thematik jedoch spätestens seit der Kehrtwende der zivilrechtlichen BGH-Rechtsprechung aus dem Jahr 2014 gewidmet werden. In dieser entschied der BGH, dass im Fall einer Schwarzgeldabrede sämtliche zivilrechtlichen Ansprüche einschließlich des Lohnanspruchs des Arbeitnehmers zu versagen sind. Recht ausführlich prüfte der VII. Zivilsenat das Bestehen etwaiger Ansprüche aus einer Geschäftsführung ohne Auftrag und schließlich auch aus dem Bereicherungsrecht. Von der früheren Rechtsprechung, die dem Schwarzarbeitenden bereicherungsrechtliche Ansprüche zustand, wandte sich der BGH nun vollkommen ab.[716]

Grundsätzlich liegt im Rahmen von sogenannten Schwarzgeldabreden[717] ein Vertragsverstoß gegen §1 Abs.2 Nr. 2 SchwarzArbG und i.V.m. §134 BGB ein nichtiger Werkvertrag vor.[718] Dadurch könnte der Schluss gezogen werden, der Arbeitgeber müsse Schwarzarbeit nicht mehr bezahlen.

715 BGH, Urt. v. 10.04.2014 - VII ZR 241/13, BGHZ 201, 1.

716 Die Beantwortung der Frage, ob von dieser Rechtsprechung auch Arbeits- und Dienstverträge umfasst sind, würde hier zu weit führen und wird daher nicht weiter erläutert. Vgl. dazu *Raif/Heinemann-Diehl*, GWR 2014, 310; *Bülte/Meier*, VuR 2018, 128; in Bezug auf illegale Ausländerbeschäftigung, *Deinert*, NZA 2018, 71, 72.

717 §1 SchwarzArbG definiert den Begriff der Schwarzarbeit. Vgl. auch *Tiedemann*, in: LK StGB, §263 Rn. 139 der Schwarzarbeit zusammenfassend beschreibt als „das Erbringen oder Ausführenlassen von Dienst- oder Werkleistungen ohne Zahlung von (bzw. Anmeldung zu) Steuern und Sozialversicherungsbeiträgen oder ohne Erfüllung der Mitteilungspflicht nach §60 Abs. 1 StGB usw.".

718 Ein beiderseitiger Vertragsverstoß liegt zwar nicht immer direkt vor, da nur der Werkunternehmer nach §33 Abs. 1 AO steuerpflichtig ist. Jedoch vertritt der BGH, dass auch ein beiderseitiger Verstoß vorliegt, wenn der Besteller, Kenntnis vom Verstoß hat und dies für sich ausnutzt. Hinzu kommt ein Verstoß gegen §370 AO, den sowohl der Werkunternehmer

Dies mag aus zivilrechtlicher Sicht zutreffen, jedoch bleibt fraglich, ob das Bestellen eines schwarzarbeitenden Auftragnehmers in der Absicht, diesen entgegen der Abrede nicht zu bezahlen, strafrechtlich sanktioniert werden kann und somit auch zivilrechtliche Schadensersatzansprüche aus §823 Abs.2 i.V.m. §263 StGB entstehen können.[719]

Ob in einem solchen Fall ein Betrug vorliegt, hängt wiederum davon ab, welcher Vermögensbegriff verwendet wird und ob in der Leistung von Schwarzarbeit ein Vermögensschaden zu sehen ist. Nach der juristisch-ökonomischen Vermögenstheorie ist auch die „schwarz" erbrachte Arbeitsleistung eine Tätigkeit, die üblicherweise gegen Entgelt erbracht wird und es kommt ihr daher ein wirtschaftlicher Wert zu. Um Wertungswidersprüche mit der Rechtsordnung zu verhindern, wird diese jedoch vom strafrechtlichen Schutz ausgenommen, wenn die Arbeitsleistung sittenwidrigen oder verbotenen Zwecken dient. Bei der Erbringung von Schwarzarbeit steht seit der Wende in der zivilrechtlichen Rechtsprechung dem Auftragnehmer kein zivilrechtlicher Anspruch mehr auf den Lohn oder Schadensersatz für die erbrachte Arbeitsleistung zu. Durch das Versagen sämtlicher Ansprüche positioniert sich das Zivilrecht dahingehend, dass der Auftragnehmer durch die Schwarzgeldabrede nicht schutzwürdig ist und missbilligt diese wegen des Verbotes der Schwarzarbeit ausdrücklich. Konsequenterweise müsste bei Anwendung der juristisch-ökonomischen Vermögenstheorie auch die Erbringung solcher Leistungen vom strafrechtlichen Vermögensschutz ausgenommen werden.[720]

Zwar könnte die juristisch-ökonomische Vermögenstheorie durch eine Differenzierung nach Nichtigkeitsgründen wiederum zu dem Ergebnis kommen, Schwarzarbeit doch dem strafrechtlichen Vermögensschutz unter-

als auch der Besteller nach §369 Abs.2 AO, §25 Abs.2 in Mittäterschaft begehen, *Jerger*, NZBau 2014, 415, 416; vgl. auch *Bülte/Meier*, VuR 2018, 128, 129.

719 *Kolb*, NZWiSt 2014, 344.

720 So auch *Hefendehl*, in: MüKo StGB, §263 Rn.640; *Kolb*, NZWiSt 2014, 344, 345.

fallen zu lassen, indem sie Rechtsgeschäfte, die gegen steuerrechtliche oder sozialversicherungsrechtliche Vorgaben verstoßen, vom Ausschluss des Vermögensschutzes ausnimmt. Jedoch würde dies zu einer lediglich ergebnisorientierten Wertungskorrektur ohne dogmatische Grundlage führen. Es fehlt an objektivierbaren Gründen, warum ein Verstoß gegen ein Strafgesetz oder BtMG anders zu behandeln ist als ein Verstoß gegen das SchwarzArbG oder gegen die AO. Die ausdrückliche Missbilligung der Rechtsordnung dieser Handlungen ist jedem dieser Verbote zu entnehmen.[721]

Gleiches ergibt sich insbesondere im Vergleich zu den Fällen der sexuellen Dienstleistung, auch hier wird nach der juristisch-ökonomischen Vermögenstheorie ein schützenswerter Vermögenswert abgelehnt – sofern weiterhin von einer Sittenwidrigkeit ausgegangen wird. Sowohl sexuelle Handlungen als auch sonstige Werk- und Dienstleistungen sind per se legal, lediglich weitere äußere Umstände wie die Entgeltlichkeit der sexuellen Dienstleistungen oder das Nichtabführen von Steuern führen zur Illegalität. Es ist nicht ersichtlich, warum nach der juristisch-ökonomischen Theorie Schwarzarbeit anders als die Prostitution behandelt wird und vom strafrechtlichen Vermögensschutz umfasst sein sollte.

Grundsätzlich ist der juristisch-ökonomischen Theorie an sich nicht zu folgen, da, wie zuvor innerhalb der ersten Fallgruppe erarbeitet, es keiner Einheit der Rechtsordnung in diesem Sinne bedarf. Dies wird auch im Fall der illegalen Ausländerbeschäftigung ersichtlich, die beispielsweise für den Arbeitgeber nach § 10 Abs. 1 SchwarzArbG strafbar ist und dennoch die Pflicht besteht, die Vergütung unabhängig von der Nichtigkeit des zugrunde liegenden Vertrages nach § 98a ff. AufenthG[722] zu zahlen. Es zeigt

721 Dies wird zwar teilweise für Rechtsgeschäfte, die aufgrund von Formmängeln nichtig sind, bejaht. Dies beruht jedoch auf der Grundlage, dass Formvorschriften die Parteien schützen sollen und lediglich als Beweis und Warnfunktion dienen. Daraus lässt sich keine grundsätzliche Missbilligung der Rechtsordnung für solche Geschäfte entnehmen. Vgl. *Hefendehl*, in: MüKo StGB, § 263 Rn. 651 f.

722 *Deinert*, NZA 2018, 71, 72.

sich, dass nach der Rechtsordnung selbst Ansprüche aus verbotenen Geschäften rechtlich geschützt sein können. Wenn die Rechtsordnung selbst keine Einheit herstellt, kann diese auch vom Strafrecht nicht eingefordert werden. Nach der wirtschaftlichen Vermögenstheorie hingegen wäre ein Vermögensschaden auch in Fällen der Schwarzarbeit zu bejahen, da die Illegalität keine Rolle spielt.

Dem strafrechtlichen Vermögensschutz ist auch aus rechtspolitischer Sicht zuzustimmen. Zwar reduziert die Schwarzgeldabrede den wirtschaftlichen Wert der Arbeitsleistung aufgrund der mit ihr verbundenen Risiken,[723] doch kann sie jederzeit auf dem freien Markt angeboten und Teil einer vertraglichen Beziehung werden, die wiederum Lohnansprüche entstehen lässt. Daher kommt solchen Handlungen unstreitig ein wirtschaftlicher Wert zu. Der BGH kann sich hier nicht wie im Rahmen der für sexuelle Dienstleistungen oder für strafbare Handlungen eingesetzten Leistungen darauf berufen, diesen sei schlicht kein wirtschaftlicher Wert beizumessen. Unstreitig ist auch das Gefühl der Allgemeinheit, dass der Leistende einen Vermögensschaden erleidet, wenn er übliche Werk- oder Dienstleistungen erbringt und diese entgegen der Absprache nicht bezahlt werden. Es entspricht daher den Gedanken der Grundsatzentscheidung des Reichsgerichts, auch diese Leistungen strafrechtlich zu schützen.

Dagegen könnte eingewendet werden, dass durch die Sanktionierung der Schwarzarbeit ein Druckmittel entsteht, die Lohnforderungen zu erfüllen und somit Sinn und Zweck der zivilrechtlichen Kehrtwende in der Rechtsprechung konterkariert wird, die Schwarzgeldabreden mit einem möglichst hohen Risiko zu beschweren. Jedoch ist davon auszugehen, dass der schwarz Arbeitende aus eigenem Interesse die Nichtzahlung der Lohnforderung in der Regel nicht zur Anzeige bringt. Dies zeigt sich nicht zuletzt dadurch, dass in der höchstrichterlichen Rechtsprechung keine Urteile dazu ergangen sind. Aus diesem Grund ist nicht davon auszugehen, dass eine Strafbarkeit

723 Vgl. *Burghardt/Bröckers*, NJW 2015, 903, 905.

der täuschungsbedingten Nichtzahlung von Schwarzarbeit das Vertrauen in die Schwarzgeldabreden erhöht und dass solche Abreden nur aufgrund dessen getroffen werden.

Hinzu kommt, dass nach den vom BVerfG aufgestellten Kriterien in seiner Entscheidung aus dem Jahr 2010 ein vorliegender Schaden aus wirtschaftlicher Sicht festgestellt werden soll. Zwar betrifft dies erst die nachgelagerte Frage nachdem festgestellt wurde, was Vermögensbestandteil ist. Dennoch lässt die hinter dem Verdikt stehende Wertung erkennen, dass der Charakter als Vermögensdelikt nicht verdrängt werden dürfe, da dies sonst einen Verstoß gegen Art. 103 Abs. 2 GG bedeuten würde.[724] Zur Auslegung des Vermögensschadens richtet sich das BVerfG nach dem allgemeinen Sprachgebrauch, was unter einem Nachteil zu verstehen ist. Zwar dürfen dabei auch normative Gesichtspunkte berücksichtigt werden, jedoch soll dabei nicht der Vermögensdeliktscharakter verloren gehen.[725] Im Rahmen der Bewertung, ob ein geprellter Schwarzarbeiter einen Vermögensschaden erlitten hat, ist davon auszugehen, dass dies dem allgemeinen Empfinden entspricht, weil gerade die Arbeitskraft für die meisten Menschen eine besondere wirtschaftliche Bedeutung hat. Würde dem Schwarzarbeitenden der strafrechtliche Schutz versagt, entspräche dies nicht mehr der geforderten wirtschaftlichen Betrachtung. Die juristisch-ökonomische Vermögenstheorie ist auch unter diesem Aspekt zu verneinen. Es wäre mithin wünschenswert, wenn der BGH auch schwarz erbrachte Arbeit als schützenswerten Vermögensbestandteil ansähe und damit dem Diktum des Reichsgerichtes folgt.

724 BVerfG, Beschl. v. 23.06.2010 – 2 BvR 2559/08, BVerfGE 126, 170, 200 ff., 211 f.; BVerfG, Beschl. v. 07.12.2011 – 2 BvR 2500/09, BVerfGE 130, 1, 47 f.

725 BVerfG, Beschl. v. 23.06.2010 – 2 BvR 2559/08, BVerfGE 126, 170, 200 ff., 211 f.

E „Wirtschaftlich-normativer“ Ansatz des BGH

Die bisherige Rechtsprechungsanalyse zeigt, dass der BGH weder sexuelle Dienstleistungen noch Straftaten schützt und das unabhängig davon, ob es sich um Leistungen handelt, die üblicherweise gegen ein Entgelt erbracht werden. Indem er bereits das Vorliegen eines wirtschaftlichen Wertes verneint, muss er andere Voraussetzungen zugrunde legen, wann einer Arbeitskraft wirtschaftlicher Wert zukommt. Er vertritt somit weder die rein wirtschaftliche noch die juristisch-ökonomische Vermögenstheorie. Letztere baut auf der wirtschaftlichen Vermögenstheorie auf und nimmt nur auf einer zweiten Ebene zu illegalen Zwecken erbrachte Arbeitskraft vom strafrechtlichen Schutz aus. Dies führt zu der Frage, ob der BGH nicht andere als die bisher bekannten Kriterien zugrunde legt, um den wirtschaftlichen Wert einer Arbeitskraft anzunehmen.

I Grundzüge des „wirtschaftlich-normativen“ Ansatzes

Ziel ist es, Voraussetzungen zu identifizieren, die sowohl mit den Ergebnissen als auch mit den Entscheidungsbegründungen des BGH übereinstimmen. In der Rechtsprechungsanalyse wurde festgestellt, dass der Kern des Problems ein grundlegender ist, denn die Ansicht des BGH unterscheidet sich zu der in der Literatur bereits in der Frage, ab wann einer Arbeitskraft ein wirtschaftlicher Wert beizumessen ist.

Die bisherige Definition, dass die Arbeitskraft als geldwerter Vermögensbestandteil anzusehen ist, wenn sie üblicherweise gegen Entgelt erbracht wird, kann nicht allein zutreffend sein. Aufbauend auf diesem Gedanken wurde der „wirtschaftlich-normative“ Ansatz entwickelt. Dieser setzt bereits eine Ebene vor der juristisch-ökonomischen Vermögenstheorie an und kommt damit wie der BGH oftmals nicht mehr zu der Frage, ob die Arbeitskraft auch vom strafrechtlichen Vermögensschutz umfasst ist. Es wird die These aufgestellt, dass der BGH davon ausgeht, Arbeitskraft könne nur dann ein Vermögensbestandteil sein, wenn sie auch Vertragsbestandteil werden kann. Dies könnte darauf zurückzuführen sein, dass nur die Arbeitskraft als „versachlichtes Substrat" überhaupt zur Arbeitsleistung als Wirtschaftsgut erstarken und nutzbringend in den Wirtschaftsverkehr eingebracht werden kann.[726] Kann die Arbeitskraft nicht vertraglich gebunden werden, wird sie nicht zu einer solchen handelbaren Leistung. Vertragsbestandteil kann eine Arbeitskraft nur dann werden, wenn die konkret zu erbringende Arbeitsleistung selbst nicht bereits illegal ist. Erfüllt die konkret erbrachte Arbeitsleistung an sich einen Straftatbestand, kann diese unter keinen Umständen Bestandteil eines wirksamen Vertrages sein. Ein Vermögensschaden ist daher zu bejahen, wenn dem Arbeitskraftleistenden die Option genommen wird, sei es unmittelbar in Form von Zwang oder mittelbar in Form einer anderen täuschungsbasierten (wenn auch nichtigen) Vereinbarung, die Arbeitskraft anderweitig vertraglich zu binden. Dies ist nur dann anzunehmen, wenn die Arbeitskraft Teil eines verpflichtenden Vertrages wird, aus dem sich gegenseitige Ansprüche auf Leistung und Gegenleistung ergeben. Denn wenn die Arbeitskraft bereits nicht Vertragsbestandteil werden kann, kann dem Arbeitskrafterbringenden auch nicht die Möglichkeit genommen werden, diese Teil einer anderen vertraglichen vermögensrechtlichen Beziehung werden zu lassen. Darüber hinaus besteht die Voraussetzung, dass ein Vertrag zwischen den *konkreten Parteien* hätte entstehen können. Dies wäre dann nicht der Fall, wenn zum Beispiel ein Minderjähriger ohne Einwilligung der gesetzlichen Vertreter im Sinne von §§ 107 f. BGB eine grundsätzlich legale Arbeitsleistung „schwarz" erbringt

726 Vgl. zur Definition, aber in einem anderen Kontext, *Lackner*, in: LK StGB, 10. Aufl. 1988, § 263 Rn. 140; *Tiedemann*, in: LK StGB, § 263 Rn. 138.

und gegen die Abrede nicht bezahlt wird.[727] Hier liegt zwar eine Arbeitsleistung vor, die grundsätzlich vertraglich gebunden werden kann, jedoch nicht von den konkret leistenden Personen.

Die Anwendung dieses Ansatzes ermöglicht es, Diskrepanzen zwischen den Begründungen des BGH und den Begründungen der Vermögenstheorien zu überwinden sowie ein einheitliches Vorgehen innerhalb der Rechtsprechung zu erkennen. Dies führt zu der weiteren Frage, ob dieser Ansatz gegenüber der rein wirtschaftlichen Theorie zu bevorzugen ist. Indem der „wirtschaftlich-normative“ Ansatz nur vertragliche Beziehungen anerkennt, führt dies zu einer Nichtberücksichtigung großer Teile des Schwarzmarktes. Er verkennt, dass nicht nur vertraglich gebundene, sondern auch aufgrund nichtiger Vereinbarungen gebundene Leistungen einen wirtschaftlichen Wert haben können. Insbesondere auf Schwarzmärkten werden keine wirksamen Verträge, sondern lediglich rechtlich nichtige Vereinbarungen getroffen. Auch Arbeitskraft wird auf einem Schwarzmarkt gehandelt. Hätte der Leistende die Möglichkeit, die Arbeitskraft gegenüber dem zahlungswilligen und zahlungsfähigen Vertragspartner in einem illegalen Geschäft einzubringen, müsste darin nach rein wirtschaftlicher Betrachtung auch eine vermögensrechtliche Beziehung zu sehen sein. Wird dem Leistenden die Möglichkeit genommen, seine Arbeitskraft in so einer Beziehung zu leisten, müsste ihm ebenfalls ein Vermögensschaden entstanden sein. Daher kann nicht von einer rein wirtschaftlichen Vermögenstheorie des BGH gesprochen werden, die lediglich auf eine andere Art bestimmt, wann ein wirtschaftlicher Wert in einer Arbeitsleistung gesehen werden kann. Denn Voraussetzung dieser festgestellten Definition ist, dass sie grundsätzlich nur vertraglich verpflichtende Beziehungen als vermögensrechtliche Beziehungen ansieht.

727 Dazu zählen nicht die Fälle der illegalen (Ausländer-)Beschäftigung, da ein Arbeitsvertrag nicht allein aufgrund der mangelnden Genehmigung nichtig ist und auch im Falle der Nichtigkeit dem Arbeitnehmer nach § 98a ff. BGB ein Anspruch auf Lohnzahlung zusteht, vgl. *Deinert*, NZA 2018, 71, 72 f.

Im Vergleich zur rein juristischen Vermögenslehre kommt es dabei nicht darauf an, dass im konkreten Fall ein wirksamer Vertrag geschlossen wurde. Nach dem „wirtschaftlich-normativen" Ansatz reicht eine abstrakt bestehende Möglichkeit aus, dass die konkret vereinbarte Arbeitskraft Bestandteil einer vertraglichen Verpflichtung zwischen den Parteien sein könnte. Wird ein wirtschaftlicher Wert nach diesen Maßstäben bejaht, unterfällt er unabhängig von zivilrechtlichen Wertungen vollumfänglich dem strafrechtlichen Vermögensschutz und stimmt so mit dem befürworteten Leitsatz aus der Grundsatzentscheidung überein, dass es kein strafrechtlich ungeschütztes Vermögen gibt.[728] Der „wirtschaftlich-normative" Ansatz führt zwar oftmals zu gleichen Ergebnissen wie die „juristisch-ökonomische" Vermögenstheorie, aber es finden sich Unterschiede in den Begründungen, warum ein Vermögensschaden abgelehnt wird. Werden diese Überlegungen auf die oben besprochenen Fälle übertragen, ergeben sich folgende Lösungen.

II Anwendung des „wirtschaftlich-normativen" Ansatzes

1 Auf die Fälle der Straftaten

Wird der „wirtschaftlich-normative" Ansatz auf die besprochenen Fälle, in denen der wirtschaftliche Wert von Straftaten untersucht wurde, angewandt, führt dies zur Feststellung, dass in der Begehung einer Straftat kein wirtschaftlicher Wert gesehen werden kann, da Straftaten nicht Vertragsbestandteil werden können. Bei Straftaten wie der Tötung eines Menschen oder auch der Lagerung unverzollter Zigaretten sind diese Leistungen selbst illegal und können unter keinen Umständen Vertragsbestandteil werden.

Zwar sind Tätigkeiten wie beispielsweise Lagerverwaltung oder Kurierfahrten allein an sich nicht rechtswidrig und können möglicher Bestand-

728 RG, Beschl. v. 14.12.1910 – 1214/10, RGSt 44, 230.

teil einer vertraglichen Beziehung sein. Wenn aber die konkrete Handlung verboten ist, kann sie nicht Bestandteil eines wirksamen Vertrages sein und es wird dem Leistenden durch die Nötigung demzufolge nicht die Möglichkeit genommen, eine andere wirtschaftlich werthaltige Alternative anzunehmen.[729] Auch dem „Auftragsdieb" wird durch die Vereinbarung, einen Diebstahl gegen Entgelt durchzuführen oder er unmittelbar zum Diebstahl gezwungen wird nicht die Möglichkeit genommen, diese Leistung anderweitig vertraglich zu binden. Die aufgewendete Arbeitskraft kann demnach nie zu einem „wirtschaftlichen Substrat" in Form einer Arbeitsleistung erstarken. In Folge entsteht ihm daher auch kein Vermögensschaden in dem unentgeltlichen Einsatz seiner Arbeitskraft. Damit kommt auch dem „wirtschaftlich-normativen" Ansatz folgend der Begehung einer Straftat kein wirtschaftlicher Wert zu. Dies entspricht sowohl im Ergebnis als auch der Begründung nach den BGH-Entscheidungen, nach denen ebenfalls in der Begehung einer Straftat grundsätzlich kein wirtschaftlicher Wert zu sehen ist.[730]

2 Auf die Schwarzarbeit

Anders sieht dies hinsichtlich des wirtschaftlichen Wertes von Schwarzarbeit aus. Grundsätzlich können die durch Schwarzarbeit erbrachten Leistungen beispielsweise beim Erbauen eines Hauses oder anderen Handwerkerleistungen Vertragsbestandteil werden. Der Vertrag wird nicht unwirksam, weil er eine konkrete aber illegale Handlung umfasst, sondern weil weitere Umstände wie das Nichtabführen von Steuer- oder Sozialversicherungsabgaben hinzukommen. Zwar sind Handlungen wie das Nichtabführen der

729 Vgl. oben, BGH, Beschl. v. 02.05.2001 - 2 StR 128/01, NStZ 2001, 534, „Kurierfahrten", 3. Kapitel C I 1.

730 Vgl. oben, 3. Kapitel C.

Steuern gesetzwidrig, was aber nichts daran ändert, dass die konkrete Leistung an sich Vertragsbestandteil werden kann. Durch die Vereinbarung des Schwarz-Arbeitnehmers mit dem Auftraggeber wird also der Arbeitnehmer gehindert, seine Leistungen auch anderweitig Vertragsbestandteil werden zu lassen. Damit kommt dieser Leistung ein – wenn auch geringerer als ohne Schwarzgeldabrede – wirtschaftlicher Wert im Gegensatz zu Leistungen zu, die nie Vertragsbestandteil werden können. Leider liegen keine konkreten BGH-Entscheidungen vor um zu überprüfen, ob die Ergebnisse des „wirtschaftlich-normativen" Ansatzes mit denen des BGH übereinstimmen würden, jedoch ergab die theoretische Untersuchung, dass ein Vermögensschutz von Schwarzarbeit sinnvoll ist. Damit entspräche auch die Anwendung des „wirtschaftlich-normativen" Ansatzes diesem Ziel.

3 Auf die Fälle der sexuellen Dienstleistung

Schwieriger gestaltet sich die Beantwortung der Frage im Rahmen der Untersuchung des wirtschaftlichen Wertes von Prostitutionsleistungen. Nach Anwendung des „wirtschaftlich-normativen" Ansatzes würde auch der sexuellen Dienstleistung ein Vermögenswert zukommen können. Zwar kann diese aufgrund der Sittenwidrigkeit zunächst nicht Vertragsbestandteil werden, doch sofern die Voraussetzungen des § 1 ProstG erfüllt sind, wird der Vertrag nachträglich *ex nunc* wirksam.[731] Durch diese Rechtsfolgenänderung des § 138 BGB bleibt die entgeltliche Erbringung sexueller Dienstleistungen zwar weiterhin sittenwidrig, der zugrunde liegende Vertrag ist jedoch nicht mehr nichtig. Aufgrund der besonderen Konstellation des nachträglich wirksam werdenden Vertrages muss auch die Dienstleistung, die genau nach Vorgaben des § 1 ProstG erbracht wurde, als schützenswerter Vermögensbestandteil angesehen werden. Denn genau diese Leistung kann Teil

731 *Ellenberger*, Grüneberg BGB, Anh. zu § 138 (ProstG) § 1 Rn. 2.

eines (nachträglich) wirksamen Vertrages werden. Damit kann die Erbringung einer sexuellen Dienstleistung nach dem hier entwickelten „wirtschaftlich-normativen“ Ansatz einen Vermögensschaden darstellen, der trotz Sittenwidrigkeit dem strafrechtlichen Vermögensschutz unterfällt. Wird die sexuelle Dienstleistung hingegen gegen den Willen der Prostituierten erzwungen, entspricht sie nicht den Vorgaben des §1 ProstG und kann nicht mehr Vertragsbestandteil werden. Der Prostituierten entsteht nur im ersten Fall ein Vermögensschaden. Zwar folgt aus diesem Ansatz, dass nur Betrug, nicht aber Erpressung zu Lasten einer Prostituierten möglich ist, jedoch beruht dies auf der speziellen Konstellation des §1 ProstG und nicht wie im Rahmen der oben besprochenen juristisch-ökonomischen Vermögenstheorie auf einer nicht zu befürwortenden Wertungskorrektur zum Nachteil der Prostituierten.[732]

Mithin laufen die Ergebnisse in den zuvor besprochenen Fällen zwischen der juristisch-ökonomischen und dem „wirtschaftlich-normativen“ Ansatz parallel zueinander, doch ermöglicht letzterer eine dogmatisch sauberere Lösung ohne Wertungskorrekturen. Weiterhin entspricht er der Begründung des BGH, der nur in den Betrugsfällen einen wirtschaftlichen Wert in der erbrachten Arbeitsleistung sieht, nicht aber in Fällen der erzwungenen Prostitution. Sowohl nach der wirtschaftlichen als auch der juristisch-ökonomischen Vermögenstheorie müsste in beiden Konstellationen ein wirtschaftlicher Wert vorliegen, nach letzterer ist dieser aber mangels Sittenwidrigkeit nicht schützenswert.

732 Vgl. oben, 3. Kapitel BII1b.

III Diskussion und Zwischenergebnis

Nach dem „wirtschaftlich-normativen“ Ansatz kommt weder Straftaten noch sexuellen Dienstleistungen ein wirtschaftlicher Wert zu. Letzteren können ausnahmsweise einen werthaltig sein, sofern sie nach den Voraussetzungen des §1 S.1 ProstG erbracht wurden. Damit entspricht das Ergebnis dieses Ansatzes sowohl der Begründung als auch den Ergebnissen des BGH, indem er ebenfalls einen wirtschaftlichen Wert in der Begehung von Straftaten und sexuellen Dienstleistungen ablehnt, es sei denn, sie wurden nach dem ProstG erbracht. Ein wirtschaftlicher Wert kann hingegen in dem Einsatz von Schwarzarbeit liegen. Allein nach dem hier entwickelten Verständnis des „wirtschaftlich-normativen“ Ansatzes ist es möglich, eine einheitliche Rechtsprechung innerhalb der Fallgruppe der zu illegalen Zwecken erbrachten Arbeitskraft zu erkennen. Indem dieser Ansatz bereits ein anderes Verständnis zugrunde legt, ab wann eine Arbeitskraft als Arbeitsleistung anzusehen ist und wirtschaftlichen Wert haben kann, setzt er bereits eine Ebene vor der juristisch-ökonomischen Vermögenstheorie an. Er verneint das Vorliegen eines wirtschaftlichen Wertes, wenn die Arbeitskraft nicht Vertragsbestandteil werden kann und es bedarf keiner weiteren Prüfung, ob sie auch vom strafrechtlichen Vermögensschutz umfasst ist. Wird aber ein wirtschaftlicher Wert der Arbeitskraft in Form einer Arbeitsleistung bejaht, unterfällt diese unabhängig von ihrer Illegalität dem strafrechtlichen Vermögensschutz. Ausgehend von diesem Verständnis folgt der BGH nicht der juristisch-ökonomischen Vermögenstheorie, sondern hat weiterhin ein wirtschaftliches Verständnis. Jedoch basiert die Definition auf einer normativen Komponente, indem nur Vertragsbestandteile wirtschaftlichen Wert entfalten können. Die Einschränkungen beruhen nicht auf Erwägungen zum Schutz der Rechtsordnung, sondern auf einem anderen Verständnis, wann Arbeitskraft in Form einer Arbeitsleistung als wirtschaftliches Gut und Vermögensbestandteil angesehen werden kann. Dementsprechend wird hier von dem „wirtschaftlich-normativen“ Ansatz gesprochen.

Für diesen Ansatz spricht zwar, dass allein darauf abzustellen, ob eine Leistung üblicherweise gegen Entgelt erbracht wird, noch nicht begründet, worin der wirtschaftliche Wert in der Erbringung der Arbeitskraft, als lediglich natürlichen Handlung, liegt. Der „wirtschaftlich-normative“ Ansatz erkennt im Gegensatz zur rein wirtschaftlichen Vermögenstheorie, dass es weiterer Voraussetzungen bedarf, um der Arbeitskraft in Form seiner Arbeitsleistung wirtschaftlichen Wert beizumessen. Es wird dabei beachtet, dass die Arbeitskraft zunächst nur eine natürliche Handlung ist, übt der Leistende seine Arbeitskraft aus, verändert sich sein Vermögen nicht. Die Definition, dass eine Arbeitsleistung, die üblicherweise gegen ein Entgelt erbracht wird, wirtschaftlichen Wert hat, könnte daher als nicht ausreichend bewertet werden. Gegen den „wirtschaftlich-normativen“ Ansatz spricht, dass er Teile des Schwarzmarktes nicht berücksichtigt, da nur Arbeitskraft, die auch vertraglich gebunden werden kann, sich zur schützenswerten Arbeitsleistung entwickelt. Und dies, obwohl auf einem Schwarzmarkt auch aufgrund nichtiger Vereinbarungen gebundene Arbeitskraft einen wirtschaftlichen Wert für die leistungserbringende Person haben kann.

Dies eröffnet die Frage, ob der „wirtschaftlich-normative“ Ansatz mit der Grundsatzentscheidung des Reichsgerichtes im Einklang steht. Nach dem Diktum des Reichsgerichtes war die ursprüngliche Absicht, ein Auseinanderfallen von tatsächlichen und rechtlichen Schaden zu vermeiden.[733] Verliert eine Person aufgrund einer Täuschungs- oder Nötigungshandlung Geld oder geldwerten Besitz an einer Sache, liegt auf der Hand, dass sie auch einen Schaden im tatsächlichen Sinne erlitten hat. Begeht sie hingegen eine Straftat ohne ein versprochenes Entgelt zu bekommen, so ist die Frage nicht einfach zu beantworten. Denn allein die Aussicht, den versprochenen Lohn zu erhalten betrifft die andere Frage, ob dem nichtigen Anspruch auf Lohnzahlung ein wirtschaftlicher Wert zukommt und in dessen Nichterfüllung ein Vermögensschaden gesehen werden kann. Offen ist, ob darüber hin-

733 RG, Beschl. v. 14.12.1910 – 1214/10, RGSt 44, 230, 233 f.

aus auch allein in der Begehung der Straftat ein wirtschaftlicher Schaden zu sehen ist. Dies ist dann zu bejahen, wenn es sich um einen Auftragstäter handelt, der üblicherweise ein Entgelt für seine Leistung erhält. Es entspricht dem rein wirtschaftlichen Gedanken, einer solchen Leistung einen wirtschaftlichen Wert beizumessen. Nach dem „wirtschaftlich-normativen" Ansatz kommt auch einer solchen Handlung kein wirtschaftlicher Wert zu, da sie nicht vertraglich gebunden werden kann. Daher stimmt der „wirtschaftlich-normative" Ansatz nicht mit dem Diktum des Reichsgerichtes überein.[734] So ist weiterhin an der bisherigen rein wirtschaftlichen Definition festzuhalten, nur muss diese restriktiv ausgelegt werden, um ein Ausufern der Vermögensdelikte zu vermeiden.[735]

734 RG, Beschl. v. 14.12.1910 - 1214/10, RGSt 44, 230.

735 Siehe oben, 3. Kapitel C I.

F Ergebnis der Fallgruppe

Als Ergebnis ist festzuhalten, dass der BGH im Rahmen der zu illegalen Zwecken eingesetzten Arbeitskraft nicht den Grundsätzen der Grundsatzentscheidung des Reichsgerichtes und somit nicht dem rein wirtschaftlichen Vermögensbegriff folgt, wie er bisher verstanden wird. Denn der BGH bemisst Arbeitsleistungen, die üblicherweise (im Verbrechermilieu) nur gegen ein Entgelt erbracht werden, aber auf die Begehung einer Straftat gerichtet sind, keinen wirtschaftlichen Wert.

Auch folgt der BGH nicht der sonst vertretenen juristisch-ökonomischen Vermögenstheorie. Zum größten Teil stimmen zwar die Entscheidungen des BGH, nicht aber deren Begründungen mit der juristisch-ökonomischen Vermögenstheorie überein. Die juristisch-ökonomische Theorie basiert auf der wirtschaftlichen Vermögenstheorie und führt nur auf einer zweiten Ebene normative Korrekturen zugunsten einer Einheit der Rechtsordnung durch. Aufgrund dessen entstand die Forderung nach einer Definition, die sowohl mit den Ergebnissen als auch mit der Begründung des BGH übereinstimmt. Zu diesem Zweck wurde untersucht, ob der Kern des Problems nicht bereits in dem unterschiedlichen Verständnis gesehen werden kann, ab wann der BGH einer Arbeitskraft, also einer lediglich natürlichen Handlung, einen wirtschaftlichen Wert zukommen lässt. Aus diesen Gedanken wurde der „wirtschaftlich-normative" Ansatz entwickelt, der für die Bestimmung, wann Arbeitsleistungen ein wirtschaftlicher Wert zukommt, andere Voraussetzungen stellt als die bisherigen Definitionen. Nach der „wirtschaftlich-normativen" Theorie muss die konkrete Arbeitsleistung grundsätzlich vertraglich gebunden werden können, um Bestandteil einer vermögensrechtlichen Beziehung zu werden. Wird dem Leistenden diese Chance genommen, sei es unmittelbar durch Zwang oder mittelbar in Form einer täuschungsbasierten (wenn auch nichtigen) Vereinbarung, entsteht diesem ein Vermögensschaden.

Der „wirtschaftlich-normative" Ansatz erkennt zwar im Gegensatz zum derzeitigen Verständnis in der Literatur, dass es weiterer Voraussetzungen bedarf, einer natürlichen Handlung wirtschaftlichen Wert zukommen zu lassen. Jedoch verkennt er zugleich, dass nicht nur vertraglich gebundene, sondern auch auf Basis nichtiger Vereinbarungen gebundene Leistungen einen wirtschaftlichen Wert haben können. So lässt dieser Ansatz große Teile des Schwarzmarktes außer Betracht und entspricht nicht den wirtschaftlichen Grundgedanken der Grundsatzentscheidung des Reichsgerichtes. Im Ergebnis ist er abzulehnen. Ob der BGH tatsächlich dem „wirtschaftlich-normativen" Ansatz oder der juristisch-ökonomischen Vermögenstheorie folgt und sich lediglich inakkurat ausgedrückte, als er bereits „keinen wirtschaftlich messbaren Wert" in der Arbeitskraft sah, obwohl er solche Leistungen aufgrund der Illegalität des zugrundeliegenden Rechtsgeschäftes schlicht für nicht schützenwert hielt, wird sich zeigen. Auch wenn oftmals die Ergebnisse des „wirtschaftlich-normativen" Ansatzes mit der „juristisch-ökonomischen" Vermögenstheorie gleichlaufen, unterscheiden sich dennoch deren dogmatische Grundlagen, die zu diesen Ergebnissen führen. Spannend bleibt, ob und wie der BGH den geprellten Schwarzarbeiter strafrechtlich schützen wird. Denn in diesem Fall ergibt sich erstmals – abgesehen von der Begründung – auch ein unterschiedliches Ergebnis zwischen der juristisch-ökonomischen Vermögenstheorie und dem hier entwickelten wirtschaftlich-normativen Ansatz.

4. Kapitel Ergebnis der Rechtsprechungsanalyse

Die zu Beginn der Arbeit gestellte Frage, ob die Rechtsprechung des BGH weiterhin an den Grundsätzen der Reichsgerichtsentscheidung aus dem Jahr 1910[736] festhält und alles strafrechtlich schützt, was wirtschaftlichen Wert hat, muss für jede der drei Fallgruppen getrennt beantwortet werden. Die Fallgruppen und ihre jeweiligen Stufen wurden anhand eines dogmatischen Ansatzes gebildet. Diese Unterteilung ermöglicht einen neuen Blickwinkel auf die bekannte Problematik und genau nach den einzelnen wirtschaftlichen Gütern im Zusammenhang mit den verschiedenen vorangeschrittenen Leistungsverhältnissen zu unterscheiden.

736 RG, Beschl. v. 14.12.1910 – 1214/10, RGSt 44, 230.

A 1. Fallgruppe: Besitz und Eigentum rechtlich bemakelter Sachen

- Der BGH unterstellt sowohl den Besitz- als auch den Eigentumsverlust von geldwerten körperlichen Gegenständen uneingeschränkt dem strafrechtlichen Vermögensschutz und folgt den Vorgaben der Grundsatzentscheidung des Reichsgerichtes aus 1910. Dieser Schutz besteht unabhängig davon, ob die Sache zur Erreichung eines illegalen Zwecks eingesetzt wurde, rechtswidrig erlangt wurde oder deren Besitz verboten ist. Da die Rechtsprechung keine Differenzierung zwischen diesen Besitzarten vornimmt, empfiehlt es sich, diese Fälle zu einer Fallgruppe „rechtlich bemakelter körperlicher Gegenstände" zusammenzufassen und nicht zwischen „gutem Geld", das zwar rechtmäßig besessenen, aber für rechts- oder sittenwidrige Zwecke eingesetzt wurde und dem rechtswidrigen Besitz an Sachen zu unterscheiden.

- Der Literatur, die im strafrechtlichen Vermögensschutz innerhalb sitten- und rechtswidriger Rechtsgeschäfte einen Bruch mit der Einheit der Rechtsordnung sieht, hält der BGH entgegen, es bedürfe einer solchen Einheit nicht. Das Strafrecht sei im Vergleich zum Zivilrecht aufgrund der unterschiedlichen Aufgaben, Funktionen und Zielen eigenständig und unterliege keinen zivilrechtlichen Wertungen. Es konnte herausgearbeitet werden, dass auch das Zivilrecht Betrugsopfer aus illegalen Rechtsgeschäften nicht ganz schutzlos stellt, wodurch sich der Vorwurf des Verstoßes gegen die Einheit der Rechtsordnung ebenfalls relativiert. Hinzukommt, dass allein aus der Kondiktionssperre nach § 817 S. 2 BGB kein allgemeiner Rechtsgedanke gezogen werden kann. Dieser ist als Ausnahmevorschrift für das Bereicherungsrecht zu sehen und findet schon innerhalb des Zivilrechts keine analoge Anwendung, sodass dieser Rechtsgedanke erst recht nicht auf das Strafrecht übertragen werden kann.

- Ein Verstoß gegen die Einheit der Rechtsordnung kann auch nicht auf die Einziehungsansprüche des Staates nach §§ 73 ff. StGB gestützt werden. Das staatliche Konfiskationsrecht hat zwar gegenüber privatrechtlichen Ansprüchen Vorrang und die eingesetzten Tatmittel gegen das Tatopfer sind ohnehin verloren, jedoch ist dem deutschen Strafrecht ein schutzwürdiges Opferverhalten fremd. Es kommt allein auf das Verhalten des Täters an, ob er sich fremdes Vermögen rechtswidrig aneignen wollte. Dies führt nach hier vertretener Ansicht nicht zu einem Zirkelschlussargument, da es sich aus wirtschaftlicher Perspektive unstreitig um Vermögenswerte handelt und nur auf zweiter Ebene ein Ausschluss über dieses Vermögen aus dem strafrechtlichen Vermögensschutz diskutiert wird.

- Der 2. Strafsenat stellte im Jahr 2016 den anderen Strafsenaten die Anfrage, die bestehende Rechtsprechung zu ändern, was diese aber geschlossen ablehnten. Die Anfrage führte jedoch dazu, dass sich der BGH erstmals tiefergehend mit dem Vermögensschutz des verbotenen Besitzes auseinandersetzte. Obwohl die Rechtsprechung an den bisherigen Ergebnissen festhält ist die Anfrage zu begrüßen.

- Der BGH wendet auch den wirtschaftlichen Vermögensbegriff für die Fälle an, in denen sich das Opfer eines Vermögensdeliktes der ersten Stufe den Besitz an seiner unfreiwillig geleisteten Sache zurückholt. Der Täter der ersten Stufe erfährt durch den Besitzverlust des durch rechtswidrige Tat erlangten Besitzes der Sache einen Vermögensschaden. Lediglich im Rahmen des subjektiven Tatbestandes kann aufgrund des Bestehens eines Rückforderungsanspruches die Strafbarkeit ausgeschlossen werden. Ein solcher Anspruch richtet sich strikt nach zivilrechtlichen Wertungen und kann gemäß § 242 BGB nicht auf die Einräumung eines verbotenen Besitzes abzielen. Daher ist kein Rückgabeanspruch auf die (Wieder-)Einräumung eines verbotenen Besitzes durchsetzbar, der die Absicht der rechtswidrigen Bereicherung entfallen lassen könnte. Dadurch kommt es im Fall der eigenmächtigen Rückforderung des durch Vermögensdelikt entzogenen Besitzes an Sachen zu unterschiedlichen strafrechtlichen Ergebnissen, was aber nicht mit einer Abweichung vom rein wirtschaftlichen Vermögensbegriffes zusammenhängt.

- Das im Rahmen der Untreue gemäß § 266 Abs. 1 Alt. 2 StGB verlangte Treueverhältnis kann auch in einer rechts- oder sittenwidrigen Absprache gesehen werden. Ein faktisches Treueverhältnis reicht zur Erfüllung des Tatbestandsmerkmals im Rahmen des § 266 Abs. 1 Alt. 2 StGB aus. Daher ist die Erfüllung des Untreuetatbestandes auch an Sachen, die zu einem illegalen Zweck eingesetzt werden sollen oder die rechtswidrig erlangt wurden, möglich.

- Neben den Vermögensdelikten im engeren Sinne schützen auch die Vermögensdelikte im weiteren Sinne sämtliche Sachen, die im Eigentum eines anderen stehen. Eine teleologische Reduktion der Eigentumsdelikte dahingehend, verbotene Sachen aus dem strafrechtlichen Schutz auszunehmen, ist abzulehnen. Weder kann die Ansicht darauf gestützt werden, dass es sich bei solchem Eigentum um eine „leere Begriffshülse" handelt, noch dass der Wortlaut der Eigentumsdelikte nur „vollwertiges" Eigentum mit allen Rechten und Pflichten nach § 903 BGB umfasst.

B 2. Fallgruppe: Rechtlich bemakelte Ansprüche

- In der zweiten Fallgruppe, die den strafrechtlichen Vermögensschutz von (nichtigen) Ansprüchen aus rechts- und sittenwidrigen Rechtsgeschäften betrachtet, wurde eine weniger stringente Linie der BGH-Rechtsprechungspraxis als in der ersten Fallgruppe festgestellt.

- Der BGH entschied im Rahmen der „Drehbank"-Entscheidung aus dem Jahr 1951 ausdrücklich, dass auch aus illegalen Geschäften stammende Ansprüche dem strafrechtlichen Vermögensschutz unterfallen können und schloss sich den Vorgaben der Grundsatzentscheidung des Reichsgerichtes an. Der wirtschaftliche Wert einer nichtigen Forderung müsse stets im Einzelfall genau geprüft werden. Ein solcher wirtschaftlicher Wert werde ausnahmsweise nur angenommen, wenn besondere Umstände für eine Realisierung der Forderung trotz ihrer Nichtigkeit vorliegen. Als besondere Umstände sah der BGH zum einen „geschäftliche, verwandtschaftliche, freundschaftliche, sonstige gesellschaftliche oder andere Bindungen" an, die den Schuldner veranlassen könnten, auch eine nicht klagbare Forderung zu erfüllen. In Frage kämen aber weitere Beweggründe wie „die Persönlichkeit des Gläubigers und des Schuldners sowie dessen Zahlungsfähigkeit und das Verhältnis beider Partner zueinander [...]."[737]

- Entgegen dieser Rechtsprechung stützte der BGH im Rahmen des „Dirnenprellung"-Falls aus dem Jahr 1987 seine Argumentation zur Ablehnung des strafrechtlichen Vermögensschutzes von nichtigen Lohn-

737 BGH, Urt. v. 15.11.1951 – 4 StR 574/51, BGHSt 2, 364.

zahlungen auf Gründe der Gesamtrechtsordnung.[738] Auch in weiteren Entscheidungen, in denen der BGH über den strafrechtlichen Vermögensschutz von Lohnansprüchen sexueller Dienstleistungen entschied, folgte er diesem Verdikt. Er lehnte bis zur Einführung des ProstG einheitlich den strafrechtlichen Vermögensschutz von Lohnzahlungsansprüchen einer Prostituierten im Widerspruch zu den Maßstäben der Grundsatzentscheidung des Reichsgerichtes ab.

- Außerhalb der „Drehbank"-Entscheidung und der „Dirnenprellung"-Fälle fehlt es in der Judikatur an Aussagen zum strafrechtlichen Vermögensschutz von aus illegalen Rechtsgeschäften stammenden Ansprüchen. In weiteren Rechtsprechungen wurde bereits eine wirtschaftliche Werthaltigkeit illegaler Ansprüche verneint und es bedurfte seitens des BGH keiner weiteren Ausführungen, ob diese auch dem strafrechtlichen Schutz unterfallen. Aus der Ablehnung des strafrechtlichen Vermögensschutzes können entgegen der teilweise in der Literatur vertretenen Ansicht keine Schlüsse für oder gegen den Vermögensschutz illegaler Ansprüche gezogen werden.

- Grundsätzlich macht sich der im Rahmen eines illegalen Geschäfts Betrogene wegen eines Vermögensdeliktes strafbar, wenn er die versprochene Gegenleistung eintreibt. Wenn der BGH in solchen Fällen einen Vermögensschaden des ursprünglichen Betrügers bejaht, obwohl diesem eine „Verbindlichkeit" entfällt, widerspricht dies nicht der Annahme, der BGH folge dem wirtschaftlichen Vermögensbegriff. Der Wegfall der (nichtigen) Verbindlichkeit kompensiert in der Regel nicht den Verlust des Wertes an dem Besitz der Sache selbst.

- Im Rahmen des subjektiven Tatbestandes ist zu beachten, dass ein die

738 BGH, Beschl. 28.04.1987 – 5 StR 566/86, NStZ 1987, 407, „Geprellte Prostituierte".

Absicht der rechtswidrigen Bereicherung ausschließender Tatbestandsirrtum vorliegen kann, wenn eine nichtige Forderung im Glauben, die eingeforderte Leistung stünde dem vermeintlichen Täter zu, durchgesetzt wird. Es ist jeweils eine Einzelfallentscheidung, die anhand der konkreten Tätervorstellungen geprüft werden muss. Daher kann das Ergebnis in den jeweiligen Fällen durchaus divergieren, was aber nicht an einer wechselnden Rechtsprechung des BGH liegt.

- Im spiegelbildlichen Fall, in dem der ursprünglich Betrügende das Opfer hindert seine Zahlungsforderung eigenmächtig durchzusetzen, wurde eine Strafbarkeit des Ersttäters wegen eines Vermögensdeliktes verneint. In den Fällen der sogenannten Sicherungserpressung dient das Hindern der Geltendmachung des Zahlungsanspruches der Sicherung des bereits durch Betrug erlangten Vermögensvorteils. Dazu zählen nicht nur das Hindern der Durchsetzung des Rückforderungsanspruchs, sondern auch des vereinbarten Zahlungsanspruches. Die Obstruktion der Durchsetzung solcher Ansprüche begründet in der Regel keinen eigenen Vermögensschaden. Daher kann aus dem Ergebnis kein Schluss für oder gegen die Einhaltung des wirtschaftlichen Vermögensbegriffes gezogen werden.

- Die fehlende ausdrückliche Befürwortung eines strafrechtlichen Schutzes bemakelter Ansprüche in der neueren Judikatur des BGH lässt sich allenfalls als Indiz dafür werten, dass diese nicht mehr dem strafrechtlichen Schutz unterfallen sollen. Gleichzeitig ist jedoch festzustellen, dass der BGH – abgesehen von den Fällen der „Dirnenprellung" vor Einführung des ProstG – in keiner Entscheidung aus illegalen Rechtsgeschäften stammende Ansprüche ausdrücklich vom strafrechtlichen Vermögensschutz ausnimmt.

- Besonderer Aufmerksamkeit ist der Feststellung des wirtschaftlichen

Wertes der aus sitten- und rechtswidrigen Rechtsgeschäften stammenden Ansprüche zu widmen. Wann ein wirtschaftlicher Wert in solchen Aussichten auf Erfüllung einer bestehenden Forderung vorliegt, bedarf noch näherer Präzisierung. Eine Anlehnung an die hinsichtlich der Expektanzen und Anwartschaften entwickelten Aspekte bietet sich dafür an. Besonders in dieser Fallgruppe besteht weiterer Forschungs- und Klarstellungsbedarf in der Rechtsprechung.

C 3. Fallgruppe: Rechtlich bemakelte Arbeits- und Dienstleistungen

- Den strafrechtlichen Vermögensschutz der zu illegalen Zwecken erbrachten Arbeitsleistung umfasst die dritte und letzte Fallgruppe. In dieser konnte im Gegensatz zu den anderen Fallgruppen eindeutig festgestellt werden, dass der BGH nicht der rein wirtschaftlichen Vermögenstheorie und damit nicht den Maximen der Grundsatzentscheidung folgt. Die Analyse der Rechtsprechung zeigte auf, dass in dieser Gruppe der BGH keinen der bisher entwickelten Vermögensbegriffe anwendet. Größtenteils stimmen zwar die Entscheidungsergebnisse, nicht aber die Entscheidungsbegründungen mit der juristisch-ökonomischen Vermögenstheorie überein.

- Aufgrund dessen wurde ein weiterer Ansatz entwickelt, der sowohl mit den Ergebnissen als auch mit der Begründung des BGH in diesem Kapitel übereinstimmt. Anhand der Rechtsprechungsanalyse wurde festgestellt, dass der Kern des Problems bereits ein grundlegenderer ist. Denn die Ansicht des BGH unterscheidet sich zur Literatur bereits dahingehend, ab wann einer Arbeitskraft, also der Leistung einer lediglich natürlichen Handlung, ein wirtschaftlicher Wert beizumessen ist. Aufbauend auf diesem Gedanken wurde der „wirtschaftlich-normative" Ansatz entwickelt. Nach diesem muss die konkrete Arbeitsleistung abstrakt Vertragsbestandteil werden können. Wird dem Arbeitskraftleistenden die Möglichkeit genommen, die Arbeitskraft vertraglich binden zu können, sei es unmittelbar in Form von Zwang oder mittelbar in Form einer anderen täuschungsbasierten (wenn auch nichtigen) Vereinbarung, entsteht ihm ein Vermögensschaden.

- Der „wirtschaftlich-normative“ Ansatz erkennt zwar, dass es weiterer Voraussetzungen bedarf, um einer Arbeitskraft – in Form einer Arbeitsleistung – wirtschaftlichen Wert zukommen zu lassen. Jedoch kann durch eine restriktive Auslegung der wirtschaftlichen Definition, wann Arbeitskraft üblicherweise für Entgelt erbracht wird, ein noch passenderes Ergebnis erzielt werden, das zum einen mit der wirtschaftlichen Vermögenstheorie übereinstimmt und zum anderen nicht zu einer Ausuferung der Vermögensdelikte führt. Auch lässt der „wirtschaftlich-normative“ Ansatz den Schwarzmarkt unberücksichtigt, was nicht dem Diktum der Grundsatzentscheidung entspricht.

- Die Fallgruppe der zu illegalen Zwecken erbrachten Arbeitsleistungen lässt sich inhaltlich in drei Themenkomplexe unterteilen: die sexuelle Dienstleistung, die Begehung von Straftaten sowie die Schwarzarbeit.

- Hinsichtlich des strafrechtlichen Vermögensschutzes der sexuellen Dienstleistungen hat der BGH im Ergebnis eine stringente Linie verfolgt, diese nicht dem strafrechtlichen Schutz zu unterstellen. Vor Einführung des ProstG versagte er den strafrechtlichen Vermögensschutz aufgrund der Sittenwidrigkeit sexueller Dienstleistungen, um einen Widerspruch mit der Rechtsordnung zu vermeiden.

- Ein Umbruch dieser Rechtsprechung war die Einführung des ProstG im Jahr 2001. Der BGH sieht zwar vor und nach Inkrafttreten des ProstG die Prostitution, wenn auch aufgrund unterschiedlicher Gründe, für sittenwidrig im Sinne des §138 BGB an. Jedoch sei ein Prostitutionsvertrag nach §1 S.1 ProstG nun ein nachträglich mit *ex nunc* wirksam werdender Vertrag. Seitdem bejaht der BGH auch den wirtschaftlichen Wert sexueller Dienstleistungen, sofern sie nach den Vorgaben des ProstG erfolgen. Sind sie dies nicht, geht der BGH weiterhin davon aus, dass in der (erzwungenen) sexuellen Dienstleistung einer Prostituierten auch an ihrem Arbeitsplatz kein Vermögenswert liegt.

- Damit verfolgt der BGH bis heute die einheitliche Linie, sexuelle Dienstleistungen nicht dem strafrechtlichen Vermögensschutz zu unterstellen, es sei denn, sie wurden nach den normierten Vorgaben des ProstG geleistet. Allerdings ist nicht ersichtlich, welchen Vermögensbegriff die Judikatur damit anwendet. Indem der BGH die wirtschaftliche Werthaltigkeit der sexuellen Dienstleistung von den Voraussetzungen des § 1 S. 1 ProstG abhängig macht, folgt er keiner der auf einer rein wirtschaftlichen Betrachtungsweise basierenden Vermögenslehre. Allein der „wirtschaftlich-normative" Ansatz würde sowohl mit den Begründungen als auch mit den Ergebnissen der BGH-Entscheidungen nach Einführung des ProstG übereinstimmen.

- Hinsichtlich der Ausdehnung der Reichweite des Vermögensschutzes auf die Begehung einer Straftat verfolgt die Rechtsprechungspraxis eine stringente Linie. In der Begehung einer Straftat sieht der BGH konsequent keinen wirtschaftlichen Wert begründet unabhängig davon, ob die Straftat üblicherweise nur gegen ein Entgelt begangen wird. Dies widerspricht der wirtschaftlichen Bemessung von Arbeitskraft, wie sie in der Literatur vertreten wird. Würde hingegen der „wirtschaftlich-normative" Ansatz herangezogen, so ist im Einklang mit der Rechtsprechung bereits in der Begehung einer Straftat ein wirtschaftlicher Wert abzulehnen.

- Zuletzt wurde die Reichweite der Vermögensdelikte bei Schwarzarbeit untersucht. Aufgrund fehlender BGH-Rechtsprechung zum Vermögensschutz des geprellten Schwarzarbeiters konnten nur theoretische Annahmen getroffen werden, wie der BGH den Schutz ausgestalten würde. Sowohl die auf der herkömmlichen wirtschaftlichen Berechnung beruhenden Vermögenstheorien als auch der „wirtschaftlich-normative“ Ansatz bejahen einen wirtschaftlichen Wert von Schwarzarbeit. Lediglich nach der juristisch-ökonomischen Vermögenstheorie ist die Schwarzarbeit vom strafrechtlichen Schutz auszunehmen. Ein strafrechtlicher Schutz der Schwarzarbeit ist insbesondere aufgrund ihrer großen wirtschaftlichen Bedeutung zu befürworten.

- Es bleibt spannend, ob und wie der BGH den geprellten Schwarzarbeiter strafrechtlich schützen wird, denn in diesem Fall wird sich erstmals – abgesehen von der Begründung – auch ein unterschiedliches Ergebnis zwischen der juristisch-ökonomischen und dem hier entwickelten „wirtschaftlich-normativen“ Ansatz ergeben.

Literaturverzeichnis

Achenbach, Hans: Vermögen und Nutzungschance, Gedanken zu den Grundlagen des strafrechtlichen Vermögensbegriffes, in: Heinrich, Manfred et al. (Hrsg.), Strafrecht als Scientia Universalis. Festschrift für Claus Roxin zum 80. Geburtstag am 15. Mai 2011, Berlin/New York 2011, S. 1005.

Amelung, Knut: Über Freiheit und Freiwilligkeit auf der Opferseite der Strafnorm, GA 1999, 182.

AnwaltKommentar zum StGB, hrsg. v. Leipold, Klaus/Tsamikakis, Michael/Zöller, Mark, 3. Aufl., Heidelberg 2020.

Arbeitsrecht von A–Z, begr. v. Schaub, Günter, hrsg. v. Koch, Ulrich et al., 27. Aufl., München 2023.

Arbeitsrechts-Handbuch, begr. v. Schaub, Günther, 19. Auflage, München 2021.

Arzt, Gunther/Weber, Ulrich/Heinrich, Bernd/Hilgendorf, Eric: Strafrecht Besonderer Teil. Lehrbuch, 4. Aufl., Bielefeld 2021.

B/R/H/P BGB, Kommentar zum BGB, hrsg. v. Bamberger, Georg/Roth, Herbert/Hau, Wolfgang/Poseck, Roman, Bd. 1: §§ 1 - 480 BGB, 4. Aufl., München 2019.

Barton, Stephan: Anmerkung des BGH, Beschl. v. 01.08.2013 – 4 StR 189/13, StV 2014, 418.

Bechtel, Alexander: Zur Reichweite des strafrechtlichen Eigentumsschutzes bei Betäubungsmitteln, JR 2017, 197.

Beck'scher Online-Kommentar zum BGB, hrsg. v. Hau, Wolfgang/Poseck, Roman, 61. Edition, Stand: 01.02.2022, München 2022.

Beck'scher Online-Kommentar zum StGB, hrsg. v. von Heintschell-Heinegg, Bernd, 52. Edition. Stand: 01.02.2022, München 2020.

Becker, Christian/ Rönnau, Thomas: Grundwissen- Strafrecht: Der objektiv- individuelle Schadensbegriff beim Betrug (§ 263 StGB), JuS 2017, 975.

Bergmann, Andreas: Das Rechtsverhältnis zwischen Dirne und Freier – Das Prostitutionsgesetz aus zivilrechtlicher Sicht, JR 2003, 270.

Bergmann, Matthias/Freund, Georg: Zur Reichweite des Betrugstatbestandes bei rechts- oder sittenwidrigen Geschäften, JR 1988, 189.

Beukelmann, Stephan: Betäubungsmittel als Teil des strafrechtlich geschützten Vermögens, NJW-Spezial 2016, 504.

Beukelmann, Stephan/Heim, Maximilian: Anmerkung zu BGH, Urt. v. 15.04.2021 – 5 StR 371/20, NJW-Spezial 2021, 377.

BGB-RGRK, Das Bürgerliche Gesetzbuch mit besonderer Berücksichtigung der Rechtsprechung des Reichsgerichts und des Bundesgerichtshofes, Kommentar, hrsg. v. Mitgliedern des Bundesgerichtshofes, Bd. 2 Teil 5, 12. Aufl., New York 1989.

Binding, Karl: Lehrbuch des gemeinen deutschen Strafrechts: Besonderer Teil Bd. 1, 2. Aufl., Leipzig 1902.

Bittmann, Folker: Anspruch auf Ersatz betrügerisch angerichteten Schadens ohne Strafrechtsschutz?, NStZ 2012, 289.

Ders.: Insolvenzstrafrechtlich bedeutsame Rechtsprechung v.a. des BGH aus den Jahren 2018/19, NZWiSt 2020, 129.

Bockelmann, Paul: Die Behandlung unvollkommener Verbindlichkeiten im Vermögensstrafrecht, in: Engisch, Karl/ Maurach, Reinhart (Hrsg.), Festschrift für Edmund Mezger zum 70. Geburtstag am 15.10.1953, München/Berlin 1954, S.363.

Ders.: Der Unrechtsgehalt des Betruges, in: Bockelmann, Paul (et al.), Festschrift für Eduard Kohlrausch zum 70. Geburtstage – Probleme der Strafrechtserneuerung, Berlin 1944, S.226.

Bosch, Nikolaus: Abschied vom Begriff der schadensgleichen Vermögensgefährdung, JA 2009, 548.

Brand, Christian/Burkart, Marius: Eigentums- und Vermögensdelikte- Risiken der Prostitution, JuS 2019, 139.

Brockmann, Tim/Künnen, Simon: Die sonstigen Rechte iSd § 823 I BGB, JuS 2020, 910.

Brüning, Janique: Übungsfall: Ein Jurist auf Abwegen, ZJS 2010, 98.

Bruns, Hans-Jürgen: Die Befreiung des Strafrechts vom zivilistischen Denken: Beiträge zu einer selbstständigen, spezifisch strafrechtlichen Auslegungs- und Begriffsmethodik, Berlin 1938.

Ders.: Untreue im Rahmen rechts- oder sittenwidriger Geschäfte?, NJW 1954, 857.

Ders.: Gilt die Strafrechtsordnung auch für und gegen Verbrecher untereinander?, in: Engisch, Karl/ Maurach, Reinhart (Hrsg.), Festschrift für Edmund Mezger zum 70. Geburtstag am 15.10.1953, München/Berlin 1954, S.335.

Buchholz, Momme: Die Rechtsprobleme des Vorlagebeschlusses zum Vermögensbegriff, Jura 2018, 264.

Bülte, Nicolai/Meier, Johannes: Die Schwarzarbeit – ein Wagnis für den Verbraucher, VuR 2018, 128.

Burghardt, Boris/Bröckers, Boris: Bezahlung von Schwarzarbeit und Untreuestrafbarkeit, NJW, 2015, 903.

Cornelius, Kai: Zum strafrechtlichen Schutz des Fernmeldegeheimnisses und der Untreuerelevanz datenschutzrechtlicher Verstöße- zugleich Besprechung von BGH, Urt. v. 10.10.2012-2 StR 591/11, NZWiSt 2013, 167.

Cramer, Peter: Grenzen des Vermögensschutzes im Strafrecht – OLG Hamburg, NJW 1966, 1525, JuS 1966, 472.

Ders.: Vermögensbegriff und Vermögensschaden im Strafrecht, Bad Homburg 1968 (zit.: *Cramer*, Vermögensbegriff, S.).

Ders.: Kausalität und Funktionalität der Täuschungshandlung im Rahmen des Betrugstatbestandes, JZ 1971, 415.

Dann, Matthias: Privatärztlicher Abrechnungsbetrug und verfassungswidriger Schadensbegriff, NJW 2012, 2001.

Dehne-Niemann, Jan: Rechtswidrigkeit der beabsichtigten Bereicherung bei Erpressung, Anmerkung des BGH, Beschl. v. 18.10.2007 – 4 StR 422/07, NStZ 2009, 37.

Deinert, Olaf: Illegale Ausländerbeschäftigung, NZA 2018, 71.

Denga, Michael: Die Zivilrechtsakzessorietät von Vermögensdelikten, JA 2018, 833.

Deutscher, Jörg/Körner, Peter: Soziale Zweckverfehlung beim Spendenbetrug, JuS 1996, 296.

Dölling, Dieter: Betrug und Bestechlichkeit durch Entgeltannahme für eine vorgetäuschte Dienstpflichtverletzung? – BGH, NJW 1980, 2203, JuS 1981, 570.

Ebner, Markus: Anmerkung zu BGH, Urt. v. 11.04.2018 – 5 StR 595/17 – Untauglicher Betrugsversuch zum Nachteil des „IS“, ZWH 2018, 297.

Eckstein, Ken: Anmerkung zu BGH, Beschl. v. 18.01.2013 – 3 StR 467/10, JZ 2012, 101.

Eisele, Jörg: Strafrecht – Besonderer Teil II, Eigentumsdelikte und Vermögensdelikte, Lehrbuch, 6. Aufl., Stuttgart 2021.

Eisele, Jörg/ Bechtel, Alexander: Der Schadensbegriff bei den Vermögensdelikten, JuS 2018, 97.

Ellmer, Manfred: Betrug und Opfermitverantwortung, Berlin 1986.

Ellscheid, G: Das Problem der bewußten Selbstschädigung beim Betrug, GA 1971, 161.

Engel, Thorsten: Die Eigentumsfähigkeit und Diebstahlstauglichkeit von Betäubungsmitteln, NStZ 1991, 520.

Engländer, Armin: Anmerkung zu BGH, Beschl. v. 12.03.2002 – 3 StR 4/02, JR 2003, 163.

Erfurter Kommentar zum Arbeitsrecht, Müller-Glöge, Rudi et al. (Hrsg.), 23. Aufl., München 2023.

Erman, Walter: BGB Handkommentar, Westermann, hrsg. v. Grunewald, Barbara/Reimer, Georg/ Westerwald, Harm, 16. Aufl., Köln 2020.

Eser, Albin: Die Beeinträchtigung der wirtschaftlichen Bewegungsfreiheit als Betrugsschaden, GA 1962, 289.

Fahl, Christian: Der BGH mag Prostituierte (nicht), JA 2021, 353.

Fischer, Thomas: Binnendivergenzen, in: Barton, Stephan et al. (Hrsg.), Festschrift für Reinhold Schlothauer zum 70. Geburtstag, München 2018, S. 471.

Ders.: Kommentar zum StGB, 70. Aufl., München 2023; 66. Aufl., München 2019.

Foth, Heinrich: Betrug und illegales Rechtsgeschäft. Eine kritische Bestandsaufnahme, GA 1966, 33.

Franke, Dietmar: Die fehlgeleitete Kleidersammlung, JuS 1981, 444.

Franzheim, Horst: Zur Strafbarkeit des Komplizen-, Dirnenlohnbetruges, Ein Beitrag zum Begriff des Vermögensschadens, GA 1960, 269.

Freund, Georg/Bergmann, Matthias: Betrügerische Schädigung des Auftraggebers eines Mordes?, JR 1991, 357.

Gallas, Wilhelm: Der Betrug als Vermögensdelikt, in: Bockelmann, Paul/ Gallas, Wilhelm (Hrsg.),Festschrift für Eberhardt Schmidt zum 70. Geburtstag, 2. Aufl., Göttingen 1961, S. 401.

Geerds, Detlev: Wirtschaftsstrafrecht und Vermögensschutz, Bayreuth 1990 (zit.: *Geerds*, Vermögensschutz, S.).

Gerhold, Thomas: Zweckverfehlung und Vermögensschaden, Berlin 1988 (zit.: *Gerhold*, Zweckverfehlung, S.).

Gerland, Heinrich: Deutsches Reichsstrafrecht. Ein Lehrbuch, Leipzig 1922.

Grabow, Stefan: Der Vermögenslose als untaugliches Tatsubjekt- Zugleich eine Besprechung von BGH, NStZ 2007, 95, NStZ 2010, 371.

Ders.: Eine Kritik der Sicherungserpressung auf Grundlage der Rechtsprechung, NStZ 2014, 121.

Graf, Pia-Franziska: Das Vermögensstrafrecht vor den Schranken des Verfassungsrechts, Folgerungen aus dem BVerfG-Beschluss BVerfGE 126, 170 ff. für die Straftatbestände der Untreue und des Betrugs, Marburg 2016 (zit.: *Graf*, Vermögensstrafrecht, S.).

Gröseling, Nadine: Betrugsstrafbarkeit bei rechts- und sittenwidrigen Rechtsgeschäften – Zugleich eine Besprechung des Urteils des KG vom 28.09.2000 – (4) 1 Ss 44/00 (50/50), NStZ 2001, 515.

Grüneberg, Christian: Bürgerliches Gesetzbuch mit Nebengesetzen, 82. Aufl., München 2023.

Habetha, Jörg: Abnötigung einer strafbaren Handlung zum Nachteil Dritter, NStZ 2020, 286.

Handbuch Wirtschaftsstrafrecht, Achenbach, Hans/Ransiek, Andreas/ Rönnau, Thomas, (Hrsg.), 5. Aufl., Heidelberg 2019.

Hardwig, Werner: Beiträge zur Lehre vom Betruge, GA 1956, 6.

Hecker, Bernd: Betrügerische Schädigung des Auftraggebers eines Mordes? – KG, NJW 2001, 86, JuS 2001, 228

Ders.: Erpressung einer Prostituierten, Anmerkung des BGH, Beschl. vom 18.01.2011 – 3 StR 467/10, JuS 2011, 944.

Ders.: Ist das Abnötigen der Dienstleistung einer Prostituierten kein Erpressungsunrecht?, in: Esser, Robert et al. (Hrsg.), Festschrift für Hans-

Heiner Kühne zum 70. Geburtstag, Heidelberg u.a., 2013, S. 81.

Heger, Martin: Zum Einfluß des Prostitutionsgesetzes auf das Strafrecht, StV 2003, 350.

Heinitz, E.: Anmerkung zu BGH, Urt. v. 02.1968 – 5 StR 694/67, JR 1986, 378.

Heinrich, Bernd: Die Arbeitsleistung als betrugsrelevanter Vermögensbestandteil, GA 1997, 24.

Heinze, Christian: Keine Bereicherungsansprüche des Werkunternehmers bei Schwarzarbeit, Anmerkung zu BGH, Urt. v. 10. 04. 2014 - VII ZR 241/13, NJW 2014, 1805, LMK 2014, 360329.

Herzberg, Rolf: Eingehungsbetrug und Vorteilsabsicht beim Erschleichen von Warenlieferungen zur Belästigung Dritter, JuS 1972, 185.

Hilgendorf, Eric: Zweckverfehlung und Vermögensschaden beim Betrug, JuS 1994, 466.

Hillenkamp, Thomas: Zum Schutz „deliktischen" Besitzes durch die Strafgerichte, in: Hellmann, Uwe/Schröder, Christian (Hrsg.) Festschrift für Hans Achenbach zum 70. Geburtstag, Heidelberg u.a. 2011, S. 189.

Ders.: (Original-) Referendarexamensklausur – Strafrecht: Ein Schwangerschaftsabbruch und seine Folgen, JuS 2014, 924.

Hirschberg, Rudolf: Der Vermögensbegriff im Strafrecht, Versuch eines Systems der Vermögensdelikte, Berlin 1934 *(zit.: Hirschberg,* Vermögensbegriff, S.).

Hirschmann, Mathias: Besitzbetrug und Besitzerpressung, Diskussion um den Vermögensbegriff anhand der Strafbarkeit vorübergehenden Besitzentzuges, unter besonderer Berücksichtigung des *furtum usus*, Osnabrück 2020.

Holtz, Günter: Aus der Rechtsprechung des Bundesgerichtshofs in Strafsachen, MDR 1987, 92.

Hoyer, Andreas: Rechtlich anerkannter Tauschwert als Vermögenswert, in: Joecks, Wolfgang et al. (Hrsg.), Recht – Wirtschaft – Strafe, Festschrift für Erich Samson zum 70. Geburtstag, Heidelberg u.a. 2010, S. 339.

Ders.: Zur Strafbarkeit der Zueignung von Betäubungsmitteln als Eigentumsdelikt, in: Barton, Stephan et al. (Hrsg.), Festschrift für Thomas Fischer, München 2018, S. 361.

Isfen, Osman: „Das Leben ist wie ein Schneeball" oder Strafrechtliche Relevanz von enttäuschten Zukunftserwartungen im Wirtschaftsverkehr, in: Heinrich, Manfred et al. (Hrsg.), Strafrecht als Scientia Universalis, Festschrift für Claus Roxin zum 80. Geburtstag, Berlin/Boston 2011, S. 989.

Jäger, Christian: Anmerkung zu BGH, Beschl. v. 26. 05. 2011 – 3 StR 318/10 – Gibt es einen räuberischen Betrug?, JA, 2011, S. 950.

Ders.: Anmerkung zu BGH, Beschl. v. 01. 08. 2013 – 4 StR 189/13 – Erzwungener Geschlechtsverkehr hat keinen Vermögenswert, JA 2014, 230.

Ders.: Anmerkung zum Anfragebeschluss des 2. Strafsenats des BGH vom 1.6.2016 – Drogenentzug schadet nicht dem Vermögen, JA 2016, 790.

Ders.: Anmerkung zu BGH, Beschl. v. 8.1.2020 – 4 StR 548/19 – Kann Zwang zu Diebstahl eine Erpressung sein?, JA 2020, 551.

Jahn, Matthias: Anmerkung zu BGH, Beschl. v. 1.6.2016 (2 StR 335/15) – Unerlaubter Besitz von Betäubungsmitteln als Teil des strafrechtlich geschützten Vermögens?, JuS 2016, 848.

Ders.: Anmerkung zu BGH, Urt. v. 11.4.2018 (5 StR 595/17) – Strafrecht: Verbrechensverabredung und versuchter Betrug zum Nachteil des „IS", JuS 2018, 719.

Jauernig, Othmar: Bürgerliches Gesetzbuch mit Rom-I-, Rom-II-VO, Rom-III-VO, EuUnthVO/HUntProt und EuErbVO, Kommentar, hrsg. v. Stürner, Rolf, 18. Aufl., München 2021.

Jerger, Christoph: Zivilrechtliche Ausgleichsansprüche bei Schwarzarbeit, NZBau 2014, 415.

Joussen, Jacob; Der Vertrauensschutz im fehlerhaften Arbeitsverhältnis, NZA 2006, 963.

Juris Praxiskommentar BGB, hrsg. v. Herberger, Maximilian et al, Bd. 2 Schuldrecht, 10. Aufl., Saarbrücken 2023.

Kargl, Walter: Der strafrechtliche Vermögensbegriff als Problem der Rechtseinheit, JA 2001, 714.

Keller, Rainer: Der Verlust von orientierungskräftiger Gegenständlichkeit im Strafrecht und der Normativismus, ZStW 107 (1995), 457.

Kindhäuser, Urs: Zum strafrechtlichen Schutz strafbar erworbenen Vermögens, in: Söllner, Alfred, Gedächtnisschrift für Meinhard Heinze, München 2005, S. 447.

Ders.: Zum Vermögensschaden beim Betrug, in: Cornelius Prittwitz u.a. (Hrsg.), Festschrift für Klaus Lüderssen, Baden-Baden 2002, S. 635 ff.

Kindhäuser, Urs/Hilgendorf, Eric: Strafgesetzbuch, Lehr- und Praxiskommentar, 9. Aufl., Baden-Baden 2022.

Kindhäuser, Urs/Nikolaus, Sonja: Sonderfragen des Betrugs (§263 StGB), JuS 2006, 590.

Kindhäuser, Urs/Wallau, Rochus: Anmerkung zu BGH, Beschl. v. 12.05.2002 – 3 StR 4/02 – Erzwungene Rückzahlung des Entgelts aus betrügerischem Rauschgiftgeschäft, NStZ 2003, 152.

Klein, Franz (Begr.): Abgabenordnung Kommentar, 16. Aufl., München 2022.

Kolb, Stefan: Die Auslegung des Vermögensbegriffs im Rahmen des Betrugstatbestandes im Lichte der Änderungen der zivilrechtlichen Rechtsprechung zur Schwarzarbeit, NZWiSt 2014, 344.

Konstantinou, Eleni: Der Vermögensschutz bei rechtswidrigen und sittenwidrigen Rechtsgeschäften unter Heranziehung der Gesamtrechtsordnung, Bonn 2008.

Kretschmer, Joachim: Der betrugsstrafrechtliche Schutz im Rahmen sitten- oder gesetzeswidriger Rechtsbeziehungen, Folgen des Gesetzes zur Regelung der Rechtsverhältnisse der Prostituierten, StraFo 2003, 191.

Ders.: Gilt das Strafrecht zwischen Straftätern? – oder: Der Rückzug des Strafrechts aus gesetzes- und sittenwidrigen Rechtsbeziehungen, StraFo 2009, 189.

Ders.: Tatbestands- oder Konkurrenzlösung: eine typische Argumentation im Strafrecht, JuS 2013, 24.

Krey, Volker/Hellmann, Uwe/Heinrich, Manfred: Strafrecht Besonderer Teil, Studienbuch, Bd 2, Vermögensdelikte, 18. Aufl., Stuttgart 2021.

Kudlich, Hans: Anmerkung zu BGH, Beschl. v. 22.9.2005 – 3 StR 295/05, NJW 2006, 72 – Eigentumsfähigkeit von illegal erworbenen Drogen, JA 2006, 335.

Ders.: Anmerkung zu BGH, Beschl. v. 21.04.2015 – 4 StR 92/15 – Strafbefreiender Rücktritt vom Mordversuch – BtM-Wiederbeschaffungskriminalität, NJW 2015, 2898.

Ders.: Taxifahrer- geprellt und abgezogen, JA 2015, 32.

Kühl, Kristian: Umfang und Grenzen des strafrechtlichen Vermögensschutzes, JuS 1989, 505.

Küper, Wilfred: Vollendung und Versuch beim räuberischen Diebstahl, (§ 252 StGB), Jura 2001, 21.

Küper, Wilfried/Zopfs, Jan: Strafrecht Besonderer Teil, Definitionen mit Erläuterungen, 11. Aufl., Heidelberg 2022.

Kurz, Volker: Prostitution und Sittenwidrigkeit, GewArch 2002, 142.

Lackner, Karl/Kühl, Kristian/Heger, Martin: Kommentar zum StGB, 30. Aufl., München 2023.

Ladiges, Manuel: Betäubungsmittel als Gegenstand von Vermögens- und Eigentumsdelikten – zugleich Anmerkung zu BGH wistra 2016, 395, wistra 2016, 479.

Lampe, Ernst-Joachim: Der strafrechtliche Schutz der Arbeitskraft, in: Schroeder, Friedrich-Christian und Zipf, Heinz (Hrsg.), Festschrift für Reinhart Maurach zum 70. Geburtstag am 1. Januar 1972, Karlsruhe 1972, S. 375.

Ders.: Personales Unrecht im Betrug, in: Dannecker, Gerhard et al. (Hrsg.), Festschrift für Harro Otto zum 70. Geburtstag, Köln u.a. 2007, S. 623.

Larenz, Karl, Canaris, Claus-Wilhelm: Lehrbruch des Schuldrechts, Bd.2, Halbbd. 2, Besonderer Teil, 13. Aufl., München 1994.

Leipziger Kommentar, Strafgesetzbuch, 10. Aufl.: hrsg. v. Jescheck, Hans-Heinrich/Ruß, Wolfgang/Willms, Günther, Bd. 6: §§ 223–263a, Berlin/New York 1988.

12. Aufl.: hrsg. v. Laufhütte, Heinrich Wilhelm/ Rissing-van-Sann, Ruth/ Tiedemann, Klaus, Bd. 8: §§ 242–262, Berlin/New York 2010; Bd. 9, Teilbd. 1: §§ 263–266b, Berlin/Boston 2012.

Lenckner, Theodor: Zum Problem des Vermögensschadens (§§ 253, 263 StGB) beim Verlust nichtiger Forderungen, JZ 1967, 105.

Li, Yao: Der „wirtschaftliche" Vermögensbegriff in der höchstrichterlichen Rechtsprechung. Eine Untersuchung anlässlich BGH, Urt. v. 11. 04. 2018 – 5 StR 595/17 (versuchter Betrug zum Nachteil des sog. Islamischen Staats), NZWiSt 2019, 405.

Lichtenthäler, Sören: Besitzverbot und Eigentumsschutz: eine Untersuchung zu Reichweite der Garantie des Eigentums an „verbotenen" Sachen in straf- und zivilrechtsdogmatischer Hinsicht, Tübingen, 2020.

Ders.: Anmerkung zu BGH, Urt. v. 15. 04. 2021 – 5 StR 371/20 – Kein Anspruch auf Herausgabe von Wechselgeld beim Kauf von Betäubungsmitteln, FD-StrafR 2021, 439567.

Lorenz, Henninger: Turbulenzen um die Binnendivergenz im 2. Strafsenat des Bundesgerichtshofs, JR 2018,S. 128.

Luthmann, Walter: Zur Frage der Untreue im Rahmen rechts- oder sittenwidriger Abmachungen, NJW 1960, 419.

Macintyre, Donal/Wilson, David/Yardley, Elizabeth/Brolan, Liam: The British Hitman: 1974–2013, The Howard Journal of Criminal Justice, Volume 53, 2014, 325.

Maiwald, Manfred: Belohnung für eine vorgetäuschte pflichtwidrige Diensthandlung, (Zur Problematik von Bestechlichkeit und Betrug), NJW 1981, 2777.

Majer, Christian: Die Vermietung des eigenen Körpers – Verträge über Leihmutterschaft und Prostitution, NJW 2018, 2294.

Marcelli, Walter: Diebstahl „verbotener" Sachen, NStZ 1992, 220.

Mathias, Carsten: Der Einfluß der Rechtsordnung auf den strafrechtlichen Vermögensbegriff – insbesondere bei „Abschluß" rechts- und sittenwidriger Geschäfte, Köln 2002.

Matt, Holger/Renzikowski, Joachim (Hrsg.): Strafgesetzbuch Kommentar, 2. Aufl., München 2020.

Maunz, Theodor/Dürig, Günter (Begr.): Grundgesetz Kommentar, Bd. 1, Loseblattsammlung, hrsg. v. Hergen et al., Stand: 95. Ergänzungslieferung Juli 2021, München.

Maurach, Reinhart/Schroeder, Friedrich-Christian/Maiwald, Manfred/Hoyer, Andreas/Momsen, Carsten: Strafrecht Besonderer Teil, Teilbd 1: Straftaten gegen Persönlichkeits- und Vermögenswerte, 11. Aufl., Heidelberg 2019.

Mayer, Hellmuth: Die Untreue im Zusammenhang der Vermögensverbrechen, München u.a. 1926 (*zit.: Mayer,* Untreue, S.)

Medicus, Dieter/Lorenz, Stephan: Schuldrecht Bd. 2: Besonderer Teil, Studienbuch, 18. Aufl., München 2018.

Merkel, Adolf: Die Lehre vom strafbaren Betruge, in: Kriminalistische Abhandlungen, Bd. 2., Leipzig 1867.

Mitsch, Wolfgang: Erpresser versus Betrüger – BGH, NJW 2002, 2117, JuS 2003, 122.

Ders.: Strafrecht Besonderer Teil 2, Vermögensdelikte 3. Aufl., Berlin/Heidelberg 2015.

Mohrbotter, Kurt: Der Bettel-, Spenden- und Subventionsbetrug. Ein Beitrag zum modernen Vermögensbegriff, GA 1969, 225.

Ders.: Rechtswidrigkeit von Zueignung und Bereicherung im Strafrecht, GA 1967, 199.

Mosbacher, Andreas: Aktuelles Strafprozessrecht, JuS 2017, 127.

Münchener Kommentar zum Bürgerlichen Gesetzbuch, hrsg. v. Säcker, Franz et al.,

Bd.1: §§ 1–240 BGB, AllgPersönlR, ProstG, AGG, 9. Aufl., München 2021;

Bd. 2: §§ 241–310 BGB, 9. Aufl., München 2022;

Bd. 6: §§ 631–704 BGB, 9. Aufl., München 2023;

Bd. 7: §§ 705–835 BGB, PartGG, ProdHaftG, 8. Aufl., München 2020;

Bd. 8: §§ 854–1296 BGB, WEG, ErbbauRG, 9. Aufl., München 2023.

Münchener Kommentar zum Strafgesetzbuch, hrsg. v. Joecks, Wolfgang/Miebach, Klaus,

Bd. 1: §§ 1–37 StGB, 4. Aufl., München 2020;

Bd. 2: §§ 38–79b StGB, 4. Aufl., München 2020;

Bd. 4: §§ 185–262, 4. Aufl., München 2021;

Bd. 5: §§ 263–358 StGB, 4. Aufl., München 2022;

Bd. 7: Nebenstrafrecht I, 4. Aufl., München 2022.

Nomos Kommentar zum BGB,

Bd. 1: Allgemeiner Teil, EGBGB, hrsg. v. Heidel, Thomas et al, 4. Aufl., Baden-Baden 2021;

Bd. 2: Schuldrecht, hrsg. v. Dauner-Lieb, Barbara/Langen, Werner 4. Aufl., Baden-Baden 2021.

Nomos Kommentar zum StGB, hrsg v. Kindhäuser, Urs/Neumann, Ulfrid/Paeffgen, Hans-Ulrich, StGB, Bd. 1–3, 5. Aufl., Baden-Baden 2017.

Oehmichen, Anna: Anmerkung des Anfragebeschluss des 2. Strafsenats v. 01. 06. 2016 – 2 StR 335/15, FD-StrafR 2016, 380333.

Oğlakcıoğlu, Mustafa: Drogen in der strafrechtlichen Klausurbearbeitung, ZJS 2010, 340.

Ders.: Anmerkung zu BGH, Beschl. v. 21.04.2015 – 4 StR 92/15, NStZ 2015, 573.

Ohne Verfasser, Betrugsschaden bei Risikogeschäften, Anmerkung zu BGH, Beschl. v. 08.12.2009 – 1 StR 731/08, NJW-Spezial 2009, 248.

Otto, Harro: Die Struktur des strafrechtlichen Vermögensschutzes, Berlin 1970 (zit.: *Otto*, Vermögensschutz).

Ders.: Betrug bei rechts- und sittenwidrigen Rechtsgeschäften, Jura 1993, 424.

Ders.: Rechtsgüterschutz und Fremdheitsbegriff der §§ 242, 246 StGB, in: Fahl, Christian et al. (Hrsg.), Ein menschengerechtes Strafrecht als Lebensaufgabe, Festschrift für Werner Beulke zum 70. Geburtstag, Heidelberg 2015.

Pawlik, Michael: Das unerlaubte Verhalten beim Betrug, Köln u. a. 1999.

Prütting, Hanns/Wegen, Gerhard/Weinreich, Gerd (Hrsg.): BGB Kommentar, 17. Aufl., Hürth 2022.

Puppe, Ingeborg: Was ist Gesetzeskonkurrenz?, JuS 2016, 961.

Dies.: Ein mutiger Vorstoß und sein klägliches Ende, in: Barton, Stephan et al. (Hrsg.), Festschrift für Thomas Fischer, München 2018, S. 463.

Raif, Alexander/Heinemann-Diehl, Anna: Schwarzarbeit muss nicht bezahlt werden, GWR 2014, 310.

Rengier, Rudolf: Strafrecht Besonderer Teil I: Vermögensdelikte, 24. Aufl., München 2022.

Rönnau Thomas: Täuschung, Irrtum und Vermögensschaden beim Submissionsbetrug, JuS 2002, 545.

Rudolphi, Hans-Joachim: Das Problem der sozialen Zweckverfehlung beim Spendenbetrug, in: Günter, Kohlmann (Hrsg.), Festschrift für Ulrich Klug zum 70. Geburtstag, Bd. 2: Strafrecht, Prozessrecht, Kriminologie, Strafvollzugsrecht, Köln 1983, S. 315.

Ders.: Betrügerische Mitgliederwerbung für gemeinnützige Organisation, NStZ 1995, 289.

Saliger, Frank: Die Normativierung des Schadensbegriffs in der neueren Rechtsprechung zu Betrug und Untreu, in: Joecks, Wolfgang et al. (Hrsg.), Recht – Wirtschaft – Strafe: Festschrift für Erich Samson zum 70. Geburtstag, Heidelberg 2010, S. 455.

Ders.: Grundbezüge von Vermögen und Schaden- Person, Wirtschaft und Recht, in: Fischer, Thomas et al. (Hrsg.), Dogmatik und Praxis des strafrechtlichen Vermögensschadens, Bd.1, Baden-Baden 2015, S. 15.

Saliger, Frank/Rüsse, Theresa, Wider einen subjektiven Schadensbegriff im Strafrecht, NStZ 2021, 513.

Satzger, Helmut: Probleme des Schadens beim Betrug, Jura 2009, 518.

Satzger, Helmut/Schluckebier, Wilhelm/Widmaier, Gunter, (Hrsg.): Strafgesetzbuch Kommentar, 5 Aufl., Köln 2020.

Schäfer, Gerhard: Fortgang des Verfahrens zum Anfragebeschluss des 2. Strafsenats vom 1. Juni 2016 – 2 StR 335/15 – JR 2017, 81 zur beabsichtigten Rechtsprechungsänderung, dass der unerlaubte Besitz von Betäubungsmitteln kein strafrechtlich geschütztes Vermögen sei, JR 2018, 149.

Schilling, Hellen: Diskrepanzen beim Vermögensschaden – Eine Analyse der aktuellen Rechtsprechung des Bundesgerichtshofs, NStZ 2018, 316.

Schlösser, Jan: Die Zweckverfehlungslehre des BGH nach den Grundsatzentscheidungen des BVerfG zum Vermögensschaden bei Betrug und Untreue in: Fischer, Thomas et al. (Hrsg.), Dogmatik und Praxis des strafrechtlichen Vermögensschadens, Bd.1, Baden-Baden 2015, S. 89.

Schlothauer, Angelika/Borggreve, Carlo: Rechtsprobleme der Rückabwicklung sittenwidriger Teilzahlungskredite, DB 1983, 1344.

Schmoller, Kurt: Betrug bei bewußt unentgeltlichen Leistungen, JZ 1991, 117.

Schönke, Adolf/Schröder, Horst (Berg.): Kommentar zum Strafgesetzbuch, 30. Aufl., München 2019.

Schramm, Edward: Grundfälle zum Diebstahl, JuS 2008, 678.

Schröder, Horst: Sicherungsbetrug und Sicherungserpressung, MDR 1950, 398.

Ders.: Grenzen des Vermögensschadens beim Betrug, NJW 1962, 721.

Schröder, Kathie: Urteilsanmerkung zu BGH, Beschl. v. 18.02.2009 – 1 StR 731/08 – Der Begriff der konkreten Vermögensgefährdung beschreibt das Tatbestandsmerkmal des Vermögensschadens nur unzureichend und ist entbehrlich, FD-StrafR 2009, 278858.

Schwaab, Lucia: Anmerkung zu BGH, Beschl. v. 01.08.2013 – 4 StR 189/13 – Zur räuberischen Erpressung im Fall der Nötigung einer Prostituierten zum Geschlechtsverkehr an ihrem Arbeitsplatz, ZJS 2014, 705.

Seelmann, Kurt: Grundfälle zu den Straftaten gegen das Vermögen als Ganzes (3. Teil: Erpressung (§ 253 StGB) und räuberische Erpressung (§ 255 StGB), JuS 1982, 914.

Sickor, Jens: Der Sicherungsbetrug – dogmatisches Mittel zur Umgehung verjährungsrechtlicher Vorschriften?, GA 2007, 590.

Spickhoff, Andreas: Zivilrechtliche Wertungen und strafrechtlicher Vermögensbegriff, JZ 2002, 970.

Staudinger, Julius von (Begr.): Kommentar zum Bürgerlichen Gesetzbuch mit Einführung und Nebengesetzen

Buch 1: Allgemeiner Teil. §§ 134–138; ProstG (Gesetzliches Verbot, Verfügungsverbot, Sittenwidrigkeit), Berlin 2021;

Buch 2: Recht der Schuldverhältnisse. § 823 A–D (Unerlaubte Handlungen 1 – Rechtsgüter und Rechte, Persönlichkeitsrecht, Gewerbebetrieb), Berlin 2017;

Buch 3: Sachenrecht. Einleitung zum Sachenrecht §§ 854–882 (Besitz und Allgemeines Liegenschaftsrecht 1), Berlin 2018; §§ 985–1011, (Eigentumsschutz und Eigentümer-Besitzer-Verhältnis), Berlin 2019.

Swoboda, Sabine: Betrug und Erpressung im Drogenmilieu: Abschied von einem einheitlichen Vermögensbegriff, - Zugleich eine Anmerkung zu den Entscheidungen des BGH, Beschluss vom 12. 3. 2002 - 3 StR 4/02 (LG Mönchengladbach) und Urteil vom 7. 8. 2003 - 3 StR 137/03 (LG Aurich), NStZ 2005, 476.

Strafgesetzbuch für das Königreich Baiern, München 1831, Nachdruck 1986 Keip Verlag Frankfurt/Main.

Systematischer Kommentar zum Strafgesetzbuch, hrsg. v. Wolter, Jürgen, Bd. 2: §§ 38 - 79b StGB, 9. Aufl., Köln 2016; Bd. 5: §§ 242–302 StGB, 9. Aufl., Köln 2019.

Tenckhoff, Jörg: Anmerkung zum Beschluss des BGH v. 28. 04. 1987 – 5 STR 566786, JR 1988, 126.

Trunk, Stefan: Der Vermögensschaden nach § 253 StGB beim Rückverkauf des gestohlenen Gutes an den Eigentümer, JuS 1985, 944.

Vitt, Elmar: Nochmals: Zur Eigentumsfähigkeit und Diebstahlstauglichkeit von Betäubungsmitteln - Eine Erwiderung zum Aufsatz von Thorsten Engel, NStZ 1991, 520 ff., NStZ 1992, 221.

Walter, Tonio: Die Kompensation beim Betrug (§ 263 StGB), in: Putzke, Holm et al. (Hrsg.), Strafrecht zwischen System und Telos: Festschrift für Rolf Dietrich Herzberg zum 70. Geburtstag am 14. Februar 2008, Tübingen 2008.

Waszczynski, Dominik: Klausurrelevante Problemfelder des Vermögensschadens bei § 263 StGB, JA 2010, 251.

Weber Klaus: Betäubungsmittelgesetz, Arnzeimittelgesetz, Anti-Doping-Gesetz, Neue-psychoaktive-Stoffe-Gesetz, Kommentar, 6. Aufl., München 2021.

Wessels, Johannes/Hillenkamp, Thomas/ Schuhr, Jan C.: Strafrecht Besonderer Teil 2, Straftaten gegen Vermögenswerte, 45. Aufl., Heidelberg 2022.

Wittig, Petra: Die Absicht der rechtswidrigen Bereicherung, JA 2013, 401.

Wolters, Gereon: Betäubungsmittel als taugliche Objekte eines Eigentumsdelikts, in: Joecks, Wolfgang et al. (Hrsg.), Recht – Wirtschaft – Strafe: Festschrift für Erich Samson zum 70. Geburtstag, Heidelberg 2010, S. 495.

Zieschang, Frank: Der Einfluß der Gesamtrechtsordnung auf den Umfang des Vermögensschutzes durch den Betrugstatbestand, in: Weigend, Thomas et al. (Hrsg.), Festschrift für Hans Joachim Hirsch zum 70. Geburtstag am 1. April 1999, Berlin/ New York 1999, S. 831.

Ziethen, J.: Dogmatische Konsequenzen des Prostitutionsgesetzes für Dirnen- und Freierbetrug, NStZ 2003, 184.

Zimmermann, Reinhard: Sittenwidrigkeit und Abstraktion, JR 1985, 48.

Zimmermann, Till: Besprechung des BGH, Beschl. v. 18.1.2011 – 3 StR 467/10, NStZ 2012, 211.

Ders.: „Gutes Geld"?, Neues zur Vermögensqualität von „Drogengeld" und „Bestechungsgeld" GA 2017, 544.

Neue Juristische Beiträge

herausgegeben von
Prof. Dr. Klaus-Dieter Drüen (Ludwig-Maximilians-Universität München)
Prof. Dr. Georg Steinberg (Universität Potsdam)
Prof. Dr. Fabian Wittreck (Westfälische Wilhelms-Universität Münster)

Band 142: Josephine Schuster: **Der strafrechtliche Schutz rechtlich bemakelter Vermögenspositionen** · Eine Analyse der höchstrichterlichen Rechtsprechung
2023 · 312 Seiten · ISBN 978-3-8316-5002-6

Band 141: Tobias Jürgen Werner List: **Private-Equity-Investments im Gesundheitssektor** · Der grundgesetzliche Schutz von Investoren im System der gesetzlichen Krankenversicherung unter besonderer Berücksichtigung des Vertragszahnarztrechts
2022 · 290 Seiten · ISBN 978-3-8316-4984-6

Band 140: Harasch Yakubi: **Im Spannungsfeld zwischen islamischem Fiqh und freiheitlich-demokratischer Grundordnung** · Eine Untersuchung der Kompatibilitätsfrage im Lichte des Gleichberechtigungsgebots
2023 · 242 Seiten · ISBN 978-3-8316-4964-8

Band 139: Jennifer Grafe: **Zur Strafbarkeit von Konversionsmaßnahmen unter besonderer Berücksichtigung des „Gesetzes zum Schutz vor Konversionsbehandlungen"**
2022 · 236 Seiten · ISBN 978-3-8316-4972-3

Band 138: Franziska Meese: **Psychische Schädigungen des Tatopfers als Körperverletzung gemäß §§ 223, 229 StGB**
2021 · 170 Seiten · ISBN 978-3-8316-4945-7

Band 137: Christian Soll: **Die Strafbarkeit von Wettbewerbsmanipulationen im E-Sport unter besonderer Berücksichtigung des Sportwettbetrugs nach § 265c StGB**
2021 · 200 Seiten · ISBN 978-3-8316-4929-7

Band 136: Beatrix Freiin zu Knyphausen: **Das Hochschulzulassungsrecht auf dem verfassungsrechtlichen Prüfstand**
2021 · 220 Seiten · ISBN 978-3-8316-4913-6

Band 135: Carl Prior: **Die Förderung des Breitbandausbaus im EU-beihilfenrechtlichen Fokus**
2021 · 222 Seiten · ISBN 978-3-8316-4907-5

Band 134: Kai-Klemens Wehlage: **Die Anforderungen an den Sorgfaltsmaßstab von Vorstandsmitgliedern und Aufsichtsratsmitgliedern bei der Einholung externer Beratung**
2021 · 222 Seiten · ISBN 978-3-8316-4899-3

Band 133: Alpercan Öz: **Das Spannungsverhältnis zwischen dem Selbstbestimmungsrecht des Opfers und dem strafrechtlichen Lebensschutz** · Eine Bewertung der höchstrichterlichen Rechtsprechung
2021 · 294 Seiten · ISBN 978-3-8316-4895-5

Band 132: Dominic Reitner: **Die Kenntnis vom Steueranspruch und ihr Nachweis in der Rechtsprechung zu § 370 AO**
2020 · 162 Seiten · ISBN 978-3-8316-4887-0

Band 131: Ramona Seufer: **Fiskalentstrickung als Strukturproblem im Binnenmarkt**
2019 · 254 Seiten · ISBN 978-3-8316-4832-0

Band 130: Anja Lausberg: **Voraussetzungen und Rechtsfolgen der unzulässigen Begünstigung von Betriebsratsmitgliedern**
2019 · 508 Seiten · ISBN 978-3-8316-4805-4

Band 129: Juliane Gröper: **The Mutual Agreement Procedure in International Taxation** · The Need for Procedural and Administrative Rules
2019 · 246 Seiten · ISBN 978-3-8316-4809-2

Band 128: Katharina Schmitt: **Das österreichische ÄsthOpG als Vorbild für Deutschland?** · Eine vergleichende Untersuchung zu rechtlichen Anforderungen an die Durchführung von Schönheitsoperationen und ästhetischen Behandlungen
2019 · 406 Seiten · ISBN 978-3-8316-4802-3

Band 127: Jonathan Möller: **Die Einführung von Volksgesetzgebung in das Grundgesetz mit Blick auf Quoren und Finanzierung**
2019 · 336 Seiten · ISBN 978-3-8316-4793-4

Band 126: Florian Jacobi: **Steuerhinterziehung durch aktives Tun und durch Unterlassen**
2019 · 174 Seiten · ISBN 978-3-8316-4791-0

Band 125: Erne Jessica Meise: **Steuerpublizität bei natürlichen Personen**
2019 · 300 Seiten · ISBN 978-3-8316-4789-7

Band 124: Silvio Schulze: **Daten als Kreditsicherungsmittel mit Bestand in der Insolvenz**
2019 · 274 Seiten · ISBN 978-3-8316-4786-6

Band 123: Britta Janina Lewendel-Harde: **Geschlossene Stromverteilernetze im EnWG 2011 – Neue Optionen für Betreiber bisheriger Objektnetze**
2019 · 234 Seiten · ISBN 978-3-8316-4741-5

Band 122: Oliver Hieke: **Vorvertragliche Aufklärungspflichten des Verkäufers beim Unternehmenskauf**
2018 · 324 Seiten · ISBN 978-3-8316-4704-0

Band 121: Andreas Zürn: **Das Mediationsgesetz im Lichte der europäischen Mediationsrichtlinie**
2018 · 242 Seiten · ISBN 978-3-8316-4657-9

Band 120: Michael Gläsner: **Grenzen der Beschränkung von Patent- und Markenrechten zum Schutz der öffentlichen Gesundheit nach WTO-Recht** · Unter besonderer Betrachtung des Zwangslizenzregimes nach dem TRIPS und der Vereinbarkeit von Plain-packaging-Vorschriften für Tabakwaren mit dem WTO-Recht
2018 · 312 Seiten · ISBN 978-3-8316-4670-8

Band 119: Sarah Krampitz: **Das allgemeine Persönlichkeitsrecht von Sportvereinen**
2017 · 342 Seiten · ISBN 978-3-8316-4666-1

Band 118: Nana K. A. Baidoo: **Die dienstliche Beurteilung und ihre Kontrolle durch Gerichte** · Anmerkungen zur Verbesserung der Personalauswahl im öffentlichen Dienst
2018 · 234 Seiten · ISBN 978-3-8316-4661-6

Band 117: Hannah Rehage: **Der Einsatz deutscher Streitkräfte** · Unter besonderer Berücksichtigung der verfassungsmäßigen Prüfung innerstaatlicher Verwendungen bei terroristischen Angriffen
2018 · 162 Seiten · ISBN 978-3-8316-4653-1

Erhältlich im Buchhandel oder direkt beim Verlag:
utzverlag GmbH, München
089-277791-00 · info@utzverlag.de

Gesamtverzeichnis mit mehr als 3000 lieferbaren Titeln: www.utzverlag.de